THiNKr
新思

新 一 代 人 的 思 想

MARIE ARANA

SILVER, SWORD & STONE

Three Crucibles in the Latin American Story

银、剑、石

拉丁美洲的三重烙印

[美] 玛丽·阿拉纳 著

林 华 译

中信出版集团 | 北京

图书在版编目（CIP）数据

银、剑、石 : 拉丁美洲的三重烙印 / (美) 玛丽·阿拉纳著 ; 林华译 . -- 北京 : 中信出版社 , 2021.4 (2026.1 重印)

书名原文 : Silver, Sword, and Stone: Three Crucibles in the Latin American Story

ISBN 978-7-5217-2470-7

Ⅰ. ①银… Ⅱ. ①玛… ②林… Ⅲ. ①拉丁美洲–历史 Ⅳ. ① K73

中国版本图书馆 CIP 数据核字 (2020) 第 256565 号

银、剑、石：拉丁美洲的三重烙印

著　　者：［美］玛丽·阿拉纳
译　　者：林华
出版发行：中信出版集团股份有限公司
　　　　　（北京市朝阳区东三环北路 27 号嘉铭中心　邮编　100020）
承 印 者：北京通州皇家印刷厂

开　　本：880mm × 1230mm　1/32　　　　印　　张：16.5
插　　页：8　　　　　　　　　　　　　　字　　数：412千字
版　　次：2021年4月第1版　　　　　　　印　　次：2026 年 1 月第 9 次印刷
京权图字：01–2020–1148
书　　号：ISBN 978–7–5217–2470–7
定　　价：88.00元

谨以此书纪念

玛丽亚·伊莎贝尔·阿拉纳·西斯内罗斯——

“万事通”

教母、提问者、良师

目 录

第一章

至今尚寻黄金国

秘鲁是坐在金板凳上的乞丐。

——秘鲁古谚语[1]

天还没亮，莱昂诺尔·冈萨雷斯（Leonor Gonzáles）就离开她在秘鲁安第斯山脉一座冰峰之上的石头小屋，在砭骨的寒气中沿着山路深一脚浅一脚地上山，在岩石中仔细寻找星星点点的金屑。[2]她和以前祖祖辈辈的人一样，步履蹒跚地背来一包包沉重的石头，用粗陋的锤子将石头打碎，用脚把碎片踩细，再将其磨为粉末。然后，她把石粉倒入水银溶剂中不停地摇晃，偶尔运气好的时候，能析出微小的黄金颗粒。她才 47 岁，但牙齿已经掉了。她脸上的皮肤被烈日烤得颜色黧黑，被寒风吹得干燥开裂。她的双手呈紫红色，手指弯曲变形。她的视力严重受损。但是，每天太阳从阿纳尼亚山（Mount Ananea）的冰峰后露出脸来的时候，她仍然和拉林科纳达（La Rinconada）这个世界上海拔最高的定居点的其他女人一起，爬上通往矿井的陡峭沟沿，搜寻一切闪光的东西，把石头塞进麻袋，傍晚时背着压得人直不起腰的麻袋下山回家。

这幅景象好似来自古老的《圣经》时代，其实不然。莱昂诺尔·冈萨雷斯昨天爬上那座山梁去寻找黄金，那是她的祖先自古以来的营生。明天她会再次爬上那座山梁，继续做她从 4 岁起就跟着妈妈做的活计，尽管不到 50 千米外，一家加拿大矿业公司正使用 21 世纪的大型机械做着同样的事，在的的喀喀湖这个印加文明摇篮的另一边，澳大利亚、中国和美国的大公司也斥资数百万美元购买最先进的设备，来参与拉丁美洲兴旺繁荣的采矿业。在这片大陆上，从地层深处挖掘亮晶晶的宝藏这个行当源远流长，在多重意义上塑造了拉丁美洲人民。

本书标题中的“银、剑、石”三元素是拉丁美洲为之无法自拔的千年执念，而莱昂诺尔·冈萨雷斯就是它们活生生的体现。“银”代表着对贵金属的渴望。这种渴望主导着莱昂诺尔的生活，正如它主导着在她之前世世代代拉美人民的生活。她近乎疯狂地寻找的宝物不能为己所用，而是要送到她永远不会踏足的城市中去。拉丁美洲对黄金白银的喜爱在哥伦布到来之前已经到了痴迷的程度，在西班牙对美洲大陆开展无情征服后更是沉溺其中。这种痴迷驱动着残酷的奴隶制和殖民剥削，引发了一场血腥革命，造成了整个地区连续数世纪的混乱，如今又变身为拉丁美洲美好未来的最大希望所在。印加和阿兹特克统治者将黄金白银当作荣耀的象征；16 世纪的西班牙因为控制了贵金属的供应而富强无比；今天，采矿业依然是拉丁美洲实现兴旺发达之希望的关键。对挖掘出来装船运走的闪亮宝物的痴迷持续至今，尽管矿产资源并非无穷无尽，尽管这种狂热必须停止。

莱昂诺尔是“银”的产物，也是“剑”的产物，后者代表着拉丁美洲长期以来的强人文化。加夫列尔·加西亚·马尔克斯、何塞·马蒂、马里奥·巴尔加斯·略萨等人都说过，就解决问题的方式而言，拉丁美洲喜欢靠单方面展示骇人的力量，靠无情手段，靠强力压制，靠独裁者和军方为之自鸣得意的“铁拳”（mano dura）。公元 800 年的莫切人（Moche）强悍好战，动辄使用暴力；阿兹特克帝国和印加帝国统治期间，暴力越发普遍；西班牙通过埃尔南·科尔特斯和弗朗西斯科·皮萨罗的残酷统治把暴力完善化、制度化；19 世纪拉丁美洲惨烈的独立战争更是使暴力深入社会肌髓。国家恐怖主义、独裁统治、无尽的革命、阿根廷的“肮脏战争”（Guerra Sucia）、秘鲁的“光辉道路”（Shining Path）、哥伦比亚的“哥武”（FARC）、墨西哥的犯罪卡特尔、21 世纪的毒品战争——这些都是拉丁美洲暴力历史的遗产。500 年前，多明我会修士巴托洛梅·德·拉斯卡萨斯（Bartolomé de las Casas）哀叹说，西班牙殖民地“满是印第安人的血污”；[3] 今天，剑在拉丁美洲仍旧是权威与权力的工具。

压迫和暴力对莱昂诺尔·冈萨雷斯来说毫不陌生。她的祖先是高原 * 居民，先被印加人征服奴役，后又在西班牙征服者手中遭到同样的厄运。印加帝国为压迫被征服者，创立了“米特马克”（mitmaq）移民制，后来又被西班牙采纳；好几个世纪期间，莱昂诺尔的祖辈在“米特马克”制度下动辄被强令搬迁，或是被迫离开故土，迁入天主教会设立的“传教区”（reduction），那是天主教会为拯救原住民的灵魂而建立的庞大定居点。19 世纪，莱

---

* 原词 altiplano 特指南美洲中部的高原台地。——编者注

昂诺尔的祖辈被剑逼着在革命和反革命的队伍里作战牺牲。20世纪，他们为逃脱“光辉道路”的大肆屠杀，在安第斯山上越退越高，直退到白雪皑皑的山巅。但是，即使在海拔5 500米的空气稀薄地带，剑仍然是王。今天，在拉林科纳达这个混乱蛮荒、无法无天的矿区小镇上，谋杀和强奸司空见惯，用人当祭品向山鬼献祭的惯例仍在继续。连政府的警长都对这个地方望而却步。在这里，莱昂诺尔和500年前她的祖先一样，随时可能遭受野蛮暴力的袭击。

每天早上，莱昂诺尔起床后，都要摸一下摆在床头的一块小小的灰色石头，石头旁边是她的亡夫胡安·西斯托·奥乔乔克（Juan Sixto Ochochoque）一张褪色的照片。每天夜里，她爬到和子女以及孙辈共盖的毯子下入睡之前，都要再摸一下那块石头。她对登门拜访的我说：“这里面安息着他的灵魂。”[4]莱昂诺尔的家是建在冰川边上的一间小屋，面积顶多有10平方米，屋里寒冷难耐。和她同住的有她的两个儿子、两个女儿和两个孙辈。她和照片里那位面色红润的矿工胡安并未真正结婚；在莱昂诺尔认识的人里，没有一个举行过天主教会的结婚仪式。对她来说，胡安就是她的丈夫、她孩子的父亲。有一天，矿井发生了塌方，胡安吸入大量致命烟雾后身亡。自那以后，莱昂诺尔床头那块灰色圆形石头就成了胡安的化身，也承载了她的全部精神生活。从格兰德河*到火地岛，许多原住民只接受天主教教义中与自己祖先的神祇相吻合的内容，莱昂诺尔也不例外。圣母马利亚是帕查玛玛

---

* 格兰德河（Rio Grande）是墨西哥与美国的界河，亦即拉丁美洲的北界。——编者注

（Pachamama）的另一个化身；帕查玛玛是大地母亲，是我们脚下的土地，是世间万物的来源。上帝是阿普（Apu）的别名；阿普是山中的精灵，太阳是他的精力来源，石头是他的栖息地。撒旦是掌管死亡、冥界和地下黑暗世界的恶神苏佩（Supay），它严苛无情，需要讨好、安抚。

莱昂诺尔的石头代表着过去 1 000 年来拉丁美洲的第三种痴迷：笃信宗教，不管宗教场所是神庙、礼拜堂、精美壮观的大教堂，还是圣石堆成的石头堆。1 000 年前，哥伦布尚未到来时，这个地区的强国征服他人后第一件事就是把被征服者的神像捣为齑粉。西班牙征服者到达美洲后，常常把阿兹特克人和印加人建造的宏伟石头神殿推倒，在上面建起大教堂。此中意义对被征服者来说显而易见。岩石上堆叠岩石，神殿上筑起神殿，原住民每一个大型神庙或瓦卡*顶上都建起了天主教堂；宗教成为强大而具体的证明，时刻提醒着人们谁是胜利者。随着时光的流逝，天主教在拉丁美洲成为一家独大；后来，一些天主教徒又在五旬节派的吸引下脱离了天主教。经过这一切，拉丁美洲人民仍然笃信宗教。他们经过教堂时在胸前画十字。他们在家里安设神龛。他们在钱夹里放圣像，对古柯叶喃喃自语，在汽车后视镜上挂十字架，往衣兜里装圣石。

受银、剑、石主宰的不止莱昂诺尔一人。大多数拉丁美洲人都和她差不多。在墨西哥、秘鲁、智利、巴西和哥伦比亚，矿产开采重新成为和 400 年前一样的首要经济活动，采矿业在很大程

---

*　瓦卡（huaca），安第斯地区原住民认为栖息着神明的石头堆。详见本书第三部分。——译者注

度上重新定义了进步，拉动了经济，推动了脱贫，影响到社会的方方面面。宝贵的矿产从乡村运到城市，由棕种人交给白种人，从穷人手中转给富人。莱昂诺尔住的小屋下面的岩石中挖出来的黄金推动着一整套复杂的经济活动，参与其中的包括离她家仅有几步之遥的破烂啤酒屋、山下普蒂纳（Putina）城里成群的雏妓、利马的银行家、加拿大的地质学家、巴黎的社交名媛和中国的投资者。这项产业的利润最终会流向海外，到达多伦多、丹佛、伦敦、上海，正如昔日黄金装在西班牙的大帆船里跨过大西洋，抵达马德里、阿姆斯特丹和北京。钱的走向并未改变。它只短暂停留——让人用它在小酒馆里买杯啤酒，或买上一条羊腿挂在房梁上，招来成群的苍蝇——便很快流走了，去到那些地方。

“剑”同样历史悠久，从奇穆*武士用来将敌人开膛破肚的锋利石刀，[5]到墨西哥华雷斯城（Ciudad Juárez）的泽塔（Zeta）帮派成员使用的粗陋厨刀，暴力文化在拉丁美洲挥之不去，隐身暗处伺机爆发。这个地区向着和平与繁荣的进步本就时断时续，暴力更是构成了对进步的威胁。在这个各种不平等触目惊心的地区，剑是最得心应手的工具。在20世纪70年代奥古斯托·皮诺切特（Augusto Pinochet）掌权、受过教育的白人占人口多数的智利是如此；在今天街头流血事件频发，人民贫穷困苦、目不识丁的洪都拉斯也是如此。世界上最危险的10个城市都在拉丁美洲。[6]难怪大批绝望的难民逃离墨西哥、危地马拉、洪都拉斯、萨尔瓦多，蜂拥进入美国。[7]恐惧是驱使拉丁美洲人北上的引擎。

---

*　奇穆（Chimú）文化是印加帝国之前出现在秘鲁的古代文化，15世纪被印加帝国所灭。——译者注

至于掌控精神的“石”，有组织的宗教无疑在美洲发挥着关键作用，古今皆然。印加时代，伟大的印加王帕查库特克·印卡·尤潘基和图帕克·印卡·尤潘基“翻转了世界”，[8]扩大了帝国版图，不仅征服了南美的大片土地，还迫使被他们打败的人民膜拜太阳神。从那时起，信仰就既是促进社会统一的工具，又是压迫人民的利器。阿兹特克人和印加人一样征服无餍，也深知宗教的用处，但他们改变被征服者信仰的方法与印加人截然不同。他们经常把被征服民族的神祇一并接纳下来，因为他们认为，别人的神与他们自己的神可能有许多共同之处。信步走过中美洲或安第斯地区的任何一个村庄，都能发现古老的信仰在当代艺术和传统仪式中的生动表现。

今天在拉丁美洲，美洲印第安人、非洲人、亚洲人和欧洲人的宗教都有信众，但最鲜明的烙印仍然是500多年前西班牙留下的。拉丁美洲是个坚定信仰天主教的大陆，全世界天主教徒中有40%在这里。[9]从乌拉圭的蒙得维的亚到墨西哥的蒙特雷（Monterrey），教徒们被一条强有力的纽带紧紧连在一起。给6个南美共和国带来了解放的西蒙·玻利瓦尔甚至认为拉丁美洲信仰天主教的西语国家是世界上一支统一的力量，潜力巨大。西班牙王国政府千方百计不让各个殖民地互相交流、开展贸易或建立和睦关系，但自从它把殖民地带到耶稣面前起，就把它们永远地联合为一体了。最终，玻利瓦尔没能把他所解放的那些都讲西班牙语、信仰基督，但各不相同、骚动不宁的人民组建为一个强大的泛美联盟。但是，今天的教会和玻利瓦尔的时代一样，仍然是拉丁美洲各地最受信任的机构。[10]

本书讲述的是千年来塑就了拉丁美洲社会的三个关键成分。我无意对历史做出权威的全面叙述，只想解释拉丁美洲人民的遗产和我们历史上的三个要素，希望对我们的未来有所启发。当然，使我们欲罢不能的还有其他一些东西，它们显示了这个地区可爱的一面，例如，我们对艺术的迷恋、对音乐的激情、对烹调的喜好、对修辞的热爱。拉丁美洲人笔尖下流淌的西班牙语产生了当今时代最具创造性的文学作品。顾家爱家、热情待人也是这个地区人民最突出的特点之一。但是，在我看来，这些都比不上拉丁美洲对采矿的痴迷、对蛮力的喜爱和对宗教的笃信。是它们最有力地推动了人口流动，镌刻了大地，书写了历史。

这三种痴迷并非彼此无关，对它们的叙述也不能完全分开。过去 1 000 年中，它们之间不断碰撞、叠加，盘根错节，正如黄金、信仰和恐惧在莱昂诺尔·冈萨雷斯的生活中密切交织。拉丁美洲笃信宗教，崇尚暴力，顽固坚持一种古老的采掘业形式，尽管它未必能带来持久发展；这一切多年来一直使我深感兴趣。我相信，研究这些倾向的历史能使人深入了解拉丁美洲人到底是什么样的人。一位历史学家曾经说过，拉丁美洲是“一个天生不合常规的大陆”。[11] 它自成一体、特立独行，其他地方形成的理论或学说几乎全不适用于它。我也相信，虽然我为撰写本书费时多年，努力择清理顺历史的脉络，但我仍然不可能讲清楚历史的全貌。

怎么来解释一个半球和那里的人民呢？这实在是一项不可能的任务。过去 500 年偏颇的历史记载更加大了这一任务的难度。不过，我仍然坚信，西班牙语美洲的经历造就了一种共性，甚至可以称之为一种具体的性格。我还坚信，这种性格直接源自两个世界的巨大碰撞。这样的经历造就了一种勉为其难的宽容，这是我们的特性。在北边没有与之对等的东西。

在拉丁美洲，我们也许不能确知自己属于哪个种族，但我们知道自己与这个“新世界”的联系比与“旧世界”的联系更加紧密。经过不同种族间数世纪无拘无束的交融后，我们血液中棕种人的成分比白种人的多，黑人或印第安人的成分也比有些人以为的要多。但是，自从殖民者和原住民的“第一次接触”以来，每一代焦虑不安的“白人”都死抓住政治权力不放，所以，真正弄清我们身份特征的设想从来都无法实现。无论如何，拉丁美洲原住民的历史得以持续至今（这一点和北美不同），说明它一定有其特殊的原因。在此，我谨谦卑地提出我的一己之见，希望与读者分享一些心得。

我父亲家这边在秘鲁定居快500年了，但我的祖母罗萨·西斯内罗斯–西斯内罗斯·德·阿拉纳（Rosa Cisneros y Cisneros de Arana）却对西班牙的一切情有独钟。她常对我说起西班牙的一个习俗：把儿子们送入各种行当，为强大的社会提供栋梁。按照这个习俗的思路，第一个儿子要做通达世事的工作（律师、从政者或生意人），第二个儿子要当军人，第三个儿子则应担任神职。老大通过管理国家的权力和财富来确保国家繁荣；老二身为军人为国服务，维持和平；老三通过宣讲上帝之道打开通往天国的大门。[12] 我在历史书中从未读到过这个习俗，不过我在拉美各国旅行期间不止一次听到过这样的说法。慢慢地，我认识到，银行家、将军和主教的确是我们社会的柱石，正是他们维持着当年西班牙创立的僵硬等级制度中的寡头统治、性别关系和种族关系。印加人、穆伊斯卡人（Muísca）、玛雅人和阿兹特克人也把主权寄于君主、武士和大祭司组成的三巨头身上。最高统治者经常身兼三职。无论如何称呼，三角控制的准则在拉丁美洲有效运作了好几个世纪。各古代文化依靠它扩张地盘，征服异族；殖民者利用它牢牢钳制住殖民地人民的钱袋、拳头和灵魂。虽然拉丁美洲对世界贡献良多，尽管我们有着众口传颂的古老文明，但统治着拉美地区的力量始终是银、剑、石。

SILVER

第一部分

银

我的小鸽子，从前有一座闪亮的城市，它漂浮在湛蓝的湖水上，光芒四射，远远看去好似白银铸就。他们叫它特诺奇蒂特兰（Tenochtitlán）。

——墨西哥古代神话、寓言和传说[1]

第二章

山神之脉

下到矿井深处，在冰冷的金属矿脉中看到人类在大地上的挣扎。

——巴勃罗·聂鲁达，《漫歌集》[1]

波托西，玻利维亚

玻利维亚高原上波尔科（Porco）和波托西（Potosí）之间那块寸草不生的狭长荒原上，无疑有地球上最荒凉的景色。根据古印加人的描述，这个地区本来湖水晶莹，鱼儿欢跳，羊驼、骆马和绒鼠在草原上尽情嬉戏。[2]现在，它却贫瘠荒芜到了难以想象的地步。[3]灌木丛稀疏零落。泥土挖得乱七八糟。西北方的波波湖（Lake Poopó）本来面积仅次于的的喀喀湖，现在却已完全消失。今天，它是一望无际的龟裂淤泥，是水生生物的坟场。穿过塔拉帕亚（Tarapaya）山谷，走近波尔科或波托西这些印加和西班牙领土的古老要地，眼中所见与拉美的任何矿区毫无二致；地面如月球表面那样坑坑洼洼，坑洼里的积水肮脏浑浊，一派破败景象。水禽早已不见踪迹；除了偶尔经过的秃鹰外，天上没有飞鸟。空气中弥漫着难闻的臭味，那是炸药和腐尸的气味，就连刺骨的狂风和冰冷的冻雨都遮盖不住。

通往传说中的“富山”里科山（Cerro Rico）的道路旁边堆着一堆堆石头，偶尔有人踏着碎石穿行其中。那些人是流动矿工，如同神话中的战士一样突然出现在光秃秃的无垠原野上，背包里装着全部家当。沿着这条路一直走，就来到了那座大名鼎鼎的红色山峰和山脚下那座绵延的城市。那就是波托西，西半球曾经最大的都市之一。17 世纪第一个十年是它的鼎盛时期，当时，这座大都会和巴黎、伦敦、东京一样人口众多、生气勃勃。[4] 城中心至今矗立着一座宏伟的大教堂。柏油马路两边排列着凋敝破败的巨宅，它们带有花纹复杂的摩尔式阳台，是辉煌往昔留下的蹒跚的幽灵。36 座破败程度不一的教堂凸显了此城的衰落。传说中的白银之城不复存在，高大壮观的棕榈树、广州运来的丝绸、那不勒斯出产的鞋、伦敦制作的帽子、阿拉伯的香水——这些都踪影全无。不再有身穿巴黎时装的人在阳台上凭栏远眺。一条孤零零的狗在屋顶上狂吠。难以相信这个地方是我们所知的近代全球化的发源地，是驱动欧洲商业发展、揭开工业时代序幕的 16 世纪经济奇迹的发生地。

然而，那恰是波托西的过去。从 1600 年到 1700 年的百年间，这里出产了 1 亿千克以上的白银，使秘鲁总督区成为世界上最活跃的金融主体之一。利马因波托西而一夜暴富。印第安人挖掘的贵金属大量流入欧洲各国首都，为欧洲提供了急需的黄金白银，刺激了欧洲的经济，使资本主义得以消灭封建主义，成为未来的主流。西班牙用大量流入的财富来充实贵族的腰包，对英国开战，遏制新教的传播，确保哈布斯堡帝国的统治。但是，钱并未留在西班牙。英国靠着来自拉丁美洲矿山的资金迈入了工业时代。其他欧洲强国阔步前行，不断扩张商业版图，西班牙却死守往昔的农业经济，因而停滞不前，无法留住殖民地千辛万苦开采的银子。财富转到了别的地方去创造更大的财富。那场失败的污点在波托西这个传奇的繁荣之城仍明显可见。

城的边缘散落着依里科山的嶙峋山崖歪斜搭建的铁皮屋，其中也夹杂着一些石头小屋。山坡上遍布伤疤一般的矿洞，里面有人进进出出。在陡峭蜿蜒的山路上，成群身穿宽大的羊毛裙子的妇女带着食物和粗陋的工具匆匆走过，孩子们扛着成袋的岩石。现在，里科山可以开采的矿石已所剩不多。传说从这座大山中开采出来的白银多得足以建造一座通往马德里的灿烂银桥，但是现在，这只红色的巨兽好似泄了气，成了疲惫的岩石堆，与16世纪版画中显示的挺拔山峰没有一丝相像之处。山体内部隧道密布，成了随时可能坍塌的脆弱网络，也是危险四伏的迷宫。[5]希望发财的人仍在，繁荣却已然远去。

500年前，印加王瓦伊纳·卡帕克（Huayna Capac）往来于波托西和波尔科之间的时候，情况完全不同。当时，内战和瘟疫尚未来袭，印加帝国还没有被征服。波尔科一直是印加王的贵金属主要产地之一。自从印加帝国于13世纪建立以来，历代印加王从来不做贵金属贸易，也不把它们用作货币。这些闪光的物质之所以受到珍视，只因为它们是诸神的象征，是对太阳、月亮和星星的礼拜仪式中必不可少的物品。闪着黄澄澄光泽的金子代表着统治白昼的天神，世间万物之父；银代表的是照亮夜空、掌管大海的白色神祇；铜则代表着具有令人敬畏之力的迅疾闪电。这些金属的开采要受印加王在库斯科（Cuzco）的行政官员的严格监督。在波尔科，奴隶们在一丝不苟的监督下用鹿角扒找银块，然后装进兽皮袋里运走。[6]这些金属专供贵族使用，被敲打成形状新奇、引人注目的装饰品，如仪式用的护胸甲、镀金衣饰、圣坛祭祀用品、装饰性雕像、葬礼饰品和室内装饰。没有人想偷窃或囤积这些金属，也没有人去寻找这些金属的来源，因为它们只有一个用途，也只有一个消费者。[7]只有当皇帝的仪式需要这些金属的时候才去开采。仅此而已。

第 11 代印加王瓦伊纳·卡帕克即位后，情况大变。他与以前的印加王不同，对金银喜爱成痴。[8]他下令用黄金装饰神圣的太阳神殿，在他的宫室墙上贴满银箔，在他的礼服上缀满金银片。[9]这还不够，这位印加王还用金银餐具进餐，要求用金银制造座位和轿舆，命人用黄金为他本人和他的祖先制作雕像。[10]这些金属开采起来十分不易，而他对它们的痴迷意味着必须增加产量，由此产生了前所未有的贪欲和压迫。[11]

瓦伊纳·卡帕克在 16 世纪初视察波尔科矿区的时候，正处于权力巅峰期。仪表堂堂、身强力壮的他能征善战，把他的国土扩张到了天涯海角。[12]他决定做一次大出巡，视察他所征服的土地，击退入侵者，镇压反叛者。在那个历史的转折关头，他统治着世界上最大的帝国，虽然他本人并不知道。印加帝国的版图比明朝的中国、伊凡大帝的莫斯科大公国、拜占庭帝国、桑海帝国*、阿

* 桑海（Songhai）帝国是西非古国，16 世纪初达到极盛。——译者注

兹特克帝国和奥斯曼帝国都更广大、更辽阔，比当时任何欧洲国家的领土都大。[13] 瓦伊纳·卡帕克统治的土地绵延 4 000 多千米，大约相当于从斯德哥尔摩到利雅得的距离。卡帕克称他的帝国为塔瓦廷苏育*，其领土长度和北美大陆的宽度相仿，是印加文明所及的最大范围；这是 3 个多世纪 11 代人努力的成果。瓦伊纳·卡帕克即位时，刚刚发生了哥伦布登陆圣多明各这件大事；他死后不久，弗朗西斯科·皮萨罗就纵马穿过他的帝国，把外国旗帜插在了神圣的太阳神殿上。但是，瓦伊纳·卡帕克出巡时正是他最辉煌的时刻，他当时正率兵击退瓜拉尼人（Guaraní）从南边的进犯，使他的人民确信他会保护他们不受已知世界中野蛮部落的抢劫。

皇帝带着大军穿过塔拉帕亚山谷时，决定在波尔科停下来，参观那里的银矿。16 世纪刚刚开始的那个时候，虽然皇帝尚未察觉，但在他所在的半球，改变之风已经刮起，一场巨大的瘟疫也已降临那里人民的头上。不久后，埃尔南·科尔特斯就在特诺奇蒂特兰战役中击溃了阿兹特克帝国，俘虏了强大的蒙特祖马（Montezuma）皇帝。佩德罗·德·阿尔瓦拉多（Pedro de Alvarado）横扫玛雅大地，杀死了玛雅王德功·乌曼（Tecún Uman）。白银和黄金已经开始从原住民手中迅速流向大西洋彼岸的塞维利亚，致命的天花病毒则从相反的方向越洋而来。不过，瓦伊纳·卡帕克高踞于金轿中巡视他的帝国时，对这些都一无所知，去波尔科也只是兴之所至。

印加王带队在山谷中前行时，注意到南边地平线上有一座高

---

* 塔瓦廷苏育（Tahuantinsuyo）即印加帝国，在盖丘亚语中意为“四方之地”或“四地之盟”。——译者注

峰。它不仅峻拔陡峭，而且通体呈铁锈红色；雄伟的安第斯山脉好似一条脊椎，从委内瑞拉绵延至阿根廷，这座高峰在其中特别醒目。瓦伊纳·卡帕克指着它说，那座山一定富含某种贵金属。[14]传说他命令开矿者前去勘查，正在勘查时，山腹中发出了愤怒的巨大吼声，去的人吓坏了，连忙退了回来。那个声响可能是地震，也可能是雷鸣。不管怎样，反正印加王没有坚持在山中探矿。有些人说，那是因为这座山峰被视为神山，是伟大的山神的居所；还有人认为，皇家的贵金属足够用了，所以没有特别紧迫的理由去开矿。[15]直到征服印加帝国10年后的一个冬夜，一个为西班牙王国政府采矿的普通矿工途经那里，停下来烧火取暖，巨变才发生。他看到火堆边上出现了一抹熔化的银液，这证明山中富含宝藏。不久后，西班牙政府就占领了他发现宝藏的这个地方，波托西也从此名扬四海。

阿纳尼亚山

秘鲁，1829年—2009年

> 第四天，全能之神创造了太阳、月亮和星星，给世界增添了美丽。日月星辰在天穹排列好以后，太阳生出了金子和金矿，月亮生出了银子。
>
> ——巴托洛梅·阿尔赞斯·德·奥尔苏阿-贝拉，1715年[16]

1829年，在瓦伊纳·卡帕克巡游高原时未卜先知般指向波托西那红色山峰的300年后，年轻的爱尔兰地质学家约瑟夫·巴克利·彭特兰（Joseph Barclay Pentland）匆匆地给著名探险家亚历山大·冯·洪堡*写了一封信，信中说，波托西北边可能蕴藏着大量贵金属。[17]那时，波托西辉煌已逝，荣光不再；它的宝藏被洗劫一空，投资者颗粒无收。但是，彭特兰向洪堡保证说，650千米以外更高处的坚硬岩层中有金矿床，特别是在卡拉瓦亚山脉（Cordillera de Carabaya），在世界上海拔最高的可通航水体的的喀喀湖周围灰白色的陡峻山坡上。

彭特兰是地质学家，也是外交官，对金属和对外交事务一样感兴趣。他刚刚完成了一段艰辛的旅行，回到秘鲁利马，之前他骑着骡子在玻利维亚崎岖的高原上跋涉了3 200千米。[18]拉美各地的独立战争方告结束，西班牙被彻底逐出了美洲，一直密切关注革命动态的英国外交大臣乔治·坎宁（George Canning）急切希望了解拉丁美洲的矿业情况，想看看英国从中能得到什么好处。伟大的解放者西蒙·玻利瓦尔刚刚带领秘鲁获得了自由，并建立了玻利维亚，他对英国特别热情友好，欢迎彭特兰前来探勘。现在，劲头十足、一心往上爬的彭特兰把拉丁美洲可能有矿的情况写信告诉了洪堡、查尔斯·达尔文和当时的其他伟大科学家。就像三个世纪之前瓦伊纳·卡帕克未卜先知地指向波托西那样，彭特兰现在信心十足地指向卡拉瓦亚山，说那里将产生巨大的财富。

卡拉瓦亚山脉在的的喀喀湖以北，横跨秘鲁和玻利维亚的土地，环抱阿纳尼亚山，早就是寻宝人足迹常到之地。多少世纪以来，冰川运动和呼啸的狂风侵蚀着山岩，削落了巨石，露出了山

* 亚历山大·冯·洪堡（1769—1859），德国自然科学家、探险家，近代地理学奠基人之一。——编者注

体内的宝藏。印加人的故事说，石头缝中曾滚落过人头大小的金块，有一块金子甚至和马头一样大。[19]瓦伊纳·卡帕克的曾侄孙印卡·加西拉索·德拉维加（El Inca Garcilaso de la Vega）写到，那座山蕴藏的黄金超乎想象。[20]此言并非捕风捉影，因为他的叔祖父印加王曾派人去那里采过矿。但是，那里的地形太复杂，采矿无法进行；山峰太陡峭，气候太寒冷。很快，印加人就停止了在阿纳尼亚山的采矿活动。西班牙人最终也放弃了那里的矿井，[21]但那是由于不同的原因。西班牙人在冰成岩上开凿的矿井比印加人的矿井深得多，结果被冰雪压塌了。[22]

颇具讽刺意味的是，随着玻利瓦尔解放的共和国一个接一个地陷入政治和经济乱局，彭特兰的推测和那些矿井一样遭到了冰封。在印加时代和殖民时代，金银矿的开采带来了巨大财富，现在，这些矿藏落入了一连串暴君及其反复无常的政权手中，任由其处置。直到拉丁美洲采矿业在进入21世纪时再次焕发勃勃生机，玻利维亚地质学家才重新开始了彭特兰的工作，并高度评价这位爱尔兰人对地质资源充足的卡拉瓦亚山中的丰富矿脉做出的精密分析。[23]彭特兰在几乎两个世纪之前就预见了波托西后来的景象。

2004年，就在玻利维亚官员常常祭出彭特兰的名字，希望吸引外资开发卡拉瓦亚山脉位于玻利维亚境内那一部分的时候，莱昂诺尔·冈萨雷斯当时还在世的丈夫胡安·奥乔乔克正在阿纳尼亚山中漆黑的矿井里劳作，那里正是彭特兰当年声称将成为通往未来的黄金之路的地区。胡安每天早上起床，喝一碗用简易酒精炉烧好的猪耳汤，用毕这顿寒酸的早餐后就扛起镐头出门。[24]虽然已经进入21世纪，但胡安作为矿工遵守的是沿用了好几个世纪的“卡丘雷奥”（cachorreo）制度。按照这个制度，工人先为矿主白干30天活，之后每天就可以拿走能背得动的岩石，归自己所有。天光下，人能看得出那些岩石里有没有金子。有时，胡安从背回来的岩石里找到的金屑能买到够全家几天吃喝的水和食物，有时却一无所获。

天才蒙蒙亮，胡安就冒着严寒去上工，天黑很久后才收工。黎明的微光中，泥泞的蜿蜒山路上人影幢幢。他加入他们的行列，下到矿井里，被更深的黑暗吞没。胡安永远生活在黑夜中，矿道就是他的生活环境。他和任何夜间活动的生物一样，学会了在阿纳尼亚山腹的幽暗迷宫中穿行，也习惯了巷道中的腐臭与潮湿。这种靠砍削冰冷的岩石讨生活的非正式采矿活动规矩不多，但仅有的规矩非常严格：不准女人下矿井，因为女人可能带来晦气，谁也不敢冒这个险。矿工们只能互相信赖，大家分享微薄的所得，向所有矿工的神，主管暗黑之地的苏佩献祭。他们咀嚼古柯叶，好在空气稀薄的黑暗矿井中打起精神。低矮的巷道让人直不起腰，矿工们为节约稀少的氧气沉默不语，迈着沉重的脚步走过丢弃的炸药包外壳，一摊摊化学品废液，眼神邪恶、头生双角的苏佩雕像和过去举行祭祀时用的祭品残渣，一直下到300米深的山腹处。对胡安来说，一切自古如此，从未改变，只有一点不同。

这个不同却是本质上的不同，那就是，印加时代没有人敢进入山腹如此之深。也许是因为那时人们认为每座山都有山神，也许是因为印加人对迫使奴隶在有损健康的情况下劳作有严格限制，[25]而这又可能是因为金银用途有限，需求量很小。所以，在印加时代，采矿大多在地表进行。[26]人们仅仅刮开山体表面或挖出浅坑，而不是在山上打出深达300米的洞。[27]况且，竖井采矿是对山体的公然损坏，而山是名为“阿普”的神的实体表现。[28]也许这就是为什么当地人采到的黄金大部分都是从河底的淤泥里仔细淘出来的。[29]据说，发源于安第斯山脉高处、奔腾流过亚马孙雨林的瓦亚加河（Huallaga River）含金量十分丰富，印加人淘金轻而易举。[30]不过，关于印加人为何没有在大地母亲帕查玛玛身上挖出深洞的任何说法都是猜测，没有真正的解释。

说实话，围绕拉丁美洲大陆的原住民历史，很少有“真正”的解释。关于前哥伦布时代的历史或文化，由于史料不足，重建并不容易。不过我们可以推断出一些事实。印加人和阿兹特克人的时间概念与我们的不同。他们认为，时间由不同的周期和不同的维度组成，基本上是二元结构：雨季对旱季，白天对黑夜，丰年对歉年。[31]时间的循环映射出他们对治与乱永恒更替的深刻信念。阿兹特克人的世界观也具有深切的二元性：地对天，火对水，黑暗对光明。[32]这种宇宙观看似简单，其实秉承它的古代社会在很多方面复杂多变，其基本观念是：物质世界也许清楚明了，人的事务却远非如此。

印加帝国中普通人的生活缺乏安定，工作经常交替轮换，严重影响正常生活。[33]为了国家的方便及经济需要，大批人口经常被连根拔起移往他处，家庭也被拆散，叛乱的部落被迁到便于受帝国的忠诚臣民监督的地方。身为奴工的人知道自己注定四处漂泊，不得安定。“米特马克”制度下的劳工也许奉命在附近的矿里淘金，也许去遥远的田里收割玉米，也许被派遣拿起武器去打仗。一生只做一个行当几乎闻所未闻。在这种不断轮换的制度下，一名劳工可能奉命捕三个月的鱼，接下来的三个月无事可做，随心所欲跳舞喝酒，然后又被调去别的地方干活。编年史或陵墓里的随葬品能为我们讲述伟大统治者的生前身后事；关于普通人，历史留下的记录却少之又少。

印加人和阿兹特克人没有文字，想充分了解他们的历史因而更加困难。玛雅人有一套复杂的象形文字，现在也得到了破解，印加人和阿兹特克人却世世代代靠故老相传的口述历史来保存过去的记忆。印加人还有一种叫作奇普（quipu）的结绳记事法，目前历史学家才刚刚研究出一点端倪。另外，我们对这些古老文化的了解在很大程度上受了欧洲偏见的污染，我们看到的史料经过了西班牙编年史作者、神父或努力讨好殖民主子的梅斯蒂索人*的过滤。现存"记录"中，征服者的印记明显可见。根据这些记录，新大陆的原住民是异教徒，是愚昧的野蛮人，可以任意处置，因为他们几乎不能算人。其实，我们现在知道，他们在许多方面比欧洲人进化得更高级。例如，"不得偷窃，不得撒谎，不得懒惰"（ama suwa, ama llulla, ama qhella）的印加道德准则深深根植于安第斯人民的本性之中。在殖民制度得到牢固确立后，普遍公认的观念是，任何印第安人，无论其在被征服前是什么地位，都只能当牛做马，为西班牙高等人效劳是对他们的公平奖赏。结果，历史学家要了解哪怕是原住民生活最基本的轮廓，都必须蹚过意见

---

*　梅斯蒂索人（Mestizo），西班牙人和美洲原住民的混血儿。——译者注

和偏见的泥淖。

那么，关于这些文化对金银的兴趣能够得出什么结论呢？大量实际证据显示，印加人对贵金属心怀崇敬。自从帝国始祖曼科·卡帕克（Manco Capac）和妻子玛玛·奥柳（Mama Ocllo）偕兄弟姐妹离开的的喀喀湖畔的谷地去寻找创立太阳帝国的圣地的那一天开始，黄金就是印加人信仰体系的一部分。传说太阳神赐给了他们一条金棒，来到库斯科（Qosqo，即 Cuzco）时，这条金棒钻入了泥土深处，因为库斯科是大地之脐，帝国将以此为中心扩张到天涯海角。外面的世界是塔瓦廷苏育，而印加人的使命就是进入这个世界，启发那里人的心智，让更多的人全心全意为太阳神服务，参与膜拜太阳神的荣耀。

随着印加帝国的扩张，按照与任何所知的征服模式都迥然不同的逻辑，贵金属成为帝国权威的象征，却从来没有被用作货币，也从来不是追求的目标。印加人从库斯科这个神圣的中心有条不紊地逐步向外扩张，使越来越多的人皈依他们的信仰，服从他们的意志，在此过程中势力日益壮大。他们把其他部落吸纳进来，许诺让他们过上更舒适的日子，加入一个更伟大的社会，信仰更好的神。对于不服从的部落，他们则通过残酷的战争予以征服。被制服的部落酋长（curaca）连同家人被送到库斯科接受再教育。他们一旦表示对印加帝国效忠，就可以回到自己的部落，但要把一个最喜欢的儿子或兄弟无限期地留在首都，以确保他们不生异心。

每一位印加皇帝都努力推进帝国的事业，给太阳神带来更多的信徒，从太阳神殿这个帝国的心脏向外，沿着如太阳的万丈光芒一样的“路线”（ceque），朝着被征服的边疆织成强大的网络。印加人组织起大批劳工，强迫他们开山劈石、建筑碉堡、修造仓库和圣殿，还建成了宏伟壮观的皇家大道（Capac Ñan），这条大道从阿根廷直通哥伦比亚，经过了所有可能的地形，全长 32 000 千米，几乎是中国长城的 4 倍长，相当于从利马到东京的两个来回。为了赞颂帝国的扩张，印加人从河中淘金，从山上采银，从露天矿坑中挖铜，将其全部送回库斯科，献给强大无匹的皇帝。太阳神殿的印加语名称“科里坎查”（Coricancha）意为“黄金区”，它以黄金为墙，白银为顶。[34] 金丝和银丝被用来制作各种奇花异草供皇帝观赏。皇宫中的每一件器皿都用金银制成。[35] 金子是“太阳的汗水”，银子是“月亮的眼泪”，它们被视为上天的礼物而备受珍视，因为它们象征着凡人与神之间至关重要的联系。[36] 来到这块土地上寻找财富的欧洲入侵者从未明白印加人与他们的这个根本分别。对印加人来说，黄金是光明在与黑暗永无休止的斗争中的栖息地，是神的体现，是人与造物主之间的桥梁。[37] 只有身为神之后裔的天定统治者才能拥有如此神圣的东西。

金银这样的金属极受尊崇，又与兼始祖、救世主和国君于一身的印加王 [38] 关系极为紧密，因此，印加王去世后不可能将它们作为遗产留给别人。他的宫殿会被封闭，所有金光闪闪的用品原封不动地留在里面。印加人相信，他们的王在阴间仍然是王，有朝一日还会再次驾临宫中。他的肠子被小心地取出，和他的金银珠宝一起埋在一座神庙中。[39] 他一生中剪下来的指甲和头发都被一点点积攒起来，存放到神圣的地方。他的遗体经过仔细的防腐处理，制成他在权力巅峰时的样子，安放在太阳神殿的一个宝座上，和所有其他已故印加王的木乃伊一起等待着魂灵归来。他和生前一样，照常治国，但要通过被称为帕纳卡（panaca）的皇族代表，由他们向他的遗体请示，代他发布谕旨，传达他的意志。所以，印加王带去永恒世界的所有金银宝物被视为贡品而非财产。它们虚幻而不真实，属于神祇而不是凡人之物，是集体记忆的见证而非动人贪心的财富。

但是，15 世纪过半时，随着帕查库特克和图帕克·印卡·尤潘基这两位活力充沛的印加王把帝国版图进一步扩大，金银开始被视为尘世荣耀的标志。

帕查库特克颁下敕令，规定只有皇族才能佩戴贵金属；图帕克·印卡·尤潘基征战凯旋时带回了一队队驮着沉甸甸的白银的羊驼。瓦伊纳·卡帕克对权力象征和气派排场的喜爱更甚于他的父亲和祖父。为庆祝他一个儿子的出生，他定制了一条长长的金缆绳，可以从库斯科市场的一头拉到另一头，那条金缆绳需要整整一队人才抬得动。[40]

美洲印第安人加工金银的方法不像欧洲人那样，把熔化的汁液浇入模子铸造。他们看重的不是金属的坚固，而是它的可塑性和柔韧度。他们制作精品杰作的方法是把金属锤成薄片，然后用木槌反复捶打为坚韧耀眼的金属箔，把金属箔包在结实的模具周围，再把各部分焊到一起，形成精美绝伦、光彩夺目的整体。[41]

慢慢地，印加人因其制作的这些权力象征而名扬四方。随着他们征战不歇，地盘不断扩大，他们喜爱金银的消息也传遍了整个大陆。[42] 别人说他们穿的衣服都闪闪发光，称他们为白衣王、闪亮的人、日月武士。然而，印加文明并非美洲大陆上第一个开采贵金属的文明，也不是只有印加人能生产金银制品。事实上，冶金工艺在美洲已经蓬勃发展了数千年。公元前第一个千年的大部分时间内统治着秘鲁沿海地区的查文文化*就以其卓越的金属工艺著称。查文人和印加人一样，也把黄金捶打成金箔，做成花样繁复的珠宝、头饰和衣饰。黄金作为高贵的标志受到珍视，它证明拥有者是高等人，有贵族血统。公元300年统治秘鲁沿海地区的莫切女祭司卡奥夫人（Lady of Cao）的随葬品包括光彩夺目的各种首饰，还有精美的王冠、鼻环和节杖。

后来安第斯地区的莫切文化和奇穆文化也是加工贵金属的大师，尤其擅长加工白银。最后，强大的穆伊斯卡人学会了金属加工的工艺。穆伊斯卡人住在哥伦比亚高原，形成了一个组织严密的联邦。他们在15世纪开始生产供首领使用的精美金器。[43]黄金国的传说就是因一位穆伊斯卡王子或首领（zipa）而起。据说那位年轻的显贵人物巨富多金、风度迷人、体魄健壮，他每天跳入瓜塔维塔湖（Lake Guatavita）游泳之前，都会在身上涂一层厚厚的金粉。[44]

金属工艺就这样沿着安第斯山脉传播开来，在这个与外部隔绝的地区蓬勃发展。在统治了这片山区3 000多年的各种文化中，它一直是王家的禁脔。不过，11世纪的某个时候，就在诺曼入侵大军席卷英格兰，维京人灰溜溜地逃回老家之时，就在西班牙被阿拉伯征服者的铁蹄践踏之时，美洲发生了一场完全不同类型的入侵。起自安第斯的贸易逐渐向大陆北部发展，越过了加勒比地区。金属工艺也开始引起半球其他地方人民的极大兴趣。说它是

* 查文（Chavín）文化是南美洲早期文化，公元前9世纪—前3世纪兴盛于秘鲁，此时定居农业已经完全形成，建陶、纺织、雕刻等各种手工业也得到发展。——编者注

流言也罢，贪婪也罢，好奇也罢，贸易通道造成的意外结果也罢，总之在西班牙征服者到来之前差不多500年的时候，对贵金属的兴趣开始迅速增加，制作工艺通过巴拿马和加勒比地区传到了北边的伟大文明中。

特诺奇蒂特兰

墨西哥，1510年—1519年

> 那时没有罪恶。没有疾病。没有骨头痛。没有黄金热。
>
> ——《方士秘录》，约1650年—1750年[45]

美洲大陆间的贸易先是在沿海地区发展，宝贵的贝壳和羽毛的贸易尤其红火；这样的贸易把冶金术带到了中美洲。[46]进入公元第一个千年时，位于现在危地马拉和墨西哥境内的高度发达的玛雅文化正处于兴旺时期。玛雅人开始开采银矿、金矿和铜矿。和在安第斯地区情况一样，这些金属是贵族的标志，也是区分不同阶级的方法。[47]正如埃及女王哈特谢普苏特（Hatshepsut）用金丝制衣，用银粉化妆一样，玛雅君王也用闪亮的金银来象征他们日益增加的权力。玛雅人不像埃及人、罗马人和日耳曼人，想到要炼铁来制造武器和工具这类有实际用处的东西；说到这一点，所有早期的安第斯文化也都未有此想。印加人直到瓦伊纳·卡帕克上台后，才开始用青铜做撬棒、刀具和斧头；15世纪，阿兹特克人开始制造铜矛头，至此，金属才被用来杀人。[48]那时的人更喜欢用石头做棍棒，用黑曜石做矛尖。虽然这些早期文明所在之地富含铁矿，但是当地人在西班牙征服者登陆之前没有开采过铁矿，也从未想过用铁制造武器。正如西半球在接触到欧洲人之前没有运载重物的轮车一样，美洲人也从未想过用金属来造棍棒或作为货币，直到征服带来天翻地覆的剧变。

西班牙人在“印度”与当地人意外相逢，遇到了一个欧洲怎么也想象不到的独特世界。[49] 当然，西班牙征服者对这个世界无法理解，也从未试图理解，因为他们漂洋过海来这里不是为了了解别的文明，而是为了发财，为了获得荣耀，还为了向当地人传福音，必要时不惜使用武力。西半球的居民面对闯来的这些令人困惑的奇怪异族人也毫无准备。这块被称为“新大陆”的土地，在数千年里生活于此的居民眼中却是古已有之，让人安心放心，是“开辟鸿蒙以来汪洋之中的一个伟大岛屿”。[50] 它与世隔绝，自成一体，人烟稠密。当地人的祖先来自白令陆桥，最初居住在那片西伯利亚和阿拉斯加之间偏僻的狭长草原上，直到 1.9 万年前草原被白令海淹没。海平面上升，将他们与亚洲和欧洲分隔开来，于是，他们南迁成为美洲原住民。出于生存的需要，也是为了探索广大的世界，他们分散到了美洲各地。他们适应了各地的地形，衍生出众多文化，彼此通商贸易，有时也兵戎相见。他们发展出了强大的部落身份特征和征服他人的强烈愿望。

15 世纪的欧洲不过是和巴西差不多大小的一块地方，人丁也并不特别兴旺；而美洲原住民已经遍及他们所在半球一切可居住的地方，从北极的冻土带到加勒比海的岛屿，从安第斯山的高峰到拉坎顿丛林（Lacandón Jungle）的最深处。简而言之，那个世界遍地是人。历史学家说，1492 年，美洲大陆人口达到了 1 亿，占世界人口的 1/5，而且形成了特色鲜明的不同文化和部落。[51] 玛雅人抛弃了蒂卡尔（Tikal）和奇琴伊察（Chichén Itzá）等伟大都市，分散到了乡村地区。阿兹特克帝国的首都特诺奇蒂特兰繁荣兴旺，居民达 25 万之众，[52] 是当时伦敦人口的 4 倍。[53] 除特诺奇蒂特兰的人口之外，阿兹特克治下还有 2 500 万人，比印度或中国的人口多一倍。[54] 印加帝国首都库斯科也是热闹的大都会。[55] 印加国力巅峰之时，库斯科有 20 万居民，另外还有 3 700 万人受印加管辖，比一度囊括了西班牙、中东和北非的阿拉伯帝国的人口都多。[56] 命运决定了这些伟大的文明必须面对西班牙入侵者，保护自己所在的半球；虽然它们彼此相隔遥远，中间有崇山峻岭、深沟大河，但它们有着突出的共同特点。16 世纪的征服者清楚地看到了这一点，他们对阿兹特克人和印加人使用了同样的征服战略，因为他们假定这两个文化在一些重要的方面一模一样。两个社会都等级森严，皇帝兼神、王、大祭司和最高武士的职能于一身。阿兹特克人和印加人都自认为太阳的子民，都征服过其他民族，吞并了被征服者的大片土地，因此树敌众多。皇位不是自动由长子继承，因此，继位过程很容易受到阴谋操纵。两个文化都用活人献祭，还允许乱伦，于是给了基督徒很好的理由为它们贴上可憎可恨的标签。两个文化在工程、农业、计时和天文学等领域都掌握先进的技术，征服者借此立即获得了庞大的知识基础。两个文化都崇拜太阳和月亮，在艺术作品中对其极尽歌颂。对前来抢劫的西班牙人来说，也许最为重要的是，两个文化都有着空前大规模的金、银、铜产量，还建起了庞大高效的奴隶制度，能够维持甚至增加产量。

的确，阿兹特克的统治者蒙特祖马二世和印加的瓦伊纳·卡帕克一样，最喜欢金银饰品。之前的中美洲统治者喜欢绿宝石、紫水晶、玉石、绿松石和其他宝石，蒙特祖马却喜欢佩戴金制螺旋形耳环、金唇钉、金鼻环和银项链。[57]被阿兹特克人称为“诸神之粪”[58]的黄金在中美洲数量不多，主要靠从瓦哈卡（Oaxaca）地区的河流中淘取，专供皇家使用。15世纪初，阿兹特克发动征服战，吞并了邻近储银丰富的土地，在那里建立了矿区。后来，这些矿区被西班牙人接管，扩建成为世界闻名的银矿，如塔克斯科（Taxco）、萨卡特卡斯（Zacatecas）、瓜纳华托（Guanajuato），还有马德雷山脉（Sierra Madre）那储量惊人的矿床，其中有的至今仍在开采。“野蛮人国王的气派无人能及，”埃尔南·科尔特斯向西班牙国王提及蒙特祖马时夸夸其谈，“他戴着各种花哨的小玩意儿……还有世界上任何金匠都难以做出的精美金银装饰。”[59]

据我们所知，科尔特斯和蒙特祖马二世1519年的会面是西班牙人首次见识到一位美洲君王的盛大排场。科尔特斯先后在伊斯帕尼奥拉*和古巴待了15年，为西班牙国王效劳，但他在那两个地方从未见过像蒙特祖马这样的印第安人。出身破落贵族的科尔特斯急切地想获得大笔黄金，以重振家声。他断定面前这位贵人位高权重，那些饰品会给他带来荣耀。

蒙特祖马二世是“话事人”（huey tlatoani），即墨西加三方联盟（Mexica Triple Alliance）的最高领袖。这个联盟由多个部

---

* 伊斯帕尼奥拉岛（Hispaniola）亦称海地岛，是西印度群岛中仅次于古巴岛的第二大岛，伊斯帕尼奥拉意为“小西班牙”。——编者注

落组成，包括三个城邦——阿兹特克的大都会特诺奇蒂特兰以及附近的特斯科科（Texcoco）和特拉科潘（Tlacopan）。蒙特祖马讲的语言是优雅流畅的纳瓦特尔语（Nahuatl），今天危地马拉和墨西哥的一些地方仍在使用这种语言。纳瓦特尔语与科曼切人（Comanche）、肖肖尼人（Shoshone）和霍皮人（Hopi）的语言同属一个庞大的语族。[60] 蒙特祖马的帝国经过在他之前 8 代阿兹特克首领的大力扩张，已经和英格兰的面积不相上下。[61] 作为这个活跃好战的联盟的"话事人"，蒙特祖马在中美洲的权力无人能及。但是，他的皇位不是继承的，而是 1502 年由长老小组投票确定的。[62] 在特诺奇蒂特兰的一众王子当中，他似乎是个招人喜欢的候选人。他沉稳、严肃、口才过人。[63] 已知的信息表明，他也是个毫不做作的年轻人。传说长老们要把决定告诉蒙特祖马，派人去召他的时候，发现他正在神庙扫地。[64]

后来一切都不同了。身材高大的蒙特祖马皇帝魅力十足、庄重威严。他的个人习惯一丝不苟，也要求周围的人同样讲究。他一天沐浴两次，喜欢华贵的服饰，食不厌精，对风月之事谨慎低调。他脸形瘦长，颧骨突出，蓄着精心修剪的山羊胡，眼神凌厉尖锐，看起来活像一头警觉的狐狸。[65] 他能让人如沐春风，他的三千后宫佳丽对他殷勤温柔、百依百顺。据说他服用特别的壮阳药，一次就让 150 个嫔妃同时怀了孕。[66] 传说他身强体壮、行动敏捷、箭无虚发，这为他赢得了手下武士们的惊讶赞叹，至少开始时是这样。[67]

若是长老们以为在神庙扫地的这个举止温和的人容易驾驭，会成为听话的傀儡，那么他们很快就会发现自己大错特错。佩戴鼻环、针刺四肢放血这些传统的登基仪式完成之后，蒙特祖马就着手把前任留下的广袤领土变为专属于自己的帝国。[68]一些历史书，尤其是早期欧洲人写的史书，把蒙特祖马二世描写得软弱焦虑，在危险面前胆小如鼠，[69]这完全是歪曲。其实他狡猾多智、野心勃勃、满腹韬略。后来，他对臣民日益无情，驭下严苛，在战争中无比残酷。纳瓦特尔语中“蒙特祖马”一词的意思是狂暴无情的力量，[70]他真正做到了名副其实。

他有充足的理由对墨西加做出改变，当时显然亟须采取大刀阔斧的行动。三方联盟扩张太快，变得难以掌控，有崩溃之虞。在野蛮战争中遭到征服的部落对阿兹特克征服者怨恨不满，各地戾气弥漫，边陲地区的反叛情绪如同低烧持续不去。在无时不在的暴力威胁下，民众惊惶不安。为保持安定，特诺奇蒂特兰的军队控制了社会的每一个方面，[71]把这个原来由祭司和太阳神崇拜者组成的神权国家变成了实际的准军事国家，一点小事就要动用军队。一些掌握兵权的将领组成小集团，把贵族排挤出国家的重要决策过程。很快，军方的手伸到了商业领域，充当了迅速壮大的富商阶层的卫队；[72]那些商人势力很大，从加勒比海岸到格兰德河畔，买卖的货品多种多样。特诺奇蒂特兰的中央广场变成了琳琅满目、安保严密的集市，腰包充实、张扬放纵的生意人在里面大展身手。[73]金银贸易曾经是首领和王子的专属，现在成了人皆可为的兴旺生意。

这是个深刻的文化转变。在阿兹特克人的统治下，贵金属变成了和其他东西一样的商品。正如那时在热闹的集市上用作货币的贝壳、羽毛和工具，神的“粪便”和“眼泪”也成了货币。此时，墨西加的金银生产已非常普遍，帝国边缘地区的民众向国家纳贡就用手镯和项链，有时甚至用金银锭和宝石。[74]一个富裕的原始资产阶级应运而生。[75]对有些人来说，这种经济繁荣也许是值得欢迎的进步，但是对蒙特祖马来说，它是事态严重失序的又一个表现。人们太随心所欲，经济脱离了国家的控制，而造成这种日益难以管理的混乱局面的元凶就是军队。必须把权威收回到贵族手中，他的政府将拨乱反正。[76]

蒙特祖马二世之前的武士皇帝阿维措特（Ahuitzotl）任人唯才，不看出身，而蒙特祖马的第一个举措就是扭转这位前任的用人政策给墨西加社会结构带来的改变。蒙特祖马甫一上台，就开始压制军队中那些被擢至高位、他认为权力过大的平民将领，完全不管这些人曾为他的帝国流过血。[77]他们是平民，是劣等人，就应该得到相应的待遇。他命令他们穿简单的棉布罩服，并把头发剃光。在那个衣着打扮代表着一个人社会地位的时代，这是个羞辱性的打击。毕竟，这些军官镇压了叛乱，在战争不断的时代维护了国家的权威。军队上下都认为，如此极端的举措不合适，太过分了。行伍中不满情绪开始发酵。

纠正措施不止于此。一心要巩固皇室权力的蒙特祖马二世又宣布，贵族的非婚生子不再享受继承权，尽管过去阿兹特克社会从未质疑过这类人的地位。[78]不出意料，一波堕胎潮随之而至。蒙特祖马那150个怀孕的嫔妃连忙纷纷打胎，因为她们觉得孩子出生后不会有未来。这场清洗在后宫静悄悄地开始，但等到皇帝派遣卫队将皇家育儿所的教师和侍女全部诛杀的时候，清洗就变成了公开的大屠杀。[79]蒙特祖马要确保皇家血脉经过了彻底的净化和再教育。

接下来，蒙特祖马开始削减富商的权力，那些人大多住在附近的大都会特拉特洛尔科（Tlatelolco），过着纸醉金迷的生活。他先迫使他们上缴大笔贡赋，然后推行了一种新的经济模式。[80]从今往后，皇廷将成为帝国的金融中心，重税将成为常态，制造业全由国家控制。结果，特拉特洛尔科的商人只剩了分销生意可以做，包括金、银、铜在内的最抢手的商品被置于国家的严格控制之下。[81]

通过这些举措，蒙特祖马二世如愿以偿，集中了权力，不过他最终也毁在了这些举措激起的民愤上面。在他的任内发生过饥荒、瘟疫和战争，但什么都比不上臣民的憎恶对他的损害。他在领土内外都成了千夫所指。敌人通过占卜断定，“话事人”很快要垮台，愤怒的报复之神就要降临。凶兆出现的消息开始流传：据说火舌刺破夜空，降下了一片火星雨；据说霹雳击毁了火山神的神庙；据说日出时一颗彗星拖着长长的不祥尾巴划过天际；据说特诺奇蒂特兰周边的湖水翻滚沸腾起来，冒出泡沫；还据说有人从一面蒙着雾气的镜子里看到一支骑鹿奔驰的大军。[82]大祸将至的证据似乎确凿无疑，一些心怀反意的部落因此而感到振奋，开始寻求与任何愿意对特诺奇蒂特兰的暴君开战的人结盟。然而，蒙特祖马无疑完成了自己要做的事。他把绝对权力集中在了阿兹特克贵族手中，他维护了种族的纯洁。皇族的兄弟姐妹得以依照风俗继续通婚，表亲相互结合并生儿育女，祖先的神圣血脉将代代流传，没有杂质。谁也不能进入这个封闭的圈子，就连战功彪炳的武士也不行。至于蒙特祖马钟爱的黄金白银，它们都被收进了皇宫之内。

埃尔南·科尔特斯认为蒙特祖马二世那些珠光宝气的服饰值得向西班牙国王报告，他这样想不无道理："话事人"拥有的珍宝美不胜收、令人惊叹。眼花缭乱的科尔特斯根本无暇他顾。最大限度激发了科尔特斯野心的不是特诺奇蒂特兰这座光芒四射的湖上首都那令人屏息的奇景，也不是用武力抢夺这座灿烂城堡的冲动，而是蒙特祖马脖子上闪闪发光的金银饰品。其他的一切，无论是墨西加代表的文化，还是它以往的历史，抑或是基于不同的宇宙观建造的辉煌建筑物，都不重要。"野蛮人国王的小玩意儿"开启了此后的残酷历史。

基多

厄瓜多尔，1520 年

> 印加人的版图西临太平洋，东靠亚马孙，他们自信地认为他们吸收了文明几乎全部的内容。
>
> ——约翰·亨明，《征服印加帝国》[83]

就在蒙特祖马二世为保持种族纯洁而焦虑的时候，4 800 千米以外的印加王瓦伊纳·卡帕克也开始操心起皇族血脉延续的事。他决定赶快在姐妹中找一个结婚，生个无懈可击的皇位继承人。印加王嫔妃成群，为他生育了一大堆后代，但是，他的祖先和墨西加皇帝一样，一贯认为皇族内部通婚方可确保血统的纯正，生出的继承人才是合法的。最后，瓦伊纳·卡帕克和他的一个妹妹结了婚，生了儿子瓦斯卡尔（Huascar）。[84] 这个孩子被宠得非常任性，他在皇室中的崇高地位更加助长了他唯我独尊的心态。他出生时，瓦伊纳·卡帕克举行了盛大的庆典，定制了一条人臂粗细、长度足以横跨库斯科大广场的纯金缆绳。庆典那天，来自塔瓦廷苏育四面八方的贵族排成一队，抬着 200 米长的金缆绳招摇过市，一边载歌载舞，一边把金缆绳高高举起，让它在阳光下熠熠生辉。[85] 瓦斯卡尔的名字在印加人讲的盖丘亚语中的意思就是“链子”。这个孩子人如其名，一直紧紧拴在库斯科，不愿意远离父皇的皇宫。瓦斯卡尔虽然血统高贵，从小就被灌输天将降大任于他的思想，但是他没有继承父亲的进取心，也缺乏父亲的求知欲，对帝国的运作和作为帝国财富来源的土地和矿山一概不感兴趣。瓦斯卡尔成人后，不如他那些庶出的兄弟敢于冒险，也不像他的父皇瓦伊纳·卡帕克那样喜欢四处出巡，而是成了出名的浪荡子。他残忍、怯懦、虚荣，常要求其他贵族的妻子与他交欢。[86] 他当然无法预知未来，但是，和蒙特祖马一样，他的个性将在帝国的垮台中发挥中心作用。

维持皇家血脉并非这两大文明唯一共同关注的事情。蒙特祖马在帝国边远地区平叛的时候，瓦伊纳·卡帕克也开始遇到同样的麻烦。先人征服的远方土地如今成了令人头痛的麻烦。在扩大塔瓦廷苏育的版图方面，瓦伊纳·卡帕克的父亲图帕克·印卡·尤潘基是最大刀阔斧的皇帝之一。[87] 他修路搭桥，几十年前就穿过荒凉的阿塔卡马沙漠（Atacama Desert），把帝国的疆界扩张到了今天智利的遥远海岸。在此过程中，他发现金属制造业在南方的被征服部落中非常发达。[88] 连战连捷、冒险成瘾的图帕克·印卡接着把征服战的矛头转向北方。在基多，他高兴地发现新夺取的土地上也有矿产资源。[89] 然后，他挥师加拉帕戈斯群岛（Galapagos Islands），大发横财，获得了黑皮肤的奴隶、精致的黄金制品、黄铜做的椅子，还有他从未见过的动物——马——的皮和颌骨。[90] 他的大军凯旋库斯科时收获颇丰，带回了黄金、白银、绿宝石、海菊蛤、绿松石，还有最宝贵的玉石。[91] 图帕克·印卡开心地把这些都镶嵌在他的宫殿和神庙上，这让皇室成员兴奋不已，使他自己成为传奇人物，也激励他的儿子瓦伊纳·卡帕克去寻求更大的光荣。

并非所有人都因图帕克·印卡的功绩而欢欣鼓舞。被征服的人沦为远方暴君和陌生神祇的奴隶，为此日益愤懑不平。图帕克·印卡一辈子南征北战开疆拓土，守成的任务现在落在了他儿子肩上。麻烦最初露头的地方是南方的的喀喀湖周边的高原，那恰恰是帝国最丰产的银矿和铜矿的所在地，也是后来500年的重点矿区。瓦伊纳·卡帕克能征善战，坚决捍卫他父亲的领地，派出强兵劲旅镇压了几起血腥的叛乱。平叛之后，他决定做一次亲善出巡，前往位于今天智利的边境地区去确认皇家矿区平安无事。就在他的“安抚”之旅接近尾声之时，他接到报告说，北边被征服的民族也开始造反。在通贝斯（Tumbes）和基多附近，在河水中流淌着闪光金屑的地方，[92] 他的好几位地方官被割断了喉管。[93] 瓦伊纳·卡帕克命瓦斯卡尔留在库斯科处理政事，召来两个年纪较小的儿子阿塔瓦尔帕（Atahualpa）和尼南·库尤奇（Ninan Cuyochi）准备出征。大军一路蜿蜒向北，爬过险峻的高山，经过丛林边缘，沿着壮观的皇家大道 [94] 前去消灭反叛分子。

瓦伊纳·卡帕克亲率数千大军穿越治下辽阔的帝国，沿途有豪华的行宫供他休息，一路上他念念不忘他的矿产宝藏。[95]他对父亲缴获的闪亮战利品爱不释手；他的物欲比之前的任何皇帝都更高涨；他决心毫不留情，把塔瓦廷苏育牢牢掌握在自己手中。[96]他率军一路走一路抓壮丁，将队伍壮大到数十万人。[97]到达基多后，他发动了一场恶战，但遭到十分激烈的抵抗，基多人异常顽强，结果皇家大军落得衣食不继。待库斯科派来的大批援军终于到达后，印加王总算打退了与他为敌的庞大联盟；这个联盟包括赤身露体的狂野的基亚辛加（Quillacinga）部落、顽强的帕斯托（Pasto）和卡扬贝（Cayambe）自由战士，还有卡兰奇（Caranqui）食人族，卡兰奇人多年来一直在盛产黄金的高原上徘徊伺机，许多胆敢进入他们地盘的印加武士都被他们剖腹挖心。[98]

印加王的敌人惊恐地四散逃入山中。苦战持续多年，双方都死人如麻，鲜血把湖水都染成了红色。瓦伊纳·卡帕克决心不惜一切代价紧紧抓住那块盛产绿宝石、浸透了日月精华的宝地，所以，他任由他的大军犯下令人难以想象的野蛮暴行。他下令不留活口，把数万敌兵全部斩首，将他们的无头尸体扔进水中。[99]今天，厄瓜多尔伊瓦拉（Ibarra）地区有一个湖的盖丘亚语名字还叫作雅瓦科查（Yahuarcocha），意为“血池”。[100]

“平定”基多用了十多年，那是一段恐怖惨烈的时期。[101]尘埃落定后，12岁以上的基多男性已死亡殆尽。[102]瓦伊纳·卡帕克宣告了胜利，在动身去他父亲在附近的图米潘帕（Tumipampa）修建的行宫休息时放话说：“现在你们都是孩子了。”[103]这位印加王为巩固自己的统治，在多地建造了宏伟的行宫。他命令基多人全部皈依太阳崇拜，讲盖丘亚语，为库斯科服劳役。在那场残酷镇压中，印加王的两个儿子是他的得力助手，一个是阿塔瓦尔帕（他的生母是一位基多公主），一个是长子尼南·库尤奇。之后，他在这片地区土地肥沃、风景秀丽的山谷定居下来，把宫廷从库斯科迁到图米潘帕，从那里对帝国进行遥控。[104] 这样，瓦伊纳·卡帕克尽管成功地确保了边境安全，却打破了塔瓦廷苏育精心打造的顶层结构。他在基多设立新都，造成了军队的分裂，引起了关于皇位继承的疑惑，还在世界日益动荡的时候把世界中心库斯科交到了武断任性、喜怒无常的瓦斯卡尔手里。[105]

16 世纪 20 年代晚期，正当印加王在图米潘帕享受田园生活的时候，他开始接到报告，说他的密探在通贝斯附近的海岸上看到了奇怪的东西。信使（chasqui）长途奔跑送来的报告说，他们看到一些胡须满腮、白色皮肤、面容凶狠的人乘着大木头房子接近岸边。瓦伊纳·卡帕克向信使询问那些人是哪里来的，但信使只说他们好像是乘着那些木头房子从海上来的，说那些人白天上岸，晚上回到漂在海上的房子里睡觉。他们胆大、喧闹、浑身发臭，在海上行动如风。他们能从他们的房子里放出可怕的巨响，伴以火球和黑烟。他们能从很远处把一棵树劈成两半，能射出看不见的箭把人杀死。那些大胡子语言不通，全靠比比画画地打手势询问大王的事情。大王叫什么名字？他住在哪里？

瓦伊纳·卡帕克得报后惊惧交加。他要信使一遍又一遍地重复这奇怪的报告，既觉得匪夷所思，又对此事可能的含义感到害怕。数年前，一位占卜人预言说，第 12 代印加王将是末代之王。

瓦伊纳·卡帕克当时没有把这个预言太当回事，可现在危机真的来了，像霹雳一样不祥，像被雷劈的树木一样真实，而且这一切都发生在他光荣保卫了帝国之后不久。毕竟，他是太阳神的第11代儿子。

据有些史籍记载，瓦伊纳·卡帕克在和那些异族人的接触中表现得凶暴鲁莽。一位西班牙修士叙述说，他的两位同胞在岸上闲逛时被信使抓住，送到印加王那里。[106]印加王接见了他们，听了他们的陈述。从他们的手势中，印加王猜出他们对他的珠宝感兴趣。他对他们这种贪婪粗鄙感到吃惊，也因为传言居然说这种衣衫褴褛的流浪汉会危及他的统治而愤怒。那位修士说，瓦伊纳·卡帕克下令把二人砍成碎块，煮熟给廷臣当了晚餐。在另一份十分生动的记录中，安第斯记史家费利佩·瓜曼·波马·德·阿亚拉（Felipe Guaman Poma de Ayala）描述了瓦伊纳·卡帕克和水手佩德罗·德·坎迪亚（Pedro de Candía）的一段对话。印加王把一盘金块放在这个饥肠辘辘的西班牙人面前，惊奇万分地问："你们就吃这样的金子吗？"[107]

不管瓦伊纳·卡帕克是无所畏惧还是惶恐不安，他若是因为异族人可能大举入侵而焦虑，那么太平洋沿岸的乌云如同它的迅速到来一样，未几又迅速消失了。木头房子向北驶去，也带走了它们那些奇怪的大胡子主人。几个星期过后，别的危险出现了。一场当地人从未见过的史诗级大瘟疫在沿海地区迅速蔓延，先是几百人，然后是几千人，再之后是几十万人纷纷染病死去。[108]人得了这种可怕的无名病症后，先是皮肤上长出红色的痘痘，然后化脓成为脓疱，越烂越大。疫病从一个村庄传到另一个村庄，从沿海扩散到山区，所到之处无人幸免。瓦伊纳·卡帕克的大军沿皇家大道行军时，瘟疫如影随形。结果，瘟疫翻过了高山，借助衣服、食物、沙蝇等载体吞没了库斯科。[109] 无数皇族及其臣仆都染病死去。[110] 最后，在离基多不远的万卡韦利卡（Huancavilca）的美丽花园中流连徜徉的瓦伊纳·卡帕克也染上了瘟疫。[111] 他感到大限将至，将贵族廷臣（orejone）们召到病榻前嘱托帝国的未来之事。

可能他发高烧发得忘记了，他和自己的妹妹交媾就是为了生出第 12 代印加王，所以瓦斯卡尔早已被指定为皇位继承人。可能在远离库斯科多年的时间内，他和一直忠实地跟随他冲锋陷阵的两个儿子阿塔瓦尔帕和尼南·库尤奇建立了更亲密的感情。无论如何，瓦伊纳·卡帕克突然产生了一个念头，认为皇位应该传给长子尼南·库尤奇。[112] 然而，他的头脑还算清楚，希望能确认自己的选择是正确的。为了做出决定，皇家大祭司们匆忙举行了一次卡尔帕（kalpa）仪式，在仪式上杀掉一头羊驼，把它的肺吹满气后仔细观察。他们在那个鼓鼓囊囊的肺里看到的启示明确无误：尼南·库尤奇不是正确的选择。祭司们又举行了一次卡尔帕仪式来确定瓦斯卡尔是否合适，结果发现他也不堪大任。

仪式还未结束，瓦伊纳·卡帕克的侍从就发现老主人的病情明显加重。瘟疫不仅造成他皮肉溃烂，而且毁了他的脑子。印加王出现了幻觉，看到小鬼来找他，说是来拘他的，让他跟他们走。[113] 侍从们赶快派了两队信差去找帕查卡马克神庙（Temple of Pachacamac）的神使，询问该怎么救救印加王。那个遥远神庙的巫师请教了地狱之神苏佩，苏佩回答说，应该立即把印加王抬离病床，放到伟大的太阳神的光照之下。[114]

印加王遂被抬到太阳下，吸收全能的太阳神的治愈力。同时，廷臣们决定不管卡尔帕仪式的不祥结果，立即解决继位问题，把皇冠交给住在附近的尼南·库尤奇。然而，他们赶到这位年轻王子的住所后，惊恐地发现他已经盛殓，他的尸体被疫病折磨得不成样子。廷臣们连忙赶去禀报瓦伊纳·卡帕克说现在别无选择，只能把皇位传给瓦斯卡尔，可是他们又晚了一步。老印加王被抬到耀眼的阳光下片刻后就咽了气。

就这样，帝国的灾难接踵而来，从屠杀了数千人的一系列战争到无情吞噬人命的瘟疫。现在，在这一片混乱当中又加上了激烈的皇位之争；争夺的一方是住在库斯科的瓦斯卡尔，另一方是瓦伊纳·卡帕克那个还活着的武士儿子——掌管基多的阿塔瓦尔帕。有些历史学家说，印加王本来就准备立两个继承人，他知道帝国扩张太甚，难以管理，所以有意将其分为南北两半。其他人则说瓦伊纳·卡帕克的决定是临时起意，很可能他当时已经神志不清了，还说他不如他的父亲或祖父那样头脑敏锐、眼光长远。[115]

不管怎样，第 11 代印加王的去世无疑标志着一个时代的明显终结。帝国分裂了，不和的种子也已播下。塔瓦廷苏育几乎能够感到，自己这个巨大的泡泡正在撒气。印加王的心脏被取出来埋葬在基多，[116] 他经过防腐处理的遗体则被隆重运往库斯科，[117] 而慌张无措的廷臣们仍一口咬定他还活着。[118] 无法确知印加人民到底什么时候得知皇帝已经死了。只有精英阶层最忠诚的核心成员知道真相，他们在皇位所属尚未明朗之前尽量保守秘密。经过好几个月的跋涉，队伍终于到达库斯科。[119] 皇帝的木乃伊被从精美的轿舆中移到太阳神殿那金光闪闪的厅堂中，和他的祖先摆在一起。在庄严的仪式中，4 000 名皇族成员、嫔妃和侍从被当作祭品献给瓦伊纳·卡帕克，以确保他在阴间有足够的臣仆。[120] 第 12 代印加王死后和生前一样受到崇拜。在盛大的仪式中，人们对他和他的守护神瓜拉琴加（Guaraquinga）的巨大纯金雕像顶礼膜拜，那座雕像是他在自己的统治巅峰期命人制作的。[121] 当时没人知道，塔瓦廷苏育人民哀悼的是他们最后一位真正的皇帝。悲伤的人们聚集在首都的大广场，拥入巨大的太阳神殿去祈祷和哀悼。

库斯科

秘鲁，2010 年

> 它就在那里。用一块纯金打造的太阳的脸。
>
> ——印卡·加西拉索·德拉维加，1605 年[122]

近 500 年后，莱昂诺尔·冈萨雷斯的丈夫，病痛缠身的胡安·奥乔乔克也从拉林科纳达的金矿艰难跋涉到太阳神殿去祈祷和诉苦。[123] 一天，他正在矿里劳动，竖井塌了，致使他严重汞中毒和氰化钾中毒。他双腿肿胀，呼吸困难，皮肤溃烂，头脑不清。他和小女儿一起，从阿纳尼亚山脚下乘公共汽车一路颠簸，来到太阳神殿墙下。这座神殿曾经宏伟壮观，现在，它的所有金银早已被抢掠殆尽，顶上建起了大教堂，衬得它十分渺小。

胡安的目的很简单，和 16 世纪他的祖先在任何神庙祈祷的目的没有不同。他是去祈求降福，希望改变厄运。他渴望自己和妻子及7个孩子*都能活下去，但他似乎已经山穷水尽。他住在5 500米的冰峰上人为的荒原中，贫病交加，实在没有多少选择。他蹲在矿道里劳作的时间太长，和魔鬼苏佩打交道太多。他把身体和灵魂都交给了近200年前精明的爱尔兰地质学家约瑟夫·彭特兰指向的那条冰雪覆盖的山脉。胡安觉得，现在他唯一得救的希望就是到大地之脐去，去库斯科的太阳神殿，那里的大祭司也许能给他施圣疗术，治好他流脓的伤口。他把他所有的积蓄——矿工称为“种子”的金屑金片——都拿出来换了两张长途汽车票，他要乘车经过1 100千米的崎岖道路，来回各需换三次车。

2008年12月一个滴水成冰的星期五早上，胡安带着10岁的女儿塞娜天不亮就离开了阿纳尼亚山。到达库斯科时，太阳已经滑到了比尔卡班巴山（Vilcabamba）那白雪皑皑的山峰后，全城都笼罩在黑暗之中。胡安一手拄着拐杖，一手扶着塞娜的肩膀，一瘸一拐地沿着太阳大道走向圣多明我教堂，那是辉煌的太阳神殿曾经矗立的地方。他们来到大门口时，最后一位访客正在道别，大门正要关上。胡安恳求门口的神父让他进去，解释了他此来的原因，但是神父说圣疗只能等到星期一。不管胡安如何苦苦哀求，神父始终不为所动。最后，那个神父干脆不再开口，默默地关上了大门。

胡安当然不可能知道，在教堂的巨型大门下方6米处，就是传说中有着金光闪闪厅堂的太阳神殿的石头残垣。瓦伊纳·卡帕

---

* 奥乔乔克有过两任安第斯原住民所谓的“compromisos”，即“结伴人”。结伴人不是办过结婚手续的妻子。他和莱昂诺尔·冈萨雷斯结伴生了4个孩子，另有和第一个结伴人所生的3个年纪稍长的孩子。

克曾穿过厅堂，向古老的诸神致敬，沉湎于他帝国的强大。等再回到这些金色厅堂时，印加王的血管里注满了防腐的药液，扭曲的皮肤因鞣制工艺而革化。[124] 几年后，当“大胡子们”汹汹而来的消息像一场全新的瘟疫传遍首都各地的时候，他的木乃伊和他的巨大神像一起被运出了库斯科。[125]

胡安坐在圣多明我教堂的台阶上，左思右想该怎么办。他已经身无分文，最后一点“种子”都用来换汽车票了。他被塞娜扶着慢慢站起身来，一瘸一拐地走回了汽车站。不到一个星期后，他就死了。

尽管听起来匪夷所思，但胡安·奥乔乔克的命运被一条纤细而有力的链条与瓦伊纳·卡帕克的命运连到了一起。那是金属的链条。胡安死于一辈子寻找黄金落下的伤病，而这些金属他几乎从未拥有过和使用过。瓦伊纳·卡帕克的死因是觊觎他神圣宝藏的征服者带来的疾病。两人一个是皇帝，一个是贫民；他们属于同一种族，使用同一语言，但所属阶级和毕生追求有天壤之别，还隔着 500 年的历史。两人的死都是命运造成的，他们都是外来贪欲的受害者。在后来风起云涌的几个世纪中，来自远方的欲望和当地人对这种欲望的不理解所造成的后果只会变本加厉。

第三章

金属饥渴

印加王：“你们就吃这样的金子吗？”

西班牙人：“我们吃这种金子。”

——费利佩·瓜曼·波马·德·阿亚拉，1615 年[1]

贪欲乍起

1492 年，西班牙开始冒险追求全球强权，派遣哥伦布越过标志着已知世界边缘的赫拉克勒斯之墩[*]去掠夺土地，美洲几大帝国随即步入脆弱动荡的多事之秋。然而，它们当时对此无知无觉。年轻气盛、无所顾忌的瓦伊纳·卡帕克刚刚从他权势煊赫的父亲手中接过权杖；蒙特祖马二世尚未登基，也未开始对三方联盟的严厉改革；在波哥大附近巩固了产金地联盟，后来又为捍卫联盟丢了性命的两个桀骜不驯的穆伊斯卡统治者刚刚出生。西班牙也处于巨变前夕，过去那种步履蹒跚的不成熟状态将被彻底扭转；

---

* 赫拉克勒斯之墩（Pillars of Hercules），又译海格力斯之柱，是直布罗陀海峡东端两个对峙岬角的古称。——译者注

不过，它对即将发生的变化同样无知无觉。

西班牙当时的双君主伊莎贝拉一世女王和费尔南多五世国王*继承了一个被战争拖得精疲力竭的国家。两人23年前私奔结为夫妇，他们各自的王国就此仓促地合二为一。他们靠着坚强的意志、灵活的政治手腕和把基督教传遍伊比利亚半岛的狂热决心，把半岛各处的基督教势力集结起来共同打击阿拉伯占领者的最后残余。1492年，经过几十年的血腥战争，他们夺取了格拉纳达，将摩尔人永远逐出了伊比利亚半岛。

那是个艰难的过程。皮肤白皙的红发女孩伊莎贝拉3岁就没了父亲，母亲也从此精神不稳定。她的异母兄长，卡斯蒂利亚的恩里克四世国王†多次逼她嫁人。西班牙人给恩里克起了个绰号"无能者"（El Impotente），既嘲笑他性无能，也影射他治国无方。他的第二任妻子性欲旺盛，而且毫不掩饰，和卡斯蒂利亚王廷的许多浪荡子都有过苟且，最终生了一个孩子"贝尔特兰之女"胡安娜（Juana la Beltraneja）‡。胡安娜对王位继承权的声索虽然名不正言不顺，但仍给伊莎贝拉即位造成了很大干扰。

伊莎贝拉6岁时，和精神失常的母亲一起住在一座阴暗的城堡里。母女二人等于是被恩里克国王流放到那里去的。那年，她和她的第二个堂弟，阿拉贡王国国王5岁的儿子费尔南多订了婚。

---

* 费尔南多国王身兼多个头衔，在位阿拉贡王国国王时（1479—1516）称费尔南多二世，在位卡斯蒂利亚王国国王时（1474—1504）称费尔南多五世，译文谨遵原作者提法。——编者注

† 恩里克四世，卡斯蒂利亚王国国王（1425—1474），英语文献中写作"亨利四世"（Henry IV）。——编者注

‡ 恩里克四世的反对者认为胡安娜是王后与王廷宠臣、第一任阿尔布开克公爵贝尔特兰·德·拉奎瓦（Beltrán de la Cueva）的私生女，故将胡安娜冠以"贝尔特兰之女"这一讽刺性绰号。——编者注

但没过几年，她那个废物国王哥哥就开始火急火燎地寻找更成功、更强大的盟友，因为他已经把卡斯蒂利亚的财富挥霍一空，使王国债台高筑。他觉得可以用伊莎贝拉的婚姻作为结盟的手段。恩里克不顾自己的父亲和阿拉贡已经达成的约定，见机行事地向各国王室中一连串有钱贵族表示，可以把伊莎贝拉嫁给他们。伊莎贝拉 10 岁时，恩里克强行将她从母亲身旁带走，带到他的宫廷，开始培养她，为以后出嫁做准备。数年后，卡斯蒂利亚爆发了叛乱，恩里克糟糕的统治岌岌可危。于是，恩里克撕毁了所有约定，情急之下把伊莎贝拉许给了他宫廷中最富有的大臣之一，佩德罗・希龙・阿库尼亚・帕切科（Pedro Girón Acuña Pacheco）；此人在巴利亚多利德（Valladolid）有一座壮观的城堡，他同意向王室付一笔巨款。小伊莎贝拉是虔诚的天主教徒，她祈祷上帝使自己摆脱这桩贬低身份的婚姻。她的祈祷灵验了，佩德罗大人在前来迎娶她的路上突然生病，一命呜呼。那年伊莎贝拉 15 岁。不久后的 1469 年，她抓住命运给她的这个小小的机会，和最初与她订婚的阿拉贡王位继承人费尔南多私奔了。

卡斯蒂利亚和阿拉贡两个王国合并，伊莎贝拉和费尔南多作为国家的双君主登上宝座，彼时这个新合并的国家实际上已处于破产状态。国库几乎罄尽，自 14 世纪以来就是欧洲本位货币的黄金的存量少得惊人。王国用来铸币的白银自公元前 3000 年以来一直在安达卢西亚开采，现在白银出产几乎陷于停顿。新登基的女王和国王面对的全是还债和打仗这些事情。8 世纪，摩尔人从北非呼啸而来，占领伊比利亚半岛达 700 年之久。经过多年努力，伊比利亚信奉基督教的王国逐步逼退了摩尔人。在收复失地运动（Reconquista）中，伊比利亚的几代人打了数百场血腥的战役，但是，当伊莎贝拉和费尔南多接过权杖时，倭马亚哈里发国（Umayyad Caliphate）仍然占领着伊比利亚南部格拉纳达王国那一大片土地。1482 年到 1491 年，费尔南多国王把全部精力投入了同摩尔人的不懈作战当中，通过激烈凶猛的军事行动一寸一寸地夺回了格拉纳达，最后终于在 1492 年 1 月 2 日把哈里发国彻底赶出了伊比利亚半岛。

阿拉伯人并非伊比利亚半岛唯一的征服者。在摩尔人之前，这个半岛已经有很长的被征服历史。腓尼基人、希腊人、迦太基人、罗马人、西哥特人都对它进行过殖民。每一次入侵都有政治野心作祟，但占领者和征服者最主要的目的是抢夺这里的白银或黄金；这些亮晶晶的物质在伊比利亚的河水中流淌，在西班牙的著名矿区里奥廷托（Río Tinto）和拉斯梅德拉斯（Las Médulas）的岩石中闪烁，成为欧洲大陆最受欢迎的硬通货。14 世纪末，最大的黄金买家之一热那亚共和国进口黄金总量的 7/8 来自伊比利亚，其中 5/6 来自塞维利亚。[2] 伊比利亚人几个世纪以来备受奴役、屈辱，被逼着挖掘自己土地上的宝藏去填满远方统治者的金库。[3] 他们渴望有领袖能扭转乾坤，结束他们遭受的千年剥削。伊莎贝拉女王和费尔南多国王就是这样的领袖。1475 年，他们积极参与欧洲区域贸易。[4] 1492 年 1 月，他们打败了摩尔人，并强迫犹太人皈依基督教。他们虽然尚未正式成立西班牙国家，但已确立了西班牙精神，并开始全力将外国人逐出伊比利亚半岛。

摆脱了数世纪外国统治的西班牙在圣战精神的鼓舞下，激情满怀地致力于建立一个纯粹的基督教国家。它也具备达到这个目的所需的狂暴和斗志。伊莎贝拉和费尔南多全身心投入驱逐阿拉伯统治者和犹太放债人的事业，号召发动野蛮狂热的清洗，其间使用酷刑手段，挑动“异教徒”（infidel）互斗，抄家抢店，为王家金库注入急需的资金。[5] 12世纪期间，天主教会主持的宗教裁判所的工作重点是在信徒当中铲除异端和堕落；到15世纪，它带上了明显的族裔色彩，开始迫害穆斯林和犹太人。半途改信天主教的人经常被怀疑与他们原来的宗教藕断丝连，所以宗教裁判所对这样的人格外严厉，要皈依基督教的犹太人（马拉诺人，Marrano）去打击犹太人，让成为基督徒的穆斯林（摩里斯科人，Morisco）去对抗穆斯林。同卡斯蒂利亚和阿拉贡缠斗多年的格拉纳达王国陷入了日益严重的社会分裂，费尔南多趁它内乱之际对其发动了袭击。

待1492年1月2日格拉纳达对费尔南多国王投降之时，已经有10万摩尔人丧生，20万人移居他地，剩下的20万人大多在严格的皈依法令下皈依了基督教。[6] 犹太人也面临着不皈依就得离开的选择。待到西班牙宗教裁判所奉教皇的一纸诏书开始认真行动起来的时候，住在卡斯蒂利亚和阿拉贡的犹太人已经有一半以上被强行驱逐，好几千人不由分说遭到处决。[7] 火刑判决仪式（auto-da-fé）、大批贵重财产充公等暴行在市中心的广场上公开进行，有王族成员到场观看，气氛简直像过节一样。[8] 当时从其他欧洲国家来到西班牙的人震惊于公众对公开处决的容忍。他们看不到的是，许多人急于隐瞒自己的族裔，或证明自己已经皈依基督教，或尽力完全融入社会：著名的加尔默罗神秘派（Carmelite mystic）修女阿维拉的圣特蕾莎（Saint Teresa of Ávila）祖上就是犹太人，西班牙文学巨匠米格尔·德·塞万提斯可能也是犹太人后裔。[9]讽刺的是，卡斯蒂利亚和阿拉贡的第一任宗教裁判所裁判长，一位名叫托马斯·德·托克马达（Tomás de Torquemada）的多明我会神父就出生在一个犹太家庭。在只有彻底皈依的人才有的那种狂热心态的驱使下，他对他自己的人民犯下了令人不寒而栗的残酷行径。

那是个紧张不安的年代，焦虑在西班牙以及整个欧洲催生了一种野兽般的自保本能。要财政安全。要黄金。15世纪末，黄金饥渴发展为赤裸裸的贪婪。[10]人们发现黄金产量远远无法满足欧洲经济的巨大需求。[11]发动战争，建立帝国，这些都需要钱。就连庇护二世（Pius II）这位坦率得惊人、公开写到自己的肉欲和私生子[12]的教皇也哀叹教会没钱了。“钱的问题至关重要，”他这样写道，“人们常说，没钱则一事无成。”[13]葡萄牙国王阿丰索五世（Afonso V）在15世纪70年代派遣寻宝人去非洲寻找黄金，还在今天加纳境内的圣豪尔赫德米纳（San Jorge de Mina）做买卖做得红红火火；西班牙的两位新君听说了他们这个最大对手做的这些事后，也染上了受诅咒的黄金欲（*auri saera fames*），[14]变得财迷心窍。

伊莎贝拉女王也派遣海军去非洲西海岸寻宝。1478年，她的35艘帆船满载金锭自几内亚湾返航途中遭到葡萄牙船只的拦截，全部货物都被抢走。[15]几内亚海战随之爆发，那场激烈的战争是为了争夺大西洋航道以及通过这些航道开展的一本万利的奴隶贸易。西班牙最终得胜，至少是在陆地上。阿丰索国王对西班牙的“天主教君主”投降，伊莎贝拉保住了她的领地，将其与费尔南多的王国整合成为帝国。不过，葡萄牙在海上显然是胜利者。阿丰索获得了自由进入大西洋几处据点的权利，也因此而掌握了那些地方的财富，包括几内亚的矿山，亚述群岛、马德拉群岛和佛得角群岛上位置重要的港口，还有对北非大片土地的控制权，以及 700 多千克黄金。[16] 条约 * 划给西班牙的海上资产只有加那利群岛，那是在巴巴里海岸（Barbary Coast）附近的一组干旱贫瘠的岛屿。换言之，西班牙海军若想扩大女王的地盘，只有一个选择：在海盗出没的大海上向南驶到加那利群岛，然后向西穿过赫拉克勒斯之墩，再一直向西。这在后勤上当然困难重重。不过，条约更深远的含义显而易见：欧洲海岸以外的世界可以予取予求。征服者可以任意抢占土地，对深肤色的种族殖民，在地图上划分势力范围，必要时采取野蛮手段。

西班牙的扩张梦在葡萄牙手下一挫再挫。就在伊莎贝拉和费尔南多同摩尔人兵戎相见，奋力把半岛统一在自己治下之时，阿丰索五世的继任者若昂（João）国王正加紧在非洲的黄金海岸大做生意，探索了刚果，还开启了大西洋奴隶贸易。后来的 100 多年间，葡萄牙一直垄断着奴隶贸易。里斯本成了探险中心，是地图绘制者向往的北极星。在那个喧嚣的年代，满脑子发财梦的航海人齐聚里斯本，希望大展宏图。那些人中有一对来自热那亚的兄弟；他们是一个普通织工的儿子，离开了他们父亲那闷窒的小作坊，去海上讨生活。弟弟巴塞洛缪·哥伦布成了技能熟练的海员，学会了绘制海图；哥哥克里斯托弗却更喜欢和葡萄牙的奴隶贩子一起乘船去非洲海岸边冒险抢掠。著名葡萄牙探险家巴塞洛

---

* 指 1481 年葡西两国签署的《阿尔卡苏瓦什条约》（Treaty of Alcáçovas）。——译者注

缪·迪亚斯1488年绕过好望角，把可能会找到黄金的消息带回里斯本时，克里斯托弗·哥伦布就在听他宣讲的人群中。[17] 哥伦布专心致志地埋头计划贸易通道，分析地图，研究天文图，思考关于宇宙的理论。他那本《世界宝鉴》（*Imago Mundi*）被他翻得皱皱巴巴、污迹斑斑，空白处写满了他用他那特有的紧凑字体记下的笔记。[18]

哥伦布本来请求葡萄牙的若昂国王给他三艘帆船，但遭到断然拒绝。哥伦布坚信，在海上一直向西能够找到通往印度的贸易通道，也就是巴塞洛缪·迪亚斯向东寻找的通道。于是，他写信给佛罗伦萨的一位著名天文学家保罗·托斯卡内利（Paolo Toscanelli）征求意见。哥伦布对加那利群岛以西的航道特别感兴趣，那条路可以完全绕过葡萄牙控制的区域。佛罗伦萨那位学者立即做出了回复。他告诉哥伦布，他多年前曾给里斯本的一位神父写过一封信，信中附了一张地图，经那位神父转呈给了阿丰索国王。[19] 信中说，从里斯本向西航行，最终会到达广州城，途中还会经过“日本国”*。地图把巨大的日本岛赫然放在大西洋彼岸，恰恰在后来发现美洲的地方。[20]“这个岛屿到处是黄金、珍珠和宝石，”那位天文学家补充说，此话吊足人的胃口，反映出当时的狂热，“那里的庙宇和宫殿的屋顶都是纯金的。”[21]

---

* 原词为Cipango，出自《马可·波罗游记》，中世纪地理学家用以指代日本。——编者注

克鲁塞罗

秘鲁，1988 年

> 黄金和奴隶。前者腐化它接触到的一切。后者本身就是腐化的体现。
>
> **——西蒙·玻利瓦尔，1815 年**[22]

5 个世纪后，莱昂诺尔·冈萨雷斯未来的丈夫胡安·奥乔乔克也感到了黄金的诱惑；他渴望扔掉过去的一切，沿着泥土路上山去寻金发财。他活了 33 岁，却一无所有，只有两个十几岁的女儿、一个给他戴绿帽子的女人和一屁股债。他的父亲靠在严寒中放牧羊驼为生，剪掉羊驼毛卖钱，把老羊驼杀掉吃肉。他本来继承了父亲的生计，但后来放弃了。他曾在秘鲁军队中当兵，累死累活地挖掘沟渠，后来也离开了。“光辉道路”游击队在秘鲁高原到处杀人放火，他们焚烧政府财产，把死狗挂在路灯杆上，暗杀村庄首领，造成数十万人流离失所。军队不再执行建筑任务，只应付“光辉道路”的攻击就已经忙不过来了。像胡安这样没受过作战训练的乡下人纷纷逃往大城市或安第斯山脉的崇山峻岭中寻求安全。

胡安的女人扔下一家人，和情夫一起去了普诺（Puno），现在胡安也要走了。他告诉两个十来岁的女儿说，他有了钱就会回来找她们。在一个寒气逼人的早晨，他用剩下的一点钱买了一把镐头，离开了名叫克鲁塞罗（Crucero）的小村庄，踩着卡拉瓦亚河（Rio Carabaya）边崎岖不平的火山石往山上走，一直走了四天。

第五天，他来到了阿纳尼亚山上一个热闹的小集市，在那里为一个卖汤的小贩打扫摊子、擦洗锅子，换来一碗汤和一个睡觉的地方。第二天，胡安来到了拉林科纳达，看到一大片雪地中挤着一堆小屋，屋顶都是用闪亮的铁皮做的，炫目的白光使胡安几乎看不见地上的一个个黑洞。那些是冰冷的矿井，数百人在里面劳作，凿挖着人称“睡美人”的大山山腹中的矿脉。这片矿区最初由印加人建立，后来被西班牙人废弃，又在为躲避恐怖主义逃到这里的人手中起死回生。胡安和一个好心人说好，胡安把自己挣的工资的一部分交给他，他让胡安睡在他小屋的泥地上。

就这样，胡安·奥乔乔克成了拉林科纳达矿井中的一名劳工。刚开始他们不准他采矿，只派他干打扫矿道、运送石头的活。最后他终于进入了“巴雷特罗”（barretero）的圈子；“巴雷特罗”就是探矿人，靠用铁棍到处敲打地面来寻找矿脉。胡安最终也没有完全学会用铁棍探矿的技术，但他生性和气、为人坦诚，赢得了足够的信任，被允许下井，和彼此性命相托的一群人一起劳动。按照殖民时代遗留下来的“卡丘雷奥”制度，胡安挖矿的头 30 天分文无有，从第 31 天开始，他每天可以背回一包属于自己的岩石。就这样，他攒够了养活自己的钱。大约在这个时候，他遇到了一个将永远改变他生活的人。

她是个叫莱昂诺尔·冈萨雷斯的年轻女人，有两个小女儿。她小小的个子，精神饱满，眼睛亮晶晶的，发辫漆黑发亮。她忙来忙去，有机会就和“帕拉奎拉”（pallaquera）——筛拣矿渣的人——一起爬上山崖捡石头，要不就在路边卖各种东西，或者是吃的，或者是针织品。她的生活中似乎没有别的男人，只有她年老枯瘦的父亲和一个百无一用的叔叔。听说和她生了两个孩子的男人一天早上下了矿井，再也没有回来。山腹中的恶魔夺走了他。

衣衫褴褛的追梦人

西班牙，1492 年

> 一年又一年，海洋的束缚逐渐放松，将浮现出一块巨大的土地，一个新世界……图勒 * 将不再是宇宙的外缘。
>
> **——塞内加（西班牙人），公元 1 世纪**[23]

时光荏苒，1482 年变成了 1483 年，葡萄牙在非洲海岸的贸易正开展得如火如荼；此时，里斯本的街道上匆匆穿行着一个古怪的身影——身穿破旧的外套、[24] 顶着一头过早花白的乱发、[25] 手中紧握着托斯卡内利地图的哥伦布。即使并不热衷于发财，他也深知，没有钱，什么事都无法“做好”。[26] 黄金激励着王国的扩张，白银燃起了探索世界的热情。1484 年，哥伦布乘船秘密离开了里斯本。[27] 他身无分文，妻子已经过世，有幼小的儿子需要抚养，还有沉重的债务需要偿还。但是，他有一项重大的资产，那就是他的坚定信念和表达这一信念的口才。从帕洛斯（Palos）港口到塞维利亚，再到科尔多瓦（Córdoba），他无数次拜谒王公大臣，喋喋不休地对任何愿意听他陈述的人描绘日本的金顶亭阁和伟大的汗王。[28] 最后，他终于说服了伊莎贝拉女王赞助他去探索未知世界，

---

* 图勒（Thule），古代地理学家认为的世界上有人居住的最北地区，据推断可能是挪威、冰岛等地。——编者注

超越古来认定的“世界尽头”；同时他也明白，西班牙的国王和女王最想要的不是继续推行圣战，也许甚至不是使异教徒皈依上帝，而是财富。费尔南多和伊莎贝拉不愿意再和中间人打交道，他们需要找到一条直通西印度宝藏的通道。[29] 财政压力日益沉重，他们得赶快行动了。

1492 年 4 月 17 日，目光冷静、红发碧眼的伊莎贝拉女王终于说服丈夫同意，要越过已知世界的边界去征服遥远的地方。他们签署了《圣菲条约》（Capitulations of Santa Fe），赐予哥伦布“海洋大将军”和“印度总督”的终身头衔，哥伦布发现的所有岛屿和大陆都由他管辖。女王和国王这样做有百得而无一失。他们不必派一兵一卒，无须监督管理，也基本不用自掏腰包。一个热心的投资者兴奋地说：“哥伦布的探索将给陛下带来许多金银财宝，使陛下名扬四海！”[30]

奉命出征的哥伦布很清楚，他的使命就是寻找黄金。“金子是个好东西！”他在从新大陆写来的信中这样说，还说他的水手在沙子里扫一扫就能扫出金子。“一切宝藏都来自黄金！有了黄金，就没有干不成的事，连进入天国的大门都畅通无阻！”[31] 从他登上巴哈马群岛的一个小岛开始，哥伦布就一心寻找闪亮的金子，也对遇到的新种族深感兴趣。他写信向费尔南多和伊莎贝拉报告说，友善的年轻人纷纷前来欢迎他的船队。“他们相貌英俊，头发不是卷曲的，而是又直又厚，像马鬃一样。”[32] 他们不穿衣服，诚实可信，似乎“各方面都很匮乏”。[33] 他接着写道，不过，很快“我就开始打听他们是否有黄金，而且我可以看到他们有些人戴着金鼻环。他们打着手势告诉我，往南绕过这个岛，我会遇到一位国王，他存着大量这种东西”。哥伦布听说，那个地方黄金很多，连喝水都用金杯子。[34]从 1492 年 10 月 12 日到 1493 年 1 月 12 日，哥伦布向国王和女王呈交的报告中提到金子和银子不下 100 次。[35]其实，他根本没找到多少金银，可他在报告里却说黄金到处都是，闪耀诱人，就是够不着。美洲当地人很快就看出了这位“海洋大将军”的心思，不断地诱惑他：再远一点，就在那个岛后面，在地平线那里，他会发现那里的男人拥有的财富和女人拥有的美丽都是他前所未见的。[36]不过，除了黄金，还有一件事引起了哥伦布的兴趣，使他感到也许可以对这些当地人为所欲为。“他们没有使用武器的经验，”他向国王和女王报告说，“他们很适合听从命令，可以让他们劳动、种田，做任何需要做的事，还可以用他们建造城镇，教他们穿衣蔽体，学习我们的习俗。”[37]

扬帆向西时的哥伦布是个生活在中世纪世界里的中世纪人，满脑子中世纪的观念，以为未知世界中有独眼巨人、小矮人、亚马孙人*、生着狗脸的原住民、用头走路用脚思考的对跖人，还有居住在盛产黄金和宝石的土地上的肤色黧黑、耳朵巨大的异族人。然而，当踏上美洲的土地时，他不仅进入了一个新世界，还进入了一个新时代；他迈出的这一步影响深远。“地理大发现”时期（1450 年—1550 年）增加了人们对这个新世界的了解，也引发了前所未有的文化冲突与融合。哥伦布是进入这个全新宇宙的开路人，可依靠的只有他所掌握的知识。他根据托斯卡内利的地图，认为自己登陆的岛屿离印度不远。他研究过马可·波罗的游记，以为这些

---

* 亚马孙人（Amazons），又译阿玛宗人，是古希腊神话中全部由女战士组成的民族。地理大发现时期，有人认为亚马孙人就在美洲，亚马孙河就以此命名。——编者注

岛上到处是香料田和金矿，任他予取予求。如果风向对头，他会途经庞大的日本岛，最终到达中国大陆。在那里，忽必烈汗的宫殿在远方闪耀，人们用宝石换取胡椒，黄金如砖头一样遍地都是。

这就是哥伦布脑子里的景象。他在遥远的洋面上航行，写信向他的国王和女王报告欧洲人从未见过的奇景时，描写的也是这一景象。很久以后，他已经在圣多明各、古巴和巴拿马建立了据点，开始向塞维利亚运输黄金和奴隶了；但他进行了第四次扬帆远航，因为他仍然坚信自己只差一点就能发现日本，大发横财。他沿着今天的洪都拉斯、尼加拉瓜和哥斯达黎加的海岸航行，惊叹地看着船上水手用耙子从河底捞金子，“像扫米糠一样”[38]收集珍珠，于是写信给费尔南多和伊莎贝拉说，他已经离恒河不远。[39]仅仅一年前，他写信给教皇亚历山大[*]说：“我为我的主公——国王和女王——拿下了 1 400 个岛屿和亚洲大陆 333 里格[†]的土地。这里有各种金属矿藏，金矿和铜矿尤其多。这里有巴西苏木、檀香木、沉香木……这个岛和塔尔苏斯、锡西厄、俄斐、日本一样富饶。[‡]我们叫它伊斯帕尼奥拉。”[40]

当时人们并不知道，哥伦布所谓的新大陆其实是一个地理上的谬误。旧世界的人看了他的报告，惊得目瞪口呆、难以置信。有关他的发现的消息传遍欧洲。他 1493 年 4 月返回欧洲时，故意先在原来不肯赞助他的葡萄牙靠岸，然后胜利返航，回到西班牙的港口城市帕洛斯。[41]与此同时，欧洲人争先恐后地前来，先睹为

---

* 指亚历山大六世。——编者注

† 里格，旧时土地面积测量单位，1 里格约相当于 1 781 公顷。——译者注

‡ 哥伦布在暗示，除了日本之外，他还发现了与《圣经》中最富有的国王所罗门王的财富相当的宝藏。

快“新大陆的奇珍”。哥伦布把他满载奇异物品的车队运上了岸，带着这支令人目眩的队伍浩浩荡荡从塞维利亚一路走到巴塞罗那，费尔南多国王和伊莎贝拉女王正在那里等候。[42] 在兴高采烈的民众的注视下，哥伦布的水手们列队前行，高举着五颜六色、新奇罕见的各种物品，有菠萝、辣椒、玉米、南瓜、鳄梨、番石榴、番木瓜，让人们看得啧啧称奇。色彩艳丽的金刚鹦鹉，样子可怕、笨拙迟缓的鬣蜥等欧洲人从未见过的动物装在板条箱里招摇过市。队伍最前面走着 6 个身围兜裆布的印第安人，他们相貌堂堂，戴着绿松石、金面具和手镯。游行队伍扛的篮子里装满了金子做的镜子、银子做的圈环、色彩斑斓的羽毛腰带，还有一桶桶金锞子。这场盛大的展示是为了让人窥斑见豹，使西班牙人相信哥伦布在地理上的错误其实是个巨大的成功，相信他不会让国王和女王失望，一定能为他们带来金钱财富。[43] 如果哥伦布搞的这场表演有足够的说服力，就能为他赢得时间，好让他到达真正的印度，找到真正的财富。事实证明哥伦布多虑了。两位天主教君主听了他的报告，看到他带来的一切后，双膝跪地感谢上帝的赐予。

对费尔南多和伊莎贝拉来说，1492 年是丰收之年。上天确实向他们露出了微笑。他们遵循天主教会的指示，在他们新生的帝国中清洗了穆斯林和犹太人。他们成功抵御了好战的邻国，也巩固了对西班牙的统治。现在，他们要在“印度”开辟新的疆域，那里无尽的财富正等着他们。出生于阿拉贡的亚历山大教皇是费尔南多国王的朋友，哥伦布带回来的黄金最早赠予的人当中就有他。[44] 和黄金献礼一起呈交的还有伊莎贝拉的请求，希望教皇帮助保护西班牙对新发现土地的权利。葡萄牙的若昂国王亲眼看到哥伦布带回来的物品后，立即写来一封语气强硬的信，声称根据以前的条约，哥伦布发现的所有土地都属于葡萄牙王室。伊莎贝拉恳求教皇支持他们，反对葡萄牙国王的主张。在罗马，教皇气派十足地铺开西半球的地图，大笔一挥，画了一条从北极到南极的直线；直线以西全部归费尔南多和伊莎贝拉，以东都是若昂国王的。美洲除了今天的巴西那块突出的地方以外，其余都是西班牙的，非洲则划给了葡萄牙。

哥伦布顶风冒雨、历尽艰辛的航行终于为他赢得了他渴望的荣耀。他不再是里斯本那个衣着破烂、满脑子白日梦的家伙，而是成了他的国王和女王心目中的英雄，也是鼓舞着整个欧洲的样板。5 月，他带回来的那 6 个印第安奴隶在巴塞罗那举行的盛大仪式上受洗，同时，哥伦布被封为印度都督。他得到了自己的盾徽，也得到了更多的船只、弹药和开采金属的设备。[45] 根据他与国王和女王签订的有约束力的《圣菲条约》，他所有的发现都有他一份，因此他尽可放心。寻找金银的发财梦风靡旧世界。水手、剑士、绅士、矿工、农民——各色人等蜂拥来到西班牙的加的斯（Cádiz）港口，争先恐后地报名加入哥伦布的光辉事业。[46] 这些人有的受雇于王室，有的则是想摆脱不光彩的过去，重起炉灶。伊莎贝拉喜欢珠宝首饰尽人皆知，在新大陆找到金银的可能性更燃起了她的欲望。费尔南多对即将起航的水手的致辞给这一欲望赋予了新的含义。他说："去拿金子吧！如有可能，要仁慈些。但要不惜代价弄到手。"[47]

代价是巨大的。哥伦布后来的三次远航历尽艰险，却收获不大。1495 年，他情急之下发布了一项恶名昭彰的法令，要求伊斯帕尼奥拉岛的阿拉瓦克（Arawak）印第安人中所有 13 岁以上男性每人每三个月必须交出能装满一个大猎鹰脚铃的金子；谁要是交不出，就把他的双手砍掉。[48] 然而，哥伦布无论去哪里，无论干什么，抢劫村庄也罢，建立据点也罢，沿岸寻宝也罢，都找不到费尔南多要的黄金。无奈之下，哥伦布只得另辟蹊径，开始积极从事奴隶贸易。他在非洲待过，这一行对他来说轻车熟路。[49] 他在第二次远航中抓到了1 500名泰诺人*，有男有女，还有小孩，他从中挑了550个最健壮的送到了塞维利亚的奴隶市场。到奴隶贸易结束时，总共有500万人被抓去他乡成了奴隶。[50] 多明我会修士巴托洛梅·德·拉斯卡萨斯后来批评说："奴隶是海洋大将军的首要收入来源。"[51] 此话对哥伦布的垮台起了推波助澜的作用。

哥伦布被指控犯下了令人发指的残酷暴行，例如，焚烧和摧毁整个村庄，劫掠奴隶，造成人口锐减。[52] 于是，国王的行政官将他逮捕，给他戴上镣铐送回西班牙。逮捕他的理由不计其数，其中有个简单的事实是：他说得天花乱坠，实际兑现的收益却少得可怜。大批人从伊斯帕尼奥拉岛回到祖国对他提起指控。虔信天主教的伊莎贝拉不肯相信那些话，但比较务实的费尔南多听了进去。那些人质问：哥伦布的梦想难道没有耗费天量资金吗？[53] 他绘声绘色地吹嘘说能找到不亚于所罗门王那古老金矿的金山银山，实际收获却如此微薄，这难道不说明他描绘的美景纯属子虚乌有吗？最严重的是，西班牙难道不是遭遇了一场大骗局吗？[54] 庄重严肃、虔诚信教、滴酒不沾的女王[55] 难道不是在误导之下，以为自己是在传播宗教，其实传播的却是贪婪、死亡和破坏吗？个中

---

*　泰诺人（Taíno）是巴哈马和大安的列斯群岛曾经的原住民，后遭赶尽杀绝。——译者注

含义一目了然：哥伦布要么用花言巧语欺骗了国王和女王，要么以恶意的渎职行为侮辱了他们。这是欧洲第一次有人被指控滥用殖民权力，后来这样的指控数不胜数。事实上，国王的钦差来到伊斯帕尼奥拉岛调查哥伦布的罪行时，赫然看见7具尸体吊在绞刑架上，他们是忤逆了总督命令的倒霉的西班牙人。

1500年，身败名裂的哥伦布到达塞维利亚。国王和女王听说这位伟大的人披枷带锁，大为震惊。他立即被释放，也很快得到了平反。他的大胆探索、他在世界上扩大西班牙影响力的功绩、他为天主教会传播福音的努力、他出色的航海技能，这些都仍然令人敬佩。但是，他找到黄金的诺言成空这件事却始终阴魂不散地缠着他。占领者行为的尺度在欧洲引起了长期而激烈的辩论：原住民算人吗？能把他们像牲口一样圈起来捆上吗？塞维利亚执法当局逮捕哥伦布时，褫夺了他“海洋大将军”和“印度总督”的头衔，后来再也没有恢复。他在世人的印象中功绩煊赫、腰缠万贯，实则债台高筑、一贫如洗、毫无进项。他1506年去世时，已经沦落到在巴利亚多利德一家普通寄宿公寓栖身，但他仍顽固地声索他认为自己应得的合法利益，即西班牙王室在新大陆获利总额的1/10、未来贸易的一定份额，还有他作为海洋大将军在所有利润中应得的1/3。[56]全部加起来，他的报酬应该是来自“印度”的收入的一半以上，远远超过王室所占的1/5。

哥伦布始终没能得到他追求的名声和财富。他看到了许多鹦鹉，却没看到多少金子；看到了不少赤身裸体的印第安人，却没看到几个珠光宝气的酋长。[57]他在他误以为是俄斐和日本的那块土地上旅行时，连一座城市都没见到，只能抢劫简陋的村庄。哥伦布去世时失意潦倒。他失去了财富，失去了名声，失去了视力，费尔南多和伊莎贝拉担心他也失去了理智。[58]他的儿子迭戈和费尔南多一辈子都在努力争取国王和女王曾答应给他的利益，却徒劳无功。远航的船只继续在西班牙和新大陆之间来来去去，数千次载着满脑子不切实际幻想的追梦人和谋划者穿越大洋。还要再经过两次大胆的出征和30年的时间，新一代生气勃勃的探险家才把美洲变为西班牙闪亮的珍宝。

野蛮人的小玩意儿

> 天上现出各种不祥之兆。一个像火星，一个像火苗，一个像天色微明：好像天被刺破了，在流血。
>
> ——纳瓦人目击者，1517年[59]

就在备受痛风折磨的哥伦布一跛一跛地下船来到牙买加，在那里寻找黄金，同时还要弹压哗变的水手的时候，[60]西班牙埃斯特雷马杜拉（Extremadura）的一位年轻书记员加入了西行大军，漂洋过海来到伊斯帕尼奥拉岛。他叫埃尔南·科尔特斯，才满18岁，只比哥伦布最小的儿子大一点。他的远亲弗朗西斯科·皮萨罗也是探险家，几年后也越洋而来。科尔特斯到来的时间是1504年，此时伊斯帕尼奥拉岛已经出产了1万比索的黄金，[61]一个残暴无情的新总督取代了哥伦布，伊莎贝拉女王身体抱恙，开始逐渐不问政事，自从王储（也是她唯一的儿子）突然神秘身亡后，她再也没能从丧子之痛中完全恢复过来。

科尔特斯很快看到，先前的探险活动是多么杂乱无章、徒劳无功，管理多么不善，破坏多么严重。[62] 他这一代的征服者，包括皮萨罗、瓦斯科·努涅斯·德·巴尔沃亚（Vasco Nuñez de Balboa）和埃尔南多·德·索托（Hernando de Soto），将推动征服事业更上一层楼，深入新大陆更遥远的角落。但科尔特斯也许在他们这批人当中最先认识到，西班牙要想取得长期成功，充分开发新大陆蕴藏的宝藏，就需要在这里扎下根来，建立永久的据点。[63]

他看得很准。西班牙对西印度的征服毫无章法，它从未认真明确地决心开展探索活动，没有派出陆军和海军，也没有大量注资。费尔南多国王为扩大在旧世界的势力带领西班牙军队在欧洲南征北战之时，伊莎贝拉女王批准了对新大陆的探险；不过，探险活动是由平民进行的，资金来自独立投资人，参加者是伊比利亚半岛最贫穷的边远地区那些不甘寂寞的年轻底层贵族。规矩很简单，大家也都明白：王室同意寻宝者去探险，寻宝者找到的所有矿产 1/5 归王室，费用大部分自理，或是用自己的钱，或是保险商出资。去新大陆的征服者中有些人，如哥伦布，在非洲做过黄金贸易和奴隶贸易，但更多的是居无定所、不肯安分的无业游民，他们的祖辈在对格拉纳达穆斯林的战争中犯下了累累暴行。简而言之，他们是十字军的后代，高举着上帝的旗帜去征服异教徒，搜刮西印度的宝藏。

1504 年，伊斯帕尼奥拉岛的总督是尼古拉斯·德·奥万多（Nicolás de Ovando），他强硬好斗，在摩尔战争中当过部队指挥官。伊莎贝拉女王给了他明确指示，要他解放哥伦布的泰诺人奴隶，将他们与西班牙的所有子民一视同仁。[64]但是，泰诺人获得自由后，不肯再下矿井干活，[65]于是奥万多立即恢复了哥伦布的严厉措施。王室假作不见，未予追究。“鉴于国王陛下和我本人命令将伊斯帕尼奥拉岛上的印第安人视为自由人而非奴隶，”抱病的伊莎贝拉指示奥万多，“我命令你作为总督……迫使印第安人与该岛的基督徒定居者合作，为他们建造房屋，并开采收集黄金和其他金属。”[66]换言之，杀人和种族灭绝不符合基督徒和西班牙的行为方式，是不能容忍的，但“迫使”印第安人采矿是必要的恶。

曾在费尔南多对摩尔人发动的野蛮战争中担任过指挥官的奥万多本性残忍，为了不惜代价开发矿产，对泰诺人开展了一系列残酷屠杀。此时，伊莎贝拉已经去世，费尔南多正忙于一个又一个马基雅弗利式的阴谋诡计；[67]西班牙征服者学会了假装对王室唯命是从，实际上自行其是。西班牙反正远在天边。征服者只需在一个山包上用西班牙语喊出国王的《条约书》*，命令莫名其妙的当地原住民向西班牙和耶稣投降，由一个在场的公证员记录下全过程，然后就可以发动战争，抓捕奴隶并迫使他们下井挖矿。在三年的时间里，年轻的科尔特斯和岛上的女人谈情说爱，[68]参加大胆的冒险行动，还负责为总督记账；与此同时，奥万多在伊斯帕尼奥拉岛搜刮了20多万比索的黄金，[69]全体泰诺人都成了牺牲品。所有拒绝下井劳动的泰诺人都被当即杀死。奥万多只顾迫使他们挖矿，甚至不给他们时间去播种、收获。最终，饥荒、疫病和自杀[70]使50万泰诺人减少到6万人，[71]把这个原本生气勃勃的社群

---

* 《条约书》(Requerimiento)是西班牙征服者在征服活动之前必须向可能成为国王子民的人宣读的文件，这既是为征服行动创造的正当理由，也是对原住民下的最后通牒。——译者注

残害得羸弱不堪。哥伦布登陆 40 年后，泰诺人基本灭种，伊斯帕尼奥拉岛的黄金也被挖掘殆尽。

科尔特斯在西班牙就和奥万多相识；他在圣多明各登陆后，在总督府受到了热情欢迎。这个年轻人听说当局要给他一大片土地供他定居，大吃一惊。“我是来找金子的！”他有些气急败坏地说，“我不要像农民一样耕田种地！”[72] 总督向他保证说，畜牧业是为他的寻宝事业筹集资金的最好方法。于是，科尔特斯得到了那个四季常青的岛屿上的一大块土地，外加征调来的一群印第安人劳工。连续几年，他监督印第安人在他的土地上劳动，还在附近的一个定居点做公证员。为了解闷，他追求女人，经常因此惹上麻烦。岛上时常发生针对西班牙征服者的暴力叛乱，科尔特斯有时也参加镇压行动，对原住民的作战方法和打败他们的残酷手段有了相当多的了解。

他风度翩翩、相貌英俊、行动敏捷、和蔼可亲、善于言谈，很快在西班牙人圈子中成为受欢迎的人物。在打击印第安人叛乱的小型战斗中，他表现突出，因此而获准参加 1511 年征服古巴的行动。负责行动的先遣官（adelantado）迭戈·贝拉斯克斯·德·奎利亚尔（Diego Velazquez de Cuéllar）马上看出科尔特斯有天生的领导才干，对他的勇猛给予重赏。科尔特斯在古巴得到了一块比他在伊斯帕尼奥拉岛的领地更好的土地，外加一大队种地的原住民奴隶。28 岁的科尔特斯虽然年纪轻轻，却已经相当富有。他靠着做公证员的经验，对自己在古巴的地产管理有方。他眼光准、口才好，能看到机会并说服别人跟着他干。这些罕见的才能使他很快跻身于西印度最成功的牛羊进口商之列。换言之，他成了牧场主，虽然是个不安分的牧场主。他最热衷的就是找女人，直到他娶了长官的小姨子。这段时间中，他身上完全看不出初来乍到时表现出的那种黄金欲。不过这种状况没有持续多久。1513 年，科尔特斯的老乡，脾气暴躁、债务缠身的猪农瓦斯科·努涅斯·德·巴尔沃亚发现了通往太平洋的路径。一些奴隶贩子对印第安人的村庄进行了惊心动魄的抢劫后回到古巴，说有块土地上的财富多得无法想象。[73] 他们把它叫作“黄金城堡”（Castilla de Oro），那就是巴拿马。

瓦斯科·努涅斯·德·巴尔沃亚和其他冒险家一样富有个人魅力。他逃离了他在伊斯帕尼奥拉岛的债主，带着他的狗藏在一艘船上的木桶里偷偷前往“黄金城堡”。船长发现他后，威胁要把他扔到离得最近的岛上让他自生自灭，但巴尔沃亚的机智风趣赢得了船长的好感。几年的时间内，他带着一队人勘察了巴拿马地区，制服了几个顽抗不从的部落，创建了美洲大陆上第一个永久定居点圣玛丽亚（Santa María）。这时，其他地方的部落更富有的消息传到了巴尔沃亚手下的耳朵里，一些想去寻宝的人开始不安分起来，这些人已经把当地部落的那点金银宝石都抢光了。关于黄金的争吵愈演愈烈。一天，一位酋长来送礼物，西班牙人在给礼物称重时又开始为分配问题争执不下。那位印第安酋长看到西班牙人的粗鄙贪欲，按捺不住惊愕和鄙夷，打翻了天平并吼道：“你们这么贪图这种东西，连家都不要了，跑到这么远的地方来捣乱，那我就告诉你们，有一个省里的金子能撑死你们，让你们拿个够！”[74] 他坚定地指向南方。

巴尔沃亚在黄金梦的强力驱动下，最终带人穿越地峡，到达另一边。1513 年 9 月 25 日中午，他和他的印第安向导一起登上了乌鲁卡拉拉（Urrucallala）的一座山峰。他极目远眺，觉得看到了遥远地平线上诱人的闪光。几天后，巴尔沃亚手持利剑，高举圣母马利亚的旗帜，蹚入一处开阔海域，声称这片海洋和海水所及的所有土地都属于西班牙国王。他给这片海洋命名为南海（Mar del Sur），因为他是一直向南走才来到海边的。就这样，欧洲探索者发现了美洲濒临的另一个大洋——太平洋。这才是西班牙一直在寻找的直达亚洲的大洋。

接下来的几年中，一艘艘船从古巴和伊斯帕尼奥拉岛驶来，西班牙征服者带着奴隶、黄金、珍珠和他们抢来、换来或干脆偷来的各种物品来来去去。那几年西班牙人有了一系列新发现。巴尔沃亚成了南海总督，开始对太平洋展开探索，那正是哥伦布一直在寻找的海洋。但是，他命不久矣。其他征服者的不满不断发酵，1517 年初，他那人称“上帝之怒”的岳父佩德拉里亚斯·达维拉（Pedrarias Dávila）[75] 指控他犯了叛国罪。巴尔沃亚手下精明投机的弗朗西斯科·皮萨罗奉命将他抓捕，戴上手铐脚镣投入阿克拉（Acla）的地牢。[76] 这样做是为了杀鸡儆猴，让人们看看任何胆敢不服从主公、把美洲的财富据为己有的西班牙人会落得什么下场。倒霉的太平洋发现者巴尔沃亚被判处死刑，在公共广场上遭到处决。刽子手一斧子砍下了他的头，高高举起，然后将它挂在杆子上任由苍蝇叮食。

追梦者并未因此而却步。几个月后，一支从巴拿马返回的远征队说，那里传说北边有一个富有黄金的文明；这激起了更多西班牙人的寻金发财梦。厌倦了平淡的日常生意的埃尔南·科尔特斯渴望重温自己年轻时的金色梦想，他对时任古巴总督的连襟迭戈·贝拉斯克斯说，想带领一支队伍去找黄金。贝拉斯克斯表示要委任他前去时，科尔特斯立即接受了委任。可是，就在科尔特斯忙着为出发做准备之时，贪得无厌的贝拉斯克斯却开始担心这个年轻人去寻金是为了中饱私囊。科尔特斯变现了自己的所有生意，抵押了所有财产，招募了贝拉斯克斯手下的 500 人，[77] 几乎单凭一己之力给 11 艘船组成的船队配齐了装备。科尔特斯怀疑总督要撤回委托，连忙下令起航。[78] “命运眷顾大胆的人！” [79] 他后来在写给他唯一服从的人的信中这样说；这个人就是刚刚加冕、还是个孩子的西班牙国王卡洛斯一世（Carlos I），费尔南多和伊莎贝拉的孙子。大胆成了科尔特斯的特点。

1518 年 11 月一个风急天黑的夜晚，科尔特斯的船队快速驶离古巴的圣地亚哥（Santiago de Cuba），病态肥胖的贝拉斯克斯总督则在岸上喘着粗气走来走去，狂怒地咆哮说这个傲慢无礼的年轻船长抗命叛乱。[80] 总督尚未接到西班牙发来的准许征服新土地的命令，科尔特斯对此一清二楚。这个年轻人在月黑之夜突然出发只能说明一件事：他要为他自己夺取荣耀。

科尔特斯用尽全身解数，靠狡猾和魅力赢得了贝拉斯克斯的部队的拥护。在向着传说的财富之地航行的途中，科尔特斯利用他们对黄金的贪欲，说服他们相信，总督要骗走他们发财的机会，还说反正他们应该效忠的是西班牙国王，不是贝拉斯克斯。[81] 整个远征期间，一些士兵始终维持着对政府的忠诚，但大部分人没有对科尔特斯表示异议。毕竟，这些刚成年的年轻人都是踊跃报名参加此次行动的。[82] 他们身无分文，离开乏味荒凉的西班牙只有一个目的：发财，或者为发财而死。他们对这片地区一无所知，也不知道怎么做才能得到财宝，但他们知道决不能手软。旧世界必须战胜新世界。

他们连“富有黄金”的土地在哪里都不清楚，不知道它是耕地还是沙地，也不知道住在那里的是什么人。他们坚称自己此行的使命是拯救灵魂，但其实几乎没人关心原住民的精神福祉。他们所关心的简单明了，那就是发财，役使奴隶，把珍宝运回家。西班牙要求神父和公证员随行，他们遵命照办，但对他们来说，最重要的是抢夺财物，不是传教或执行法律。正如他们当中的一位所说，只有一点可以肯定：“上帝会保佑我们发现满是黄金、珍珠或白银的土地。”[83] 其余的全看他们自己。如果需要，他们将征服那些土地上的人，夺取并瓜分战利品。就连教皇的敕令也说他们完全有权这样做。他们也会确保国王得到他那 1/5 的份额。

睡美人

阿纳尼亚山，1965 年

> 我们唤作睡美人的山，她就在那儿，就在我那饱含眼泪的小镇。
>
> ——拉林科纳达的一位居民，2013 年 [84]

1965 年，莱昂诺尔·冈萨雷斯才满两岁，她那祖祖辈辈在卡拉瓦亚山玻利维亚一侧当矿工的父亲离开家乡，去了传说中的宝山“睡美人”（la Bella Durmiente）。据说那里的金子很多，政府基本不管。她父亲和以前世世代代的人一样，努力想养活妻儿，但他眼看着自己的父亲在翁图卡（Untuca）金矿难以维生，因为那里开采黄金的活动陷入了停滞，他祖父在古印加时代留下来的加维兰德奥罗（Gavilán de Oro）矿山也没能发达。在这片条件恶劣的山区，艰难的生活压得人难以喘息。出生在这里的莱昂诺尔看着父亲天不亮就起床，连最后一口汤都来不及咽下就扛起镐头，走进外面的黑暗中。汤是猪肉汤，莱昂诺尔后来也学会了用猪耳朵烧这种汤，据说它是让人喝了长力气的灵药，世世代代寻找“黄金国”的男人都喝它。

时光流逝，但一切如故，黄金依然是人之所欲。而且，由于时常能找到金屑，寻金的热望未有稍减。任何人可能的收获在采集总量中所占比例微乎其微，但莱昂诺尔的人民的遭遇历来如此。采掘出来的黄金要留出“王室的1/5”，承包商要抽成1/30，黄金要源源不断地运往其他地方；在这一切之后，留给当地人的只剩了可怜的一点点，就是这一点点还要向监工缴纳一部分。矿工们遭受层层盘剥，而且随时有生命危险。莱昂诺尔一家人住在她祖父建的只有一个房间的冰冷小屋里。一天，她一边照顾两个幼小的孩子，一边看着她的男人穿上外衣，戴上帽子，走入沉沉的黑夜，这一去再也没有回来。她听说他被喜怒无常、永无餍足的矿神“矿坑大叔”（El Tío）整个吞掉了。她还听说他在一家妓院里喝多了，和人打架不幸丧命。还有人说他晕乎乎地跌跌撞撞走出矿井，来到寒冷刺骨的高地上，被两只凶狠的秃鹫抓走了。

他就这样没了。

从尤卡坦向北

墨西哥，1519 年

“就这些吗？”船长问，“你们的欢迎礼物就只有这些吗？”

“我们有的全部在这里了，老爷。”

——埃尔南·科尔特斯和蒙特祖马二世使者的对话，1519 年[85]

科尔特斯的军队在科苏梅尔（Cozumel）岛登陆后迅速向北行进，绕过尤卡坦（Yucatán）半岛蜂拥登陆，和当地人展开血战。数千名脸上涂成鲜艳色彩的印第安人从草原上冲过来。印第安人的数量是西班牙人的 300 倍，但是科尔特斯的骑兵发挥了威力，轻而易举地打败了印第安人。看到怪异的敌人飞驰而来，铁蹄敲打着大地发出雷鸣般的声音，印第安人惊得目瞪口呆。美洲过去没有马这种动物，它们对印第安人产生的效果是灾难性的。初见西班牙骑兵的恐怖时刻，印第安人以为直冲过来的是一种可怕的怪兽，是手中挥剑、双头四腿的庞然大物。他们被这些旋风般冲来的动物、口冒白沫随之奔跑的獒犬和头顶震耳欲聋的炮声吓得惊慌失措，仓皇撤退，次日早上即认输投降。40 位身披花样复杂的针织斗篷的酋长手挥熏香，带着黄金、食物和奴隶作为礼物，前来恳求科尔特斯停止屠杀。他们有 800 人死在钢剑和大炮之下，而科尔特斯只损失了两个人。[86]

科尔特斯立即看到，这些原住民能拿得出来的金子很少，可能是他们从别的地方偷来的。不过他们描述的墨西加引起了他的兴趣，据说那个咄咄逼人的北方帝国有很多金子。墨西加因其贪婪野蛮而招人痛恨；他们的文化是武士文化，时常四出搜捕俘虏用作祭品，活剖人心献给他们饥饿的神祇。显然，墨西加就是西班牙人一直以来听说的那个强大的文明。科尔特斯在尤卡坦花的时间没有白费。他获得了盟友，在前进途中还争取到了更多的合作伙伴。

在向着传说中墨西加所在的日落之处出发之前，科尔特斯下令凿沉了所有船只，以此断绝任何开小差的念想，他手下的人要活下去就只剩了征服这一条路。[87] 包括船上普通水手在内的每一个西班牙人现在都死心塌地加入了深入内陆的征程，没有人愿意留在后面。科尔特斯还带上了两个“舌头”，那是他沿途招到的两个翻译，对他的征服大计至关重要。两人一个是西班牙神父，名叫赫罗尼莫·德·阿吉拉尔（Gerónimo de Aguilar），他在所乘船只遭遇海难后，逃脱了食人族的追捕，在尤卡坦游荡数年，学会了一口流利的当地话。另一个是个讨人喜欢的阿兹特克奴隶，名叫拉·马林切（La Malinche），她被玛雅人俘虏过，所以两族语言都很熟练。拉·马林切是作为战利品被献给科尔特斯的，她很快学会了西班牙语，成了科尔特斯的私人翻译、情人和奴隶。她的权力大得惊人，因为西班牙征服者信任她，被征服的部落也尊敬她。她在科尔特斯和阿兹特克皇帝的交流中担任主要翻译，是科尔特斯的代理、参谋，还为他生了他的第一个孩子。换言之，拉·马林切是个权力非凡的奴隶。没有她，西班牙人和墨西加人之间就不可能互动，可能连征服本身都无法实现。

科尔特斯来到蒙特祖马二世皇帝居住的特诺奇蒂特兰这个伟

大首都时，已经对自己在墨西加土地上将要面临的挑战略知一二。科尔特斯和哥伦布不同，他看到的一些城市在规模和建筑的精美方面不逊于格拉纳达，在权威和治理方面可与威尼斯共和国媲美。[88]他看到繁忙的集市上金银贸易兴旺红火。后来他说，他目之所及，看到的是秩序、聪敏、礼节和点缀着美丽山谷的土地。墨西加兴旺发达、人口稠密，人们对土地精耕细作，靠收成丰衣足食。不过，科尔特斯也注意到，本地人对皇帝蒙特祖马鄙夷有加，在边远地区尤其如此。他很快意识到，如果和帝国边境地区怨恨皇帝的人结为同盟，也许能获得军事上的优势，但那也是一种危险的挑衅行动。他还看到，墨西加三方联盟是一架巨大的商业和战争机器；他在经过城市、越过灌木丛、绕过火山挺进内地的途中目睹了这个联盟的力量，印象越发生动深刻。从那些对拉·马林切坦言相告的酋长那里，科尔特斯得知了蒙特祖马的特点和怪癖，包括他对战神的虔敬、他献祭的可怕祭品、他的贪婪、他对奢侈品的喜爱和他的反复无常。[89]蒙特祖马派使节给科尔特斯送来礼物，包括巨大的金盘和银盘、精美的纺织品和雕刻细致的玉石，想以此买通科尔特斯不要进城。[90]科尔特斯由此断定，他将要面对的这位皇帝权力极大，但焦虑不安、情绪不稳。蒙特祖马一看挡不住西班牙人进城，只得派侄子出城迎接，摆出了科尔特斯从未见过的盛大排场。科尔特斯率军穿过高耸的马德雷山脉，[91]第一次从高处远眺墨西加首都时，怎么也没想到会看到这样的场景。

清晨时分，科尔特斯的军队和与他们同行的部落来到了穿过湖水、通往特诺奇蒂特兰这座伟大城市的长堤。在他们面前，似乎从湖里长出来的一簇簇建筑物如同一串闪烁的明珠在湖面展开，还有一些房屋则像是在陆地上发出的芽。然后，他们看到了特诺奇蒂特兰这座建在岛上的巨大城市。在湛蓝色湖水的怀抱中，它熠熠生辉，远看就像一片白银。[92]西班牙人目眩神迷，又胆怯茫然，不知自己在如此壮观的大都会中会有什么遭遇。科尔特斯的手下把眼中的景象比作当时最流行的骑士浪漫小说《高卢的阿马迪斯》（*Amadís of Gaul*）中主角和伙伴们初见君士坦丁堡时的情形；他们最初加入征服活动，就是受了这个故事的鼓舞激励。眼前的这座城市对他们来说不正是梦想成真吗？湖中的精美神庙如同一朵朵巨大的石莲花。他们走近后，看清了这些神庙是多么的巨大和坚固。石雕、雪松木雕、散发甜香的树、盛开着玫瑰的花园、运河上优雅滑过的独木舟——这一切都那么美丽。一个士兵后来写道："我不知道该怎么描述，那些东西我以前从来没有听过，没有见过，连做梦都没有梦到过……我站在那里看着那一切，心想，世界上再也不会有这么伟大的发现了。"[93]

如果科尔特斯原来拿不准这个奇怪的新世界能否交出他和他的国王渴望的财富的话，那么现在他的疑虑全打消了。西班牙人之前的征服成果相对都比较小。哥伦布带着船员轻易制服了赤身裸体的印第安人部落居住的小村庄，靠诡计或暴力抢走他们想要的东西。西班牙牢牢控制着伊斯帕尼奥拉、古巴和巴拿马沿海地区，费了不少力气才找到一点点黄金和一些珍珠，新建了奴隶贸易，并发展起不断扩大的种植园经济。科尔特斯进入的这个大都会则完全不同，它显耀得多，让人发财的希望也大得多。

来客的厚颜大胆让蒙特祖马心神不宁，他明确表示不想让西班牙人进入他的首都。他派侄子又送给科尔特斯 3 000 比索的黄金作为贿赂，绞尽脑汁编出各种理由请求他原路离开，说城里粮食不够，说蒙特祖马身体不适，还说崎岖不平的道路太危险。[94] 皇帝听了他的间谍和使节的报告后，认定这些大胡子想要白银、黄金、宝石。他表示可以每年给科尔特斯送上这类东西，科尔特斯的国王要多少就给多少。[95] 但是，皇帝的许诺和礼物反而更吊起了科尔特斯的胃口。他的军队更加坚决地向前推进，阿兹特克的死对头也跟着助威。科尔特斯得到可靠消息，知道蒙特祖马曾考虑捕杀20个西班牙人，以阻止他们的前进，要么就允许他们全体进入特诺奇蒂特兰，然后把他们一网打尽。但是，科尔特斯始终展现出迷人的魅力，对蒙特祖马的使节信誓旦旦地保证说，他只是想瞻仰他们伟大的首都并转达卡洛斯国王的口信，这为他进入阿兹特克帝国的心脏铺平了道路。

最后，蒙特祖马让步了，同意接见这个来自遥远王国的粗鲁无礼、唯利是图的信使。对科尔特斯有利的是，他被视为使节，而不是侵略者，因此获得了礼遇；按照当地的规矩，国王或酋长有权发动攻击，外交使节却没有这个特权。[96] 一些记史者，包括科尔特斯本人，声称蒙特祖马相信来到他帝国的这位浅色头发的西班牙人是传说中的神-王“羽蛇神”（Quetzalcoatl）；羽蛇神多年前泛舟东去，但发誓要回来重登王位。[97] 墨西加人时刻心存恐惧，害怕愤怒的神祇凯旋——这也许是个方便的说辞。对科尔特斯来说，冒充这样一位神祇当然对他自己非常方便。一个伟大的文明之所以被如此轻易地征服，是因为它基础不牢，缺乏合法性——这个说法也可能对征服者有帮助。然而，这些都是西方人以己度人对美洲印第安人的猜测，真实性不大。[98]蒙特祖马谨慎地打开了大门，是因为他相信这个步步逼近他的皇宫内苑的傲慢无礼的船长不过是一个使节，想要转呈一位国王的问候。

1519 年 11 月 8 日，科尔特斯见到了蒙特祖马。这次会见使科尔特斯确信，他为国王赢得光荣和可观财富的希望不会落空。墨西加皇帝在通往首都的长堤上热情接待了来宾。他所乘轿舆的顶盖十分华丽，用翠绿的羽毛织成，上缀金银装饰，悬挂着珍珠和玉石流苏。[99]一群酋长服侍皇帝下轿时，科尔特斯看到，皇帝穿的凉鞋鞋底是纯金的，鞋带上钉着闪亮的宝石。蒙特祖马摆出了全副威仪，他行走时，前面的大臣忙着扫清地面，为他铺开地毯。"野蛮人国王的小玩意儿"[100]让科尔特斯看得目瞪口呆，更使他因为寻宝找对了地方而激动万分。他飞身下马，向皇帝伸出了手。蒙特祖马对这个姿态大感错愕，没有接他伸来的手，于是科尔特斯的手中途改道，去拿别的东西。他拿出一串熏了麝香的彩色珠子，将它挂在主人的脖子上。然后，科尔特斯想要拥抱蒙特祖马，却被皇帝警惕的随从挡住。触摸伟大的阿兹特克皇帝是大不敬，更不能直瞪瞪地盯着皇帝看。[101]

在此需要说明，阿兹特克人十分注意个人卫生，在他们眼中，西班牙征服者是一群肮脏邋遢、臭气熏天的家伙。[102] 16 世纪的欧洲人大多不在乎个人卫生，没有洗澡的习惯，甚至反对洗澡。[103]实际上，阿兹特克使者每次来见西班牙人，都坚持要西班牙人先熏香，然后才肯和他们交谈。[104]尽管如此，蒙特祖马还是热情欢迎了这个粗鲁的西班牙人。他在他父亲建造的宫殿里给科尔特斯安排了豪华的住处，赠给他一条他求之不得的金项链，并连续几天以盛宴款待他。[105]

科尔特斯企图和皇帝握手的粗鲁姿态预示着更多的无礼行为将接踵而来。正如他自己后来在给卡洛斯国王的报告中所说，他当时就已断定，把蒙特祖马扣为人质，夺取他的权力，将他的帝国归入西班牙统治之下，这将使国王“受益”。[106]科尔特斯对皇帝逢迎讨好了6天后，听说两个西班牙人在远方一个城市被印第安人杀死了。[107]他抓住这个机会马上翻脸，给蒙特祖马戴上镣铐，把他关在房间里。蒙特祖马的一干廷臣措手不及，宫廷陷入瘫痪，谁也不敢轻举妄动，怕这些外来人杀死皇帝，给阿兹特克的敌人动武的可乘之机。

科尔特斯一边谋划如何最高效地完全霸占阿兹特克帝国，抢夺帝国的财富，一边仍在欺骗蒙特祖马，捏造出各种指控。他假惺惺地对被他囚禁的皇帝道歉，解释说他不过是奉了他的神和国王的命令来执行正义、勘查土地。他坚持要看一看作为蒙特祖马的黄金来源的矿山。墨西加皇帝因遭受的无礼而大受惊吓，又被科尔特斯的花言巧语所迷惑，于是乖乖答应了他的要求。皇帝吩咐仆从陪同4支西班牙小分队去了科萨拉（Cosalá）、塔马苏拉帕（Tamazulapa）、马林纳尔特帕克（Malinaltepec）和泰尼梅斯（Tenimes）4省，黄金就是从那些地方的河里淘出来的。勘查后他们提交了一份关于阿兹特克帝国黄金采掘活动的全面报告，报告还附上了对河流之间的土地情况的描述：田里长满玉米、豆子、可可，还建有养鸡场。这块土地不仅能给西班牙提供金银财富，而且是个面包篮子。[108]

我们无从得知蒙特祖马的内心想法，但他的行动足以说明问题：他答应了他那和蔼的囚禁者提出的所有要求。他住在自己父亲的宫殿里，享受着舒适的生活，如同仍然大权在握那样发号施令，命手下满足科尔特斯的一切要求。画工画出了可通航船只的河流图；被征服部落的酋长派奴隶背来了黄金；整座整座的城市奉命服从西班牙人，一任他们建造碉堡、抢夺财物。[109] 5 个月间，科尔特斯收集的金银制品、首饰、金条和银箔堆积如山，价值近 100 万比索。[110] 他把这些赃物全部熔化，最终将其中的 1/5 一次全部运回西班牙，献给了卡洛斯国王，其价值放到今天达 2 000 万美元以上。[111] 科尔特斯自己留了 1/5，剩下的按军阶和表现分给了部队官兵。西班牙声称，它征服西印度是为了启蒙世界，向异教徒传播上帝的声音；然而，呈交给国王的最初报告对这一神圣使命只字未提。同哥伦布写给费尔南多和伊莎贝拉的第一封信一样，科尔特斯写给卡洛斯国王的信也表明了征服的真正目的。西班牙在新大陆遵循的明亮的北极星是硬邦邦的金子。

黄金贪欲

> 他们带着闪电作为武器……能喷出火焰。
>
> ——蒙特祖马的信使 [112]

我们只能想象阿兹特克皇帝看到科尔特斯如此痴迷黄金时感到的困惑。蒙特祖马也喜欢黄金，喜欢佩戴金首饰，但是对他来说，黄金充其量是装饰，而且绝不是最宝贵的装饰。蒙特祖马认为小玉石（chalchihuite）贵重多了。[113] 科尔特斯到来之前，他就送给他不少小玉石，现在给得更多。蒙特祖马告诉科尔特斯，一块小玉石就值两大担金子。这位皇帝不可能知道，多少世纪以来，贵金属在欧洲一直被视为珍宝。14 世纪，黑死病造成大量人口死亡，500 年后又发生了饿殍遍地的大饥荒，贵金属遂成为欧洲有钱人偏爱的货币；先是白银，然后是黄金。欧洲在那个黑暗时代后战事连绵，赎金需求猛增。整个 14 世纪，黄金始终是必需的物资，哪怕只是为了赎回国王和解救国王的军队。最后，从君士坦丁堡到加莱（Calais），黄金都成了驱动经济的可替代商品。拥有黄金最多的非威尼斯商人莫属，他们靠贩卖奴隶和木材积聚了大量金银，使他们的城市成为欧洲头号繁华之地。[114]

然而，到 1500 年，欧洲的黄金年产量减少到了区区几吨。一位历史学家说："欧洲的黄金，无论是钱币、贮存，还是各种形式的装饰装潢，全加起来，一个两米见方的箱子就能装下。"[115] 确实，哥伦布发现新大陆之前的那个世纪，欧洲的金锭储量减少了一半。[116] 难怪西班牙和葡萄牙的航海家急切希望找到传说中东方的黄金帝国。现在，科尔特斯抓住了一位大国皇帝作为人质，有可能为他那刚刚成为神圣罗马帝国皇帝的国王争得"陛下所愿的更大的王国和领地"。[117]

蒙特祖马明显的善意和合作引起了科尔特斯在墨西加偏远地区的盟友的不满。本来站在科尔特斯一边的部落与他分道扬镳，公开反叛，拒绝向蒙特祖马和科尔特斯任何一边缴纳贡赋。[118] 但是，一支载有 900 人的西班牙船队在潘菲洛·德·纳瓦埃斯（Pánfilo de Narváez）船长率领下的到来才是对科尔特斯最大的威胁。[119] 那支船队停靠在科尔特斯建立的韦拉克鲁斯（Veracruz）港口，就是他凿沉了所有船只的地方。派遣纳瓦埃斯前来的不是别人，正是古巴总督迭戈·贝拉斯克斯。同样在努力寻金的这位总督对叛逆的科尔特斯全面宣战。科尔特斯的手下在韦拉克鲁斯附近勘查蒙特祖马的金矿时，刚好碰上了新来的西班牙人。[120]科尔特斯的人对新来者讲述了科尔特斯的胜利和新获得的宝藏，但当他们听到更多酬劳和安全回家的许诺后，就叛变到了贝拉斯克斯这边。

蒙特祖马听说来了一支新舰队，但他对科尔特斯只字未提。即使身受禁制，他仍然有办法保持消息灵通。事实上，蒙特祖马通过他的间谍开始秘密地给纳瓦埃斯的船员送去黄金和食物，希望西班牙人自相残杀，挫败扣押他的人，使帝国逃过一劫。[121]但是，蒙特祖马在和科尔特斯的一次谈话中犯了致命的糊涂，走漏了消息。科尔特斯突然明白了自己的危险处境，火急火燎地开始为即将到来的战斗做准备。他对手下的人表示愿意给他们更多金子来换取他们的忠诚。[122]此时，黄金和珠宝在西班牙征服者当中已成为明确的权力标志，地位越高，他们显摆出的装饰就越多。他们把辛苦得来的黄金别在胸前，把沉甸甸的金链子挂在脖子上，绕在肩膀上，唯恐别人看不见。[123]科尔特斯明白，维持部队忠诚的唯一办法是向他们保证他们能得到更多金子。他立即行动，命副手坐镇特诺奇蒂特兰，自己带领一队人去迎击新来的西班牙人。他俘虏了纳瓦埃斯船长，用奖励黄金的许诺买得了纳瓦埃斯手下人的忠诚。

然而，墨西加首都的情况不妙。留下来的西班牙人开始担心，害怕自己面对当地人寡不敌众。[124]一天夜晚，当地人聚集在圣地

“神之庭”（Patio of the Gods）跳舞，举行节日庆典，科尔特斯的副手佩德罗·德·阿尔瓦拉多慌了，以为他们要造反，下令展开屠杀。他手下的西班牙士兵举枪挥剑，纵马冲入广场，残酷屠杀了数百人。[125]全城居民为之震惊。他们先是被打懵，随后发起了狂暴的报复。科尔特斯返回之时，特诺奇蒂特兰正沐浴着腥风血雨。科尔特斯急中生智，让被囚禁的蒙特祖马出去安抚愤怒的人群。皇帝按吩咐出去请求人群停止反抗，但叛乱的几个酋长大喊道，他已经不再是他们的君主，权力现在属于他的弟弟夸乌特莫克（Cuauhtémoc）。蒙特祖马还没搞清楚状况，就被雨点般向他扔来的石块打倒在地，不省人事。在自己人民手中遭受这种打击是皇帝无法承受的奇耻大辱，他坚决不肯让人为他包扎伤口。[126]就在暴乱者用燃烧的火把猛擂宫墙的时候，就在科尔特斯角色反转，不得不保卫皇帝宫苑的时候，蒙特祖马咽下了最后一口气。疯狂野蛮的战斗从白天打到黑夜。街上血流成河，运河水被血染红，建筑物被熊熊大火吞没。忠于阿兹特克帝国的人一心要彻底打败西班牙征服者，潮水般冲向科尔特斯的据点。西班牙人别无选择，只能一窝蜂地逃离首都。可是，他们怎么能够丢下抢到的那些财物呢？那可是他们入侵的全部目的啊。

接下来的大战事关重大，在那段迅速展开的历史中最突出的问题是，科尔特斯如果逃离特诺奇蒂特兰，就会损失几十万金比索。黄金对科尔特斯来说是最重要的，对贝拉斯克斯、纳瓦埃斯和他们率领的士兵也是一样。黄金是目标、钱袋、银行，是大军的动力。黄金也是调遣军队的当权者的首要目标，无论是国王、教皇，还是专门为管理西班牙在新大陆获取的财富而刚刚成立的印度事务委员会（Council of the Indies）。* 墨西加人很快就学会了利用西班牙人的这个弱点，挑动他们为了黄金彼此内斗。墨西加人和这群大胡子怪人共处了好几个月，对他们如此疯魔地迷恋黄金只有惊叹的份儿。

科尔特斯吼叫着命令手下立即撤出首都，惊慌失措的士兵们定下神来，开始了生死大逃亡。他们在新盟友特拉斯卡拉人（Tlaxcalan）的帮助下，把抢夺来的财物尽量能搬多少就搬多少。一个士兵这样描述说：

> 科尔特斯命令他的……仆人把所有的金银珠宝都运出来，还派了许多特拉斯卡拉印第安人帮着搬，全部放在大厅里。科尔特斯让国王的军官……拿走属于陛下的黄金，给了他们7匹受了伤的跛脚马和一匹母马，还有80多个友好的特拉斯卡拉人，把金银珠宝分成一包包的，让他们尽量背。所有金银都熔化铸成了大锭，等把属于国王的都搬走后，大厅里还堆着好多金锭。然后，科尔特斯把他的秘书和国王的公证员叫过来说："请你们做证，我没法处理这些金子。在这个大厅里，有70多万比索的金子。你们也看到了，没法给它们称重，也没法把它们存在安全的地方。我现在让士兵们随便拿，不然就会落到那些狗一样的墨西加人手里。"[127]

士兵们争先恐后地去抢财宝，除了金锭之外，也疯抢玉石，

---

* 卡洛斯一世国王在1519年首次提到这个委员会，但它直到1524年才建立。

因为他们知道，当地人认为石头比金属值钱。[128] 他们能拿多少就拿多少，拼命把金银珠宝塞在腰带下、铠甲里。纳瓦埃斯的士兵初来乍到，看到这么多财宝堆在一起，眼中放光，每个人都拿了很多。[129] 他们还胡乱钉了一些箱子，好多装一些金银财宝。就在西班牙人从城里冲出，拥挤着通过长堤的时候，阿兹特克人对他们发动了攻击，把有些人打落湖中。一个西班牙人匆忙间回头，瞥见湖中漂着死马和受伤的印第安人，一箱箱黄金在湖面上打个转，旋即沉没不见。[130]

科尔特斯匆忙撤退，物质损失惨重，但他很快发现，自己掌握了大批士兵和大量军火。他在 4 000 特拉斯卡拉援军的支持下，轻易击退了追到城外的阿兹特克人。[131] 撤退途中，他又招募了其他心怀不满的部落，如乔卢拉人（Cholula）、特皮卡人（Tepeaca），还有邻近领土上的武士，这些人都迫不及待地想和骑在他们头上的墨西加人算账。接下来的几个月中，更多西班牙船只从古巴和牙买加驶来；科尔特斯带领的人马占领了一个又一个村庄，将村民变为奴隶。很快，科尔特斯就控制了大批人口。不久，他就开始谋划重夺首都。

不过，他首先想的是拿回金子。部队撤出后扎营的时候，科尔特斯看到大家带出了大批财宝。即使在那一片混乱之中，士兵们仍在买卖金子，用金子赌博，为金子大打出手。科尔特斯发布命令，要士兵们把抢到的金子全交出来，否则就要受重罚。他宣布说，如有必要他会用武力把金子收回，但清点完毕后，他会允许大家保留自己带出来的金银财宝的 1/3。一个西班牙人抱怨说："科尔特斯这个命令非常不对。"[132] 毕竟，他们仓皇逃离墨西加首都的时候，是科尔特斯催促他们能拿多少就拿多少的，他们当时满心以为自己拿的就全是自己的。科尔特斯宣布收回财宝的命令时，随行的一个王家书记官当场将其记录下来成为法律。

还有更紧迫的麻烦需要处理。战争正如火如荼，科尔特斯和他的部队经过了匮乏和战斗的磨炼，带着复仇的怒火一路杀回特诺奇蒂特兰，所到之处寸草不留。1521 年 8 月，科尔特斯迫使夸乌特莫克皇帝投降时，已经有许多西班牙人被活活剖心，而通往湖上那座光辉之城的路上铺满了数千名印第安人的尸体。然而，杀戮场归来的科尔特斯却成了英雄人物，在欧洲广受赞誉，被国王大加褒奖，成为之后每一个征服者的榜样。

科尔特斯征服墨西哥的辉煌功绩使得身兼神圣罗马帝国皇帝的西班牙国王卡洛斯一世的野心急剧膨胀。就在那些年里，他决定改变王徽的图样，将原来王徽上两只跃击的黑鹰改为从赫拉克勒斯之墩中间昂然通过，还加上了“向更远方”（Plus Ultra）的徽文。[133] 因为他的神圣罗马帝国不仅扬帆越过了“世界尽头”（non plus ultra）[*] 这一中世纪传说中的危险边界，而且“远方”已经成为帝国的领土、摇钱树和度假胜地。当时人们认为，只要是为了让人皈依罗马天主教，任何残酷行为都会得到上帝的宽恕；卡洛斯一世的野心外加时下的这种迷信，为征服美洲的行动提供了充足的理由。[134] 西班牙征服者追求的是黄金白银，利用的媒介却是基督教劝化。正如伟大的 16 世纪作家洛佩 · 德 · 维加（Lope de

---

* 在罗马神话中，英雄赫拉克勒斯征战到当时认为的世界尽头直布罗陀，在那里的石柱上刻下了这句拉丁文。——译者注

Vega）所说，“他们高举着信仰的大旗寻找金银”。[135] 金银的诱惑无法抵挡，使用的借口无可挑剔。每次开始冲锋或袭击时，西班牙人都会高喊：“以圣雅各之名！冲啊，西班牙！”* 这个口号至少使他们自己相信，他们是在延续昔时伟大崇高的十字军东征。就这样，抢劫掠夺和更高尚的事业挂上了钩，成了荣耀上帝的行动。贪婪得到了美化。

这不是很自然吗？教皇尤利乌斯二世（Julius II）披甲跃马亲上战场，靠出售“赎罪券”（用钱买到的一纸证明，借此可得死后免下地狱）筹资打圣战；这就清楚地表明，教会认识到它需要金钱，且为此不择手段。毕竟，建造圣彼得大教堂、镇压新教改革运动，这些事都需要钱。后来的事实证明，卡洛斯国王与罗马的紧密关系于天主教会和西班牙双方都有利。随着国王派海军把西印度的财富收归己有，在那里建立种植园、矿区，发展兴旺的殖民地经济，西班牙和天主教双双扩大了实力和统治范围。此时西班牙控制的欧洲领土面积仅次于拿破仑一世和阿道夫·希特勒统治的巅峰时期。[136] 然而，西班牙的势力范围不仅限于欧洲，还延伸至东西半球的遥远角落，从美洲直到菲律宾，如神圣罗马帝国皇帝所津津乐道的那样，成了日不落帝国。最终，卡洛斯国王的属地超过了亚历山大大帝和尤利乌斯·恺撒。而且，征服美洲夺取的不仅是黄金，还有白银。西班牙征服者拿下了整个秘鲁。

---

* “以圣雅各之名！冲啊，西班牙！”这是西班牙人在战场上发起进攻时呼喊的口号。圣雅各（英文为 Saint James）在伊比利亚地区也叫“Santiago Matamoros”，即“摩尔人杀手圣雅各”。据说，“以圣雅各之名！冲啊！”（Santiago! Y cierra!）这个作战口号是在 1212年的托洛萨战役（Battle of Las Navas de Tolosa）中叫响的，当时，卡斯蒂利亚、阿拉贡和葡萄牙团结一致对统治伊比利亚南部的柏柏尔人的阿尔摩哈德王朝作战。“西班牙”是后来卡斯蒂利亚和阿拉贡合并为西班牙后加上去的。

第四章

白衣王之踪

阿塔瓦尔帕说他们在一座小山上放起火来，火熄灭后，能看到熔化的银汁。

——佩德罗·皮萨罗，1571 年 [1]

你也许以为，西班牙对于从阿根廷到科罗拉多这片广袤地区的征服是背景各异的好几百人推动的浩大工程，其实不然。继哥伦布之后把美洲的大片土地牢牢控制在西班牙统治之下的征服者人数不多，是志同道合的人组成的紧密小圈子。他们当中不少人老家都在埃斯特雷马杜拉，童年时代都比较艰苦，有些人甚至彼此有血缘关系，大多数人都有相似的经历。[2] 瓦斯科·努涅斯·德·巴尔沃亚发现了太平洋；埃尔南·科尔特斯征服了阿兹特克；佩德罗·德·阿尔瓦拉多征服了古巴，在墨西哥是科尔特斯的副手，后来又征服了中美洲大部；弗朗西斯科·皮萨罗征服了印加人；佩德罗·德·巴尔迪维亚（Pedro de Valdivia）建立了今天的智利；弗朗西斯科·德·奥雷利亚纳（Francisco de Orellana）探索了亚马孙地区，创建了今天的厄瓜多尔；埃尔南多·德·索托的足迹踏遍了从佛罗里达到阿肯色的印第安人土地。这些人无一不来自西班牙西部贫穷、干旱、酷热难耐的高原，他们的家乡彼此相隔不到80千米。他们之间的联系有时令人吃惊。巴尔沃亚说他和德·索托出生在同一个灰蒙蒙的小地方。皮萨罗的出生地离科尔特斯童年时住的地方骑马溜达一天就能到。而且，皮萨罗、科尔特斯和奥雷利亚纳三人是远亲，都参加了同一支远征军。把皮萨罗和科尔特斯带到新大陆的总督尼古拉斯·德·奥万多是他俩的亲戚。巴尔沃亚娶了自己上司的女儿，科尔特斯是自己上司的连襟。但是，也许这些人之间最强大的纽带是他们都是军人的儿子。他们的父亲、叔叔和表亲与意大利人、法国人和摩尔人打过仗，他们因此而继承了强烈的忠君思想和战斗精神。征服美洲是如假包换的兄弟事业。

研究拉丁美洲征服史的伟大历史学家约翰·亨明曾这样写道：

> 参加这些探险活动的人不是雇佣军，远征的首领不给他们报酬。他们是冒险者，希望到美洲去发财。征服早期，这些亡命之徒只能从印第安人那里抢财物。他们是一群伺机抢劫的掠食者，吃的用的全靠抢印第安人……西班牙冒险者就像一群猎犬，在美洲大陆到处游荡，希望嗅到黄金的气息。他们怀着野心勇往直前，渡过大西洋，挤满了海岸边小小的居民点，一心想通过剥削和抢劫当地土著居民来大发横财。[3]

显然，这些远离家乡、血脉相连、野心勃勃的人对彼此的成败得失了如指掌。皮萨罗认真研究了科尔特斯的征服战略，反复思索他这位年轻表亲在征服墨西加帝国的过程中采取的每一项行动和对手的反制行动。[4] 1522 年，皮萨罗初次听说科尔特斯的惊人事迹时，他自己已经成了大地主，是巴拿马最富有的居民之一。他通过征服珍珠群岛（Pearl Islands）赢得了总督佩德拉里亚斯·达维拉的信任。他逮捕了自己的上司巴尔沃亚，使之受到法律的严惩，借此证明了自己的忠诚。他突袭村庄，抓捕印第安人，以从事一本万利的奴隶贸易。但是，皮萨罗已年近半百，却还要听命于人；他仍在等待着命运的大门对他敞开，给他带来更大的奖赏。1523 年，机会来了。和皮萨罗共事的巴斯克人帕斯夸尔·德·安达戈雅（Pascual de Andagoya）沿今天哥伦比亚境内的圣胡安河（San Juan River）探险后返回巴拿马。他的探险报告让人听得入迷。他说，在几乎触手可及的地方，就在他所到之处最南端再过去一点，会发现巨大的财富。他还描述了他是如何"发现、征服并招安了皮鲁（Pirú）"的。[5] 安达戈雅发现的皮鲁[6] 是乔查玛（Chochama）荒野中的一个酋长，强硬好战，对安达戈雅发动了凶猛的攻击。皮鲁被打败后，为安达戈雅所用。他给安达戈雅讲解该地区的情况，告诉他南边有位强大的"白衣王"。皮鲁说，那位白衣王的庞大帝国遍地是金银。不过，虽然安达戈雅此行大获成功，在美洲大陆上建了自己的据点，还在郁郁葱葱的卡利（Cali）和波帕扬（Popayán）山谷自封为王，但回到巴拿马时，他已经被征战和疾病折磨得形销骨立、羸弱不堪，无法重返皮鲁的地盘。

这对皮萨罗而言是千载难逢的好机会。他听到关于皮鲁（这个名字现在代表着巴拿马以南的所有土地[7]）和他提到的强大富有的白衣王的传说后激动万分，计划买下安达戈雅的船队，对那个地区做一次有针对性的探索。不过，他的时间很紧。卡洛斯国王已经委托探险家费尔南多·麦哲伦（Ferdinand Magellan）寻找一条通往亚洲的海上航道，以期找到出产令人垂涎的香料的岛屿。1520 年，麦哲伦的船队绕过巴西，来到了一条自安第斯山蜿蜒南下的大河，他们称其为拉普拉塔河（Río de la Plata），即银之河。麦哲伦也听说了传说中的白衣王，瓜拉尼印第安人对他讲到了这位国王，说他的宝座、衣袍和纹章都是一种闪闪发光的金属做的，是从银子中提炼出来的。[8] 可是，这位葡萄牙人沿着那条河上下找了个遍，白衣王却踪影全无。

即使如此，1535 年，靠参与对罗马的叛乱和洗劫发了大财 [*] 的佩德罗·德·门多萨（Pedro de Mendoza）仍然驾船驶往美洲大陆的最南端，去寻找白衣王的金子。但是，他找到的只是梅毒和饥饿，他带的人陷在布宜诺斯艾利斯的沼泽里，只能靠吃靴子底充饥。然而，寻宝人的热情未有稍减，仍然着了魔似的找银子，皮萨罗尤其起劲。他和同行的许多人一样，声称自己是在为信奉天主教的西班牙效劳，要把基督教带给愚昧的印第安人；这是那个时代政治正确的套话。其实，他狂热追求俗世财富，和在他之前的所有人一样对白衣王的神话充满向往。[9] 而且他非常明白，谁捷足先登，谁就能独占财富。

皮萨罗来自大洋彼岸的遥远地方，在人生旅程中也成就卓著。他是一个小贵族和一个女佣的私生子，小时候不能像出身高贵的

---

* 1527 年，神圣罗马帝国军队的 3.4 万士兵拿不到饷金，怒而发起兵变，开进罗马城，将其洗劫一空。佩德罗·德·门多萨就是其中之一。

孩子那样接受教育，只能去放猪。[10]他一辈子不识字，但高大健壮、充满自信，这继承自他的父亲。很快，他开始梦想摆脱猪圈的污泥和辛苦，过上另一种生活。16岁时，他逃到了塞维利亚。在那里，穷小子能当水手，瓜达尔基维尔河（Guadalquivir River）诱人地流入大海。不出一年，他就决定跟随他父亲的脚步从军，报名参加了费尔南多国王的军队，此时，哥伦布的探险故事已经开始燃起他的憧憬。后来，皮萨罗在当时狂热气氛的感染下加入了尼古拉斯·奥万多总督的船队，于1502年起航驶向伊斯帕尼奥拉岛。5年之内，和皮萨罗同船而来的水手死了一半，伊斯帕尼奥拉岛的原住民人口也因为战争和疾病而大量死亡，但皮萨罗活了下来。事实上，他混得很好，成了寻找黄金和奴隶的一把好手。这些是辛苦活，也是征服的主业。他在这个行当里如鱼得水。

皮萨罗积极参加对伊斯帕尼奥拉岛内地印第安人的疯狂劫掠，显示出很强的军事能力。他勇猛顽强，特别善于整治不听话的印第安人，迫使他们下矿劳动。他是奥万多总督的贴身护卫，深得信任，后来去了巴拿马，又担任佩德拉里亚斯·达维拉总督的侍卫。皮萨罗也许不如科尔特斯和巴尔沃亚有学问、有知识、有头脑，但他是忠心耿耿的战士，作战勇敢，在情势紧迫时惊人地足智多谋。[11]他沉默寡言，举止威严，天生一副领导相。在巴拿马，他又多了一项优势。他的种植园粮食充足、牛羊成群，他因此而财源滚滚、腰缠万贯。[12]

最后，皮萨罗把自己的种植园和两个知心朋友的种植园合并了起来。[13]那两人一个叫迭戈·阿尔马格罗（Diego Almagro），是个目不识丁的军人；他和皮萨罗一样，也是私生子，备受世人冷落，但作战勇猛，抓捕和贩卖奴隶非常积极。另一个人埃尔南多·德·卢克（Hernando de Luque）是教士，祖上可能是犹太人；他不仅有钱，还特别会管钱，是佩德拉里亚斯总督的心腹。他们三人共同组建了一个公司，把财产和生意集中到一起，成本共担，利润分享。人人为我，我为人人。他们订立契约的方法遵循了古老的中世纪传统，三人一起去巴拿马那朴素的教堂望弥撒，共受同一个“圣体”*，发誓同心协力，至死不渝。[14]他们决定购买船只，招募 100 多名船员，去皮鲁开展探索。[15]皮萨罗担任此行的船长和指挥，阿尔马格罗负责张罗武器给养，卢克掌管财务。[16]他们没费多大力气就说服佩德拉里亚斯批准了他们的航行：不要总督出一分钱，但找到的财宝保证有他一份。[17]

第一次航行以惨败告终。[18]他们订购了两艘船，一艘双桅帆船破破烂烂的，偏偏起了个浮夸的名字叫“圣地亚哥”（西班牙主保圣人的名字），另一艘是多桅小帆船，也又旧又破。两艘船都很不结实，不足以胜任探险之旅。1524 年 11 月 14 日，他们起锚出航，船上载着 110 名西班牙人、几个印第安人、4 匹马和一只猎犬，可就是没有风来鼓起船帆。[19]皮萨罗在珍珠群岛靠岸，等待刮起北风助他们驶向南方，一等就是三个星期，眼看着给养越来越少。待到船员终于把船推离岸边后，船却被变化无常的风一点点吹到了安达戈雅登岸探险的红树林沼泽地。在这期间，他们忍饥挨饿，遭到成群的蚊子叮咬，被热带的瓢泼大雨打得喘不过气来。直到来年 2 月，他们连印第安人的影子都没见着。皮萨罗带人去内陆

---

* 圣体在基督教中指经过祝圣的面饼，代表耶稣的身体。——译者注

探索，但很快遇到了崇山峻岭、密藤深林的阻挡。他回到海边，向南航行了一段，发现了一处废弃的营地，找到了几个黄金小饰品，还看见了食人族盛宴后留下的可怕残余。

经过6个月难以想象的饥饿后，皮萨罗手下仅剩50个骨瘦如柴的船员，只有出发时的一半。尽管皮萨罗舌灿莲花，吹嘘说金银就在前方，远征前景不妙却是不争的事实。满是蛀孔的船开始漏水，不可能再走多远。西班牙人万般无奈，只得深入内地，去印第安人的村庄抢粮，但这样做危险极大、收获甚微，有时还可能性命不保。印第安人自然要保卫自己的地盘。那些吃人肉的印第安人赤身裸体，身上涂满战斗油彩，带着毒箭。不管西班牙人是深入内地还是在海边行动，他们都紧紧跟踪、穷追猛打。皮萨罗在一次冲突中受了重伤。阿尔马格罗在另一次袭击中被打瞎了一只眼。最后，皮萨罗和阿尔马格罗终于明白，虽然承认失败非常丢脸，但他们别无选择，只能返回巴拿马，把船修好，从头再来。

1526年，印加皇帝瓦伊纳·卡帕克带着数千随从巡游他的辽阔帝国；身为神圣罗马帝国皇帝的卡洛斯一世国王巩固了他作为天主教世界统治者的权力，引发了一系列战争，并催生了新教改革；与此同时，皮萨罗再次启程前往皮鲁。这次航程几乎和第一次一样艰难多舛，光是成行就费了很大力气。不过，在做出了巨大牺牲后，他们在旅程接近尾声时终于看到了一丝希望。

此时，佩德拉里亚斯总督对这件事完全失去了信心。他自己征服尼加拉瓜的宏伟计划已经搁浅，所以他没有心思让皮萨罗胡闹。皮萨罗的探险可能会耗尽巴拿马这个新成立的定居点的力量，造成灾难性后果。巴拿马一共才有 400 名西班牙人，粮食和其他给养也很有限。在尚未巩固对巴拿马的占领之时，只因为皮萨罗要寻找他可能永远也找不到的宝藏就让他带走 1/4 的西班牙人，更不用说还有宝贵的玉米、马匹和弹药，这对任何总督而言都是巨大的风险。皮萨罗竭尽全力拼凑了一支船队，为它多方陈情，遇到了他从未想到过的各种麻烦。

这次出征从 1526 年 1 月起航那一刻起，似乎就注定要失败。临行时，佩德拉里亚斯把阿尔马格罗擢升为副船长，这是对皮萨罗权威的一大侮辱，狠狠地伤了皮萨罗的虚荣心。自那以后，皮萨罗和阿尔马格罗之间的一切都不对劲了。航行非常艰苦。他们向南走了好几个月，一路上不时和原住民发生小型冲突，也经常突袭沿岸村庄以抢夺粮食，还在村民的小屋里搜寻金银。这次，当地人似乎有了准备，发起了激烈的自卫反抗。西班牙人穿着笨重的铠甲步履沉重地在难以穿行的丛林里寻路前进的时候，还可能遭到鳄鱼的攻击，染上奇怪的热病。如影随形的饥饿更使他们濒于绝望。在圣胡安河附近，就在 5 年前安达戈雅自封为总督的地方，皮萨罗总算侵入了一个小村庄，把它全部扫平，抢到了值 1.5 万达克特*的金子，还抓到了一群俘虏，准备带去巴拿马的奴隶市场售卖。看来继续前进是值得的。

然而，皮萨罗手下的人很快就疲惫病弱到了无法继续前进的地步，每周都有三四个人病馁而死。皮萨罗决定，派自己的船向

---

*　达克特（ducat），曾在欧洲各国流通的金币或银币。——译者注

南去寻找金银，派阿尔马格罗的船北上请求巴拿马增援。他自己守在荒凉的加略（Gallo）岛上，只留下一小队衣衫褴褛的亲随。他们防备着咬人的蛇虫，在树下和草根间寻找可吃的东西，咬牙忍受着撕裂夜空的霹雳，就这样在岛上又熬了 7 个月地狱般的日子。有几个人实在受不了了，偷偷在阿尔马格罗带走的船货里夹了一封写给迭戈·德·洛斯·里奥斯（Diego de los Ríos）总督的信，信中恳求总督把他们从皮萨罗的无情掌控下解救出来。他们写道："总督大人啊！看看现在的情形吧！抓人的（指阿尔马格罗）回到您那儿了，杀人的（指皮萨罗）在这儿盯着我们。"[20] 总督接到信后，下令全面调查皮萨罗的行动。

不过，这几个月间，皮萨罗派巴托洛梅·鲁伊斯上尉* 指挥的向南探索的船带回了惊人的消息。800 千米以外，就在今天的厄瓜多尔海岸边，鲁伊斯碰到了一队运输商品的木筏。那些木筏体积巨大、建造精良，说明它们来自一个比他在新大陆看到的任何文明都伟大得多的文明。这位上尉不可能知道，木筏上的人是瓦伊纳·卡帕克皇帝的子民，那一刻，皇帝就在离海岸 240 千米的地方，在图米潘帕的皇宫里舒舒服服地享受田园风光。[21] 鲁伊斯能够确知的是，这些人制作金银制品，也买卖金银，而且他有具体证据：

> 他们身上佩戴着许多金银饰品……有冠状头饰，有腰带和手镯，还有护腿甲和护胸甲……有镶银的镜子、银质的杯子和其他饮器。他们带了许多毛料和棉料的斗篷、衬衫和外

---

* 巴托洛梅·鲁伊斯（Bartolomé Ruiz）曾是一名技术娴熟的领航员，与哥伦布一同航行过。

衣……他们有称金子的小戥子，做工像罗马的一样精致。[22]

那些印第安人看起来文明优雅、见多识广，比鲁伊斯以前见过的任何印第安人都友好。他们的货物里还有绿宝石、陶器和柔软的高级纺织品，都是他在西班牙从未见过的。鲁伊斯知道，他需要证据来证明他的发现，于是令手下扣押了商船，抓了三个当地人，准备训练他们给皮萨罗当翻译。商船上的其他人跳进海里，拼命游上岸逃走了。

鲁伊斯的报告使皮萨罗激动万分，因为它证实了他一直以来的想法。讽刺的是，就在他全神贯注听取报告时，一个不同寻常的消息正从北方传来。巴拿马总督德·洛斯·里奥斯读到船员的绝望信件后吓了一跳，派了一支由胡安·塔富尔（Juan Tafur）上尉指挥的小队去强制召回皮萨罗的人。总督也许是被写信的可怜人打动了，也许是受了阿尔马格罗手下一些心怀不满的船员的挑拨；无论如何，他坚持要把求救的人带回巴拿马。不过，如果愿意继续跟随皮萨罗的人数达到 20 个，他可以批给他们一条船让他们继续前进。塔富尔上尉带队到达加略岛时，岛上没有一个人愿意再替皮萨罗卖命。他们一个个衣衫破烂，打着赤脚，面黄肌瘦。看到塔富尔的船队驶来，他们高兴得哭了起来，活像囚徒终于盼来了获释的一天。[23] 皮萨罗大步上前欢迎塔富尔，却接到总督的命令，还得知他的全体船员都要求回家。他的内心是崩溃的，但并未形之于色。[24] 他从来就是个不苟言笑的人，一贯沉默寡言，经常粗鲁无礼。他平静而严肃地拔剑出鞘，走到船员们面前，用剑在沙地上划了深深的一道横线。“那边，”他向等在那里的船指了指，

“是巴拿马，你们回到那里会受穷。这边是皮鲁，你们会发财。好样的西班牙人，自己选吧。”[25]

船员们陷入长久的沉默。之后，亲眼见到了瓦伊纳·卡帕克帝国的财富的鲁伊斯慢慢走到了皮萨罗一边，接着，又有12个人一个接一个地站了过来。塔富尔看到只有这几个人愿意跟着皮萨罗干，便坚持按照总督的命令立即结束探险。但是，皮萨罗知道，此时返回巴拿马必将颜面扫地，而且会失去现在这个据点。科尔特斯在征服战中连连得手，引得人们疯魔了一样想靠征服发财，任何征服者只要听说了白衣王的财富，定会一窝蜂地来争夺。皮萨罗决定让鲁伊斯和其他人一起返回，和阿尔马格罗会合，再找一条船，尽早回来继续探险。皮萨罗自己打算留在原地。这真是个执拗的决定，因为它意味着他自己和剩下的12个人还要再熬7个月的苦日子才能得到救援。塔富尔怎么也劝不动皮萨罗，恼火之下把皮萨罗和他那几个铁杆支持者送到了一个无人岛，使他们不致遭到攻击，又把分配给他们的玉米往沙滩上一扔，就开船走了。[26]

德·洛斯·里奥斯总督得知皮萨罗抗命不从，带着那么少的几个人留在了当地，气得七窍生烟。起初，他拒绝派船去增援。不过，仍在巴拿马努力为探险筹集武器给养的阿尔马格罗对总督慷慨陈词，说若不增援，那几个西班牙人必死无疑，这未免太无情了。最后，总督批准派去一条船，但规定皮萨罗6个月后必须返回巴拿马。[27]皮萨罗和手下的几个人在四面环海的荒岛上熬了一年多，终于看到驶来的船，欣喜若狂。他们被痢疾、疟疾、中暑和营养不良折磨得羸弱不堪，多亏他们意志坚强，又能吃到大量的鲜鱼，这才活了下来。史书很少提及的是，那个草木丛生的小荒岛上还有一群奴隶，其中有非洲黑人，也有鲁伊斯南行时掳来的年轻的原住民商人。[28] 岛上的原住民派上了大用场，他们学会了足够的西班牙语，可以当翻译。他们在对传说中的皮鲁的征服中起到了关键作用。

皮萨罗的锲而不舍终于有了回报。他们开始向南航行，船上带了足够的给养，但没有武器。[29] 他们驶入瓜亚基尔湾（Gulf of Guayaquil），看到了第一个印加城市通贝斯。这片土地在一代人以前被图帕克·印卡征服，现在由瓦伊纳·卡帕克牢牢控制着。通贝斯人和鲁伊斯上次遇到的商人一样，热情接待了西班牙人。他们拥到岸边围观，西班牙人的船只、他们的胡须和他们令人不解的奇怪举止都让当地人感到非常新奇。以前来过这片海岸的西班牙人发现，这里的情况明显与过去大不一样，现在局势不稳，内战方酣。皮萨罗在船上巡视了一遍岸上的情况，派了两个人去侦察城里的动静，看看有没有财宝。这两人各自带回的报告让人听得入神。第一个人说，城里有一座碉堡，有 6 层护墙，里面装满了惊人的金银财宝。第二个人说，当地人从来没有见过他带的火绳枪，他们问他这东西怎么用，他向他们展示，一枪就把一个粗木桩打成了两半。枪的威力使印第安人大为惊恐，铅弹带着震耳欲聋的响声飞向目标时，他们吓得匍匐在地。

这正是皮萨罗需要的情报。他和他手下的人确确实实来到了一个伟大文明的边缘，如一位观察家所说，“那是在几个世纪与其他人类的完全隔绝中发展起来的”。[30] 这里有鲁伊斯看到的闪亮金属，那正是西班牙王国政府觊觎垂涎的黄金白银。而且，新发现的这个文明尽管先进，但一声枪响就把皮鲁人吓倒了。

接下来，事态迅速发展。皮萨罗的6个月时限很快就要到期，他需要迅速赶回巴拿马。他心知肚明，自己和科尔特斯一样得罪了总督，想要总督支持是指望不上了。他满怀坚定的信念启程返航，计划去塞维利亚直达天听。返回巴拿马没有几个月，他就乘船去了伊斯帕尼奥拉岛，从那里赶去西班牙寻求国王的恩准。他于1528年夏到达塞维利亚，带了一群印第安人和羊驼来搬运他在海岸边探险时积聚的财宝。皮萨罗虽然不识字，但口若悬河、言之凿凿，是天生的织梦者。他讲述自己勇敢的冒险故事，描绘在那里等着人去拿的闪亮财宝，听得宫廷上下心驰神往。

卡洛斯国王为这个不苟言笑的征服者所折服，对廷臣说他喜欢皮萨罗。一年后，王后代表国王把皮萨罗封为贵族，赐予他侯爵爵位，还和他签订了著名的《托莱多条约》（Capitulación de Toledo）。条约任命他为那块遥远土地的终身总督，有权探索、征服从今天的厄瓜多尔最北端到秘鲁最南端约1 000千米的海岸沿线地带，也有权派人强行在那里定居。阿尔马格罗和卢克得到的回报就差远了，阿尔马格罗被任命为通贝斯的城防司令，卢克成为该城的主教。二人觉得受了轻慢，郁积的怨恨不断发酵，最后发展到不可收拾的地步。然而，条约中最根本的规定是关于黄金的。按照条约，在遥远的秘鲁发现的任何贵金属都不受王室抽头1/5的规矩约束，只交10%的税即可。所以，在那片土地上寻金得到的好处要比在西印度任何其他地方都大。个人获得更多财富的诱惑驱动着对印加的征服，并在接下来几代人的时间内主导着美洲的未来。

皮萨罗的最后一搏

阉割太阳！这就是那些外来人来此的目的。

——《方士秘录》[31]

皮萨罗非常走运。他直接觐见国王求助时，正赶上埃尔南·科尔特斯也在托莱多。科尔特斯天然的魅力和讨人喜欢的豪爽劲儿深得国王和王后的欢心，他讲起自己那些精彩有趣的经历，让他们听得入迷。[32] 至此，这个征服了墨西哥的人已经当了10年的总督，但他在新大陆的日子并不好过，对他的各种指责纷至沓来，说他贪婪、残酷、严重滥权。[33] 但是，在托莱多的沙龙里，他如鱼得水，用从墨西哥带回来的财宝到处送礼，赢得了一众贵族女士的芳心。[34] 那时，从墨西哥的银矿中开采的白银已经开始源源不断地流入国王的口袋。[35] 所以，对于对科尔特斯的指控，大家一般都睁一只眼闭一只眼。法国垂涎白花花的银子，甚至公开鼓励私人船只在公海上抢劫。科尔特斯大肆炫耀他在征服中得到的宝贝。为了达到戏剧性的效果，他匍匐在卡洛斯脚前，表示将墨西哥的广袤土地及其一切物质财富都献给这位年轻的君主。国王非常明白他这个姿态的意义。他在欧洲统治的地盘从加那利群岛延伸到多瑙河，而墨西哥比整个这片土地都大。科尔特斯被授予许多荣誉，成了如日中天的英雄，这为任何跃跃欲试、想去征服一个伟大文明的人铺平了道路。他和皮萨罗在托莱多金碧辉煌的大厅里见面可以说是顺理成章。

科尔特斯母亲的娘家也姓皮萨罗，所以两人沾亲带故，见了面格外亲热。另外，两人都参加过尼古拉斯·德·奥万多率领的远征。他们以前在托莱多至少见过一面，甚至几面。[36]科尔特斯像西印度的所有西班牙人一样，听说过众口相传的皮鲁王国，他想听皮萨罗本人详细讲讲他的探险经历。两人相谈甚欢，尽管他们差别巨大：皮萨罗沉默寡言、没有文化、笨拙害羞，科尔特斯则潇洒迷人、热情阳光、妙笔生花。饶是如此，科尔特斯的信心和忠告还是大大鼓舞了更年长的皮萨罗。征服阿兹特克的行动有许多值得学习的地方，如战略的细节、与敌人的协作、起初对蒙特祖马的示好、对他的突然抓捕、勒索金银、巧妙营造假象使人民以为皇帝仍在理政等等。后来，皮萨罗的征服行动几乎完全遵照了科尔特斯的脚本，这也在情理之中。让人琢磨不透的是，两个相距如此遥远、历史如此不同的伟大文明怎么会以同样的方式败在了同样的战略之下。

事实上，墨西加和印加虽然看起来有诸多相似之处，其实却像埃及和罗马那样迥然不同。[37]尽管蒙特祖马试图压制自由，但他的帝国发展成了工商业兴隆的高度城市化社会。中美洲形成了一个繁荣热闹的商业网络，由彼此竞争的飞地和市场组成，还有以铜和可可为基础的货币制度。瓦伊纳·卡帕克的帝国则是个山上的大农村，高度集权，如果勉强说有货币的话，那么它的货币就是奴隶劳工。墨西加联盟实行自由贸易，可以买卖金属，也有一定的社会流动性。然而在印加太阳帝国，金银和权力完全掌握在统治阶级手中，统治阶级实际上和象征意义上的中心都位于库斯科，一切货物都牢牢控制在国家手里。

皮萨罗运气很好，因为至少在一段短暂的时间内，科尔特斯的战略在皮萨罗享有无限权力的土地上切实可行。1518 年到 1530 年这 12 年是一个前所未有的时间窗口，对西班牙尤为有利。印加和阿兹特克的统治者都面临着同样的难题，那就是领土太大，难以控制，人民起了反意，地方山头林立，破坏了国家统一。除了社会动乱之外，西班牙征服者还有一个连他们自己也不知道的秘密武器。西班牙人身上的天花病毒犹如迅速滑行的蛇，蜿蜒穿过新大陆这块处女地，从一个部落传到另一个部落，造成大批印第安人死亡。致命的天花病毒蔓延十分迅速，西班牙人尚未踏上南部的沙滩，病毒已捷足先登。

不过，挑战依然巨大。皮萨罗或许远眺过通贝斯，甚至把玩过印加的珍宝，但是，他并不真正了解那里的人民，只是在欧洲听科尔特斯绘声绘色地形容过那片远在天边的土地的风土人情。[38] 皮萨罗不知道印加首都的名字是库斯科，也不知道库斯科远在离海岸 1 600 千米的内陆，依偎在雄伟群山的环抱中。他不知道印加文明不像阿兹特克文明那样有许多神，而是只有一个至高无上的神，帝国的皇帝被视为太阳的直接后裔而受到膜拜。他连瓦伊纳·卡帕克的名字都不知道；这位印加王统治的广袤领土有 5 000 千米长、数百千米宽，从哥伦比亚最南端到智利腹地，* 从亚马孙丛林到大海之滨。但是，当皮萨罗在 1531 年底带着四位亲戚、一支两百人的队伍以及战马、战犬和充足的弹药起航前往那片土地时，印加人却和科尔特斯初遇的阿兹特克人一样，正乱作一团。

瓦伊纳·卡帕克染上疫病，不治身亡。在那场凶猛的瘟疫中，

---

* 当然，这个地方当时既不叫哥伦比亚也不叫智利，笔者使用这些名称是为了便于当今读者的理解。后文同，为方便起见都将使用现行的地理名称。

不管是神一样的皇帝还是奴隶，都难逃一死。瓦伊纳·卡帕克的两个儿子，分管北方和南方的阿塔瓦尔帕和瓦斯卡尔兄弟阋墙，为争夺皇位打得难解难分。印加帝国中被征服的部落穷困潦倒、忍辱负重、备受盘剥，看到皇室内讧，它们觉得造反的机会来了。就在印加帝国风雨飘摇之时，皮萨罗在秘鲁荒凉的海滩下了船。登陆后，他看到了在树上摇来荡去的残缺尸体，随即启程前往卡哈马卡（Cajamarca）去和印加王举行意义重大的初次见面。

那场初次接触的书面记录通篇显示着对贵金属的饥渴。西班牙人希望在当地人的耳垂上看到金子；他们打劫民宅，希望能抢到银制品；他们也希望此地和墨西哥一样，几乎遍地都是碎铜片。皮萨罗的人一路走一路抢，把当地人掳为奴隶，抢夺村民的粮食财物，拉拢心怀不满的人加入他们的队伍；这些行径是他们最拿手的。阿塔瓦尔帕听说有一群人正在逼近，便派一个大臣前去调查，大臣回来报告说："他们大约有 190 人，包括 90 来个骑马的人，他们懒惰不事生产，专抢别人的东西……这些满脸胡须的盗贼是从海上过来的，他们骑着大羊驼，好像［骇人的部族］科尧人（Collao）。"[39] 这群人桀骜不驯、肮脏污秽。阿塔瓦尔帕要操心的事情太多了，没工夫理会这些吵吵闹闹的野蛮人。他们不过是些蝼蚁，据说，"他根本没把他们放在眼里"。不过，阿塔瓦尔帕还是有些好奇，想看看他们到底是什么样子。他允许那些人继续前进。

1532 年 11 月 15 日星期五，西班牙人终于到达卡哈马卡，阿塔瓦尔帕却不在，他去了几千米外的行宫休息、斋戒、泡温泉，准备接着和瓦斯卡尔展开血战。弗朗西斯科·皮萨罗命弟弟埃尔南多·皮萨罗和埃尔南多·德·索托上尉率领 24 名骑兵驰往行宫去见皇帝。他们带着翻译去问阿塔瓦尔帕，西班牙人要住在哪里，皮萨罗什么时候能和他见面。

他们见到阿塔瓦尔帕时，他正坐在庭院中央的一个豪华座墩上，身旁围着一大群侍卫和仆从。西班牙人为防不测，一直没有下马。皇帝面对这群粗野的骑士和他们胯下兴奋地打着响鼻的马匹，似乎丝毫不为所动，他语气轻蔑地责骂他们抢劫乡村、掠夺皇家仓库。可是，阿塔瓦尔帕一听埃尔南多·皮萨罗说西班牙人可以帮助他打瓦斯卡尔，声调马上变了。没谈多久，他就叫仆人给西班牙人献上招待贵客的饮料。那是发酵的吉开酒（chicha），味道浓烈，深受皇帝喜欢。仆人高举盛酒的精美金杯，献给这两个坐在马上的人。两人不知是因为看到了金杯这一印加王财富的明证而过于兴奋，还是因为害怕酒里有毒，总之他们打翻了杯子，把吉开酒泼洒在地。阿塔瓦尔帕大吃一惊，面露不悦，但埃尔南多·皮萨罗和德·索托设法化解了尴尬。他们返回卡哈马卡，带回来三个重要消息。第一，印加皇帝有一支强大的军队，来之能战，战之能胜。第二，用来给他们敬酒的精美金杯表明印加人拥有巨大的财富，也掌握惊人复杂的冶金技术。不过，最让弗朗西斯科·皮萨罗高兴的是第三个消息，即阿塔瓦尔帕亲口说他第二天就会返回卡哈马卡。印加王为自己设下了陷阱。

阿塔瓦尔帕完全不相信西班牙人能威胁到他，所以他听信了来访者的保证。他的士兵连武器都没带。的确，在人数上，印加军队占压倒优势。待到浓重的夜色笼罩了卡哈马卡，西班牙人躲在广场上的营地里，想到不久就要和对方的大军觌面相逢，不禁恐惧战栗。他们向下望去，只见山谷中排满了白花花的帐篷，帐篷旁闪烁着篝火，“如同灿烂的星空”。[40]先遣队估计阿塔瓦尔帕的军队大约有 4 万人，但他们这样说是为了使己方不致过于恐慌；很显然，即将与皮萨罗的 170 人对垒的大军至少有 8 万人。西班牙人在乡间抢掠时看到过印加武士残忍无情的证据。皮萨罗的表亲佩德罗回忆说：“那天夜里，我亲眼看到许多西班牙人吓得不知不觉中尿了裤子。”[41]

次日，阿塔瓦尔帕启程前来时，西班牙人都睁大眼睛看着脚下山谷中的壮观队列。紧随皇帝的大约 8 000 个秘鲁人步伐整齐地行进着，头上的金银装饰在午后的阳光中闪闪发光，他们一边行军一边唱歌，声音响彻山谷。夕阳在地上拖出长长的影子的时候，队伍开进了城中心的广场。广场宽广空旷，大约有 20 公顷大小，四周是长长排列的低矮建筑。阿塔瓦尔帕乘坐的巨大轿舆由 80 个衣着华丽的贵族抬着，把手都是银制的，他的座位四周贴着闪亮的金板，还插满了色彩艳丽的鹦鹉羽毛。他戴着印加传统的头带式皇冠，前面垂下红色流苏，上面连着颤巍巍的金片制成的鸡冠；在他宽阔的胸膛上，一条沉重的绿宝石项链熠熠生辉。他年约三十，相貌英俊，身材壮硕，举止庄重，但眼睛充血非常严重。

阿塔瓦尔帕惊讶地看到，西班牙人没有在广场等待他，他以为他们被他的雄师吓跑了。其实，他们正甲胄齐整地伏在马上，隐蔽在巨大的房屋里，埋伏在狭窄的小巷中。他们当中身材最魁梧的老练炮手佩德罗·德·坎迪亚在设在广场最深处的宏伟平台后面待命。阿塔瓦尔帕莫名其妙，他命令轿舆停下，叫道：“他们在哪里？”[42]

第一个现身的是比森特·德·巴尔韦德（Vicente de Valverde）

修士。他带着一个年轻翻译匆匆走向皇帝，一只手高举十字架，另一只手拿着每日祈祷书，请阿塔瓦尔帕下轿和皮萨罗总督共进晚餐，但皇帝没有上当。他对这位修士说，除非西班牙人把他们在他的国家横行霸道抢走和用掉的一切都赔给他，不然他就待在这里，哪儿也不去。于是，巴尔韦德背诵了征服战打响前必须大声念出的《条约书》，宣布卡洛斯国王是他们的新王，耶稣基督是他们的救星，并警告说将对任何抵抗严惩不贷。翻译老老实实地把每句话都翻成了盖丘亚语。阿塔瓦尔帕惊怒交加，打断翻译，厉声说他的人民既不需要新的王，也不需要新的神。他问修士手里拿的是什么，巴尔韦德趋前将祈祷书递给他。印加王拿着书翻来转去就是打不开，对在太阳王面前必须恪守的礼仪一无所知的巴尔韦德伸手想帮忙，被盛怒的阿塔瓦尔帕一巴掌把手臂打开。皇帝终于打开祈祷书后，只略略翻了翻，就狠狠地扔在地上。小翻译吓坏了，赶快把书捡起来交给了修士。

巴尔韦德气极了，他捞起长袍下摆，疾步走回皮萨罗身边。“你没看到刚才发生的事吗？”他咬牙切齿地说，“去打那些恶狗！出击！我赦你无罪！”[43]皮萨罗正巴不得听到这一声。就在阿塔瓦尔帕站在轿舆上叫他的侍卫准备回銮的时候，皮萨罗示意炮兵向广场开炮。西班牙骑兵和步兵冲出藏身的房屋，一边高喊着对异教徒作战的古老战斗口号：“以圣雅各之名！”手无寸铁的秘鲁人面对攻击毫无还手之力，纷纷成为刀剑和枪炮下的亡魂。皮萨罗最大的目标是像科尔特斯俘虏蒙特祖马一样，活捉阿塔瓦尔帕。他动手把皇帝拉下轿舆，抬轿的贵族拼命抓住轿舆不放，被他用刀把手都砍掉了，但是他们仍然用鲜血淋漓的光秃秃的胳膊抬着皇帝的轿舆。“他们白费了力气，”一个记录者报告说，“每个人都被杀死了。”[44] 最终，阿塔瓦尔帕在一片混乱屠杀当中被掀到地上，皮萨罗把他的手臂扭到背后，将他押进了一处房屋。[45]

秘鲁人惊恐万状，想逃出广场，但广场的门太窄，不可能让好几千人一下子都跑出去。留在广场上的人只能任由西班牙征服者屠杀，不是被踩死，就是被砍头或枪杀；逃出去的人被追到田野里用长矛刺死。阿塔瓦尔帕的侄子蒂图·库西·尤潘基这样描述道：

> 他们强行把他拉下轿舆，把轿舆掀了个底朝天，抢走了他的纹章和相当于我们的皇冠的头带，把他囚禁起来……广场被高墙四面围住，所有印第安人都被圈在里面，像羊驼一样。人很多，出不去，而且他们没有武器，因为他们没把西班牙人放在眼里，所以没带武器；他们手中只有弹弓和仪式佩刀……西班牙人用马、剑、枪把他们全部杀死，就像屠杀羊驼一样，因为他们毫无还手之力。1万多人只逃走了不到200人。他们把人全杀光后，把我叔叔阿塔瓦尔帕关进了一个地窖，把他绑了一夜，脖子上还套了锁链。[46]

就在夜幕降临前这短短的两个多小时内，皇帝的随行队伍几乎被全歼。整个屠杀过程中，没有一个印第安人对西班牙人使用过武器。屠杀过后，广场上和卡哈马卡城门外面的原野上尸横遍野、死者数千。还未咽气的人折臂断腿，躺在地上慢慢血尽而亡。听说皇帝被扣作人质，驻扎在不到1千米以外山谷中的大军深感恐惧。那里成千上万英勇善战的武士随时能投入战斗，但群龙无首的他们不知所措，不敢进攻，怕西班牙人会杀死他们神一样的皇帝作为报复。

后来，皮萨罗命人把阿塔瓦尔帕带到自己的住处，问这位印加王他为什么如此粗心大意、毫无防备。阿塔瓦尔帕苦笑着回答说，他以为事情会是不同的结果。[47] 他本想抢夺西班牙人的马匹，那是他最眼馋的东西。他会繁殖更多的马，驯服它们，用它们来攻打他的敌人。他会杀死几个西班牙人向伟大的太阳神献祭，剩下的全部阉割，留在皇宫当仆佣或侍候嫔妃的太监。至少有一位历史学家猜测印加王一定是这么想的。[48] 他百战百胜，是他的世界的主宰。再说，西班牙人一着不慎就会满盘皆输，他们为什么要冒险采取自杀式行动呢？形势对他们太不利了。阿塔瓦尔帕没有想到西班牙人会先发制人，没有警告，没有缘由，甚至没有做做样子，先安排他和皮萨罗会个面。关于基督徒，他的所见所闻都显示他们漫无组织，而且生性懒惰。他没想到他们有枪炮和钢铁。

皮萨罗的头等大事是找金子。阿塔瓦尔帕既然成了实际上的傀儡，就只能遵照皮萨罗的指示发号施令。皮萨罗授意解散了在山谷里待命的军队，命令士兵们解甲归田，把剩下的人变为奴隶。帝国从此改天换地。一位印加历史学家写道："西班牙人抓走了所有勇敢高贵的人，把我们贬为仆役（yanakuna）。"[49] 一夜之间，印加帝国那复杂的社会等级制度被彻底推翻，再也没能恢复。阿塔瓦尔帕的廷臣沦为卑下的劳工；大批妇女，包括必须保持处女身的"太阳贞女"（aclla）都被糟蹋，由此开了乱性之风的先河。[50] 西班牙人没有随行女眷，于是任意霸占当地民女，以逞性欲，结果产生了一个新种族——梅斯蒂索人。西班牙征服者最惦记的始终是抢夺财物。皮萨罗的部队洗劫了阿塔瓦尔帕的行宫和军营，把所有金银制品席卷一空。埃尔南多·德·索托像疯了一样，抢到了“8 万比索的金子，7 000 马克 * 的银子，还有 14 颗绿宝石。有金银做成的形状凶恶的人像和大大小小的盘子、水罐、水壶、脸盆和大水杯。阿塔瓦尔帕认出这些都是他餐桌上的用品，还说从营地逃走的印第安人拿走的金银制品比这多得多”。[51]

卡哈马卡被洗劫，抢劫者进入每一处房舍搜寻一切闪光的东西。他们剥下死人佩戴的珠宝首饰，逼着活人交出金银财宝。西班牙骑兵小队驰向乡间，要求村民献出所有的金银，纵火焚毁沿途经过的村庄。[52] 阿塔瓦尔帕渴望自由，正如皮萨罗渴望财宝。他很快看出，扣押他的人最感兴趣的才不是为卡洛斯国王效劳或强行推广基督教，而是闪光的金银。他明白，自己不过是达到这个急切目标的用后即弃的工具，他们早晚会杀死他，离开此地。为了保住性命，他情急之下提出了他那著名的赎金条件：一大屋子黄金，从地板堆到天花板，外加两屋子的白银。[53] 皮萨罗忙不迭地一口答应。

显然，阿塔瓦尔帕相信，与他的自由相比，全国的所有金银都算不了什么。他也相信皮萨罗说话算话，拿到金银后就会离开。印加王命令全国人民把所有庙宇和宫殿的金银都拆下来，在严格监督下送到卡哈马卡。接连几个月，驮着沉甸甸的金银的羊驼从帝国各处络绎不绝地来到卡哈马卡的广场，西班牙人简直不敢相信自己的好运气。西班牙在对新大陆 35 年的劫掠中想都没想到，

---

*　马克是旧时欧洲大陆金银重量单位，1 马克约等于 230 克。——译者注

更遑论看到如此璀璨夺目的珍宝，哥伦布的梦想和科尔特斯抢劫的赃物全部加起来都难以望其项背。光是从库斯科神圣的太阳神殿的墙上就削下了1.5吨黄金，由奴隶背着、牲口驮着，沿安第斯山的险峻山路运到卡哈马卡。瓦斯卡尔觉得，阿塔瓦尔帕的敌人就是自己的朋友，于是对西班牙人表示可以给他们更多的金子。但是，阿塔瓦尔帕从密探那里得知了这个消息，派遣两位将军和一支4万人的大军去阻止他。不久后，瓦斯卡尔在披枷带锁被送往皮萨罗那里的路上遭到杀害。[54]

由于内战正酣，秘鲁的地形又崎岖难行，用金银填满那几个房间花的时间比阿塔瓦尔帕希望的长得多。连续8个月，他忍受着身为囚徒的煎熬，对皮萨罗的各种要求唯命是从，做出各种许诺来讨好皮萨罗。他向长官保证，不出两个月就能凑齐赎金，这意味着他到1533年1月中旬就能重获自由了；但是，到了5月，金银仍未全部运到。6月，运来了一大批艺术品和装饰品，共7吨黄金、13吨白银；任何印加王都不会因这堆金属固有的价值而视之为贵重之物，但任何欧洲君主都会对其垂涎三尺。到1534年，西班牙征服者从卡哈马卡和库斯科两个城市榨取了共计约10吨的22K黄金和70吨的白银。[55]以今天的市场价格来算，这笔财富大约值5亿美元。[56]

皮萨罗把这堆锃亮的宝贝放在他卧室隔壁的仓库里严加看管，不准任何其他西班牙人染指。后来的几个月中，他命令当地金匠把银子熔成规整的银锭，12年前科尔特斯也对墨西加人发出过同样的命令。6月，人们又开始熔制金锭。印加金匠每天都被迫熔毁他们自己精心制作的艺术品，数千件艺术杰作就这样化作250千克易于运输的金锭。到7月中旬，熔炼完成。除了几件留着准备呈交卡洛斯国王作为证据的艺术品外，其余的一件也没留下。[57]新出炉的金银锭上打上了西班牙王室的钤印，确保把这批财宝的10%献给国王。

在此期间，总督的弟弟埃尔南多·皮萨罗奉命去寻找印加财富的来源——金矿和银矿，并掠夺帕查卡马克古老的“创世之神”神殿。他到了帕查卡马克才发现，神殿不过是一个黑黝黝的山洞，有一块看上去令人毛骨悚然的献祭石板，还有一群惊慌不安的祭司，其中一位被派去卡哈马卡向阿塔瓦尔帕解释神为什么没有保佑他。金矿银矿就是另一回事了。在印加人的世界中，它们的作用非常有限；在正在到来的新世界里，它们却成了一切。等埃尔南多·皮萨罗返回卡哈马卡报告此行的发现时，赎金业已收齐，阿塔瓦尔帕也被绞死，阿尔马格罗从加勒比地区带来了增援部队和新的要求，而未来的道路已明摆在眼前。西班牙与印加帝国的相遇迸发出旧世界罕见的贵金属洪流。自秘鲁和墨西哥源源而来的金银催生了全球资本主义，激发了欧洲的金融活力，燃起了亚洲的商业热情，也造成了后来几个世纪中拉丁美洲社会的两极化发展。

波托西

1545年—1700年

> 把石头垒上石头，而以破衣烂衫为基？把煤块堆上煤块，而以眼泪垫底？在黄金中生火，那上面还颤动着鲜红的血滴？
>
> ——巴勃罗·聂鲁达，《马丘比丘之巅》[58]

征服印加、玛雅、墨西加和穆伊斯卡这些美洲伟大文明对西班牙乃至整个世界都产生了深远的影响。寻宝的莽汉成了富有的财主，越来越多的冒险者和国王派出的监工拥向美洲所在的半球，为自己、为国王寻求更多财富。1542年，美洲被分为两个总督辖区，直接对国王负责：一个是新西班牙辖区（包括北美洲和中美洲的殖民地以及委内瑞拉和菲律宾），另一个是秘鲁辖区（涵盖从巴拿马到巴塔哥尼亚的整个南美大陆，除了委内瑞拉和巴西，其中巴西属于葡萄牙）。新大陆仍然有大钱可赚，赢得荣誉和特权的机会也仍然很多。迭戈·阿尔瓦拉多离开了科尔特斯，追随皮萨罗去赚大钱。埃尔南多·德·索托告别了秘鲁，去佛罗里达寻找更多宝藏。弗朗西斯科·皮萨罗留下了从秘鲁掠夺的财宝中的1/5，一下子发达起来，最后连国王缺钱都要向他借。[59]从索诺拉沙漠（Sonora Desert）到拉坎顿丛林的广袤地区归了埃尔南·科尔特斯个人所有，使他成为墨西哥最大的财主。[60]贪婪好比传染病，伴之而来的是疯狂的剥削。任何地方，只要能找到金、银、铜，当地人民就被迫去不停地挖掘，其劳动条件之恶劣，任何印第安统治者都不会容许。起初，西班牙征服者还以耶稣的名义对虐待印第安人设下了一定的限制，但他们很快就放开了手脚。印第安人不堪虐待，大批死亡，贩卖非洲奴隶的生意因之兴旺起来。1500年至1800年间，来到美洲的黑人比白人多5倍——全部是奴隶。[61]

西班牙征服者和奴隶贩子很快明白，黑人比较适应田间劳动，适合在甘蔗、槐蓝、可可和咖啡种植园里劳作；胸膛宽厚的安第斯人在氧气稀薄、长年寒风刺骨的高山采矿特别有优势。就这样，远方主人的需求塑就了当地的社会状态。历代印加王为了塔瓦廷苏育的军事和工程需要，迫使大批人口迁移易地；西班牙现在则把它自己获取贵金属、发展商业的野心强加到这个半球人民的头上。一切都是为了迫使被征服的人民尽可能多挖矿石。美洲原住民迫于强力，骨肉分离，被驱赶到殖民者决定的任何地方去做苦工。不过，奴隶在某种意义上也牢牢掌控着主人：到16世纪中期，西班牙经济几乎完全依赖墨西哥和秘鲁的矿石，以及美洲印第安人的劳动力。金条银锭自美洲源源而来，给了卡洛斯国王打仗的资本，使从巴拿马到北京的贸易蓬勃发展，把西班牙变成了推动欧洲迈向现代的铸币厂。

拉丁美洲光辉灿烂的原住民文化千百年来与外部世界隔绝，而今却催化着它们全然不知其存在的地区的剧变。印第安人很快便明白，他们自己可有可无，他们脚下的土地才是征服者必争之物。接下来的5个世纪中，拉丁美洲的矿脉被挖开，掘出的矿石经冶炼后送往别处。征服者起初一心想着黄金，希望找到传说中虚无缥缈的黄金国。他们顽固地坚信黄金国确有其地，大批黄金就在美洲大陆腹地的某处等待他们去拿取。不过他们很快就发现，西印度蕴藏最丰富的宝藏是白银，而白银埋在地下深处。这一点在波托西表现得最明显，那里对这种白色金属的渴求到了狂热的地步。

相传1545年1月一个滴水成冰的夜里，在波尔科的西班牙采石场干活的原住民矿工迭戈·瓦尔帕（Diego Huallpa）途经波托西，在那里锈红色的山坡上烧起了一堆火取暖。早上醒来时，他发现火堆余烬周围聚了一摊熔化的银汁。这真是天降红运，瓦尔帕高兴极了，在后来的几个星期内挖了一大堆银矿石。但他很快意识到，他需要别人帮助采集并运输这些宝贝。一个希望分一杯羹的工友来帮他，结果因为对分得的份额不满，最后和瓦尔帕吵翻了。为了报复，这个工友把瓦尔帕无意中的发现报告给了西班牙监工。不久后，对波托西的大规模发掘开始了。

皮萨罗踏上秘鲁的土地短短 12 年后，西班牙征服者就建起了一整套采矿制度，迫使原住民下井挖矿。黄金不好找，白银却遍地都是，多到找不到铁就用白银来钉马掌。[62] 在和印加人的一次战斗中，一个西班牙人的下巴被打飞，后来他用银子做了个下巴。[63] 16 世纪 40 年代，大量白银源源流出墨西加的萨卡特卡斯和塔克斯科银矿，使西班牙很快控制了欧洲的贵金属市场。但是，印加矿工与墨西加矿工的不同之处在于前者有着数世纪的采掘和冶炼经验，于是，一场白银盛宴在波托西展开了。

移民从欧洲各个角落拥向安第斯高原，都梦想着发财，或至少能投靠那块尘土飞扬、岩石遍地的高原上的巨富大亨，在他们手下沾润些许。很快，除了矿工和监工之外，商人和管家、裁缝和花边织工、细木工和吹玻璃工、歌者和舞者、贵妇和妓女也纷至沓来。到 1574 年，抓捕来的原住民和非洲奴隶源源不断地流入波托西，他们开采的白银占世界总产量的绝大多数，大部分是从波托西的里科山那陡峭的红色山坡里挖掘出来的，全部熔炼成了西班牙雷亚尔 *。骡帮和羊驼队翻过高原，爬过峻岭，跋涉 5 个星期来到太平洋岸边的港口卡亚俄（Callao）。然后，这些宝贵的货物被装上吱嘎作响、老鼠成群的船只运往巴拿马西海岸，从那里

* 旧时西班牙、葡萄牙及其拉美属地使用的银币。——译者注

沿海岸北上运往阿卡普尔科（Acapulco）和韦拉克鲁斯，或穿过丛林运到加勒比海岸，最后在卡塔赫纳（Cartagena）装上大帆船运到大西洋彼岸的塞维利亚。经过千辛万苦得来的银子被任意挥霍，通过伦敦或阿姆斯特丹的银行很快就辗转到了波兰、君士坦丁堡和俄国的商人手中。

拉丁美洲的白银在欧洲市场上迅速流通之时，墨西哥和秘鲁的居民点很快扩张为西班牙的总督辖区。为了牢牢控制当地人民，西班牙征服者剥夺了他们的所有权力，在他们的神庙顶上建起教堂，在他们原来的政府所在地修造宫殿，*把他们全部派去下井挖矿。科尔特斯和皮萨罗征服的土地上出产的白银很快就占到了整个半球产量的99%。[64]后来的两个世纪中，只波托西一地就向欧洲输送了4万吨白银，而整个拉丁美洲给欧洲各国的银行贡献了13.6万吨的白银，足足占全世界白银产量的80%。船载货物量大又值钱，只一艘大帆船载的银子就可能有200万比索，所以必须派出由60多艘船组成的巨型护航队来提供保护，以防运输船队在公海上受到海盗袭击。遭抢的威胁无时不在，海盗行当无本万利。英国和荷兰私人船只的海上抢掠行为盛极一时，而且得到了两国政府的鼓励。最臭名昭著的海盗可能要数英国冒险家弗朗西斯·德雷克（Francis Drake）。他曾驾船到过加勒比，用非洲奴隶交换烟草、蔗糖和棉花，但随着白银热的升级，他把目光投向了南方。他抢劫从波托西出发的陆上骡帮，也曾趁船只正在装货的当口袭击卡塔赫纳港，抢走大批银锭。在对白银垂涎欲滴的欧洲，这居

* 事实上，皮萨罗指示将他在利马的官邸建到奉印加王之命治理该地区的酋长陶利楚斯科（Taulichusco）的住所顶上。教堂要建在庙宇顶上。西班牙人以这种方式象征对被征服者的权力。

然成了受褒奖的行为；女王伊丽莎白一世（Elizabeth I）甚至因德雷克的强盗行为而给他封爵。

白银靠美洲原住民和后来非洲奴隶的劳动生产出来；它的流动为全球资本主义开辟了道路，最终将欧洲北部推入了工业化时代。但是，白银生产也是首个为获取全球利润而进行种族剥削的重大案例。深肤色的种族生产货币，利益全归白人。很快，一场激烈的神学辩论在欧洲展开，辩论的主题是西班牙征服的合法性、给当地人民的待遇和原住民种族的本质。[65]他们到底算不算人类？还是说他们像欧洲人早已认定的那样，是和非洲黑人一样的浑浑噩噩的役畜？然而，辩论尽管涉及道德上十分尖锐的问题，其实只是空谈。令人发指的剥削依然如故。最后，塞维利亚下令要求减轻对原住民的虐待，但西班牙征服者置若罔闻，继续残酷虐待原住民。这使得不改意大利人脾气的保罗四世（Paul IV）教皇十分光火，大骂西班牙人“离经叛道、分裂教会、被上帝诅咒，是犹太人和马拉诺人的坏种，是世上的人渣”。[66]教皇对西班牙人的詈骂被英国人和荷兰人拿来大做文章，起劲地四处传播。

1570年，英国还在纠结宗教宽容的问题，伊丽莎白女王刚刚开始谨慎地把目光转向对外贸易，西班牙就已经展开了同中国利润丰厚的交易，而这全靠来自新大陆的白银。每6个月就有200万到300万比索从阿卡普尔科合法或非法地流到马尼拉和北京。[67]30年后，这个数字增加了6倍。在波托西找到一条富矿脉能引发太平洋彼岸的经济大繁荣，亚洲城市由于源源而来的白银兴旺发达起来。[68]一位旅行者报告说，东南亚的国际市场生意兴隆，在马六甲的港口能听到 80 种以上的语言。船队把白银运到东方，然后装着丝绸、瓷器、檀香木和象牙满载而归。[69] 于是，墨西哥和秘鲁银业大亨的豪宅里摆满了中国和日本的艺术品，这在那个时代简直是不可思议的。就连在摇摇欲坠的简陋医院里疗伤的水手，吃饭用的也是中国明朝的瓷盘。

到 1600 年，波托西的人口已可媲美伦敦和东京。它比热闹的港口城市威尼斯还拥挤，是西半球无可置疑的最大都市。不过，这个被卡洛斯国王称为“帝王之城”的地方也因酗酒、奢靡和荒淫无度而臭名远扬。迭戈・瓦尔帕在篝火边发现白银仅仅 11 年后，波托西为庆祝卡洛斯国王的继承人腓力二世（Philip II）国王加冕，举行了一场盛大铺张的欢庆活动，庆祝持续了 28 天，耗资 800 万比索。[70] 17 世纪中期，马萨诸塞湾殖民地（Massachusetts Bay Colony）羽翼未丰，还挣扎着努力在北美洲站稳脚跟，而盛产白银的波托西已被写入文学巨著。塞万提斯的不朽经典《堂吉诃德》开创了“价值一个波托西！”（“Vale un Potosí！”）这样的说法。[71] 世界上没有任何地方比南美大陆上这个红棕色的山包更奢华、更繁荣、更机会无穷。

贪婪带来了更大的贪婪。为了获取更多利润，腓力国王需要矿工，很多很多的矿工。1569 年，他派遣弗朗西斯科・德・托莱多（Francisco de Toledo）总督去秘鲁建立更加高效的强迫劳动制度。托莱多最后采用了西班牙在加勒比地区实行的集中制（system of reductions），把全部原住民人口驱赶到需要劳动力的地方去。当时提出的理由是，为了把异教徒变成基督徒，需要破坏当地的传统，摧毁当地的文化，斩断部落成员间的一切联系。然而，这种方法事实上是为了便于把原住民组成劳动队，迫使他们缴纳贡赋。为了满足西班牙对白银的巨大需求，托莱多还恢复了古老的米塔制（mita，即米特马克制），印加人过去就是利用这种制度来强迫被征服的部落为他们耕田、修路和打仗的。

托莱多在波托西实行的米塔制成了西班牙殖民地实行范围最广、压榨最深的剥削制度。居住在从秘鲁到阿根廷之间500平方千米土地上18岁到50岁之间的原住民男性全部被从家中强行拉出，用链子锁着穿过高原来到波托西的银矿做苦工。[72]有些人逃走了，但大部分人都乖乖服从，因为他们连续几代人已经习惯了印加人强加给他们的大规模移徙和沉重赋税。[73]然而，尽管当地人对西班牙人实行的这种制度并不陌生，但他们当年在印加人手下采矿从来没有如此辛苦过。[74]过去，采矿劳工有轮换；米塔制并非始终实行，而是时断时续；印加人对工人也还算仁慈宽厚。无论如何，正如印第安人慢慢明白了征服者的贪得无厌，西班牙人也看清了印第安人逆来顺受的关键特性。只要杀死原住民首领，扫清贵族阶层，然后继续维持现存的压迫做法就可以了，整个美洲大陆皆是如此，几无例外。西班牙征服者依靠武力迅速将一套复杂的等级系统拆解成为一个无力无助的下等阶级。对西班牙人来说，这个新社会秩序是巨大的胜利；对原住民来说，它却是不折不扣的灾难，是一场种族灭绝。一位印加贵族对俘虏他的人发出了这样的哀叹：

> 阁下，我是这些人的首领……但自从基督徒到来后，我受尽侮辱。以前我们是贵族，现在却沦为奴隶。我们过去是

> 士绅和军官，受别人服侍；现在基督徒不仅要我们服侍他们，而且把我们所有人都贬为同一个下等阶级。你们要我们所有人都为你们背货、砌墙、盖房、做工、种地。想一想如此虐待我们是否真的有正义可言。[75]

也是在这套制度下，当地人被迫下到能致人死命的汞矿矿井中去开采冶炼银矿石所需的水银。原住民不仅被迫连续 12 个月在波托西矿下潮湿阴暗、仅能爬行的坑道里敲打岩石，还被迫到 1 600 多千米之外今天秘鲁境内的万卡韦利卡（Huancavelíca）那令人畏惧的圣巴巴拉（Santa Barbara）汞矿里再做两个月苦工。他们大多数人一辈子都走不出矿井，连带他们的妻儿也被牢牢束缚住。在冰冷黑暗的汞矿坑道里劳作的矿工很容易掉牙、失明，早早地在难熬的痛苦中死去。尸体腐烂后，坟墓里会出现一摊摊的水银。[76] 妇女和儿童干的活是用脚来搅拌水银，所以这里的所有人都可能中毒而亡。显然，被发配到汞矿就等于进了屠场。大批印第安人逃进深山，宁可冻馁而死，也不愿遭受在汞矿做工之灾；[77] 母亲把亲生孩子的骨头弄断，使他们无法下矿井。[78] 印加人虽然严苛，却从未令奴工受过如此巨大的苦难。一位 17 世纪 30 年代到访圣巴巴拉的神父把汞矿描述为“死神活生生的体现、永恒的黑暗地狱”。[79] 两个世纪过后，矿下的条件仍未改善。一个路过的英国士兵说，挖矿实际上就是死刑。[80] 许多神职人员声称，压迫矿工的统治者也生活在他们自己的地狱中；波托西的银业大亨腐败、贪婪、唯利是图、酗酒成性，他们的豪富成就了另一种地狱。[81]

1700 年，泡沫破裂了。波托西的矿源枯竭。富人放弃了里科山干瘪的乳房，去寻找更有“钱”景的矿藏。巴西掀起了一阵淘金热，墨西哥出现了一场白银潮，与此同时，波托西沦为自己本来风貌的一个可怜的影子。西蒙·玻利瓦尔的军队在1825年终于解放了这片土地时，波托西的状况已经急转直下。[82]它如同故事中奥兹曼迪亚斯王的帝国一样，*堕入了长期的衰败。看看这片干燥荒芜的废墟，想想波托西市徽上的话“我是富有的波托西，为众王所慕”，[83]怎能不令人感慨万千？后来的几个世纪中，该地区的采矿业历尽起伏兴衰，波托西不过是其中一例。西班牙是第一个挖掘美洲的矿藏据为己有，将其投入全球市场的国家，但其他外国人紧随其后，贵金属继续从拉丁美洲的指缝中滑落，流向遥远的大洋另一边。

白银的洪流不断涌入西班牙的港口，再从那里流向别处，却并未给西班牙造成多大变化。历任国王都把白银收益中他们应得的1/5用于发动圣战，来打击日益强大的欧洲新教运动；他们还靠着滚滚而来的白银骄奢淫逸，用它来犒劳朋友、奖赏贵族。西班牙宫廷恣意挥霍在拉丁美洲千辛万苦采到的白银，导致白银入不敷出。哈布斯堡王朝用白银在欧洲到处打仗，足足打了大半个世纪；白银被用来进口只有王公才用得起的奢侈品；白银也造成了严重的通货膨胀，最终导致了西班牙的破产。这笔意外横财没有带来工业进步，没有被用来建造桥梁、公路、工厂，也没有被用来真正改善西班牙老百姓的生活。在白银滚滚而来的巅峰时期，一位17世纪的经济学家叹息道：“西班牙从它的巨大财富中收获了彻底的贫困。”[84]“飞来横财”只到了幸运的少数人手中。

---

* 典出英国诗人雪莱的《奥兹曼迪亚斯》，奥兹曼迪亚斯即古埃及十九王朝法老拉美西斯二世，诗中感叹他的盖世功业终成过眼云烟。——编者注

真正的最终获益者是英国人和荷兰人。他们不停地诋毁西班牙，同时充分利用西属美洲的经济利好，生产出了蒸汽机，建起了纺织厂、炼铁厂、造船厂、炼钢厂，还有强大的国际银行。1785 年，刚独立不久的美利坚合众国将美元价值与西班牙比索挂钩，显示它雄心勃勃地要在经济上向西班牙看齐。* 19 世纪初，美国也进入了机械化时代，西班牙却仍顽固地留在农业时代；它强力推动了工业时代的到来，自己却一直置身圈外。最后，它与新大陆白银的亲密关系非但没有巩固它的力量，反而可能推动了它无法逆转的衰落。帝国的财富溢出流走，最终造成西班牙长期的贫穷困苦，却在西班牙控制之外的土地上大放异彩，给卡洛斯一世国王“向更远方”的豪言壮语赋予了全新的含义。

母脉

1800 年—1824 年

> 建立独裁不是为了捍卫革命，发动革命是为了建立独裁。
>
> ——乔治 · 奥威尔，《1984》[85]

直到 19 世纪，拉丁美洲才认识到必须摆脱束缚了它 300 年的西班牙君主统治，不过在那之前半个世纪，法国启蒙运动思想家孟德斯鸠就已经阐明了解放的道理。“西印度和西班牙也许同属一

* 此处疑误，规定美元统一标准的《铸币法案》于 1792 年通过。——编者注

个统治者治下，”他在1748年这样写道，“但西印度是主体，而西班牙不过是附属而已。强迫主体依归于附属在政治上毫无道理。西印度永远是更强大的力量。”[86]除了西班牙管理者之外，所有人都日益清楚地看到，拉丁美洲劳工是时代的生命力所在。他们是发电机，是神灯精灵，使遥远国度的国王腰缠万贯，把整个欧洲变为经济发展的火车头。真正的主体是人，是人靠肌肉和脊背进行的劳动。美洲不再需要西班牙。

对此体会最深的莫过于克里奥尔人。他们是出生在美洲的富有白人，负责管理矿区，经营大庄园；他们生产了财富，在自己的政府中却没有真正的权力或声音。数世纪以来，殖民地的统治权一直牢牢掌握在从西班牙来的特使、商人或中层官员手中，那些人掌权的唯一资格就是出生在西班牙本土。扎根美洲的克里奥尔人聪明能干，受教育程度高，却永远升不上去，总是要听命于一批又一批轮流前来主事的无能上司。只有出生在西班牙的人才有资格当官、经商、开店或出售货物。美洲人不准在街上卖东西赚钱，更遑论种葡萄、建酒庄、酿酒、种烟草或种橄榄。西班牙严厉压制美洲工商业的发展。它不容许任何竞争，用各种无理规则把美洲人束缚得死死的；殖民地连最基本的货物都必须向西班牙购买，每年只这一项，西班牙就稳赚相当于几十亿美元的收益。

克里奥尔人看到其他地方正在发生巨大的历史变革。在北美，和他们身份一样的人推翻了剥削压榨他们的主人，发动了革命并取得了胜利。在欧洲，法国的庶民造反起义，把国王和王后送上了断头台。南边，提供了欧洲流通黄金总量80%的巴西开始对其严酷苛刻的葡萄牙主人表示怨恨不满。然而，西班牙的美洲殖民地仍在老老实实地继续用它巨量的白银储备供马德里穷兵黩武、肆意挥霍。

事实上，到 1800 年，名副其实的白银洪流从韦拉克鲁斯涌向哈瓦那，再涌入加的斯港。西属美洲有史以来从未采掘过如此大量的矿石用以确保西班牙的生存。[87] 把波托西毁为荒原后，马德里又把视线转向了墨西哥。王廷如同寄生虫，紧紧附着在作为它宿主的这块富饶的土地身上。中美洲中心的母脉（Veta Madre）成了西班牙新的摇钱树。然而，从墨西哥挖掘的所有白银仍然不敷使用，于是，1804 年，手头拮据的西班牙国王费尔南多七世（Ferdinand VII）颁布了一项沉重的新税赋；这项税赋主要由天主教会征收，要求墨西哥的矿业巨头不断上缴资金来填充王国的金库。克里奥尔矿业大亨的财富加起来可以媲美欧洲最富有的阶层，现在他们需要在几十年的时间内向国王献上令人目眩的 2.5 亿银比索；作为回报，他们将被授予贵族头衔。[88] 克里奥尔人上缴了手中的银子，忍痛交出个人积蓄，换得了伯爵、公爵和侯爵的称号。但是，他们仍然没有政治权力。

1807 年秋，拿破仑一世入侵西班牙，监禁了国王，使拉丁美洲的克里奥尔人和反叛者看到了机会。[89] 西班牙在短时间内迅速衰弱、瘫痪，这对他们而言是意想不到的好运气。在此形势的鼓舞下，拉丁美洲掀起了连续不断的独立战争。将近 20 年的时间内，从加利福尼亚到南美大陆最南端的合恩角，整个半球风云激荡。暴力停止后，十几个地区得到解放，成立了共和国。但是，和平与繁荣并未到来，自由没有把美洲变为利于自身的庞大经济力量。情况恰恰相反。革命赶走了西班牙，当胜利的欢呼声沉寂下去之后，白种克里奥尔人夺走了黑色人种和棕色人种争取来的自由，一个残忍的时代就此开启。没有黑奴和原住民奴隶组成的大军，独立战争就不可能打赢，但人们对此视而不见。革命英雄有的被暗杀，有的被逼得穷困潦倒。军队将领掌握了权力，各个新生国家的政府开始就新边界的划定争执不下。种族暴力爆发，又被以前就占据主导地位的白人用暴力镇压下去。

结果，曾经伟大的矿区完全败落。母脉的高产矿脉在前一个世纪出产了3.42亿比索的白银；[90] 而今，矿井堆满碎石，坑道积水不通，矿工被战乱驱散。新大陆闻名遐迩的金银大潮只剩了涓涓细流。雄伟壮丽的安第斯山脉中，秘鲁、哥伦比亚和玻利维亚的矿区经过连年兵燹和一次次的无政府状态，不是遭弃就是被毁。秘鲁和墨西哥曾经是世界金融的引擎，现在却深陷革命后的混乱。墨西哥初获自由后，野蛮暴力和无法无天循环往复，25年换了38届政府。秘鲁原来是帝国的心脏，现在帝国被掏空，秘鲁也焦虑不安，20年内换了20位总统。

启蒙运动的原则“自由、民主、理性”是拉丁美洲解放者的战斗口号，但有钱白人争相占取西班牙人留下的财富和权力的时候，把这些口号全都抛到了一边。他们紧紧把握着一切特权，把印第安人和黑人变为实际上的奴隶。正如西班牙征服者采纳了印加人和阿兹特克人的独裁行径，克里奥尔人也继承了马德里专制统治的理念。黑人和印第安人组成的革命军做出的非凡牺牲被遗忘，深肤色种族又回到了他们自西班牙征服以来所处的位置——社会底层。

随着这段动荡的历史逐渐尘埃落定，其他的偏见也日益固化。拉丁美洲激发了将欧洲、中东和亚洲联系在一起的经济体系，现在它却被视为西班牙不争气的儿子，一个破落大国留下的不听话的孤儿。在更广大的世界上，它不再是“主体”，而是沦为小角色。进入新的历史阶段，它需要指导和管理，需要新的监督者。伦敦银行家带着贷款匆匆赶来补缺，将墨西哥变为不列颠庞大经济帝国中的小小一员。“我们溜进去了！”英国外交大臣得意扬扬地说，“在墨西哥落了脚……我们再一次把美洲和欧洲连在了一起。”[91] 托马斯·杰斐逊曾自负地说，美国可以“一块一块”地把拉丁美洲据为己有。[92] 随着美国这个成长中的巨人将贪婪的目光投向南方，杰斐逊此言开始成真。原有的结构迅速崩解。到 19 世纪末，巴西的淘金热宣告结束，安第斯山中的金银开采逐渐让位于对锡和铜的采掘。现在，这个地区最赚钱的矿物是鸟粪，也就是硝酸盐；从智利到秘鲁的太平洋洋面上，星罗棋布着许多满是鸟粪的小岛，为争夺这些小岛甚至打了一场战争。外国投机者蜂拥而至，来寻捡未挖净的鸟粪。一家英国公司扣留黑奴，迫使他们去巴西米纳斯吉拉斯（Minas Gerais）曾经最令人觊觎的金矿下井采矿；[93] 别的英国公司也迅速出手，接管了墨西哥最好的银矿。就在美国于 1890 年的伤膝河战役（Battle of Wounded Knee）中大肆屠杀本国印第安人的同时，美国企业在墨西哥投资数亿美元开发矿山，在矿山劳动的都是墨西哥印第安人。[94] 偏激的种族主义弥漫于整个半球，挥之不去，对拉丁美洲又一个世纪的抢掠开始了。

第五章

盲目的野心

漫长的历史中，许多物质都曾被用作货币……只有金银这两种贵金属被沿用下来。

——路德维希·冯·米赛斯[1]

公元1世纪，太平洋沿岸居住着莫切人，他们的文明凶猛而又强大。传说他们的创世神阿伊·阿帕埃克（Ai Apaec）不能自已地爱上了帕查玛玛这位主宰大地和地下一切财富的女神。[2]阿伊·阿帕埃克是个狡猾的神，他一部分是蜘蛛，一部分是爬行动物，一部分是美洲豹。他长着长长的獠牙，对献给他的人祭永无餍足，特别喜欢砍下人头。然而，根据有的说法，他又是生命的源泉。蛇从他的耳朵里蜿蜒爬出，角在他的头顶上峥嵘突起。他最喜欢与蝎子、蜥蜴和螃蟹为伍。他腰间围着一条锯齿形腰带。他是高处之神，掌管高山和天空，但正如阴阳相吸、男女互悦，他也为大地那阴暗、秘密的坑道所强烈吸引。

传说阿伊·阿帕埃克最爱高山，因为帕查玛玛就是在那里向他伸出双手接受他的。人们还说，每到冬天，他就背叛他的月亮妻子，深深地投入帕查玛玛的身体，穿过土壤和岩石，在她的最深处播下他的种子。阿伊·阿帕埃克和帕查玛玛结合后生出的孩子惊人地多种多样，有丰硕的收成，有肥沃的土层，还有流淌着金子的河流。但是，从高山抵达帕查玛玛的心脏深处并不容易，阿伊·阿帕埃克必须奋力通过黑暗宇宙，打败恶魔，同陌生的神祇讲和，与他的灵兽——猫头鹰、海鸥和秃鹫——结为兄弟。

美洲的各个古老文化彼此相对隔绝，但这个故事的不同版本却在不同时间出现在西半球的各个地方，着实令人惊讶。名字和细节或有不同，但所讲的神都似曾相识，都是住在天上的创世神受到尘世的强烈吸引。例如，距太平洋畔莫切遗址 400 千米的安第斯大山深处有一处神殿，那是著名的考古奇迹查文德万塔尔（Chavín de Huántar），其中就有这样一尊神像，但膜拜这尊神像的文明比莫切文明早了 1 000 年。到达查文德万塔尔只有一条路，只能沿着迷宫般的漆黑隧道走进黑暗的中心。滞闷昏暗的神殿中矗立着一座高大的神像，面容狰狞，獠牙外露，暴突的双睛仰望上空。神像右手上举，左手下指，象征着天和地。他的手指很长，像爬行动物的爪子。他头上的两个突起里有蛇爬出。他腰间松松地围着一条锯齿状的腰带。

北上 3 200 多千米，在尤卡坦丛林的深处，玛雅文明的一位神与安第斯山中的神惊人地相似。他叫基尼奇阿豪（Kinich Ahau）。这位墨西哥神祇口生獠牙，头盘大蛇，指爪长长的双手指向相反方向：右手指天，左手指地。他眯着巨大的眼睛望向太阳。一只金刚鹦鹉与他精神相通。在许多描绘他的画像中，可以看到他头上盘旋着各种昆虫。他是地下世界令人畏惧的美洲豹神，也被称为夜太阳。但他也是照亮全世界的大星，灼亮的他从天上扑向地面，投入地下，在地下从西方钻到东方，再从东方的地平线上升起。

对又一个美洲文明阿兹特克文明来说，大地女神科阿特利库埃（Coatlicue）集帕查玛玛和创世神的特质于一身。她的裙子用扭动的蛇织成，她的手指和脚趾像鸟爪一样又长又尖，她脖子上挂着骷髅和人心做成的项链，蜘蛛、蝎子、蜈蚣伴随其左右。她既代表生，也代表死，是我们的生母，却又对人祭永无餍足。她的乳房因哺育众多的孩子而下垂，但她最终要吃掉自己的孩子。

拉丁美洲原住民不愿意挖开脚下的土地有他们的理由。[3] 土地是一切生命的来源，也是一切生命的最终归宿。如果你乘小型公共汽车沿安第斯山脉的曲折道路行进，每当接近隧道时，就会看到虔诚的农夫下车，步行绕过隧道、翻过山崖，到隧道的另一头再上车。汽车上的其他乘客都非常耐心，他们明白这位农夫为什么不愿意这么随随便便地穿透大地。根深蒂固的原住民文化使他们理解他的感受：这是对大地母亲的亵渎。

在名为睡美人的冰峰上的金矿里做工的胡安·奥乔乔克和他的工友们也是这样想的。他们居住的拉林科纳达是世界上海拔最高的人类居住点，这个简易居民区不过是围着阿纳尼亚山的山头搭建的一片铁皮石头小屋。然而，胡安他们身处高峰，却在地下讨生活。这些矿工和山神阿伊·阿帕埃克一样，住在天上，但靠吮吸大地黑暗心脏的养分活命。

每天黎明时分，天空泛出浓重、阴森的蓝色，莱昂诺尔开始为胡安准备早饭时，胡安总是有些心惊肉跳。很快，他就要钻进冰峰山坡的深处，弓着腰在坑道里砍削坚硬的岩石。他每次都带上几片古柯叶和一点吉开酒作为祭品献给帕查玛玛，为进入她的体内赎罪。胡安偶尔也参加叫作“维兰察”（wilancha）的对大地母亲的祭礼。祭礼的内容包括在矿井入口处宰杀毛色雪白的羊驼，挖出它们仍在跳动的心脏，把它们泉涌般的鲜血涂抹在矿井入口的嶙峋山岩上。只有男人才能通过入口进入地下的黑暗中。从主巷道下到底，分出了多条坑道，将矿工们带到睡美人体内深处，分岔处安放着惯于恶作剧的神“矿坑大叔”的雕像，神像的脸既欢乐又阴险，提醒矿工们勿忘福祸相依、险中蕴机。有了“矿坑大叔”的保佑，他们今天也许能够躲过总有一天会埋葬他们的岩崩、会压扁他们的冰川、会把他们炸得尸骨无存的矿井爆炸。这些灾难有朝一日必定发生，但是今天，谁知道呢？也许他们能发现一条隐藏的金矿脉。一切全由“矿坑大叔”决定。

“矿坑大叔”是矿井之神，地下世界之王。他头上长角，帽子上装着一盏矿灯。他的牙齿是尖利的獠牙，手臂上缠绕着蛇。他居住在地下生物的世界中。他是阿伊·阿帕埃克，是夜行者，是织网者，是有毒的生物。他舒舒服服地坐在大地母亲的肚子里，掌管着矿产的流动。早先在西班牙征服时期，神父们就称他为恶魔，说他是统治着矿山的魔鬼。[4]为了迎合信仰天主教的监工，矿工们给“矿坑大叔”头上安了角，使他变成了山羊头，还给他加上了山羊胡子。但是，他不代表邪恶。他不是基督教概念中的堕落天使。他同太阳神基尼奇阿豪和大地女神科阿特利库埃一样，一半是光明，一半是黑暗，一半是升起的太阳，一半是夜间的漫游者。他可能会救一个矿工的命，也可能让他永远闭上双眼。他一半是母亲，一半是恶魔。他是整个美洲的神。

对古老神祇的集体记忆数千年来长存不灭，将绿意葱茏的尤卡坦与干燥丰饶的安第斯联系在一起。这些呼应在历史书中可能没有记载，因为历史永远是征服者写的，但是只要我们愿意睁开眼睛，就能看到种种迹象。

拿西班牙语中的“叔叔”（Tío）一词为例。早期记史者告诉我们，印第安人发 D 音有困难，因为他们的语言中没有这个音。于是，西班牙语中的神“Dios”就经常被他们说成“Tios”。[5]“El Tío”（矿坑大叔）的可怕神像出现在矿道中时，西班牙人把他和所有其他的地下神祇都斥为撒旦。但是，原住民的世界与西班牙人的世界不同，他们的神不是《圣经》里的上帝。这种分别在矿坑这样平凡的地方也许最为明显。

对胡安·奥乔乔克来说，“矿坑大叔”是个有用的敬拜对象。在地下世界中，命运可以使人遭遇惨死，也可以让人找到一块闪亮的金子。处身于这样一个世界中的人需要一个会玩花招的神。“矿坑大叔”明知所有矿工都冒犯了大地母亲，朝不保夕，但他今天也许会垂怜一个求助者。胡安总是记得存起几片古柯叶，带上一根香烟，把这些供品放在“矿坑大叔”脚下。

坐在金板凳上的乞丐

“啊，金属的秘鲁，悲凉的秘鲁！”

——费德里科·加西亚·洛尔迦，《致秘鲁的卡米拉》[6]

近年来，秘鲁的经济十分红火，是拉丁美洲增速最快的经济体之一。[7]过去几十年里，秘鲁数次跻身于世界上经济增长率最高的国家的行列，直追中国和印度这两个巨型增长引擎。它是世界上首要的银、铜、铅采矿大国，是拉丁美洲最丰盈的黄金产地。它的天然气开采蒸蒸日上，它也是除中国以外世界上最大的鱼类捕捞国和出口国。

但是，秘鲁再一次陷入了黄金热，就是那种激励了西班牙征服战、置印加人于绝地、确定了整个半球走向的古老狂热。500多年后，黄金热再次兴起，与当年燃起皮萨罗发财梦的那种盲目的、不顾一切的野心毫无二致。矿物是秘鲁的主要出口产品，采矿是秘鲁的首要外汇来源。[8]为努力满足外部世界的黄金饥渴，秘鲁再次被采掘和出口矿产所定义。

2009年，秘鲁从大山和雨林中一共采掘了182吨黄金，居整个南美洲黄金产量之首。[9]2016年，产量有所下降。黄金产量逐年递减不足为奇，因为世界上这种贵金属的储量本来就少。根据一份报告，“整个人类历史中，一共只开采了16.1万吨黄金，连两个奥运会规格的游泳池都填不满”。[10]世界黄金供应量的一半以上是过去50年间开采的。难怪过去几年金价飙升，也难怪跨国公司争先恐后地去地球的偏僻角落采金。

参加寻金的不仅有庞大的跨国公司。[11]据经济学家计算，像胡安·奥乔乔克的老板那样的暴发户开展的非法采矿活动在过去10年间增加了5倍多。从事这种活动的大多是犯罪组织。调查人员报告说，秘鲁黄金产量的1/4以上是非法开采的。其他地方非法开采占的份额更大。就开采的黄金总量而言，玻利维亚的33%、厄瓜多尔的75%、哥伦比亚的80%、委内瑞拉的90%都是非法开采的。[12]同期，惠及全国的合法矿山的出产量急剧下降。“非法采矿正在挤压合法采矿的空间。”一位秘鲁经济学家发出了这样的叹息。[13]热火朝天的采金活动中，临时、原始、有毒的矿坑占了相当大的比例，给环境造成了严重破坏。现在，秘鲁非法采矿的获利是走私可卡因的两倍。[14]

这种情况造成的影响十分严重。伐木行动，或农业企业任何其他清除树木的活动所造成的破坏无论有多大，都比不上南美地区非法采矿活动对地球生物多样性的神经中枢造成的毁坏。2008年全球金融危机后，寻金热暴发。自那以来，仅在亚马孙雨林秘鲁境内的地区，每年因为采矿而被砍伐的森林面积就增加了两倍，从每年2 000多公顷增加到6 000公顷以上。[15]如今破坏行为仍然有增无减，每年都有大片大片的热带雨林因为采矿的需求被清除，比任何其他产业造成的破坏都大。在亚马孙雨林的巴西一边，5天内砍伐的森林面积相当于一个曼哈顿；在秘鲁一边，一个月内砍伐的面积相当于整个丹佛市。[16]可是，地球并不像依赖潮湿的亚马孙地区那样依赖曼哈顿或丹佛。亚马孙雨林是地球的肺，世界一半以上的动植物生活在这里，它能够清洁地球排放的废气、吸收二氧化碳。[17]没有它，我们就无法呼吸。

非法采矿者去的地方其他人通常不敢涉足，亚马孙丛林就是一例，安第斯山脉高耸入云的险峻山坡是另一例。胡安的老板占据了阿纳尼亚山荒凉的山头。仅拉林科纳达的金矿每年就能出产10吨黄金，在公开市场上价值达到4.6亿美元。[18]在胡安·奥乔克25年前到来时，住在拉林科纳达冰雪覆盖的岩石上的居民不足 1 万人，但自那以后，人口猛增。

今天，这个山巅之处聚集着 7 万人，其中一半以上在阿纳尼亚山中寒冷刺骨的矿道里干活，大部分人带着家眷，所有人都在为兴旺的全球市场服务。[19] 这里没有法规监督，没有好心的雇主，没有管事的政府，没有水，没有排污系统，没有负责的警察。每年，越来越多的人到来，挤进这片无法无纪的地盘，在几乎直上直下、令人眩晕的陡峭山坡上建起小屋。人人心中满怀着希望，希望自己今天能挖到一条闪光的矿脉，能敲开石壁，发现拳头大小的一块金子。他们都想好了，只要找到这样一块金子，就马上离开此地。他们中间流传的一些偶然走运的故事足以维持他们心中这种非理性的期盼。

秘鲁人把拉林科纳达的金矿称为“非正式的”，这是对非法矿井的委婉称呼。可是，没有非正式经济，秘鲁的经济发展就会戛然而止。50 年来，秘鲁政府对这个偏僻遥远的社区中日益恶劣的条件一直视而不见，政府官员不愿意冒着严寒爬上高山来履职。就连天主教会也不再往这里派遣神父。与此同时，这个本来湖清鱼跃的地区变得如同博斯 * 画作中的景象，毁损破败到令人难以置信的程度。矮树丛被铲平。地面被翻开。走向那片遥远的冰川，映入眼帘的是月球表面般坑坑洼洼的地面，遍布四处的铁锈色水注散发着氰化钾的刺鼻味道。安第斯山脉这一带本来水禽众多，现在却踪影全无；天空中没有飞鸟经过，山坡上没有羊驼吃草。放眼望去，看不到一根草丝。空气中弥漫着恶臭，那是死亡的气

* 博斯（Bosch），16 世纪荷兰画家，主要描绘罪恶与人类道德的沉沦。——译者注

息，是化学品烧灼的味道、腐烂的味道、人类粪便的味道，就连永久的冻土、凛冽的寒风、纷飞的大雪都掩盖不住那种恶臭。上山的路上，路旁尽是庞大的垃圾堆，目之所及是一片杂乱壅塞的废墟，幽灵般的身影在其中游来荡去。走近后，可以看到铁皮和石头搭成的以 70 度角倾斜的摇摇欲坠的小屋，屋子之间的狭窄通道上流淌着未经处理的污水，山崖上挖出的一个个黑洞里不断有人进进出出。在陡峭盘绕的路边，数百名身穿宽大裙子的妇女吃力地爬上陡崖，捡拾矿道外撒落的矿石。不会走路的小孩子被妈妈用背带背在身上，会走路的则帮着背石头。

来到这片山中地狱的矿工如果幸运地找到了工作，就要在零度以下的严寒和令人窒息的黑暗中挥舞着原始的镐头劳动，与 500 年前他的祖辈几无二致。这样的劳动风险无数：他可能患上肺病，可能中毒，可能窒息而死，还可能神经受损。他可能会遇到冰川山洪、矿道坍塌、瓦斯爆炸、化学品泄漏等事故。光是高度就令人难以忍受。在海拔 4 600 米处，人体会出现肺气肿、血栓、肾衰竭；在海拔 5 500 米处，人体受的伤害更大。矿工们靠咀嚼一把把古柯叶来抵御伤痛，他们像古老的米塔制下的奴隶一样，靠装在口袋里的古柯叶来减轻饥饿和疲惫。如果他们活下来，第二天还能去干活，他们就喝得酩酊大醉庆祝一番。他们开采的矿石被碾碎，经过汞过滤，在熊熊燃烧的炉火中淬炼提纯；他们的老板以及老板的老板因此而富可敌国。但是，对于在高山上地狱般的矿坑里劳作的大多数矿工来说，黄金恰似五光十色的幻境一样渺不可及。

整个安第斯地区的矿井承包人都使用“卡丘雷奥”制度，它类似古老的米塔制；印加人曾使用米塔制来束缚被他们征服的部落，后来西班牙如法炮制，反过来用米塔制给印加人套上枷锁。在今天的“卡丘雷奥”制度下，工人把身份证交给雇主，然后无薪劳动 30 天。第 31 天，如果他运气好，挖到的矿石可以归自己。但是，他只能拿走他能背得动的矿石。他勉力背着矿石走出矿井，把石头碾碎，筛出里面的金粉后，可能会发现自己忙了半天却所得无几。更糟的是，他只能把金子卖给镇里破破烂烂没人监管的“收购黄金！”（Compro Oro!）机构，那里给的价钱总是最低的。平均来说，拉林科纳达的一个矿工每月挣 170 美元，等于他每天拼死拼活才挣大约 5 美元。[20] 矿工平均需要养活的家人超过 5 人。如果运气不好，他一个月只能挣 30 美元，一个月能挣 1 000 美元就算是非常非常走运了。多数情况下，工人们都会到山上去，把辛苦挣来的钱花在喝酒和嫖妓上。只要不打架，平安回到家中，就算运气。犯罪和艾滋病在拉林科纳达十分猖獗，矿工即便没有死于劳作，也会死于刀伤或病毒，没有几个人能活到 50 岁。

在巴黎或纽约，甚至是雅加达或孟买，围在珠宝店闪亮的柜台旁的人们很难想象，黄金的旅程如此曲折，开采方法仍与中世纪一模一样，500 年来几乎没有任何进步。但是，若说今天的拉林科纳达相当于 500 年前的波托西，那么此言所指的仅限于矿井里难熬的苦难。拉林科纳达没有社交名流，没有巡回演出的管弦乐队或歌剧演员，没有中国明朝的宝贝，没有伦敦来的裁缝或巴黎来的调香师，没有进口的珍馐，没有来自加的斯的身穿蕾丝裙的交际花。它只有破烂的酒吧和妓院，数千名受骗的未发育少女被从库斯科或阿雷基帕（Arequipa）劫持到这里，为夜晚穿行于拉林科纳达大街小巷寻快活的醉醺醺的年轻人服务。[21] 普通妓女要价 6 美元，长得漂亮的要 20 美元。在这里，艾滋病和肺结核司空见惯，暴力就是法律。这里能看到的金黄色物质通常是高处窗口泼下的成桶的人尿，人尿泼到地上无处不在的泥泞中，又蜿蜒流入孩子们玩耍的水塘里；另一种是用来买下一个 13 岁女孩童贞的米粒大小的金子。醉汉踉跄穿行在霓虹灯照亮的夜晚。刚会走路的孩子咯咯笑着滑倒，跌进污水沟。年轻女孩在肮脏的门道里眼神空洞地看着门外，希望在清晨到来前钓上几个容易伺候的嫖客。不远处，一场打斗会留下一具尸体。没人指认杀人者，黎明时分，尸体就会被当作祭品献给"矿坑大叔"那位喜怒无常的矿坑之神，他是阿伊·阿帕埃克的现代化身，是长着獠牙的创世神。

在这里，像胡安·奥乔乔克这样的家庭世世代代在黄金的诱惑下艰辛劳作，却生活在赤贫之中，勉强才吃得上一顿晚饭。世界的繁荣没有给他们的生活带来起色。无论是秘鲁卡哈马卡的金矿（世界上产量最高的金矿之一，为美国矿业巨头纽蒙特矿业公司所有），还是把丛林挖得坑坑洼洼的马尔多纳多港（Puerto Maldonado），情况都大同小异。就连墨西哥也是一样，那里的矿工算是拉丁美洲报酬最高的，但平均每天也只能挣 15 美元。[22] 卡哈马卡一年就向全球市场供应近 15 亿美元的黄金，[23] 但那里 3/4 的居民生活在令人浑噩麻木的贫困中。[24] 今天，每五个秘鲁家庭中就有一个每天生活费不到 1 美元。在库斯科城外，澳大利亚和美国的公司忙着把秘鲁的黄金运到国际市场，可当地一半以上的居民月收入还不到 35 美元。换言之，拉丁美洲老百姓脚下的土地蕴藏着世界上最宝贵的矿产，他们却像一个多世纪前的一位意大利旅行者所说，是如同“坐在金板凳上的乞丐”一样的傻瓜。

新型殖民主义

1900 年至今

> 永远仰两个庞然巨物的鼻息，处于两种形式的殖民奴役之下，永远得不到真正的自由。
>
> ——马里奥·巴尔加斯·略萨，1996 年[25]

若说有哪个产业能最生动地反映拉丁美洲的历史，则非采矿业莫属。从印加王瓦伊纳·卡帕克强迫远方的民族献上“太阳的汗珠”来为他的宫殿增光添彩，到皮萨罗勒索阿塔瓦尔帕，得到巨额赎金后又将他绞死，再到胡安·奥乔乔克头顶的矿道突然坍塌，最终结束了他的生命，情况始终未变。千年之后，一切依然如旧。这个行业的核心驱动力是一种外来的饥渴，一种陌生的热望，一种来自外部的汲取。印加、阿兹特克或西班牙征服者似乎从未离开，拉丁美洲大陆依然受外部力量支配。

采矿业也许是个最生动的例子，但并非卷入这个旋涡的唯一行业。让我们看一看联合果品公司（United Fruit Company）疯狂牟利的行径。在一个多世纪的时间内，从加勒比到安第斯的大片土地都控制在这家美国公司手中。联合果品公司在 20 世纪 50 年代由美国国务卿约翰·福斯特·杜勒斯（John Foster Dulles）和他任中央情报局局长的弟弟艾伦倡导成立，利用拉美地区的贫穷来剥削当地的廉价劳动力，贿赂政府官员，掌控运输网络，将品种丰富的产品运往北美和欧洲牟利。[26] 当地人叫它章鱼（El Pulpo），它贪得无厌、只取不予。联合果品公司和以前的殖民者一样，任意驱使大批劳工，砍伐森林，抽干沼泽，剥夺原住民权利，镇压劳工反抗，把所有利润装入外国人的口袋。今天，这家公司改名为金吉达品牌国际（Chiquita Brands International）。与它竞争最激烈的是另一家美国公司，标准果品与汽船公司（Standard Fruit and Steamship）。这家公司的创始人约瑟夫·瓦卡罗（Joseph Vaccaro）是西西里裔，原是新奥尔良的一个砍甘蔗工人。他用一小笔钱投资了一条船，借此大大发达起来。瓦卡罗的经历是典型的美国成功故事，是自我奋斗的奇迹，但他的财富是以牺牲拉丁美洲的利益为前提的。他的船把洪都拉斯和加勒比其他乡村地区的椰子、菠萝和香蕉运到世界各地的城市，为他带来巨额财富。但是，利润就像果品一样，源源不断地流向了外国。这家公司就是现在的都乐国际公司（Dole International）。

虽然很少见诸报端，但是联合和标准这两家公司在拉美各国开展业务时下手都非常狠；它们专注于彼此间的竞争，毫不在乎自己在当地造成的灾难性破坏。为了抢时间把收获的果品送上遥远地方的餐桌，它们雇用暗杀小队，挑动政变，为压制任何抗议的苗头不惜造成谋杀和动乱。[27] 1928 年，哥伦比亚政府在联合果品公司大佬的暗示下粉碎了一场罢工，屠杀了足足两千劳工，包括妇女和儿童。加夫列尔·加西亚·马尔克斯在他 1967 年出版的震撼人心的小说《百年孤独》中描述了这场血腥镇压。不过，美国公司并不总是用当地人充当打手。20 世纪头 35 年中，美国军队

28 次入侵拉丁美洲，都是为了保护“香蕉利益”。[28]

南边的其他资源也很抢手，其中最主要的也许就是蔗糖。克里斯托弗·哥伦布第二次起航驶往新大陆时把甘蔗苗带到了古巴。哥伦布到死都紧紧抱着黄金梦不放，但不到三个世纪后，他一时兴起从加那利群岛带来的小芽却成了南美最重要的农作物。[29] 甘蔗产生的巨大无比的全球市场促成了世界历史上划时代的人口流动。就是为了蔗糖，数百万非洲奴隶从家乡被强行运到美洲；也是为了蔗糖，这个半球的原住民被迫迁移到不适合他们的体质生存的气候带。200 年间，欧洲人靠着哥伦布移植到美洲的甘蔗大发横财，从银行家到国王都富得流油，但也留下了暴行累累的可怕记录。16 世纪的一位德意志旅行家注意到，伊丽莎白一世女王的眼睛挺漂亮，牙齿却是令人吃惊的黑色，这是吃糖太多造成的，在英国人当中相当普遍。[30] 糖这种甜味的晶体在各地都很抢手。伦敦人叫它“白金”，在纬度更往南的地方，它却被称为“奴隶制之母”。[31]

到 19 世纪，拉丁美洲的蔗糖年产量超过了 600 万吨，大多产自古巴和巴西，且大多是在十分艰苦的条件下种植与收获的。[32] 今天，全世界的糖年产量接近 20 亿吨，一半来自拉丁美洲国家，这一半中的一半所获的利润仍然全归进口方。[33] 正如两百多年前一位记史者所说：“我不知道糖和咖啡对欧洲的幸福是否至关重要，但我很清楚它们是造成世界上两大地区痛苦的元凶——美洲的人口剧减，为的是腾出土地来栽种这两种作物；非洲的人口剧减，为的是提供劳动力来培育它们。”[34]

采矿史上，石油占据了重要位置。1912 年，总部位于伦敦和阿姆斯特丹的石油巨头荷兰皇家壳牌公司在委内瑞拉打出了第一口商用油井。奔涌流出的原油令人欣喜，却并不出人意料，因为委内瑞拉拥有西半球最大的碳氢化合物矿藏，在世界已探明储量排行中位列第五。[35] 7 年后，壳牌公司买下了墨西哥的巨量石油储备。没有被壳牌公司拿下的美洲其他油田很快落到了美国大亨约翰·洛克菲勒（John D. Rockefeller）创办的标准石油公司（Standard Oil）手中。美国石油短缺，抢占外部资源势在必行，至少洛克菲勒是这样看的。标准石油公司后来并入了埃克森美孚（Exxon Mobil）帝国，在委内瑞拉、墨西哥、巴西、阿根廷到处采油；哪里有石油，哪里就有它的身影。可是，后来拉丁美洲人开始把石油收归己有。20 世纪第二个十年中，墨西哥爆发了仇外的暴力革命。为回应革命的诉求，1938 年，墨西哥总统拉萨罗·卡德纳斯（Lázaro Cárdenas）将油井全部收归国有。1976 年，委内瑞拉对油田实行国有化，希望以此刺激经济。几年后，委内瑞拉在国际压力下屈服了。但 2007 年，乌戈·查韦斯总统的革命政权再次把油田收归国有。纵观整个拉丁美洲，石油可能是各国总统不愿意完全交由外商主导的唯一商品。

其他的商品往往不是这样。咖啡、可可、棉花、橡胶——这一切都任由争先恐后来到拉丁美洲的大胆生意人随意争夺。19 世纪和 20 世纪，拉丁美洲经历了一场惨烈的革命，步履蹒跚地走出了 300 年的殖民统治，却又成为掮客、骗子、贪得无厌的资本家和来历不明的冒险者的乐园，与西班牙征服者的时代全无二致。这些人得到了克里奥尔人（攫取了殖民当局留下的所有财富和权力的富有白人）的鼓励。外国人大受欢迎，可以为所欲为，只要能让克里奥尔人发财就行。克里奥尔人也的确发了财。

之后的一个世纪动荡不安。20 世纪初，几家伦敦银行在亚马孙地区投资生产优质橡胶，[36] 年收入约合 50 亿美元，[37] 但在此过程中，成千上万生活在热带雨林中的印第安人遭到屠杀。美国中间商强行挤入咖啡行业，把持中美洲人民的生计长达几代人的时间。[38] 华尔街银行家出资雇用的暗杀小队在尼加拉瓜、萨尔瓦多和洪都拉斯发动袭击，强迫当地企业接受贷款，或干脆将其接管。他们的代理人重新建立了旧时的奴隶制，使该地区倒退了数百年。然而，与西班牙征服和殖民时期不同的是，没有印度事务委员会那样有威望的机构来负责该地区事务、约束残杀当地人的行为。美国总统威廉·塔夫脱几乎是兴高采烈地鼓动这种见者有份的争夺，得意扬扬地说："要不了多久，就会有三面相隔同等距离的星条旗标明我国的领土范围，一面插在北极，一面插在巴拿马运河，第三面插在南极，到时候整个西半球就都是我们的了。事实上，因为我们种族的优越性，现在整个半球从道义上说已经属于我们了。"[39] 此言不过是重申了 100 年前托马斯·杰斐逊说过的话。

慢慢地，美国来的商人控制了拉丁美洲的土地、港口、海关、金库，甚至政府。当地人一旦对这种做法提出质疑，发起反抗，美国就派遣海军陆战队去"保护美国公民的生命和利益"。[40] 大多数情况中，美国给出的理由是防止共产主义渗透。美国秉承着马基雅弗利式的理论，不会坐视实际发生的或意识形态上的外国干预威胁到上帝赐予它的领地。门罗主义（Monroe Doctrine）不是已经讲得很清楚了吗？那份早在 1823 年发表的庄严宣言宣布，"此半球的任何部分"都属于美国的势力范围。富兰克林·德拉诺·罗斯福总统有一次讲到拉斐尔·特鲁希略（Rafael Trujillo），此人在拉丁美洲历史上最血腥的一段时期中统治着多米尼加共和国，是铁腕无情的军事强人；当时罗斯福说了一句著名的话："我知道他是个浑蛋，但至少他是我们的浑蛋。"[41] 事实上，美国这个北方巨人为证明它才是主人，不惜动用强大的军事力量。一位多次获得授勋，曾在拉丁美洲服过役的海军陆战队少将反思道：

> 我在我国最灵活敏捷的军事部队——海军陆战队——中服役长达33年零4个月，从少尉一级一级升到少将。大部分时间中，我其实是大企业、华尔街和银行家的高级打手。说白了，我是为资本主义敲诈勒索的恶棍……我帮助确保墨西哥，特别是坦皮科（Tampico）的安全，以维护美国的石油利益。我帮助搞定海地和古巴，好让国民城市银行（National City Bank）顺利赚钱。我帮助掠夺了6个中美洲共和国……我帮助布朗兄弟*国际银行扫清尼加拉瓜。我为了美国制糖业的利益帮多米尼加共和国安装了电力。我协助把洪都拉斯变成对美国果品公司"合适"的地方。那些年里，我就像那些在幕后密谋的人说的，到处敲诈勒索。我得到了荣誉、奖章、晋升。回想起来，我觉得我能教阿尔·卡彭†几招。他顶多只是在三个区开展活动，我的行动范围可是三个大陆。[42]

英国人虽然在殖民地事务中贪得无厌，却不像美国人那样公

---

* 全名为布朗兄弟哈里曼公司，是美国历史最悠久，规模最大的私人银行之一。——译者注

† 阿尔·卡彭（Al Capone），美国著名黑帮首领。——译者注

开进行政治或军事干预。一位历史学家的解释是，他们没必要这样做，因为英国紧紧控制着拉丁美洲的钱袋子。[43] 英国外交官会确保缔结的商业条约总是有利于伦敦的银行。他们迎合白人寡头阶层，鼓励大庄园扩张，支持一小撮有钱有势的家族掌权，确保严重的种族歧视得到永续。拉丁美洲在欧洲的大部分贸易是由伦敦的银行家负责开展的，他们成了拉美各国实际的财政部部长。归根结底，伦敦的银行业管理着拉丁美洲的事务，损害了该地区的独立，造成拉美国家债务激增，使那些国家完全依赖于英国投机者。美国大亨榨干了拉丁美洲的商品，英国金融从业者则吸走了拉丁美洲的金融资产。

21 世纪带来了变化。这是因为拉丁美洲的上层阶级日益意识到，他们从未真正做过自己大陆的主人；下层阶级则意识到，老板与他们相隔太远，根本不会解决他们的困苦。19 世纪一位精明的智利政治家一语中的："对北边的美洲人来说，只有他们才算美洲人。"[44] 在身为另一个美洲的拉丁美洲，这个观点近 200 年来深入人心，人们谈起时既羡慕又嫉恨。他们称美国为"帝国"（El Imperio），是那个传说中统治着遥远星球的恶棍达斯·维德*的家乡。钱都去哪儿了？人们点点头、耸耸肩说，"帝国"。谁煽动了政变和革命？当然是"帝国"。谁在维持现状？"帝国"，如果现状如它所愿。诸如此类，不一而足。

拉丁美洲地区的工业起步很晚，因为西班牙统治的 300 年间禁止发展制造业，所以新独立的共和国只能受制于外国公司，而

---

* 达斯·维德（Darth Vader），电影《星球大战》的主角，大众文化中的反派。——译者注

外国公司一个半世纪以来一直在全面阻挠拉丁美洲的工业发展。过去 80 年，南方的两个美洲 * 慢慢开始试着走自己的路，对企业实行国有化，改变权力轴心，与亚洲交好。它们深知，远方的生意人能够和当年驻扎本地的西班牙总督一样，陷它们于孱弱无力的状态。西班牙殖民当局实行严苛的商品摊派制（repartimiento de mercancía），迫使印第安人购买他们根本不需要的东西，以换取西班牙梦寐以求的金属；同样，攫取拉美自然资源的外国实体也要把自己的货物卖到这里。[45] 事实上，在今天美国的全部出口中，拉丁美洲占了令人咋舌的 40%。[46] 拉美市场给北美创造了数百万个工作岗位。[47]

这会造成一种强烈的权利意识。美国在拉美做生意，例如阿纳康达铜业公司（Anaconda Copper）在智利采铜，或德拉蒙德公司（Drummond Company）在哥伦比亚挖煤，从来都理所当然地认为自己要完全掌握控制权，不容别人插手。多年来，美国公司不容许当地公司竞争，也不容许对它们的管辖权提出任何质疑。1973 年，智利威胁要把阿纳康达铜业公司收归国有。只是因为这个，理查德·尼克松总统和国家安全事务助理亨利·基辛格就批准轰炸智利总统府，推翻萨尔瓦多·阿连德（Salvador Allende）的统治，为扶植军事强人奥古斯托·皮诺切特上台铺平道路。[48] 40 年后，美国采矿企业雇用的哥伦比亚工人奋起抵抗时，[49] 巴拉克·奥巴马总统宣布，要派遣“亲身参加过镇暴的部队指挥官”去镇压反抗者。[50] 过去半个世纪，从墨西哥到巴拉圭，美国军事

* 指中美洲和南美洲。——译者注

干预美洲国家的例子数不胜数。

不过，在民愤的压力下，“帝国”迫不得已逐渐有所收敛。2012年，就在奥巴马总统威胁对哥伦比亚进行军事干预的同一年，拉丁美洲领导人在卡塔赫纳召开的美洲国家峰会上共同对美国在该地区的存在提出了挑战。他们呼吁华盛顿解除1958年以来对古巴的禁运，说禁运给他们的半球造成了极大破坏，还要求美国“加紧打击自己国内的毒品消费”，而不是送武器、派“顾问”去他们的国家打击毒枭。[51]事实证明，美国这个战略已经一败涂地。此时，拉丁美洲急切寻求与中国、印度和中东扩大经济联系，那些地区只做生意，无涉政治。拉美国家领导人要掌握自己国家的命运，决定自己国家的经济未来。2015年，在巴拿马城举行的有古巴领导人劳尔·卡斯特罗出席的一次会议上，奥巴马总统一改原来的论调，算是表达了某种歉意，说：“过去我们在这个半球的政策假定美国可以任意插手而不承担后果，那样的日子已经过去了。”[52]

尽管如此，至少在一个方面，拉丁美洲仍卡在古老的齿轮中。它与金属饥渴的纠缠依然如故，似乎放不下自哥伦布登陆巴哈马群岛以来一直弥漫在它土地上的那种狂热。例如，身为主要铁矿石生产国的巴西把它的大部分矿石都运往外国，主要是中国，尽管中国的钢铁产量已是世界之最。[53]殖民时代还有一个做法保留了下来，那就是权力和利润都进了他人之手。秘鲁也许是世界十大黄金生产国之一，[54]但它的绝大多数金矿并非为秘鲁人所有，而是由中国、加拿大、美国、巴西、英国、墨西哥、澳大利亚的公司拥有、管理和经营的。[55]秘鲁劳工在安第斯或亚马孙地区挖出的矿石大部分都运到了地球另一边去熠熠生辉。现在，从地球深处挖出的黄金大部分都是亚洲消费的。[56]在智利的铜矿、哥伦比亚的煤矿、巴西的钻石矿和墨西哥的银矿，与16世纪相差不多的金属帝国主义依然盛行，利润源源不断地流向伦敦、苏黎世、墨尔本、多伦多、约翰内斯堡或蒙大拿州的比尤特（Butte）。几年前，多米尼加共和国总统达尼洛·梅迪纳（Danilo Medina）指出，（总部设在加拿大的）巴里克黄金公司（Barrick Gold Corporation）从多米尼加挖掘的黄金中，每100美元的利润它拿走97美元，只给多米尼加人民留3美元。[57]至少他认为，“这是不可接受的”。[58]

如果你认为活力充沛的市场和全球消费主义的胜利大进军是好事，也许你就不会困扰于哥伦比亚近一半领土受多国矿业公司管理，或墨西哥的矿山受加拿大人支配。[59]但是，繁荣给拉丁美洲留下了满目疮痍：污染严重，热带雨林遭到肆意砍伐，有毒污水排入河流湖泊，发病率和死亡率双双上升，童工现象十分普遍，贫困有增无减，风景破坏无遗。最能揭露全球经济黑暗面的就是今天拉丁美洲不断增多的非法矿山。就连合法矿山造成的破坏也是灾难性的。世界上每生产一枚简单的金戒指，就要挖掘250吨山石，就要有450多克剧毒的汞流入环境，给无数动植物造成严重后果。[60]走过矿区，看看周围的荒凉景象，人们不必是社会学家或化学家，也能猜到采矿带来的代价。

卡哈马卡
2011 年

金子的化学特性稳定……它的光泽永远闪耀。在开罗，4 500 年前用金子制作的齿桥今天照样能用。

——彼得 · 伯恩斯坦，《黄金的力量》[61]

2006 年，随着世界经济在“9·11”恐怖袭击后恢复强劲发展，黄金价格也一路飙升。这个趋势反映了一种新的全球性不安情绪，很多人开始囤货，黄金成为投资首选。巨大的黄金产业在新世纪第一个十年的繁荣经济中获利丰厚。讽刺的是，黄金产业的每一个市场，从曼哈顿第五大道上的蒂芙尼旗舰店到孟买的夫妻店，都因为全球恐怖主义而利润猛增。“9 · 11”事件中，3 架被劫持的飞机撞入华尔街的心脏地带和五角大楼，美元随之贬值，金价开始猛涨。黄金似乎成了人人欲得之物，尤其是黄金首饰，尤其是在人民努力迈入中产阶级行列的国家中；印度和中国对黄金的需求量最大，促使金价一路高涨。2001 年 9 月 11 日，全球市场上 1 盎司 * 黄金卖 271 美元；10 年后，价格达到 1 920 美元，足足增加了 6 倍。[62] 黄金热卖促成了非法矿区的人口爆炸。从手镯到金条，从伯尔尼到北京，贵金属都被视为时局紧张时赖以自保的最好依靠。

巧合的是，寻金热传到了 480 年前皮萨罗为了同样的目的把

* 1 盎司 =28.3495 克。——编者注

阿塔瓦尔帕扣为人质的山谷。当时皮萨罗狮子大开口，让阿塔瓦尔帕从塔瓦廷苏育各地为他收集来大量金银，然而，印加王最大的黄金仓库其实就在他脚下。卡哈马卡山谷这片地处高原、风声呼啸、在殖民历史上十分重要的土地下面有世界上最丰富的黄金矿藏。归美国所有的亚纳科查（Yanacocha）金矿正在这里开山劈石，展开整个南美洲最大规模的采金活动。[63]

那年春天，住在亚纳科查周边的村民决定阻断道路，对采矿公司污染环境、抢掠资源的行径宣战。亚纳科查金矿所属的纽蒙特矿业公司刚刚宣布，要在数千米以外、离印加王最后一次享受自由的地方不远处实施一个新的巨型项目。这个名叫康加（Conga）的项目将建成拉丁美洲历史上最大、最多产的金矿。身在丹佛的高管们估计，它每年能生产价值10亿美元的黄金和5亿美元的铜。

卡哈马卡的居民坚决不答应，和矿山的武装保安队发生了流血对抗。5名抗议者被杀。但是，康加项目还是开工了。

几年后的2011年，一位名叫马克西马·阿库尼亚·德·肖佩（Máxima Acuña de Chaupe）的普通农妇拒绝放弃自家的农地给康加项目让路，她家那块地不巧刚好在项目的蓝图范围内。一个寒冷的早晨，武装警察冲进了她家。她被殴打至昏迷，她住的泥巴棚屋被捣毁，她的家人也被打伤。纽蒙特公司和秘鲁政府公开撇清与袭击的关系，但这次大胆、野蛮的袭击被手机清清楚楚地拍摄了下来。矿工们被激怒了，很快发动了针对美国矿业巨头的罢工。他们的抱怨响亮而明确：工作条件太恶劣了。[64]卡哈马卡人在秘鲁人当中是最贫穷的。纽蒙特公司没收了他们祖先留下的土地，现在又挑唆殴打一位无力自卫的老妪。它还严重破坏环境，日日夜夜把有毒物质排入河流，危害他们孩子的健康。

不久前，一位德国科学家确认，卡哈马卡一度清澈闪亮的湖水现在受到氰化钾污染，十分危险；这个郁郁葱葱、土地肥沃的山谷中的200万秘鲁居民现在暴露在化学品中毒的危险之下。[65]但是，环境破坏并非唯一的问题，还有残酷的剥削。[66]秘鲁的黄金被挖掘出来，经过加工处理运往国外后，秘鲁只能留下纽蒙特公司巨额利润中的15%。[67]此外，纽蒙特一年从这片高原挖走300万盎司黄金（价值37亿美元），当地一半以上居民每月的生活费却只有100美元。

卡哈马卡的抗议者对这种不公正怒不可遏，秘鲁全国各地人民立即对他们表示声援。见此情景，利马的官员害怕抗议会构成对秘鲁经济的威胁，派出了配备全套防暴装备的部队去控制局面。[68]2013年7月4日，一位领导抗议的天主教神父被从公园的长凳上强行带走，遭到逮捕、殴打，然后才被释放。[69]靠社会主义者的支持当选的奥良塔·乌马拉（Ollanta Humala）总统此时却采取了毫不含糊的自由市场观点，称康加项目将继续进行，不过政府会加强监督。换言之，秘鲁矿业的繁荣神圣不可侵犯，决不能中断。黄金压倒了清洁的水，金钱粉碎了正义，对世界市场的重视超过了对乡村穷人的关注。

令人惊讶的是，事实与总统所说的恰好相反。马克西马·阿库尼亚得胜了，至少短期内如此。这位身材矮小的秘鲁妇女邀请抗议者来到她家那块引起争议的农地，只要有人请她演讲，她就大声讲出自己的遭遇，面对美国的歌利亚[*]毫不退缩。[70]最终，她引起了

* 歌利亚是《圣经》中力大无比的巨人，谁也不敢与他作战，但他最后被大卫打败。——译者注

美洲人权委员会、美洲国家组织、大赦国际等国际组织的注意，这些组织毫不犹豫地把纽蒙特公司残害人民、破坏环境的恶行公之于众。纽蒙特被迫全面停止了康加项目。接下来的 5 年里，这个项目一直处于搁置状态，最后，公司于 2016 年 4 月决定放弃。[71] 当地人欢呼庆祝，马克西马·阿库尼亚被授予一项著名的国际荣誉，[72] 纽约一位记者称她为挑战大矿业公司的“刺儿头奶奶”。[73] 但是，就在纽蒙特宣布放弃康加项目的同时，它在丹佛的高管们已经在忙着扩大亚纳科查的矿山规模了，那是他们的备选方案，据估计至少能连续 5 年带来近 10 亿美元的年收入。[74] 几个月后，一帮打手闯入马克西马·阿库尼亚的家，又把她和她丈夫痛打了一顿。[75]

拉林科纳达

2002 年

> 我们不提耶稣、马利亚、约瑟，也不画十字，因为这个地方属于魔鬼“矿坑大叔”。
>
> ——一位安第斯矿工，1972 年[76]

莱昂诺尔·冈萨雷斯和马克西马·阿库尼亚简直像是两姐妹。[77] 她俩讲话都带盖丘亚口音，都是小个子，内心都非常坚强，都具有安第斯原住民妇女那种极度顾家、干活卖力的特点。但是，两人也有不同。莱昂诺尔生活和劳动的地方是偏僻的高山顶上，只有非法矿工才会踏足。马克西马就住在古城卡哈马卡外面，那是南美原住民的失败之地，是历史上文明冲突上演的场所；在那场冲突中，白人打败了棕色皮肤的人，以致当地人至今仍要听命于外来人。

两人的外貌也大不相同。虽然她俩同年出生，但莱昂诺尔看起来比马克西马的年龄大一倍。她的皮肤被无情的烈日灼伤，被来自冰川的寒风吹得通红。她有些牙齿已经掉了。她不像马克西马那样说话时爱打手势；她的手关节僵硬，手指变形，那是一双攀爬悬崖、在石头堆里讨生活的手，搭在她的双膝上，如同破损的文物。她原本黑玛瑙般闪亮的眼睛现在变成了混浊的灰色。莱昂诺尔一辈子都是“帕拉奎拉”，靠筛选被丢弃的矿渣谋生。马克西马是农民。尽管遭到了打手的殴打，但她的眼睛是明亮的，动作是流畅的，笑容是愉快的。再来看莱昂诺尔，生活给她留下的伤疤明显可见。她的面容显示了生活的摧残，正如人称睡美人的高山被一个个矿坑毁了容。

莱昂诺尔就出生在那座山上的一个铁皮小屋里，生活一直充满艰辛，不过，在她丈夫胡安·奥乔乔克活着的时候，日子还过得下去。至少他们能够共同承担生活的困苦。他们靠着胡安在严苛无情的“卡丘雷奥”制度下挣得的微薄收入，加上莱昂诺尔砸石头偶然发现的蕴藏其中的小小奇迹，总算能勉强养活自己和他们的 4 个孩子。他们穷到了家，从来都穷，但在那座小石屋的堡垒中，他们是完整的一家人。他们是快乐的。

2002 年一个飘雪的早上，一切都变了。胡安正在山腹深处的矿道里挖矿，孜孜寻找矿脉，突然，高处的冰川崩落了一大块，沿山坡滚下来，砸塌了胡安所在的矿道。当时他 11 岁的儿子霍恩也在井下，帮忙把碎石运出矿道。胡安从未把出事时的恐怖详情全部告诉莱昂诺尔，但她能想象得到。冰块猛然坠落，岩石撞击岩石，骤然间漆黑一团。然后就是呛人的粉尘，化学品的恶臭，侵蚀着他的肺，刺激着他的眼。关于那个可怕的时刻，霍恩只记得爸爸寻找他时发疯般的喊声；胡安在矿道里一边扒开碎石爬向儿子，一边发出自己听起来都感到陌生的嘶吼。

父子二人用手刨开碎石，终于逃出了被砸烂的矿坑。他们感谢"矿坑大叔"救了自己的命，但劫后余生的他们再也不复从前。胡安走不了路，喘不上气。化学品的毒烟熏坏了他的肺。三个人一起把他抬下山，途中遇到了跑上山来的莱昂诺尔。她听到了那声吓人的巨响，还有被挖得千疮百孔的大山内部岩石倾泻而下发出的震耳轰鸣，如同魔鬼在玩轮盘赌。她看到矿井入口处喷出的浓厚烟尘在凛冽的空气中拖曳着长长的黑色尾巴。莱昂诺尔四下寻找儿子，急得六神无主，揪心了好一会儿，终于看到儿子茫然无助地跟在他爸爸身后回来了，奇迹般地没有受伤。但是，那次灾难后，他患上了印第安人口中的"失魂症"（susto），那是一种深入骨髓的永恒恐惧，一种摆脱不掉的惊惶。

日子一天天过去，孩子们看得出，有一道阴影笼罩在他们的爸爸身上。胡安的身体状况明显恶化。过去，他总是天不亮就出门，踩着冰雪和烂泥去矿里干活。现在，他的腿肿成以前的三倍粗。他站立不稳，意识不清，剧痛缠身。他的手臂一天比一天无力，关节疼痛，双手发抖，双腿几乎无法弯曲。他步履蹒跚，走几米路都困难无比，爬山去矿井更是想都别想。不久，他开始癫痫发作，然后又不断地剧烈咳嗽。他走在拉林科纳达的路上时需要扶着墙，同时大口喘气。

胡安·奥乔乔克一下子成了边缘人，现在他只能与妇女为伍，还有孩子、残疾人和赤贫者；在一个大男子主义盛行的社会中，那些人只能担任女人的角色。胡安病得太厉害，连女人的活也干不了。比如 quimbaleteo，这种活自印加时代就有了，由一个人站在一块大圆石头上前后摇动，把圆石头下面的矿石碾成粉末，再用汞提炼出里面的银子。另一种是 pallaqueo，就是莱昂诺尔干的活，需要爬上陡峭的山坡，捡拾散落在矿坑外面、看起来有可能含有金属的石头，塞进麻袋。哪怕是最简单的 chichiqueo 他也干不了，这种工作是女人或孩子的事，需要站在被化学品污染的水坑里，一连几个小时弯着腰，从坑里的碎石中寻找闪光的东西。按胡安的身体状况，这些都是不可能做到的。可是他总得干点事；他有孩子要养，有 6 张嘴要顾。过了几周，他决定做卖饭菜的生意。他蹲在小屋泥地上的一个酒精炉边，做出一锅又一锅的汤和炖菜。中午，他让家人把食物拿到街上去卖；晚上，炉子里剩下的酒精成为他的消愁之物，让他在醉乡中忘却自己的屈辱。

胡安的孩子们过去只是偶尔给大人帮帮忙，现在却要担起养家的重任。当地有个破败的小学校，矿工里会读书写字的人业余时间在那里教课；胡安鼓励孩子们上学，可他们一有机会就都去干活了。最大的女儿玛丽露丝 11 岁，也和妈妈一样，全职从事捡拾碎矿石的工作。霍恩从装着的的喀喀湖水、轰鸣着开上山来的卡车那里背水卖给坐在小酒馆里的皮条客。5 岁的塞娜负责剁肉切菜，帮胡安做炖菜。她长到 7 岁，能够挣钱了，就去清扫拉林科纳达公共厕所的蹲坑。

但他们仍然留在拉林科纳达。和大多数在此地的矿区城镇住了几辈子的家庭一样，这里是他们唯一熟悉的世界。

不到两年后，他们的父亲就去世了。他在睡美人山脚处下了公共汽车，试图去求医问药，彼时他那被化学毒素侵害的肿胀身体已经濒临崩溃。他病急乱投医，看过巫师，求拜过“矿坑大叔”，咨询过有时从胡利亚卡（Juliaca）过来的社会工作者。他甚至让塞娜陪着去了趟库斯科，到了建在古老的太阳神殿顶上的大教堂，希望那里的神父能给他施圣疗。但是，有一天他坐着汽车颠簸下山后，被莱昂诺尔扶着过马路的时候，突然不行了。他瘫倒在地，大口喘气，双手抓着喉咙，从身体深处发出嘶哑的声音。莱昂诺尔不太记得后来的事，只记得自己感到的恐惧，记得胡安那突出的眼睛、骤然涨红的脸，以及接下来血色从他脸上完全褪去的情景。胡安·奥乔乔克同拉林科纳达各种毒素的长期抗争结束了。

在生命的最后几个月里，胡安给他的孩子们留下了难以忘怀的一课。就在他们一起闲荡、做饭、讲故事、唱歌，一起苦中作乐的时候，他告诉他们，他们和他不一样，也不需要和他一样。他自己和阿纳尼亚山上的大多数人都愚昧无知，是另一个时代的人；他们大字不识、不明世事，注定翻不了身。但是，他的孩子们有未来，可以摆脱他自己深陷其中的古老循环。塞娜擅长文字，用词恰当而优美。霍恩会修东西，知道怎么让它们正常工作。玛丽露丝有一天也许能做生意，如果她有这个决心，也许能在广场上设一个自己的食品摊。亨利还是小娃娃，但以后也会过得好，虽然现在还很难说他到底会做什么。胡安告诉孩子们：你们会挖出离开这座被诅咒的山的道路，你们是另外一种矿工。

今天，非法矿山是南美采矿业活力最旺、效率最高的组成部分，[78]但那里矿工的劳动条件与500年前他们的祖先相比并无二致，这可能是因为有些根本性的东西始终未变。跨国公司依托于当地社区，却没有给它们带来多少进步，原因也许是跨国公司索取的比给予的多。从古至今一以贯之，占领者和被占领者的思维和心态都顽固地保持了下来。拉丁美洲经济大踏步前进，增长率喜人，贫困稳步减少，中产阶级逐渐壮大，然而，统治精英的思想依旧未变。

激进的乌拉圭作家爱德华多·加莱亚诺近50年前说过，有些民族赢了，其他民族输了。[79]欧洲与拉丁美洲之间也许不完全是零和博弈，但自从欧洲人满怀文艺复兴激发的自豪感，越过大洋，用尖利的牙齿深深咬进原住民的喉咙以后，拉丁美洲就没有赢过。北美的英国殖民者基本上灭绝了原住民，又驯服了非洲人；白人放眼四顾，看到自己占了多数，于是自我标榜为无可争议的胜利者。然而，在拉丁美洲，印第安人从古至今都是多数，却仍然是输家。他们和他们的子孙后代成了输的“专家”。大地母亲怀抱中的各种财富，无论是白银、蔗糖、石油，还是人力资本，都被入侵者收走，运往遥远的某个大都会牟利。

关于拉丁美洲固有的缺陷多有论述。各国经济学家都说它是世界上最不平等的大陆，[80]它的经济潜力先是被西班牙王国政府伤了元气，后来又被继承了西班牙权力的白人进一步削弱。19世纪期间，在北美，不仅富人或精英，就连普通人也崛起为地球上最有创新性的公民，纷纷注册专利，建立公共机构，互相激烈竞争。反观拉丁美洲，那里的精英阶层采取的政策和制度富了自己，却使周围所有其他人都深陷贫困之中。[81] 1914 年，美国有近 3 万家银行，墨西哥却只有 42 家，其中两家控制着全国财富的 60% 以上。[82] 整个拉丁美洲皆是如此。竞争受到阻碍，工业化受到掣肘，发明受到压制，就连对原住民和劳苦大众的教育也受到无视——如果你需要的只是一双手、一个强壮的脊背和盲目的服从，为什么要给人提供教育呢？于是，拉丁美洲各个共和国在本质上成为攫取性的国家。[83] 它们集国家的全部权力于少数精英之手，对精英的熏天权势不加限制，任由世界上其他国家开发它们的土地，剥削它们的人民。

难怪西班牙征服者时代的主导心态维持了下来，唯一的分别是现在没有单一的政府，也没有系统性的法治。暴君，独裁者，有钱的大庄园主，一心发财、没有道德底线的投机分子在 1830 年到 1930 年那无法无天的一百年中成了王者。只要是白人就是主子，棕色皮肤意味着永远是卑贱阶级。一连串的独立战争把拉丁美洲破坏得满目疮痍。虽然有色人种占到革命军战士中的大多数，新政府建立时却想方设法让他们继续处于被奴役的地位，让白人掌握权力。白人至上的偏执在西班牙人统治期间被制度化，在他们的后裔白皮肤克里奥尔人和后来的欧洲移民的统治下更进一步巩固，恶性种族主义成了拉美地区的火药桶。未等西蒙·玻利瓦尔咽气，他解放的土地就已经乱作一团，无法治理。他临终前还在担心拉丁美洲不是一支团结一致面对世界的强大力量，不能成为抵御殖民掠夺者的堡垒。在他领导下参加革命的人白费了力气。[84] 的确，拉丁美洲一片混乱。腐败无处不在，道德千疮百孔，独裁野心显露无遗，政变频仍，强人当道。拉丁美洲一如既往，强者可以为所欲为。[85]

在这段风云变幻的历史中，挖掘金、银、铜的矿工是传说中用来在煤矿巷道里测验瓦斯的金丝雀。拉丁美洲出产的贵金属产生了巨大的财富，却都落入了不远万里只为财的西班牙征服者或寻求富矿脉和廉价劳动力的外国人手中。白银和其他贵金属填的从来都是远方外人的腰包，当地人所得无几。市场规律本来很简单：如果你有别人想要的东西，你就能赚大钱。然而，外人对拉美土地上闪亮宝贝的贪欲给拉美带来的不是发展，而是破坏，不是收益，而是损失。“这个国家的活力都通过采矿这个大洞流失了，”玻利维亚知识分子塞尔希奥·阿尔马拉斯·帕斯 50 年前这样写道，“足足三个多世纪，没有留下任何东西，什么都没有……繁荣转瞬即逝，只留下一具空壳。”[86]

无论是对今天在拉林科纳达荒凉的冰川地带劳作的莱昂诺尔·冈萨雷斯，还是对在卡哈马卡，在世界上利润最丰厚的多国矿业公司的边缘挣扎图存的马克西马·阿库尼亚，此言都十分恰当。许多以寻找白银为生的人无疑是在参加一场豪赌，是在以生命为注和“矿坑大叔”对赌。对监工、投资者，甚至政府来说，它又何尝不是一场大投机？苏格兰经济学家亚当·斯密 200 多年前写的一段评论至今仍意味深长：“导致破产的各种昂贵而冒险的项目中，破坏性最大的莫过于寻找新的银矿和金矿。它可能是世界上最没有胜算的彩票，或者说中彩概率最小的彩票。”[87]

然而，拉丁美洲的未来依然依靠这种彩票。

历史的幽灵

> 国家财富在于黄金或白银的丰富……国家贫穷在于它们的匮乏。
>
> **——亚当·斯密，1776 年**[88]

追逐金属梦的投机者从采矿彩票中的实际所得我们已经知道了。几世纪以来一直受投机者奴役的那些人又如何呢？莱昂诺尔·冈萨雷斯的孩子们现在搬到了山下，远离了致人失明的化学品、砭人肌骨的寒冷和难忍的饥饿，可莱昂诺尔自己却从未完全摆脱她丈夫对黄金的那种近乎钻牛角尖的追求。莱昂诺尔一家现在住在胡利亚卡，但她每星期五都会在黎明时分登上破烂的公交车，一路颠簸来到普蒂纳，在那里换上另一辆公交车，沿着因冰雪侵蚀而路面龟裂的公路上山，公路两边的地面如月球表面一样布满坑洼、荒凉一片。6 个小时后，她到达了胡安在拉林科纳达为她和一家人搭建的石头小屋。她蹲在泥土地上，在酒精炉的蓝色火苗上搅拌着锅里的炖菜，准备卖给从黑暗矿井中蹒跚步入天光的矿工。

胡安从阿纳尼亚山的矿脉中讨生活的希望仍然引诱着莱昂诺尔，因为她自己的父亲、祖父、曾祖父也抱有同样的希望；这种希望在 1 000 年来的风云变幻中一直萦绕在她所属的民族的心中，尽管实际收获甚微。莱昂诺尔的孩子们在胡利亚卡那座乱哄哄的城市里为了生活而奋斗着，但她自己在那里肯定无法谋生，因为她不具备必要的技能，一个矿区来的不识字的寡妇在那里根本不可能找到工作。

西班牙运走的第一船从蒙特祖马手里抢得的金银标志着全球化的开始，触发了世界贸易，激励了远方的民族，开启了工业时代。然而，像莱昂诺尔这样的大多数拉丁美洲人民数百年来只能在原始落后的生活中挣扎。[89]这真是一大讽刺。美利坚合众国的开放边境以及欧洲和远东的贸易通道给敢于冒险的普通人带来了真正的机会，[90]而在拉丁美洲，能够拥有土地、从事贸易的人必须是政治上有权的人，也就是出生在西班牙的统治者、他们之后的白人寡头和本来就拥有地产的乡绅。西班牙征服者钟情的银子（plata）成了在拉丁美洲指代财富的通用词。过去20年已经见证了不少进步，更多的"银子"流到下层，使许多人脱了贫；这不能不说是个奇迹。巴西、墨西哥、智利、秘鲁和哥伦比亚等国保护财富的意识加强了，不再像过去那样对外国主人唯命是从；这或许就是"世界的翻转"，是伟大的印加王帕查库特克和图帕克·尤潘基希望给自己的人民带来的根本性革命。

但前事可以为鉴。如果说拉丁美洲有一个基本特征的话，那就是开采和剥削的冲动。开采和剥削随着征服到来，为西班牙人所熟练运用，一直延续下来。自由、法治、"山巅的光明之城"*，这些指导原则很晚才传到拉丁美洲。拉丁美洲人民的历史是被强迫和压服的历史。在这一点上表现最明显的就是矿山，最突出的莫过于美洲原住民被迫为遥远的主人采矿。自从哥伦布踏上拉丁美洲的土地以后，采掘经济就是束缚着这块大陆的桎梏；说此言

---

* The shining city on a hill，这是率领英国清教徒来到美洲的约翰·温斯罗普（John Winthrop）自《圣经》引申出的说法，意思是世所瞩目、为人师表，后成为美国例外论的象征。——译者注

是比喻也罢，是简化了的历史也罢，总之它绝非虚言。采掘经济有害于这片土地的真正繁荣。[91]金钱流通，生意扩张，经济学家记录下了经济的增长，但这个地区的增长非常脆弱。它通常意味着富者越富、强者越强，就算人民生活水平有进步，也为时短暂，而且通常是以放弃某些东西为代价的。

21世纪以来，阿根廷、厄瓜多尔、巴西、秘鲁和哥伦比亚的中产阶级有所壮大，[92]但相应的发展预期能否得到维持还是未知数。政变、骚乱、严重腐败、商品价格下跌等都时有发生，往往只要发生其中一桩就会使进步戛然而止。在这个文化碰撞的摇篮，这片用暴力促成融合的土地上，动乱从来都一触即发。在北美，原住民被驱赶、屠杀、灭绝，他们的惨痛历史也被压制、被遗忘；在拉丁美洲，殖民时代和后殖民时代的伤疤却仍然历历在目，虐待、愤懑、怀疑深入肌髓，成为人民性格的一部分。“银”是这一切的开始，它至今仍是人人欲得之物，事实证明，它是个严厉的主人。

SWORD

第二部分

剑

遥远的过去永远不会完全消失，它所有的伤口，即使是最古老的伤口，也依然在滴血。

——奥克塔维奥·帕斯，《孤独的迷宫》[1]

第六章

嗜血之欲

问：秘鲁到底是什么时候搞砸了的？

——马里奥·巴尔加斯·略萨，1969 年

答：在它诞生的那一刻。受胎就是错误的、野蛮的，它一出生就是个受伤的国家，就处于与它自己的另一半——原住民——作战的状态。

——赫雷米亚斯·甘博亚，2017 年[1]

卡洛斯·布埃尔戈斯（Carlos Buergos）不知所终。没有人知道他在哪里，他的前妻、他的朋友、他的狱警都不知道。曾关押过他一阵的弗吉尼亚州洛顿（Lorton）监狱已不复存在，监督他行动的犯人信息系统失去了他的踪迹。他 1980 年光着脚从古巴来到美国，过了 10 年放荡享乐的日子后被捕入狱。[2] 2001 年一个晴朗夏日的早上，他重获自由，开始新生。他留给外界的最后消息是他打给前妻的一通伤心的电话：他不在的时候他们 6 岁的儿子怎么就死了呢？孩子病了很久吗？是不是还没出生就有了病？是不是他这个做父亲的给他带去了诅咒？他的前妻干脆挂了电话。

他离开了，回到迈阿密的戴德县（Dade County）。当年他终于得救，爬下破烂的小船后，亲吻的就是这块土地。

1980 年从古巴马列尔港来到美国的每个人心中都深深地烙下了争先恐后出逃时的那种恐惧和到达时那种眩晕的感觉，这样的记忆不时会在他们的脑海中重演。[3] 家门被敲响。警察的眼神冷酷。邻居们尖叫着“人渣！爬虫！”（“Escoria! Gusano!”）向自己扔石头。在汽车上一路颠簸，经过古巴乡间来到马列尔港。一队队身背步枪的卫兵。凶恶的警犬。附近的一座电厂发出嗞嗞的响声。像出自《圣经》描述中的巨大人群瑟缩着挤在一起。然后就是那一幕令人激动万分的景象——水面上数千艘美国船只随波浪起伏着、等待着。

那年从 4 月到 9 月的短短 6 个月内，马列尔偷渡事件（Mariel boat lift）使 12.5 万古巴人来到美国，形成美国近年来最浩大的移民潮之一。[4] 事情的起因是 1980 年 4 月 1 日，一位寻求庇护的司机开着面包车破门闯入秘鲁驻哈瓦那大使馆，其间发生了打斗，一名卫兵遭到枪击。菲德尔·卡斯特罗把古巴安全部队撤出该地后，1 万名古巴人拥进秘鲁使馆，呼喊着要求离开古巴。卡斯特罗盛怒之下开放了边境，宣布愿意离开的人尽管走。佛罗里达州一些敢于冒险的美国人，主要是古巴裔美国人，开动自家的船，千帆竞发，来到古巴北海岸热心救助被压迫的古巴人。

吉米·卡特总统称这次行动为“自由舰队”，它发出的信号如同自由女神像石座上镌刻的字句一样清楚明了：“把你的疲乏困倦交给我，把你的贫穷疾苦交给我……那彼岸无情遗弃的悲惨魂魄……全都给我。”[5]新来的人潮水般涌入佛罗里达，挤满了移民局，给警察和福利部门造成巨大压力，也给了美国人又一个不支持卡特总统连任的理由。

从马列尔港来到美国的人们在乘船越过公海的途中，彼此的生活有过短暂的交会。有些人，如卡洛斯·布埃尔戈斯，到达美国时赤着膊，光着脚，连一张写着自己名字的文件都没有。几个月后，他们分散到美国各地数百个城镇，各奔前程。少数人靠苦干实现了美国梦，成为成功的企业家。有的人通过求学成为教师、律师、医生。其他人重操旧业，当了音乐家、苦力、建筑工、农场工、帮厨等。还有的人继续陷在过去的怨愤中不能自拔。布埃尔戈斯走了一条充满暴力的路，结果失去了他因来到美国而获得的自由；后来，他有很多年的时间在囚室中思考这个悖论。

哲学家兼作家乔治·桑塔亚那曾经写道：“美国有最充分的机会，也有最恶劣的影响。”[6]许多作为政治或经济难民来到美国的拉丁美洲人过上了好生活，努力工作得到了回报，但对许多其他人来说，在美国的生活如迷宫一样令人茫然。在这个环境与故乡迥异的国家，有令人振奋的机会，也有无法抗拒的诱惑，而失败的可能也是实实在在的。移民站稳脚跟的过程可能和从马列尔港到美国那 145 千米的航程一样艰难。

虽然卡斯特罗暗示说，想离开古巴的人不是罪犯就是疯子，但从马列尔港来的人大多是守法公民，为了能离开古巴而故意装成“反社会分子”或“不能融入社会的人”。据美国移民与归化局说，到来的 12.5 万人当中，绝大多数在古巴都过着常人的生活，到美国后也继续过常人的生活。很小一部分，约 2 500 人，是被卡斯特罗赶走的罪犯和精神病人。[7]

卡洛斯·布埃尔戈斯就是这一小部分人中的一个。他是家中的长子，父亲是搬运工。这个又高又瘦、金发褐眼的小伙子是古巴人和东欧人的混血，生性乐天，被判过偷窃罪。他踏上佛罗里达的土地时刚刚 25 岁，却已是前科累累。

他这个样子不是家庭造成的。他父母养了 9 个孩子，其他兄弟姐妹都算正常。不过，卡洛斯来到美国之前，参加过安哥拉的苦战，在死人堆里打过滚，在哈瓦那因为偷窃和屠宰马匹坐过牢，获释后又因企图逃离古巴被判罪。他正是卡斯特罗不想要的那种古巴人。

他因偷越国境罪被判 12 年徒刑。1980 年 5 月 9 日，他服刑刚刚一年，牢房的门忽然打开，他被带到了马列尔港。在那里，他最大胆的梦想居然得来全不费功夫。他被送上了一艘驶往基韦斯特（Key West）的货船。48 小时后，皮肤晒伤、头晕目眩、口渴难耐的他和数千名其他难民一起迅速通过处理中心，然后乘大巴到了阿肯色州的军事基地查菲堡（Fort Chaffee）。5 个月后，他到了华盛顿特区，自由漫步在 10 月下午的凉爽空气中。

当初

> 人不像丛林中的动物那样，没有人生目的，没有人性——为了文明，我们负有紧迫的责任，需要抓捕或消灭无法无天的野蛮人。
>
> ——智利《水星报》社论，1859 年[8]

乍看起来，卡洛斯·布埃尔戈斯 25 岁之前的那些不法行为似乎算不上多大的事。诚然，他是个小无赖；他当年打仗可能身心俱损；他是有两次犯罪前科的不法分子，一次是偷马外加违禁屠宰，一次是企图越境叛逃。但是，要更好地了解卡洛斯的人生历程，需要回顾历史——古巴岛的历史、整个地区的历史、500 多年来在拉丁美洲肆虐的狂野暴力的历史。

15 世纪末西班牙人到来时，后来得名古巴的这个岛和加勒比海海面上星罗棋布的许多其他岛屿一样，早已惨遭暴力介入。一个名叫加勒比（Caribs）的武士部落从南美腹地杀出，跨海北来。他们掌握了熟练的航海技术，连续几个世纪，他们劫掠温顺的岛屿民族，掳女人为奴，把男人阉割。所以，1492 年 10 月 28 日克里斯托弗·哥伦布登上古巴岛时，这个地区已经饱受恐怖的殖民统治，包括泰诺人在内的阿拉瓦克人以及西波内人（Ciboney）热切希望外来的西班牙人能够保护他们，抵御长期以来荼毒他们的加勒比人。

然而，事实证明，西班牙人根本不是来解救阿拉瓦克人的。不过他们也没有帮加勒比人。1519 年，西班牙征服者到来后还不到一代人的时间，古巴本地人口已消失殆尽。颠沛流离是一个原因，疾病是另一个原因，但最大的原因是西班牙人下令对任何敢于反抗新主人的泰诺人格杀勿论。最终，因征服墨西哥与埃尔南·科尔特斯反目的殖民地总督迭戈·贝拉斯克斯命令手下强迫泰诺人下井采矿。劳动力总是不敷使用，于是西班牙人开始去周围的岛屿抢人，把整个部落运到古巴当奴隶。古巴当地人此时已是食不果腹，因为他们祖辈耕种的农田被西班牙人变作了牧场。

起初，他们做出了抵抗，不肯乖乖地为西班牙人干活。许多人起来造反，设埋伏杀死西班牙入侵者，或寻衅滋事。

为镇压反抗，西班牙人冲进一个叫卡奥纳奥（Caonao）的村庄，砍掉村民的手臂、腿脚、乳房，把 3 000 名男女老少扔在那里任其死去。[9] 巴托洛梅 · 德 · 拉斯卡萨斯修士写道："我在这里看到的令人发指的残酷前所未有、难以想象。"[10] 然而，他的哀叹和悲恸阻止不了杀戮。泰诺人的部落酋长被捕后，抓住他的人告诉他，如果他在火刑柱上被烧死之前皈依基督教，就能上天堂。他的回答掷地有声：如果天主教徒都要去天堂，那他宁肯去地狱，那样就再也不必看到如此残酷的景象。[11]

在新大陆，人人对加勒比人畏之如虎，可加勒比人的境况也好不到哪儿去。1493 年，哥伦布第二次来到新大陆，发现他上次离开时留下的西班牙人全部被当地人在仇外风潮中杀死了，于是决定采取更凶狠的手段。他故意把遇到的所有部落都叫作"加勒比人"，这样他就可以理直气壮地奴役那些部落的全体人民。据说加勒比人是食人族，不过，关于他们到底是为了吃人而去杀人还是把已经死去的人吃掉，至今尚无定论，而且这也许根本就是西班牙人散播的谣言。[12] 但是这个说法非常有用。西班牙教会规定，有三种印第安人应予抓捕并奴役：吃人肉的、崇拜偶像的和搞鸡奸的。据说加勒比人三恶齐备。从哥伦布写的东西中可以看出，他深知，为了能随意处置印第安人，最好指控整个部落吃人肉，或干脆将他们统称为加勒比人，这样对他非常有利。[13] 哥伦布就这样确立了好印第安人和坏印第安人的概念，然后按照自己的需要给各个部落任意贴标签。慢慢地，委内瑞拉沿岸和从古巴岛到库拉索岛（Curaçao）的安的列斯群岛上的所有印第安人都被指控为食人族，因此应该被送到矿下做苦工。墨西哥、厄瓜多尔和哥伦比亚的原住民最后也被说成是加勒比人，这样，西班牙征服者就能按自己所愿任意摆布他们了，可以奴役他们、掠夺他们，甚至消灭他们。[14]

哥伦布结束第二次新大陆之行，用锁链锁着一批“加勒比人”回到西班牙时，伊莎贝拉女王的宫廷神父听得消息，扔下手中的书赶忙跑去坎波城（Medina del Campo）的露天市场，要亲眼看看新大陆来的怪物。这位神父后来写道，他看着那些“食人族”被赶回船上的时候，不禁觉得他们“表现出来的凶狠和兽性如同落入陷阱的非洲猛狮。任何人看到他们，都会从内心深处感到恐惧，因为他们的脸反映出他们残忍天性造就的狠毒和恶魔般的野蛮。这是我的感觉，陪我不止一次去那里看他们的人也有同感”。[15]

哥伦布要的就是这个效果。就这样，他为将要在美洲大肆开展的野蛮行动做好了铺垫。因此，女王在 10 年后的 1503 年明确发布敕令以绝疑虑就丝毫不出意料了：“若彼食人族仍负隅顽抗，拒不承认朕所派总督或奉朕之命前往之人员，抑或拒不听从劝导，皈依我神圣天主教，为朕效劳，即可将其抓获，带至朕之王国领地或他处售卖。”[16]

结果，成千上万被武断判定为加勒比人的原住民或沦为奴隶，或被驱入丛林高山，或被杀死。短短 25 年后，古巴的大多数印第安人即已消失，他们的土地变为牧场。1520 年，伊斯帕尼奥拉岛的印第安人已经全部被连根拔起，送到别的地方去做苦工。半个世纪后，新大陆的原住民因战争、疾病和饥饿而人数剧减，于是，西班牙征服者呼吁放宽标准，让他们能够奴役更多的当地人。[17] 他们盯上了妇女和儿童。为了抓人或杀人方便，西班牙征服者可能会给整个村子的人贴上加勒比人的标签。对西班牙或葡萄牙毫无好感的沃尔特·雷利（Walter Raleigh）爵士开玩笑说，他自己也很可能被他们定为加勒比人和吃人肉者。[18]

最后，西班牙王国政府批准对加勒比人发动“血与火”（a sangre y fuego）之战，意即把他们全部消灭。自 15 世纪 60 年代起，葡萄牙人就在非洲沿岸做贩卖奴隶的生意，佩德罗·阿尔瓦雷斯·卡布拉尔（Pedro Álvares Cabral）1500 年殖民巴西后，继续进行这种残酷无情但一本万利的买卖。大规模杀戮、酷刑、虐待等手段经过十字军东征、驱逐摩尔人的战争和对非洲的劫掠，已经锻炼得炉火纯青，正好用来征服和殖民拉丁美洲。这种做法在当时是可以接受的。毕竟，发动长期征战，将穆斯林和犹太人赶出伊比利亚的目的就是要保证“血统之纯净”（limpieza de sangre），也就是种族纯正。[19]“血统之纯净”听起来文雅高傲，但它必然使人联想到当今的一个肮脏名词“种族清洗”，其实就是种族灭绝。

正如拉斯卡萨斯修士记录的：“西班牙人会炫耀他们的各种残酷行为，谁都想在杀人流血的方法上别出心裁，压倒别人。”[20] 无论是给印第安人上刑逼供，还是通过屠杀一群人来迫使整个村子就范，抑或是用泰诺人来练剑，使其肚破肠流，他们都是行家里手。“我看到的这些以及其他行为如此背离人性，”拉斯卡萨斯悲伤地写道，“光是叙述就令我不寒而栗。”[21] 自那以后的数百年，拉丁美洲的流血，以及对被劫持、被奴役、被装进船里漂洋过海来取代不断减少的本地人的 1 000 万非洲人犯下的暴行有增无减。[22] 直到 1804 年，法国殖民地圣多明各的人民揭竿而起，杀死白人统治者，建立了海地共和国。那一刻，从格兰德河到火地岛，整个拉丁美洲为之震动，被压迫的人民胆气大壮，开始想到采取暴力报复。

殖民美洲之前，西班牙的历史就是一部漫长的种族仇杀史。格拉纳达的穆斯林屠杀犹太人，[23] 卡斯蒂利亚的天主教国王亲自领兵血洗闪米特人，10 万多犹太人在 1391 年的大屠杀中死于非命。[24] 伊莎贝拉派哥伦布去新大陆执行国王的意志那年，费尔南多国王对阿拉伯异教徒发动的一连串战争刚刚结束，后来的几代人受其影响，坚信“圣战”及战斗中的野蛮行为乃天经地义。葡萄牙也是一样。伊比利亚人都是海上冒险的老手，认为入侵有色人种的土地和征服与己不同的世界是英雄行为或合算的生意，坚信自己对新大陆的一切都能应付裕如。中世纪的故事不是说了吗？已知世界的边缘有食人族，有狗面人身怪，还有各种其他怪物。[25] 现实情况总不会比那更糟吧。然而，并非只有伊比利亚人想去远方探险，去奴役那里的人民。当命运安排旧世界在加勒比海温热的沙滩上与新世界相遇之时，美洲当地人对膨胀的野心并不陌生。他们自己也曾征服过别人，也曾挑起过战火，他们从前也是征服者。

今天的一些修正主义学术著作把拉丁美洲的印第安人描述为温顺和平的无辜人民，说他们遭到了西班牙和葡萄牙殖民者的无情虐待。[26] 然而，考古证据告诉我们的却截然不同。美洲原住民中，有和平的，也有好战的。从科德角（Cape Cod）到合恩角，前哥伦布时期的西半球居住着大量各种各样的印第安人，其中有些部落凶狠好战，最喜欢征服邻居，霸占别人的财富。哥伦布说泰诺人是美洲爱好和平的“好”印第安人，其实他们的好战嗜杀是出了名的。从最终结果来看，西班牙人重创古巴岛和伊斯帕尼奥拉岛的泰诺人，在短短 15 年的时间里，通过疾病、强迫劳动和赤裸裸的屠杀，把他们的 100 万人口减少到可怜的 6 万人。但是，如果不承认殖民者到来之前的泰诺人是自己地盘上的骄傲战士，就不是对历史的忠实记录。

中美洲原住民的好斗是无可辩驳的。特拉斯卡拉人是能攻善战的武士，和阿兹特克人打仗打了大半个世纪，最终协助埃尔南·科尔特斯打败了蒙特祖马。阿兹特克人也曾是种族灭绝的能手，他们把砍下的人头堆成恐怖的巨墙，以此来纪念自己的好勇斗狠。据说只在特诺奇蒂特兰一地，砌在各个骷髅塔的石头里的头盖骨就多达 13.6 万个。[27] 我们只能想象墨西加杀戮场上的血腥残杀、尸体发出的恶臭、胜利者砍下一颗又一颗人头并高高举起时发出的疯狂吼叫。抓着头发举起砍下的人头被认为是控制了敌人的生命力。当然，头是管理全身的器官，但美洲原住民认为，头发是人的精神本质所在，包含着人的生命力。1487 年，西班牙征服者来到新大陆的 5 年前，蒙特祖马二世的前任阿维措特对他的敌人开展了一次大规模处决。他命令军队抓捕了 8 万人，全部斩首，以求结束严重的旱灾和饥荒，重振太阳帝国，并为大神庙（Templo Mayor）的圣址举行祭典。[28] 这些人头是献给阿兹特克诸神的祭品，为的是确保四时有序、宇宙永生。

诸神中有一位主司战争和物产的西佩·托特克（Xipe Totec），被称为“剥皮之主”，因为他戴的面具、披的斗篷都是用从活着的俘虏脸上、身上剥下来的皮制作的。[29] 阿兹特克人的剥皮仪式与自然界的概念紧密相连，是对种子奇迹般脱去外壳发芽成长的一种礼赞；放血代表着用生命力灌溉土地；从胸腔掏出仍在跳动的心脏意味着抓住生命这一奇迹。[30]

玛雅人也有类似的习俗。[31] 在他们恶名昭著的杀戮巷中，他们引诱敌军绕过一堵墙，但后面又有一堵墙，当敌军被夹在两墙中间时，他们就大开杀戒。玛雅人也喜欢砍头和施酷刑，而且不仅在战争时期。例如，他们为纪念黑暗和光明这两种力量，举行一种叫作“皮茨”（pitz）的球赛。比赛开始前，一位玛雅祭司猛击一名女犯的头部，用锐利的黑曜石片割下她的头颅，拖着她流血的尸体走过球场，在生龙活虎的球赛开始之前用鲜血喂饱大地母亲。[32] 为了这些和其他的传统仪式，玛雅人和阿兹特克人需要俘虏，需要被征服的部落，好用他们做献祭的祭品。所以，战争在美洲这些地区被视为敬神仪式的一部分，是维持万物自然秩序的必要之举。[33]

加勒比地区和中美洲的原住民与一些南美洲的原住民虽然在时空上隔得很远，对暴力的使用却惊人地一致。阿兹特克的“剥皮之主”西佩·托特克和莫切的“砍头者”阿伊·阿帕埃克好像一个模子里刻出来的，是相似的想象的产物。在西方人看来也许相互矛盾，但这两位神的司职都是集暗与明、死与生、乱与治于一身。很多好事归功于他们的仁慈，但巨大的暴行也以他们的名义犯下。印加文明和秘鲁的莫切文明给人民带来了一定的秩序，促使大家尊重法律，但它们也是建立在战争模式上的文化，主导理念是抢夺土地、强制奴役他人、用人做祭品。

可以想象一下，这些历经几个世纪的战争洗礼和野心催动的文化面对西班牙人和葡萄牙人这些强横的入侵者时，是怎样的情形。15 世纪末，美洲各地最强大的文化——加勒比、泰诺、阿兹特克和印加——均退居守势，不是在遭到惨败或发生内战后忙于重整河山，就是被致命的瘟疫折腾得元气大伤，那场瘟疫发生在入侵前夕，好似大灾难降临前的凶兆。

至于没有做好打硬仗准备的部落，如巴哈马群岛上与世隔绝的阿拉瓦克人，则别无选择，只能引颈就戮。哥伦布在新大陆的海岸上初次看到他们时，就说他们生性慵懒温和；但他抓了几百个阿拉瓦克人当奴隶，将其装上船，任其在海上死掉，把活下来的送到西班牙南部的奴隶市场上卖掉，全程没有一丝良心上的不安。

穆伊斯卡人的遭遇同样悲惨。他们住在安第斯高原深处盛产绿宝石的巴卡大（Bacatá，即波哥大），是一个强大的部落联盟。西班牙远征军从加勒比海的圣玛尔塔（Santa Marta）港出发，溯流而上，穿越丛林和高山，辗转约 1 000 千米来到穆伊斯卡人的地盘。入侵者在攀爬高山的旅途中损失惨重，从海岸出发时的 700 人中只活下来 160 人。[34] 然而，贡萨洛·希门尼斯·德·克萨达（Gonzalo Jiménez de Quesada）满脑子对黄金国的憧憬，坚信波哥大的大酋长不是别人，正是传说中浑身金粉的王子，所以他坚持前行，怀着不惜一切降伏对方的决心到达了安第斯山的高处。他带着口角流涎的獒犬和身背钢枪的士兵一到波哥大，就要求大酋长亲自来见他。大酋长没有从命，于是希门尼斯·德·克萨达发出命令，要手下的士兵们开始战斗。他们放手屠杀当地人，劫持大小酋长勒索黄金，抢占绿宝石矿，还为西班牙建立了一个城市。[35]希门尼斯·德·克萨达为这个城市取名圣菲波哥大（Santa Fe de Bogotá），意思是波哥大之虔诚信仰。然而波哥大的大酋长被杀害，他的继任者萨吉帕（Sagipá）身受酷刑后遭到处决，不得不说这个名字是莫大的讽刺。如果说此过程传递出了什么虔诚信仰的话，那就是希门尼斯坚信很快就要大发横财。确实，战斗得胜，战利品收集完毕之后，他抢到了 7 000 多块绿宝石。[36]

刻在骨子里

这不是我的错。我本性如此。

——伊索[37]

对于经过数百年历史形成的思维方式，人类学家有一个专有名词，叫“跨代表观遗传”（transgenerational epigenetic inheritance）。这是一门新兴科学，尚有许多未发现和未弄懂的东西，但它关于社会环境能对整个一代人或一个族群产生生物学影响的主张有着广泛而深远的意义。有些研究把重点放在紧张情绪、社会压力和艰苦条件在几代人的时间内对某些种族的影响上。[38]其他研究则得出结论，父母当中的一人遭受暴力，其影响会遗传给胎儿，例如，大屠杀或种族灭绝行动能对未出生的胎儿产生长久的影响。[39]家庭暴力和战争也有同样的效果。那么，对于经历了充满暴力的历史、至今仍生活在残酷与流血的遗产中的人民，这意味着什么呢？

拉丁美洲历史学家援引古希腊寓言家伊索的故事来解释这些

历史影响是何等的根深蒂固，故事虽小，却值得玩味。[40]伊索的故事说，有一天，一只蝎子和一只青蛙在河岸相遇，蝎子不会游泳，想让青蛙背它过河。青蛙问："我怎么知道你在半路上不会蜇我？"蝎子回答说："傻瓜！我要是蜇你，咱俩都会淹死！"青蛙放心了，让蝎子爬上它的背，它们开始渡河。可是，刚到河中心，蝎子就跳起来蜇了青蛙。青蛙感到毒素正向自己全身扩散，挣扎着问道："你为什么要这样做？"蝎子耸耸肩答道："这不是我的错。我本性如此。"

在伊索看来，这种无法解释的深层冲动就是希腊人所谓的本性——希腊文是 *physis*，拉丁文是 *natura*。这是一种本质性的东西，是一种固有的脾性，深深地植入人的物理、化学和生物编码。有些生物天生注定就是要蜇人的，其他生物则是被蜇的。随着时间的流逝，这种行为被学习、消化，成为自身的特质，就像冰岛人有很大可能是蓝眼睛，非洲人生来是棕黑色皮肤一样。

换言之，暴力倾向也许是一种可见可循的行为模式。我们所知的拉丁美洲故事以一场灾难性的冲突为开端，产生了迅速而可怕的影响。整个过程并非发生在真空中，冲突的双方都背负着自己特色鲜明的历史。原住民当中最强大的部族与自己的土地和神祇深深地融为一体，他们野心勃勃、激情满怀、穷兵黩武、残暴嗜血，具有高度的使命感和领土意识。西班牙和葡萄牙入侵者同样服从自己的国王和上帝，同样野心勃勃、激情满怀、穷兵黩武、残暴嗜血。他们和闪米特"异教徒"打了几个世纪自诩正义的血腥战争，仅仅 10 年内就有 50 万人或遭到杀戮，或沦为奴隶，或背井离乡；这一切更使得他们坚信自己就是上帝的选民。[41]

根据今天有些历史学家的描述，西班牙人和原住民的初次接触就是不平等的；西班牙人对原住民实施无情暴力，原住民对西班牙人则是敬畏与幼稚的轻信兼而有之，甚至心存恐惧。[42] 然而，证据表明实情并非如此。[43] 墨西加、印加和穆伊斯卡这些伟大的发达文明都敢打仗、能打仗，此乃它们的本性与历史使然。西班牙人不合时宜的意外到来，以及他们带来的可怕的疾病、腾跃的马匹、凶猛的獒犬、奇妙的“雷火棍”[44]、怪异的作战规矩、让人迷惑的谎言与欺骗——这些都是造成伟大的原住民部落失败的因素。他们失败不是因为他们不会打仗，更不是因为他们害怕打仗。

西班牙人与美洲原住民的对抗持续了数百年，其核心是双方内心根深蒂固的信念——极端暴力有理，入侵者往往是胜利者，需要铁腕统治来维护新秩序。虽然西班牙的印度事务委员会颁布了法律，防止征服者过于残酷的行为，但身处征服前线的人对那些法律视若无睹，那些人惯于抗命和僭越。科尔特斯、巴尔沃亚、皮萨罗等人都在事业发展的某个时刻反抗过制度，打破过规矩，最后自己出去单干。[45] 他们言必称国王和自己的基督教信仰，实际行动却充分显示出狂野的反叛冲动。[46] 巴尔沃亚不理睬对他发出的一切命令，自封为“黄金城堡”的最高首领。科尔特斯在韦拉克鲁斯也如法炮制。在巴拉圭，一个西班牙征服者甚至抓住总督阿尔瓦尔·努涅斯·卡韦萨·德·巴卡（Álvar Núñez Cabeza de Vaca），给他戴上手铐脚镣，用船送回了西班牙。[47] 皮萨罗对顶头上司的命令置若罔闻，径自去开展征服活动。这些人彼此争斗，也和上司斗。他们身处异教徒的土地，天主教会和西班牙的法院都对他们鞭长莫及。于是，他们大都肆无忌惮、无恶不作，就连他们当中看似最有原则的人也对野蛮行为听之任之。称之为贪婪也罢，黄金热也罢，破釜沉舟的勇气也罢，无限膨胀的优越感也罢，对印第安人发自内心的轻蔑也罢；无论名称为何，这些冲动都是激励着西班牙征服者的力量，其结果对原住民世界来说不啻灭顶之灾。

种族灭绝不断升级，全体人民遭到奴役，在死亡的威胁下被迫做苦工，并且受到无情的剥削。当欧洲知识分子开始对这一切提出道德上的质疑时，西班牙冒险者却声称这些做法都应当获准，因为在地球的这个地区，（通常用来惩罚战俘的）流放是不可能的，监禁也是一样。此外，他们坚称："印第安人挨鞭子的反应和西班牙人的不同，因为他们没有西班牙人的荣誉感。"他们说，繁重艰苦的劳动甚至对异教徒有益。印第安人通过经常性、系统性的劳动，也许能获得一技之长，甚至可能学会得体的举止。[48]

西班牙意识到了自己的天降好运，它为了牢牢抓住新获得的领土，建立起极端残酷的殖民地治理体系，其突出特点就是专制统治。[49]似乎西班牙人从一开始就知道，要保住宝贵的殖民地，只能建立令人窒息的恶毒专制制度。西班牙开始向殖民地大量派遣总督、会计和工匠，黄金白银也开始从墨西哥和秘鲁源源而来，令人兴奋不已；同时，宫廷始终坚持要求总督和都督们直接向国王报告，使国王成为西班牙在美洲利益的最高监督人。很快，除贵金属以外，卡洛斯国王又有了必须确保牢牢控制美洲的许多其他理由。西班牙掌控了全世界的可可供应，它还从新大陆攫取铜、槐蓝、蔗糖、珍珠、绿宝石、棉花、羊毛、番茄、马铃薯和皮革，把这些货物从加的斯港的仓库转运往世界各地。

为防止殖民地自行买卖这些货物，西班牙费尽心思，建立起一整套严格的控制制度。殖民地与外国的一切接触均被禁止，各殖民地之间的动向受到密切监督，走私犯被处以极刑。不经国王许可，外国人不得踏足殖民地。只有出生在西班牙的人才能经商，生在美洲的人，无论有何种贵族血统，都不得种植葡萄、拥有葡萄园、种植烟草、酿酒或分株繁殖橄榄树。美洲人无权投票，也无权参政，哪怕父母都出生在西班牙也不行。费尔南多和伊莎贝拉为了牢固控制他们的帝国，多年前就建立了宗教裁判所，这个法庭对犯下各种被视为越轨逾矩行为的人判处死刑或施以酷刑。没有印度事务委员会的明确许可，不准出版或发售书籍报刊；许多发表反抗观点的知识分子都在此罪名下锒铛入狱，受尽酷刑。殖民地居民不能拥有印刷机。后来在19世纪初，解放了6个共和国的西蒙·玻利瓦尔开展独立战争期间，故意把一架印刷机拉到战场上，直接对西班牙统治者发出挑衅。在西班牙国王的统治下，每一份殖民文件的执行，每一项活动的批准，每一封信件的发送都费时长久、耗资高昂，因为都要先经过加的斯的批准。任何外国船只一旦进入新大陆的水域就倒了霉，因为所有不属于西班牙的船只都被假定为敌船，成为攻击目标。

美洲原住民对严苛的政府并不陌生。与以往的不同之处在于，现在的严苛政府是数千千米以外的一个征服部落加诸他们的。不过，征服的基本规矩似乎大同小异。法律规定，被征服者必须服从远方主人的任何意愿。他们的语言、习惯、神祇，甚至居住地，都要按照外来人的需求和意愿来改变。最令他们感到惶惑茫然的是，他们世世代代一直在反抗的征服者——盛气凌人的印加人、残酷无情的阿兹特克人、力量强大的穆伊斯卡人——现在也成了被征服者。

为太阳帝国开疆拓土的印加王中，帕查库特克是最出色的一个；人们普遍认为他是征服艺术的大师，是他发明了分而治之这一高度成功的方法。[50] 帕查库特克每打败一个部落，就将其分为南北两半。北半部叫“阿南”（hanan），南半部叫“乌林”（hurin）。然后，他挑动南北两半互相争斗。当一个部落在地理上和心理上都被切割开来后，人们就一心对付敌对的同胞，反而顾不上注意征服者，也因为兄弟阋墙而精疲力竭，无法团结起来反抗印加人。为永久维持这种极端分裂，造成如蒙塔古和卡普雷两个家族 * 间的那种宿仇，印加人煽动南北两半暴力相向，甚至发生战斗。这种彻头彻尾马基雅弗利式的计谋从战略高度出发，一举多得：维持印加霸权，为印加军队锻炼精兵强将，挑唆可资利用的嫉妒心，确保各部落的臣服，同时维持和平大局。仪式性的战斗深深融入了安第斯人民的社会结构。的确，战斗如同蝎子的毒刺，在他们的天性中根深蒂固，成为本能的反应。秘鲁高原的仪式性暴力已经存在了好几个世纪。事实上，暴力在拉丁美洲各地都始终挥之不去。

这方面的证据不胜枚举。对于从新大陆拿走的每一盎司白银、送到新大陆的每一个奴隶、天主教会可以收为信徒的每一个印第安新生儿，西班牙人都有仔细记录，[51] 同样，他们也记下了殖民统

---

* 指莎士比亚剧作《罗密欧与朱丽叶》中罗密欧和朱丽叶各自的家族。——译者注

治期间原住民彼此始终存在、基本上不加克制的经常性血腥冲突。人们每个季度都举行庆祝节日的仪式性战斗。如果村民们有锄头，就用锄头互相砍；如果有石头，就拿石头当武器。这是关乎荣誉的大事，他们是在为自己的地区、地区中自己占的那一小块地方、自己所属的那一小群人而战，殖民地总督阻止不了，也无意阻止。后来，西班牙人看到，他们可以利用原住民之间的竞争，将其扭曲以达到控制原住民的目的。他们发现，指出原住民彼此犯下的暴行，宣扬原住民是多么野蛮残暴，这样对他们自己有利。18 世纪末，西班牙法院的记录表明，在阿南库斯科和乌林库斯科两部之间的仪式性战斗中，有孩子被打死。然而，没有人提出指控；谁都知道原住民就是这个样子。

即使是进入 21 世纪的今天，住在高原的玻利维亚人仍然每年都举行叫作“廷库”（Tinku）的节庆活动，这个古老的庆典已经延续了 700 年。庆祝活动包括数千名村民聚集在一片开阔地上喝得酩酊大醉，用棍棒和石头互殴，经常会打死人。因为当地的古老风俗是用鲜血向大地献祭，以求五谷丰登，所以有人挖苦说：“人死了对田地有好处。”[52] 警察不干涉这样的打斗。当局明白，这一年一度的活动是人们发泄不满、释放对生活的愤怒的机会，也是对古老传统的坚持。“‘廷库’是暴力的，但也是和平的，”一名普通矿工解释说，“正如男人和女人、上面和下面、光亮和阴影。”[53] 搏斗过后的次日清晨，太阳照样升起；对活着的人来说，生活仍要继续。互斗的人握手言和，说：“谢谢你，兄弟，咱们互相考验过了。”[54] 男人回去接着干活。寡妇给被打死的丈夫下葬。大地母亲帕查玛玛则吞下献给她的血祭。

叛乱

> 我们对印加文明最关注的不是它消亡的部分，而是留存下来的部分。
>
> ——何塞·卡洛斯·马里亚特吉，1928 年[55]

在按季向帕查玛玛（或科阿特利库埃，或巴楚埃*）敬献血祭这件事上，古代原住民一丝不苟。每次发生旱灾、地震或日食，他们都要杀人献祭。为确保万物繁荣兴旺，他们选出处女，将其勒死后扔进世界的中心的的喀喀湖。在墨西哥或秘鲁，战俘被拉入神庙，砍头、剥皮、开膛，然后放在石头祭坛上使鲜血汇集起来。这些是事先策划好的宗教暴力行为，由大祭司精心准备，庄重主持，而且已经毫不懈怠地实行了千年。然而，从哥伦布抵达新大陆到皮萨罗征服秘鲁的短短 40 年间，暴力升级到了空前的水平。美洲的杀戮场给帕查玛玛献上了一片血海。

学者说，哥伦布登陆巴哈马仅仅 21 年后，热闹繁忙、人口稠密的伊斯帕尼奥拉岛基本上成了荒岛。[56] 几乎 800 万美洲原住民死于暴力、虐待或疾病。许多人不肯受入侵者主宰，宁可自杀，或者在逃亡途中死去。在加勒比初遇西班牙人之后短短几代人的时间内，绝大多数拉丁美洲原住居民被消灭，比例高达 95%。如今从加拉加斯（Caracas）到蒙得维的亚，都有纪念西班牙征服者的宏伟纪念碑和宽阔大道，其实他们根本不配，所有证据都表明他

---

* 巴楚埃（Bachué）被穆伊斯卡人视为共同的母亲。——译者注

们抢劫、撒谎、谋杀、奴役并压迫原住民；他们对原住民的屠杀规模之大，时间之长，今天的我们很难真正理解。

欧洲人的战争工具不仅是好战和野心。西班牙征服者还有一个连他们自己都不知道的秘密武器，那就是天花疫病。一位人类学家认为，1520 年，科尔特斯登陆数月后，一个病情严重的奴隶来到了墨西哥，他带来的病毒使当地人民集体中招。[57] 科尔特斯和手下的人看到瘟疫在自己周边造成的破坏，当然不可能想到科学的原因。在他们看来，当地人大批死亡恰恰证明上帝在他们这些征服者一边。对蒙特祖马和墨西加人来说，这却是个令人沮丧的信号，说明神抛弃了他们。科尔特斯来时才带了 600 人，外加莫名其妙的自信，认为多强的军队都不是他的对手。现在他的野心突然看起来有可能实现了，只需效仿他在加勒比地区的强横同伙，大开杀戒就行。他感到手下某个人对他不忠，就立即将其就地正法。他怀疑某个印第安人是间谍，就砍掉那人的双手，把这个光秃秃的手臂上仍在流血的人送到敌人的营地。他通过虚情假意拉拢人心，和几个部落结成有利于他的联盟；他用枪炮来对付长矛，用钢铁来对付橡木，整个征服战中只损失了 200 人。要理解接下来征服者的行为产生的结果，数字最能说明问题。不到 100 年后的 1618 年，墨西哥约 2 500 万生气勃勃的原住民人口降到了可怜的 150 万，原住民减少了 90% 以上。[58] 一年后，把非洲黑人贩卖到拉丁美洲的大西洋奴隶贸易开始了。

印加人的命运基本上也遵循了这个轨迹，因为皮萨罗分毫不差地采用了科尔特斯的成功战略。皮萨罗在秘鲁海岸登陆时只带了 168 人，就是这支队伍穿过被内战蹂躏得满目疮痍的土地，去挑战一个数百万人的帝国。天花比他抢先一步，在海上经商的原住民商人之间传播，后来发展为1526年席卷南美洲大部的大瘟疫。1531年皮萨罗到来时，瘟疫方才过去，时机对西班牙来说再巧不过了。就在病魔吞噬印加帝国的同时，瓦伊纳·卡帕克的两个儿子正各自调兵遣将，发动阿南对乌林的疯狂的南北战争，这场战争实际上是他们的父亲一手策划的。皮萨罗在杀害了阿塔瓦尔帕和瓦斯卡尔后，仍不放松消灭印加统治阶级的行动，又杀害了另外两位印加王，等于对印加帝国实施了斩首。然而，印加人并没有乖乖就范。被征服不到6年，他们就发动了一连串规模巨大、计划周密、执行大胆的叛乱。末代印加王图帕克·阿马鲁（Tupac Amaru）在西班牙人到来12年后才出生，他据守山中和西班牙军队作战，直到1572年被俘。西班牙人用绳子套着他的脖子把他带回库斯科，当着所有人的面将他公开处决。据一位目击者说，1.5万名印第安人被迫观看斩首图帕克·阿马鲁的行刑过程，对他们来说，那是格外恐怖的场景。人群看到阿塔瓦尔帕和瓦斯卡尔的侄儿被逼着跪下，遭到杀害，想起自己40年来目睹印加统治的所有痕迹被一点点消除，不禁大放悲声，“号啕声直上云霄，在苍穹中回荡”。[59]

那时，来到秘鲁这块辽阔宝地担任总督的弗朗西斯科·德·托莱多说，“堕落的西班牙人”在野蛮的新大陆的所作所为令他惊骇。[60]然而到后来，他把义愤弃置一旁，把侥幸未死的原住民送进矿井劳动，建起了完整的白银经济，其严重后果远超征服者的刀枪。[61] 10年后，西半球绝大部分地区，包括整个南美大陆、整个中美洲和直到加利福尼亚的北美洲，都成了西班牙国王的囊中之物。[62] 50年后，这片地区的人口一半以上死于白人带来的各种疾病，包括天花、破伤风、斑疹伤寒、麻风病、黄热病，还有一些肺部和肠道疾病，以及性病。（在一些情况中，传染是有意为之的；西班牙人故意把沾了病菌的毯子或小玩意儿分发给缺乏戒心的部落。[63]）剩下来的人又有 40% 死于战争、处决、饥饿和苦工，甚至是自杀，因为有些部落为逃离汹汹而来的征服者躲入深山密林，迷失在难以生存的荒野之中。

我们永远无法知道哥伦布到来之前西半球到底有多少原住民，因为等欧洲人想到要清点原住民数目的时候，许多人早已死于细菌或刀剑之下。[64] 不论如何，据学者说，在 17 世纪 20 年代墨西哥总督辖区庆祝成立 100 周年的时候，科尔特斯当年前往特诺奇蒂特兰途中看到的稠密人群已经减少到区区 70 万。[65] 学者还估计，征服之前，西半球的原住民人口大约在 4 000 万到 1.4 亿之间，一个世纪后，原住民人口只剩不到 900 万。

新大陆在西班牙的铁蹄下备受摧残欺凌，最终，反抗压迫的天然暴力冲动开始在西半球各地发酵为叛乱。原住民心底始终燃烧着愤怒的火苗，但他们迷惑茫然，不知所措，被强大的殖民统治者压迫着动弹不得；整个文明都遭到劫持和奴役。即使如此，哥伦布登陆三个世纪后，人民的敌意开始有了更加显著的表现，西班牙世界地位的日益下降也使他们更为大胆。拉丁美洲的有色人种经过通婚混血，现在成了各种肤色的大杂烩，[66] 他们对白人不满的“慢火”开始爆发为短暂但激烈的集体反抗。

最为轰动的一个事件发生在新墨西哥的圣菲（Santa Fe），时间是 1680 年。150 多年来，原住民普韦布洛人（Pueblo）被一次又一次的西班牙征讨打得无力还手，几次叛乱都以失败告终。他们试图击退来意不善的入侵者，拒绝强加给自己的宗教，抵制一切对他们实行大规模奴役的企图，但是，他们招架不住对方毫不放松的反击。1598 年，墨西哥殖民总督胡安·德·奥尼亚特（Juan de Oñate）带领一支队伍前往肥沃的格兰德河谷建立殖民地，那里是 4 万普韦布洛人的家园。普韦布洛人奋起反抗，却仍不敌拥有军事优势的西班牙人。奥尼亚特总督得胜后，为了给普韦布洛人一个教训，命令军士把每一个 25 岁以上的原住民男性的右脚砍掉。惩罚还包括将所有妇女变为奴隶，把小孩从家人身边抢走，好向他们充分灌输天主教信仰。

这种做法激起的无边愤怒酝酿了近 100 年，终于在 1680 年爆发为普韦布洛人的暴烈起义。原住民冲进西班牙人的种植园，杀死了 400 名白人，包括妇女、儿童和神父，然后把 2 000 名白人逐出山谷，等于将白人清洗出了普韦布洛人的土地。这样做出于一个残酷的想法：原住民相信，为了摆脱西班牙统治，为了在持续近两个世纪的无情种族杀戮后重新夺回自己的身份，必须消灭他们的殖民主人。[67] 换言之，必须把白人赶尽杀绝。普韦布洛人进而捣毁了所有的教堂和基督教的圣像，解散了由西班牙传教士主持的婚姻，试图恢复欧洲人到来之前的世界。这种情况没有维持多久。1692 年，那场血腥起义的 12 年后，西班牙人卷土重来，夺回了对格兰德河的统治。

殖民地下一次大规模起义发生在 1765 年的基多。[68] 墨西哥的叛乱一般都是为夺回土地和重新确立自己的身份，基多的起义却是由经济因素驱动的。这个安第斯殖民地的人民大多以纺织为生，但连续多年生计一路下滑，生活极其困难。究其原因，在于出产羊毛的高原地区原住民数目剧减，来自欧洲的廉价纺织品又大量输入，充斥市场，致使经济陷入急剧的螺旋式下滑。为了活下去，基多人万般无奈，只好去生产违禁物品；烧酒就是一例，这种用甘蔗酿制的酒比较容易做，在自家小棚子里就能生产。此外，活跃的地下经济也提供了就业机会，包括屠宰野生动物、鞣革、叫卖食品、私酿发酵的吉开酒。为镇压这类活动，新格拉纳达总督（管辖着厄瓜多尔、哥伦比亚和委内瑞拉）不由分说，把总督辖区内所有私人酒厂的控制权和对它们售酒收入的赋税权交给了马德里王家财政局。他的专横镇压措施使得欣欣向荣的非法市场面临关停的危险，而那将造成更为严峻的经济危机。基多人民忍无可忍，他们走上街头，发动了暴力叛乱，最终把西班牙人赶走，建立了一个联盟来管理城市事务；直到一年后，全副武装的总督军队杀回来重夺权力，开始了一个更加严厉的统治时代。

15 年后，搅扰了秘鲁总督辖区数十年的不满之风吹袭了玻利维亚高原。[69] 当地一位名叫托马斯·卡塔里（Tomás Catari）的艾马拉人（Aymara）多年来一直力劝西班牙统治者不要虐待富含矿藏的拉巴斯（La Paz）地区的原住民，可是统治者对他的劝说置若罔闻，而且多次把他投进监狱，还对他施以残酷的鞭刑。后来，支持卡塔里的人们劫持了一位西班牙总督当人质并威胁撕票，这才换得卡塔里的释放。卡塔里出狱后，决定对白人发动起义。1780 年 9 月，原住民起义者组成的小队开始突袭、抢劫大庄园，不光杀死西班牙人，也不放过任何不宣誓效忠革命的人。[70]

如同致命的高压锅在不断加压，数月后，一场血腥的种族之战在秘鲁爆发。[71]起因是这样的：一个身为酋长的梅斯蒂索人——他后来自称图帕克·阿马鲁二世（Tupac Amaru II），说自己是末代印加王的后裔——和西班牙地方长官（corregidor）安东尼奥·德·阿里亚加（Antonio de Arriaga）共进午餐，时间拖得很长，喝了不少葡萄酒。饭后，图帕克·阿马鲁二世扣押了长官，把他关在自己家里，命令他把200名地区领导人（既有西班牙人，也有梅斯蒂索人）召集到通噶苏卡（Tungasuca）的广场。人到齐后，图帕克·阿马鲁二世要求长官的原住民奴隶处死他们的主人。然后，他率领6 000名原住民向库斯科进发，一路上把见到的所有白种男人、女人和孩子通通杀死。这并非一时的冲动，而是企图扭转历史的最后孤注一掷。图帕克·阿马鲁二世和托马斯·卡塔里一样，试过劝说的办法，却徒劳无功。他几年来一直恳求阿里亚加废除逼迫印第安人纳贡的残酷做法，希望他对治下的印第安人仁慈一些。作为负责征收贡赋的酋长，图帕克·阿马鲁二世还因为工作不卖力而招致了西班牙上司的不满。可是，阿里亚加对他的恳求置之不理。图帕克·阿马鲁二世苦劝无果，愤怒之下，召集起一支好几千人的庞大队伍，用偷来的毛瑟枪和事先存储的弹药武装起来，对一直和他同仇敌忾反对西班牙统治者的出生在美洲的白人——克里奥尔人——发出了最后警示："我决定甩掉这个难以忍受的重担，除去这个坏政府的头子……如果你们愿意支持我，你们的生命和种植园都可保安全无虞。但是，如果你们不理会这个警告，你们将被毁灭，将面对我的军团的怒火；那将把你们的城市化为灰烬……我麾下有7万大军。"[72]

流血持续了两年，图帕克·阿马鲁二世的军队在对西班牙殖民地的扫荡中表现出来的冷酷与几世纪前入侵者踏平印第安人村庄时的残忍毫无二致。图帕克·阿马鲁二世说得很清楚，为恢复旧秩序，他可能需要“结果所有欧洲人”。[73] 此外，他极尽夸张地声称自己接到了来自马德里的王命，要他杀掉住在秘鲁总督辖区的每一个普卡昆卡（puka kunka，意思是每一个乡巴佬）。追随他的人信以为真，开始大开杀戒。叛军陶醉在胜利中，杀红了眼，他们醉醺醺地在白人尸体上跳舞。[74] 有报告说他们吃白人的肉，把白人的心脏挖出，把白人的血涂在脸上，据说有人甚至采用古法，用头盖骨做酒碗。[75] 一个叛军首领要求把所有的白人头面人物的头砍下来送到他面前，好让他亲自挖出眼睛。此类暴行的消息传来，克里奥尔人为之震恐。他们曾鼓动叛乱，他们最大的心愿就是摆脱殖民统治者。现在他们却惊骇畏缩，这与他们希望看到的反对国王的起义相去甚远。这是一场种族之战，棕色人种对白种人的狠毒与克里奥尔人的西班牙征服者祖先对棕色人种的虐待如出一辙。

最后，保王军汹涌而至，粉碎了安第斯叛军，杀死了约 10 万名印第安人。[76] 图帕克·阿马鲁二世被俘，被押到库斯科的公共广场，正是与他同名的图帕克·阿马鲁两个世纪前被带到的同一个广场。西班牙监察长要他交代同伙的名字，他答道：“我只知道两个，你和我。你是压迫我的土地的人，我要将它从你的暴政下拯救出来。”[77] 听到这无礼的回答，西班牙监察长勃然大怒，命令手下割掉这个印第安人的舌头，当场将他处以车裂之刑。指示非常具体，官方记录一字不差：

> 把他的手脚用结实的绳索绑在四匹马的肚带上，让那四匹马向着塔瓦廷苏育的四方奔跑，把他的身体撕碎。然后，把他的躯干带到皮丘山（Cerro Picchu），他就是从这个山头出发，胆大妄为地入侵、恫吓、围攻此城的。在皮丘山上燃起火堆，把他的躯干烧为灰烬……图帕克·阿马鲁的首级要送往廷塔（Tinta），在绞刑架上悬挂三天，然后用杆子挑着立在城门口。他的一条胳膊要送往他当过酋长的通噶苏卡，也挑在杆子上示众，另一条胳膊送到卡拉瓦亚省。他的两条腿一条送去琼比比尔卡斯（Chumbivilcas）省的利维蒂卡（Livitica），另一条送去兰帕（Lampa）省的圣罗莎斯（Santa Rosas）。[78]

监察长的部下奉命执行这项残忍的任务。他们一剑削掉了图帕克·阿马鲁的舌头，但他们把他的手腕和脚踝捆到4匹马身上后，马匹却不肯听话。每当这位印加王的身体如蛛网中间的蜘蛛那样绷起来时，他的手脚都会滑出绳扣，使他摔到地上。士兵们只得割断了他的喉咙，将他的头颅和手脚砍下，遵照命令送往6个地点，在路口用杆子挑着示众。他的妻子米卡埃拉（Micaela）也遭到同样的命运。那一天，他所有的家人一个接一个遭到酷刑和处决，直到灭门。图帕克·阿马鲁最小的孩子看到妈妈的舌头被割掉时，发出了刺耳的尖叫。传说那声令人心碎、难以忘怀的悲号标志着西班牙在美洲统治的结束。[79]

图帕克·阿马鲁二世的恐怖下场震撼了各个殖民地，使任何有意发动类似叛乱的人为之愤怒，也感到恐惧。黑人遭受着无法忍受的奴役和非人待遇，造反的意愿越发强烈。他们反正一无所有。但是，白种克里奥尔人本来梦想造反，现在却害怕不仅会遭到西班牙的报复，还要面对广大有色人种的怒火，因为他们毕竟是统治阶级的一部分——仅仅因为他们是白种人。几个月后，这种恐惧在新格拉纳达得到了突出证明。为了抗议沉重的税务负担，一支两万人的大军向着波哥大进发，向力量强大得多的总督政府示威。[80] 队伍的一个领导人是目不识丁的梅斯蒂索人何塞·安东尼奥·加兰（José Antonio Galán），他头脑一热，宣布给黑奴自由，号召他们用砍刀去砍他们的主人。黑奴真的开始拿起砍刀造反后，加兰被判处活活吊死，然后被车裂，头和四肢被砍下，送到他曾居住过的每一个地区。为确保这个坏家伙永远不得超生，他的房子周围被撒了盐，盐粒深深地埋进了周边的泥土。这是杀鸡儆猴，意在警告所有人：叛乱将遭到全力镇压。

砍刀，300 年后

古巴，1955 年—1970 年

> 有一天，用砍刀砍甘蔗的人会表明他们也能用砍刀杀人。
>
> **——菲德尔·卡斯特罗，1962 年** [81]

卡洛斯·布埃尔戈斯原本自由自在、无拘无束，直到他进了古巴的监狱，不到 12 年后又进了美国的监狱。他 1955 年 8 月出生时，革命正如火如荼。古巴摆脱西班牙的桎梏未满 60 年，人民又开始感到渴望独立的躁动。有权有势的白人、掠夺成性的外国

人、暴君式的政府和腐败的寡头成了另一种束缚他们的枷锁。

两年前，菲德尔·卡斯特罗带领150位革命人士攻打了古巴最大的兵营。他们的任务很简单，要夺取大量武器支持革命。卡斯特罗和他领导的起义军认为，富尔亨西奥·巴蒂斯塔（Fulgencio Batista）政权是典型的暴虐、堕落的政权，是实质上的殖民政权。银行、国家资源，甚至可以说巴蒂斯塔政权统治下的整个经济，包括大部分工业，都控制在美国公司手中。古巴摆脱西班牙统治并赢得独立几年后，美国国会于1901年通过了《普拉特修正案》（Platt Amendment），禁止美国以外的任何国家对古巴殖民或与古巴签订条约。该修正案非常清楚地表明，美国可以随时干预古巴事务，可以在它认为必要的任何地方建立军事基地。不久后，这项修正案就被纳入了古巴的法律，几十年间一直有效，把古巴变成了美国实际上的保护国。根据富兰克林·罗斯福1933年颁布的“睦邻政策”，《普拉特修正案》从古巴宪法中被删去，但修正案精神仍在，华盛顿对古巴的控制依旧。1940年巴蒂斯塔当选总统后，他继续巩固与美国企业的关系，并借机中饱私囊。

卡斯特罗说巴蒂斯塔是个可怕的恶魔，说他这个总统是非法的。[82] 巴蒂斯塔第一个总统任期结束后，在纽约著名的华尔道夫酒店和佛罗里达的代托纳比奇（Daytona Beach）过了8年花天酒地的日子，同时遥控着哈瓦那的事务，并和美国黑手党暗通款曲。1952年，他依靠军方的支持发动政变，重掌权力，建立了一个完全依附于美国商业利益的傀儡政府。到20世纪50年代末，巴蒂斯塔和他的小集团把古巴蔗糖生产及利润的60%以上都交给了美国公司，全国几乎一半可耕地为美国企业所有。[83] 卡斯特罗表示，是时候把巴蒂斯塔、与他狼狈为奸的犯罪分子和偷窃古巴财富的美国人一股脑赶出古巴了。

虽然卡斯特罗动员起了民众的支持，但他对蒙卡达兵营（Moncada Barracks）发动的小型叛乱没有成功，反而使自己身陷囹圄。但是，1955 年 5 月，就在卡洛斯的妈妈怀胎足月，卡洛斯即将来到这个紧张不安的世界时，菲德尔和弟弟劳尔·卡斯特罗因政府的大赦令获释出狱。巴蒂斯塔 1952 年的夺权行动引起了公共舆论的不满，美国的几位名人开始批评古巴的腐败、警察的野蛮和政府对穷人的漠视。[84] 在这种情况下，巴蒂斯塔需要尽量营造于己有利的宣传。有人向他建议，大赦所有政治犯也许能及时止损。

巴蒂斯塔为了博取好名声，释放了卡斯特罗和他那帮叛乱分子，将其驱逐出境。他们去了墨西哥的一处据点，在那里遇到了信仰马克思主义的阿根廷医生切·格瓦拉，开始一起计划下一次对哈瓦那的进攻。就在卡斯特罗和切·格瓦拉俯身研究古巴群岛的粗陋地图，推敲战略，从经过西班牙内战锤炼的老兵那里汲取经验之时，卡洛斯呱呱坠地，看到了此生的第一线光明。卡斯特罗和切·格瓦拉共同制订的计划很简单，他们要依靠游击战以小搏大，恰如大卫击败歌利亚，用他们人数少、行动敏捷、无所畏惧的部队打击大得多、笨重得多的力量。就在卡洛斯第一次睁开眼睛的时候，卡斯特罗发出了他著名的宣战令："我相信声索权利而不是请求权利的时候已经到来——我们要夺取而不是哀求。"[85]

卡洛斯未满 5 岁时，古巴已是天翻地覆。卡斯特罗总司令带领区区 82 人的小分队在礁石嶙峋的古巴南海岸登陆。这支衣衫褴褛、饥肠辘辘的队伍经过海浪的颠簸和烈日的暴晒，忍着眩晕在甘蔗田里跌跌撞撞地来到内地的亚雷格利亚德毕欧（Alegría de Pío）。[86] 趁巴蒂斯塔的大军尚未来得及前来围剿，他们从那里迅速隐入马埃斯特腊山（Sierra Maestra）中。接下来的激烈游击战持续了两年，期间越来越多的古巴人加入了起义军的行列。巴蒂斯塔和副手们看到大势已去，害怕性命不保，在 1959 年元旦那天逃离了哈瓦那，另外还有数千名古巴人拥到码头，乘船逃往国外。不出一周，总司令和他的大胡子兵（barbudos）就从马埃斯特腊山中的根据地开入了人心惶惶的首都。胜利来得如此迅速，狂喜在民众当中蔓延。卡洛斯的父亲原来当了多年的装卸工，在码头装卸糖包，经常喝朗姆酒喝得酩酊大醉。最后，他被派往马坦萨斯（Matanzas）绿油油的田里去砍甘蔗，以证明他对革命的忠诚。

卡洛斯 10 岁时，粮食开始紧张。政府推行了多项改革，在一定程度上改善了穷人的生活；教育和医疗的机会增多了，卫生条件也有所改善。但是，卡洛斯父亲家中有 7 张嘴要吃饭，而靠他一个砍甘蔗工人的工资喂不饱全家人。更糟糕的是，古巴的蔗糖生产自 20 世纪初以来一直居全球之冠，现在却滑落到全球商品市场排名的低位。不管派多少新出炉的革命者去田里干活，都赶不上巴西、印度和欧洲蓬勃发展的蔗糖经济。[87] 古巴人常说，sín azúcar no hay país，意思是没有糖就没有我们的国家。美国政客也正是这样算计的。他们想用饥饿迫使古巴放弃对社会主义的尝试，鼓动人民走回头路。德怀特·艾森豪威尔总统的政府对古巴实施了大规模贸易禁运，他的继任者约翰·肯尼迪把禁运规模进一步扩大，美国的盟友也加入了禁运。这一切将古巴经济推到了崩溃的边缘。起初，卡斯特罗在 1960 年曾向美国示好，却未得到回应，结果他只能转向苏联请求粮食援助。卡洛斯的父亲不得已也使出奇招，他开始带着大儿子去酒吧卖唱，挣上几分钱或一盘香蕉。艰难时世使卡洛斯的幼小心灵充满焦虑，表现为冒险的不轨行为：他开始偷窃。先是小偷小摸，比如摘邻居树上的果子，拿走同学的小玩意儿。到 13 岁开始变声的时候，他已经偷起朗姆酒了。他趁酒保不注意，把几瓶朗姆酒塞到夹克衫下，拿到社区去卖。他还扒窃妇女的手提包，把到手的东西偷偷变卖，换点小钱。

因为偷窃，卡洛斯经常遭到同学、店主和邻居的痛打，但他学会了爬起来，擦去脸上的血，对挨打的事一笑置之。他对权威没有多少尊重；其实，他对什么都没有多少尊重，只关心自己眼前的需要。像他这样的人不在少数，许多失望幻灭的年轻人和他有同样的感受。很快，他加入了一个少年犯罪团伙，他们在街角游荡，计划着为体制所不容的各种活动。

卡洛斯的父亲清醒的时候，也想纠正卡洛斯不学好的毛病，可他的呵斥训诫全被当成耳旁风。1970 年，卡洛斯 15 岁那年，卡斯特罗命令所有古巴人下田劳动，争取把蔗糖产量翻一番，达到 1 000 万吨，恢复古巴在市场上的历史地位。[88] 卡洛斯的父亲觉得，可以借此机会管教管教这个孩子。他交给卡洛斯一把砍刀，逼着他参加砍甘蔗的繁重劳动。在非洲奴隶曾劳作了数百年的流溢着甜香气息的田里，卡洛斯看到了从此改变了他的一幕。两个人发生了争吵，先是动口，然后动手，越打越厉害，最后，一个人抡起砍刀狠狠地砍到对方脸上。四溅的鲜血、被砍者凄厉的号叫、砍人者瞪着狂乱的眼睛四下张望时那死一般的寂静——这些揭露人性的细节永远印在了卡洛斯的脑海里。

第七章

塑就拉丁美洲心态的革命

他们说宏伟的工程需要冷静地建设！难道300年的冷静还不够吗？

——西蒙·玻利瓦尔，1811年[1]

马德里

1807年

拉丁美洲忍受了300年的西班牙镇压后，一扇机会之窗忽然意外地打开，永远改变了历史。[2]这个奇迹始自马德里王室的一桩丑闻。1807年秋，胆小怕事、胸无大志的卡洛斯四世（Carlos IV）国王给法国的拿破仑·波拿巴写了一封惊慌的求援信。他刚刚听说他的儿子费尔南多王储正在密谋篡夺王位，可能还要毒杀生母。事实是，卡洛斯国王已经成了国人的笑料。他的首相曼努埃尔·德·戈多伊（Manuel de Godoy）给他戴了多年的绿帽子。他的王后玛丽亚·路易莎（María Luisa）的淫荡无度是出了名的，许多年轻英俊的卫士都享受过和她的枕席之欢。这个虚荣轻浮的女人不停地更换情人，劝说她那愚蠢无知的丈夫赐予她的情人们高官厚禄，致使国家所用非人，祸乱朝纲。就是她的老情人戈多伊首相做出了对英国宣战的灾难性决定，造成国库亏空，启动了西班牙朝着破产深渊的坠落。年轻的费尔南多王子本来就对王室的各种荒唐痛心疾首，看到这一切更是忍无可忍。他也迅速写了一封信给拿破仑，请法国皇帝为他选一位法国新娘并承诺迎娶这位新娘，这样两个帝国就可以合而为一。

拿破仑看到了机会。他利用西班牙王室的内部龃龉，说服西班牙人相信，他不仅会保护卡洛斯国王的王位，而且会征服葡萄牙，将整个伊比利亚半岛统一在卡洛斯国王的治下。那年 10 月，双方签署了《枫丹白露条约》(Treaty of Fontainebleau)，拼命想保住王位的卡洛斯同意让拿破仑的 2.5 万大军借道西班牙开往里斯本。但是，11 月，拿破仑派来了 4 倍于这个数目的军队，在西班牙牢牢占住了一块地盘，并通过一场政变兵不血刃拿下了里斯本。葡萄牙的卡洛塔王后 * 和布拉干萨（Braganza）王室及时逃离，带着 1 万忠心的臣民落脚在巴西；后来的 8 年间，王室从那里统治着葡萄牙王国。4 个月后，拿破仑的将领带兵掩入西班牙各地防卫森严的要塞，控制了整个伊比利亚半岛。西班牙无力还击，沦入占领之下，它在殖民地的行政管理、所有的财政利益、印度事务委员会的铁腕统治突然全部陷于停顿。

可是殖民地对这些全不知情。就在西班牙民众显示出不屈的勇气，展开激烈的游击战，令法国人惊愕不已的时候，西班牙治

* 卡洛塔是彼时的葡萄牙摄政王若昂六世的妻子，也是西班牙国王卡洛斯四世和玛丽亚·路易莎的女儿。——编者注

下的美洲仍在懒洋洋地过自己的日子。拿破仑的将领带兵洗劫母国的城市，绞死领导人，强奸妇女；殖民地的生活却一如既往、平静无波。英国和拿破仑鏖战正酣，把欧洲海岸线封锁了整整一年，切断了欧洲与拉丁美洲之间的通信。托马斯·杰斐逊总统1807年提出的《禁运法案》(Embargo Act)更是雪上加霜；这份损人不利己的法案实际上扼杀了所有对外贸易，重创了西半球的市场，结果加剧了这一地区的孤立隔绝。

西班牙惨败于法国人手下整整7个月后的1808年7月，两份被翻得皱皱巴巴的旧《泰晤士报》被特立尼达(Trinidad)的一个小吏送到都督办公室，加拉加斯这才得知了消息。报纸看起来似乎没什么特别的，四大版都刊登着金融方面的新闻，但是，夹在航运新闻和房地产广告中的是一个惊人的消息：西班牙国王被废，拿破仑现在掌握了治国大权。时任委内瑞拉都督秘书的安德烈斯·贝略(Andrés Bello)把报纸登载的消息翻译给他的上司听，但都督嗤之以鼻，说那是英国人编造出来的。几天后，这个消息的真实性得到了确认。一艘法国双桅帆船和一艘英国三帆战舰同时到达委内瑞拉的拉瓜伊拉(La Guaira)港，带来了同样消息的不同版本。法国代表团匆匆翻过将加拉加斯与大海隔开的大山，换上华丽的制服来见都督，宣布西班牙已经投降，它所有的殖民地，包括都督站立的这块土地，现在都属于拿破仑。不久后，英国船长也气喘吁吁地翻山而来，宣布了完全相反的消息。他说法国人睁眼说瞎话，西班牙还没有投降。据这位船长说，塞维利亚已经组建了一个洪达*来代表动

* 洪达是西班牙语 junta 的音译，西班牙历史上指具有行政和司法职能的委员会。现一般指国家政变后成立的执政委员会。——编者注

乱中的国家，英国也保证无条件支持西班牙。

委内瑞拉人惊呆了。英国和西班牙几个世纪以来一直是死敌，包括弗朗西斯·德雷克爵士在内的英国海盗曾经劫掠西班牙的大帆船，抢走国王的银子，现在英国竟突然成了西班牙最好的朋友？对于300年来与权力无缘、失望愤懑的克里奥尔人来说，这是个关键时刻。正如拿破仑察觉到西班牙国王的龌龊家事给他提供了机会一样，加拉加斯土生土长的贵族本来一筹莫展，现在从国王突然彻底失去权力这件事中看到了机会。他们决定夺取控制权，掌握自己的命运，获取他们渴盼的独立。

这条路上障碍重重。许多富有的白人殖民者与西班牙有紧密的家族联系，这些人坚决反对暴力革命。他们想要更多的权利，想在政府中多一点发言权，当然也想对自己的财政事务有更大的控制权；但是，他们不想像法国人和海地人那样，为赢得独立而经历流血动乱。克里奥尔人也知道，他们只是巨量人口中的一小撮。他们不能指望殖民地的黑人、穆拉托人和原住民同他们一起反抗西班牙。事实是，克里奥尔人数百年来一直对有色人种专横跋扈，使唤和苛待他们。人数比白人多得多的奴隶和劳工很自然地对所有地主都深感怀疑。他们担心，若是没了西班牙软弱无力的法律，白人会更加残酷。至少西班牙有一部书面法典来谴责对原住民的虐待，即便那部法典从未得到遵守。如果白种克里奥尔人掌了权，谁知道会发生什么事情？

整整一年的时间里，西班牙各殖民地长官因自身前途未卜而焦虑不安，克里奥尔人为了该怎样闹革命而争论不休。一年后的1809年，第一份独立宣言在基多王家检审庭（Royal Audience of Quito）的大厅里发表，这是独立的“第一声呐喊”（el primer grito）。8 月 10 日，天色尚未破晓，一小群克里奥尔革命者闯进王家官邸，向殖民长官宣布正式命令，说按照人民的意志，他的职权到此结束，现在权力是他们的了。可这次独立为时短暂，仅维持了 73 天，影响也不大，没有发出任何关于天赋人权的大胆声明。事实上，叛乱者马上表示效忠于西班牙国王那争强好胜、雄心勃勃的儿子费尔南多七世。但是，这次事件是数世纪强制统治的长河中一个微小的自由岛屿，它或许第一次表明，白人和原住民一样热切地想打破殖民主义的枷锁，虽然后者几百年来遭受的苦难要大得多。最终，驻扎在基多周围的总督辖区部队封锁了这座城市，向它发动攻击，迫使它屈服投降。到 10 月 25 日，革命者都被投入了地牢，等着上绞刑架。几个月后，他们在可怕的公开处决中全部被绞死。政府还发布公告，谁敢对革命者表示同情，将以叛国罪论处，杀无赦。[3] 这个事件给了西班牙人一大教训，令基多人噤若寒蝉，但是，这些教训将很快消失在随后掀起的革命巨浪中。

玻利瓦尔的战争

> 他纵马驰骋，一路奋战，走过的路比尤利西斯航行的里程更长。让未来的荷马们记下他的事迹！
>
> ——托马斯·卡莱尔，1843 年[4]

最终，加拉加斯爆发了声势大得多的叛乱。对殖民者来说，加拉加斯牵涉的利益更大，只因委内瑞拉（“小威尼斯”）这个殖民地更富有，也更出名。领导起义的是克里奥尔贵族出身的两兄弟，他们在加拉加斯城外自家的一座别墅里组织秘密会议，拿出大笔财富投入起义事业。这两个年轻人是西蒙·玻利瓦尔和他哥哥胡安·比森特（Juan Vicente）。西蒙·玻利瓦尔虽然年仅 27 岁，却积累了远超他实际年龄的生活阅历。他 3 岁丧父，未满 9 岁时母亲也不幸离世。成了孤儿的他叛逆难管，喜欢和奴隶厮混。他被几个严厉的舅舅养大；舅舅们对他的行为十分看不过眼，把他送到马德里去学习起码的自律和修养。然而，他在马德里的所见所闻却使他坚信，母国西班牙颟顸无能，管不好殖民地事务。在马德里，玻利瓦尔住在一位贵族朋友家里，他家有一个藏书丰富的图书馆，供玻利瓦尔尽情阅读。在这段长大成人的时期，他是马德里宫廷的常客，在宫廷里目睹了王室成员那些鲜为外人所见的荒淫无度的可耻行为。他也去过法国和英国旅行，汲取了关于启蒙运动的文学与文化的大量知识。

19 岁那年，他和一位在委内瑞拉有亲戚的可爱西班牙姑娘结了婚，但几个月后，他年轻的新娘跟他回到加拉加斯不久就不幸身亡，使他成为鳏夫。伤心欲绝的他漫无目的地在欧洲各地游荡了好几年，纵情声色，用酒精麻痹自己的伤痛，在舞厅忘却自己的哀思，也如饥似渴地大量阅读伏尔泰、孟德斯鸠和托马斯·潘恩的著作。在巴黎，他见到了遐迩闻名的探险家兼科学家亚历山大·冯·洪堡；洪堡十分鄙视西班牙对美洲的残酷殖民统治。在伦敦，他受到了弗朗西斯科·德·米兰达（Francisco de Miranda）的指教；米兰达不仅参加过美国独立战争，而且后来成了乔治·华盛顿和亚历山大·汉密尔顿的朋友，还在反对路易十六国王的流血战斗中指挥过一支法国义军。玻利瓦尔深受这些激烈反对君主制的开明人士的感染，思想日益激进。他回到加拉加斯，发誓献身于生长于斯的这块土地的解放事业。

玻利瓦尔拒绝“软”革命。他不愿意像基多的反叛者那样，夺取了权力却继续宣誓效忠摇摇欲坠的西班牙的君主——费尔南多七世。他受不了有些人挥舞着自由的旗帜，却又宣誓效忠国王。[5]玻利瓦尔和许多其他克里奥尔人不同，也和他那几十年前起过造反念头的已过世的父亲不同。他明白，革命永远不可能在上流社会的政府大厅中成功，革命需要动员人民的力量，也可能需要使用极端暴力。

玻利瓦尔花了几年的时间走遍拿破仑的法国和威灵顿公爵的英国，与来自拉丁美洲许多殖民地的革命同志会面；这些交流使他争取独立的决心更加坚如磐石。他太了解费尔南多七世了。玻利瓦尔小时候和他打过架，那时候他就是个哭咧咧的讨厌鬼，现在更是一点儿不值得尊重。玻利瓦尔对王子是鄙视，对王后则是厌恶。她荒淫无耻、臭名远扬；玻利瓦尔儿时的朋友曼努埃尔·马略（Manuel Mallo）是王后的众多情夫之一，给他讲了许多王后的秘事。不过，他最看不起的是卡洛斯四世，这个优柔寡断、德不配位的人居然奴役了一个帝国。玻利瓦尔心中的怒火一直在燃烧，无法熄灭。他对西班牙的仇恨如此之深，连“两地之间相隔的海洋”都无法与之相比。[6]

1810 年 4 月 19 日，革命军冲进加拉加斯官邸，告诉都督，委内瑞拉人民要他滚蛋。都督先是抗议，但他来到阳台上，看到下面的广场上人山人海，要他下台的怒吼声淹没了他的声音。两天后，都督和副手们就坐上驶往费城的船离开了。令玻利瓦尔气恼的是，新政府给自己起名为“加拉加斯最高洪达，效忠于费尔南多七世国王”。不过，新政府成立后立即发布的声明反映了玻利瓦尔最热切的愿望：委内瑞拉殖民地从现在起将参与自由贸易；印第安人无须缴纳贡赋，也不再因缴纳不起贡赋而被迫成为奴隶；奴隶市场将成为过去。

那年，如同一块接一块倒下的多米诺骨牌，布宜诺斯艾利斯、波哥大、基多和墨西哥殖民地相继宣示了主权，建立了洪达，把西班牙派来的执政官打发到公海之上。[7]但是，保王派发动了迅速而残酷的报复。西班牙开始时无能为力，眼睁睁地看着一个又一个殖民地脱离它的控制，但拉丁美洲各地的保王力量很快就组成大军，击退并镇压此起彼伏的叛乱。墨西哥勇猛的叛军领导人米格尔·伊达尔戈（Miguel Hidalgo）神父血肉模糊的人头被挂在瓜纳华托一座房子的屋顶上，向世界展示了西班牙对待美洲革命者的态度；但战事仍然在西半球遍地开花，持续近 14 年，其间一个个城市被夷平，人民饱受摧残，数十万人的鲜血祭祀了大地母亲。为增强西班牙在那片遥远土地上的兵力，国王的将军们动员黑人和印第安人加入他们一边，还把无意参与克里奥尔白人夺权行动的一队队大平原牛仔拉入阵营。

群起抵制新生反叛力量的海外保王势力拒不让步。他们痛恨玻利瓦尔和与他同类的人，抓到革命者格杀勿论，迫使革命者潜入地下或去国流亡。等法国人最后兵败滑铁卢，费尔南多国王得以专注于重新征服美洲的时候，母国对它的孩子们施加的惩罚如暴风雨般严酷无情，任何其他镇压措施与之相比都是小巫见大巫。经过拿破仑战争的洗礼，西班牙变得更加凶猛、更加残暴、更加善战，超过了革命者的预料。“收复失地”之战如一柄重剑砍向拉丁美洲，其残忍暴虐不亚于西班牙征服者初到美洲时的所作所为。

克里奥尔白人终于认识到，要对抗西班牙穷凶极恶的战争机器，必须寻求其他种族的帮助。在委内瑞拉和哥伦比亚，玻利瓦尔明白需要动员大众，团结所有种族。为扩编部队，他募集的兵员包括原住民、黑人、奴隶、大平原牛仔、病弱者、衰老者，甚至还有小孩子。只要是拿得动棍子的都被拉到兵营，征召入伍。玻利瓦尔从流亡地海地乘船返回南美大陆途中，决心发起一场毫不留情的新革命，不达目的誓不罢休。他深知，像他这样为了经济和政治利益参加革命的白人贵族人数太少，无法完成革命大业。他视为老师的海地黑人总统亚历山大·佩蒂翁（Alexandre Pétion）给他的每一条忠告都更坚定了他的信念。他将像佩蒂翁坚持要求他做的那样，宣布奴隶成为自由人。他将组建一支民主的部队，使用非常规的游击战术，出其不意，攻其不备。如有必要，他将诉诸极端暴力，正如海地黑人为了自由而屠杀白人。他将不惜一切代价将他的人民从西班牙的枷锁下解放出来。

1813 年，玻利瓦尔乘船在闷热潮湿的气候中沿马格达莱纳河（Río Magdalena）从卡塔赫纳到库库塔（Cúcuta），然后翻越白雪覆顶的山脉到达委内瑞拉，一路动员人们加入他的背水一战。起初，愿意加入的都是社会底层的人，如贫民窟居民、逃走的奴隶、无地可种的农民、曾经的罪犯或几乎赤身裸体的部落民。他们没有受过训练，不会遵守纪律，手中没有武器，脚上没穿鞋子，他们有的只是身上的一条破烂裤子、一块满是跳蚤的毯子、一顶开了线的帽子。慢慢地，玻利瓦尔建起了一支勇猛可畏的铁军，这支军队顽强不屈、善于奇袭。随着他连战连捷，一路杀回他的出生地加拉加斯，玻利瓦尔宣布对所有西班牙人发动“你死我活之战”，将革命变成了一场零和博弈。为了这项事业，他也牺牲了许多战士的生命。

但玻利瓦尔打开了拉丁美洲人的心扉，使他们觉得有了奔头。鼓舞着玻利瓦尔的是启蒙运动的精神，是托马斯·潘恩激动人心的《人的权利》(*Rights of Man*)，是任何人都不应被别人拥有或征服这条根本原则。玻利瓦尔的道德直觉比华盛顿或杰斐逊更高一层，因为他看到了发动解放战争却不先解放自己的奴隶是多么荒谬。玻利瓦尔的独立战争比美国独立战争在时间上长一倍，从1810年打到1824年。在艰难而残酷的革命过程中，他吃过败仗，两次被迫流亡，但他总是卷土重来，越挫越勇。他常挂在嘴边的一句话是：“取胜之道是从失败中学来的。”[8]的确，他七拼八凑的军队在训练有素、装备精良的西班牙军队手下每败一次，就变得更强一点。

后来，随机应变成了他最宝贵的武器。玻利瓦尔始终和战士们一起骑马行军，宿营时一起睡在地上；这样的人格魅力激发出了战士们难以想象的勇敢。他在一场又一场的战斗中展现出的这种魅力吸引了越来越多的人参军入伍。最终，他带出了一支劲旅。他的队伍中有黑人、印第安人、穆拉托奴隶、海商、加勒比海盗、狂野的大平原牛仔、医院里的残障者，还有年仅11岁的孩子。玻利瓦尔宣布废除奴隶制，比亚伯拉罕·林肯发表《解放黑人奴隶宣言》(Emancipation Proclamation)整整早了半个世纪，借此来招募满腔怒火的奴隶入伍。广大城乡劳动人民没有立即响应，但最终，他们受到他关于人权的慷慨陈词的感召，开始成群结队地加入解放殖民地的军队；他们刚入伍时不懂纪律，常常只带来一柄锄头或一根棍子。还有跨海而来的战士：一些参加过拿破仑战争、身穿华丽制服的英国老兵退伍后生活无着，为挣取报酬前来参与解放美洲的事业。也有人来自富有但心怀不满、从不知牺牲为何物的克里奥尔白人家庭。不过，所有人都有一个共同点，他们都受了“解放者”的演讲和愿景的激励，和他一样，都愿意通过激烈的暴力把“野蛮人”清除出去。他们是不可抵挡的力量。

战争激烈而又残酷，最终，玻利瓦尔一手策划、组织、领导了 6 个国家的解放。被解放的委内瑞拉、哥伦比亚、厄瓜多尔、秘鲁、玻利维亚和巴拿马这 6 个国家的总面积与现代欧洲相当。与此同时，何塞·德·圣马丁(José de San Martín)卓越地领导了阿根廷、智利和秘鲁首都的解放，但他未竟的事业是由玻利瓦尔率领大军翻过险峻的安第斯山脉一点点完成的。在挥师南下的途中，玻利瓦尔以暴制暴，毫不留情。此时，南锥体*也爆发了轰轰烈烈的争取解放的革命。乌拉圭的革命由英勇无畏的何塞·阿蒂加斯(José Artigas)领导；巴拉圭的革命者不仅要和西班牙人作战，还要抵抗企图吞并他们国家的阿根廷。流血残杀令人触目惊心。

殖民地人民很快认识到，他们发动的革命将付出巨大的代

---

* 南锥体(Southern Cone)指南美洲位于南回归线以南的地区。——译者注

价。到 1812 年，拉丁美洲人民已目睹了太多的流血，也明白了胜利者和受害者各自付出的可怕代价。然而，形势仍在恶化。1813 年，一支支西班牙军队在玻利瓦尔的“你死我活之战”中全军覆没，被俘虏、被消灭。一年后，一支 7 000 人的大平原牛仔军队的首领、残暴至极的何塞·托马斯·博韦斯（José Tomás Boves）宣布支持西班牙，屠杀了 8 万义军。[9] 玻利瓦尔和博韦斯不同，他不是天性嗜好暴力的人，杀戮令他厌恶。但是，他和他的保王派敌人一样，深知恐惧的用处。在革命开始时，和他志同道合的贵族以为这将是一场速战速决、不费力气、文明理性的革命，结果，革命却发展成为极端野蛮残酷的战争。玻利瓦尔公开承认，他第一次打了胜仗后抓到的所有西班牙人“几乎无一例外，全部被枪决”。[10] 这种毫不留情的政策其来有自。一年前，费尔南多国王的总司令发布了一份王家敕令，要求将叛乱者通通消灭，一个不留。这就像 30 年前遭到西班牙无情惩罚的图帕克·阿马鲁孤注一掷的起义一样，你死我活的斗争没有妥协的余地。流血冲突最终导致拉丁美洲 1/3 的平民死亡。[11] 整座整座的城市被从地图上抹去，乡村一片荒芜、万户萧疏。一位西班牙官员寥寥数语说明了当时的情况：“省份已经不复存在。曾经住着几千人的城镇现在只剩下几百甚至几十人。有些地方只残留了人类居住过的痕迹。道路上，田野里，到处都是未及掩埋的尸体；整座村庄被付之一炬；整个家族被赶尽杀绝，空余回忆。”[12]

这样的破坏遍及拉丁美洲各地。它如同一股耀眼的烈焰迅速扩散，唤醒了被欺压了 300 年的人民。敌意、怀疑、憎恨的气氛弥漫各处。西班牙通过几代人的战争学到的残酷手段现在全部发泄到美洲头上，殖民地人民长期埋在心底的怒火也骤然高涨，与之针锋相对。1824 年西班牙远征军灰溜溜地回国时，人数只剩了 10 年前大举来袭的宏大舰队的一个零头。

无休止的杀戮

> 他们不是我们的月亮神和太阳神的孩子，而是魔鬼的后代，因为他们到处烧杀抢掠，不放过眼前的任何东西。
>
> ——印卡·加西拉索·德拉维加，1605 年[13]

高涨的怒火从未真正消退。委内瑞拉 1819 年就摆脱西班牙赢得了独立，但暴力未有稍减，冲突不断，一直持续到 20 世纪，整整打了 70 年，令 100 万人命丧黄泉。[14] 墨西哥为从西班牙的殖民统治下独立，从 1810 年到 1821 年牺牲了 50 多万人，[15] 独立后又和玛雅人打了 30 年的残酷内战，致使 30 多万人丧生。二者相加，战乱导致墨西哥 1/4 的人口死于非命。[16] 从 1847 年到 1861 年区区 13 年间，又有近 50 万墨西哥人在战争中死亡，使墨西哥的死亡总数在 50 年内达到 150 万。20 世纪早期，暴力继续肆虐，最终发展为第二次墨西哥革命。这次革命的领导人是心怀不满的农民。他们清楚地看到，第一次革命后掌权的人与以前没什么不同，是清一色的白人，受外国利益支配，对广大有色人种残忍地漠不关心。这些人本来信誓旦旦地保证给人民自由，但独立后的一个世纪当中，人民得到的只有动乱和冲突。

1910 年到 1920 年，激烈的流血冲突使墨西哥人口锐减。[17] 证据历历在目：尸体吊在树上摇来荡去，老百姓在街上遭到扫射，沙漠里发现了群葬坑。难以想象的残酷暴力不断升级，谋杀、处决、斩首、酷刑、断肢和劫持司空见惯。无人能免于暴力，就连无关政治的人，以及与白种人和棕色人种之间的敌对毫不相干的移民也逃脱不了。例如，墨西哥地主赶走或杀死修铁路的中国工人，抢走他们利润丰厚的罂粟田，由此开启了这个国家与非法毒品贸易长达一个世纪的紧密关系。[18]

尽管进行了起义，也发生了流血，但暴力并未提高广大有色人种的地位。进入 20 世纪，墨西哥半数的农民阶级仍然在富人的种植园劳动，或者为外国老板做工，他们中间 80% 是原住民。[19] 墨西哥城以外的人口几乎全都没有土地，生活赤贫。这些人躁动不安，至今依然如此。今天，离潘乔·比利亚（Pancho Villa）和埃米利亚诺·萨帕塔（Emiliano Zapata）冲进首都占领总统府已经过去了 100 年，离伊达尔戈在多洛雷斯广场发出激动人心的“多洛雷斯呐喊”（el Grito de Dolores），点燃血腥的独立战争更是过去了 200 年，但墨西哥仍然是世界上十大最危险的地方之一。[20] 与它一同“享此殊荣”的有洪都拉斯、危地马拉、哥伦比亚、委内瑞拉和巴西。

革命后，几乎每个新解放的共和国都发生了流血残杀。不过，可能哪里的暴力都无法与 19 世纪发生在巴拉圭的惨烈杀戮相提并论。革命使巴拉圭从一个领土广阔的大省陡然变为一个内陆蕞尔小国，在这个新生的国家里，原本默默无闻的何塞·加斯帕尔·罗德里格斯·德·弗朗西亚（José Gaspar Rodríguez de

Francia）掌握了绝对权力。弗朗西亚其人神秘莫测，父亲是巴西人，以种植烟草为生，母亲是巴拉圭当地人；他母亲的兄弟姐妹中有三人被证明患有精神病。[21] 他从小到大一直对有钱的上层阶级特别反感。1811 年巴拉圭独立后不久，他就攫取了总统职位，自称“最高领袖”（El Supremo），即巴拉圭最高兼终身独裁者，并立即着手剥夺殖民精英阶层的权力。此人往轻了说是个无可救药的怪人。他又高又瘦、阴郁寡言，他所到之处老百姓都必须转过身去或趴在地上，以防有人对他不利。因为他疑神疑鬼到偏执的地步，所以他出行时，亚松森全城的窗户都噼里啪啦紧紧关上。[22] 民众吓得发抖，生怕被抓起来受到清洗。弗朗西亚年轻时爱上了一个西班牙女孩，但那女孩的父母棒打鸳鸯，还骂他是黑白混血的杂种；[23] 他对此事刻骨难忘，当上独裁者后，他下令禁止巴拉圭的西班牙人和白人通婚。[24]

弗朗西亚是最极端的强人暴君。他甫一掌权，就关闭了边境，没收了所有外国人的财产，将教会的资产收归国有，切断了教会与布宜诺斯艾利斯和罗马的一切联系，并开始把外国人、受过教育的官员、公共知识分子甚至教师赶出国门。他的目标是建立一个完全自给自足的国家，无须外部世界的资金或思想。与他同时期的历史学家托马斯·卡莱尔（Thomas Carlyle）在 19 世纪 30 年代这样写道：

> 这里，就在我们眼皮底下出现了一个新暴君！人们刚刚开始对宪政自由稍有了解，我们本来欣喜地期待，通过正常的投票、合规的登记处和议会中雄辩滔滔的演讲，那些国家

> 将会建立起真正的国民对话机制。可就在此时，出现了这个脸色黄褐、身材瘦削、残酷无情的弗朗西亚博士，把这一切全部禁止，用最专横的方式告诉宪政自由：到此为止，不准再向前一步！……一艘艘船高高地搁浅在岸上，没有用沥青封住的船板在巴拉那河（Paraná）的泥岸上赫然开裂；没有弗朗西亚的准许，谁也不能买卖贸易。如果一个人来到巴拉圭，而博士不喜欢他的证件、他的谈吐、他的行为，甚至是他的长相，这个人就可能倒霉！任何人都不能以任何借口离开巴拉圭，不管你是科学家、天文学家、地质学家、星相师或是北方的巫师。弗朗西亚博士有绞刑架、狱卒、财政官、行政官；他处死了许多人，有些处决非常草率。个人意见的自由在巴拉圭不复存在，除非藏在心里不说出来。巴拉圭被隔绝，一个新的狄奥尼修斯*将它与世界阻断了20多年。[25]

巴拉圭成了与世隔绝的孤岛，不受任何外部影响，是一座孤立的堡垒；一位历史学家说它是“拉丁美洲唯一不受外国资本操纵的国家”。[26]讽刺的是，尽管弗朗西亚是暴君，但在他的统治结束时，巴拉圭成了南美最强劲的经济体之一。在其他国家肆虐横行的贫困和疾病，在巴拉圭防卫严密的国界内不见踪影，文盲现象也被消除。弗朗西亚的顽固和神经质把巴拉圭建成了抵御外国侵犯的堡垒，也是该地区最先进的国家。位于大陆中心的巴拉圭四面受敌，但它证明，没有邻居，没有欧洲或北美的投资，没

---

* 狄奥尼修斯，古希腊城邦叙拉古的暴君。——译者注

有自由贸易，它照样可以存活。外国银行家和商业大亨在南美赚得盆盈钵满，在与巴拉圭仅有一界之隔的阿根廷和巴西开展的商业活动红红火火；对于巴拉圭的不容侵犯，他们非常不满。巴拉圭周围的巴西、阿根廷和玻利维亚开始生出对巴拉圭的强烈敌意，为这几个新生国家提供资金的英国银行家也对巴拉圭心怀仇恨。

弗朗西亚于1840年去世并下葬。后来，他的遗骸被挖出，遭到毁损，又被偷偷藏匿起来，最终在一个简陋的挂面盒子里被发现，他的头颅被送往历史博物馆当作展品。[27] 他死后，国家陷入混乱动荡，接连三个领导人都被不容分说地迅速推翻。1841年，弗朗西亚的外甥卡洛斯·安东尼奥·洛佩斯（Carlos Antonio López）冲进总统府，夺取了独裁者的位子。这位又矮又胖的总统十分腐败，他建立了一支6.4万人的军队，规模比所有其他南美国家的军队都大得多。他大肆中饱私囊，等他最终把总统的位子传给儿子弗朗西斯科·索拉诺·洛佩斯（Francisco Solano López）时，洛佩斯家族已经步入了巴拉圭最有钱有势的大地主行列。后来，年轻任性的索拉诺·洛佩斯把恐惧偏执的矛头转向了自己的亲人。在一次令人毛骨悚然的行动中，他下令处决了几位兄弟，因为害怕他们密谋反对他的统治。为打消心中的怀疑，他还下令对自己的母亲用刑，将自己的妹妹枪杀。

其实，针对索拉诺·洛佩斯的真正阴谋正在巴拉圭国界以外酝酿。阿根廷和巴西早就盯上了巴拉圭，一心想分割它的领土，打通到达巴拉圭河的通道，好获得那里肥沃的土地和北边亚马孙丛林的丰富物产。为此，巴西开始侵占巴拉圭东北部的农地。阿根廷在英国商业团体的唆使下，明目张胆地入侵了巴拉圭南边的乌拉圭，在那里建立了傀儡政府。一直给巴拉圭捣乱的玻利维亚似乎也在蠢蠢欲动。

巴拉圭突然四面受敌，顽固傲慢的索拉诺·洛佩斯决心拒敌于国门之外。他命令他的强大军队驱逐东北部的入侵者，巴西借机冲过国界，和巴拉圭人展开大战。为了报复，索拉诺·洛佩斯下令攻击巴西马托格罗索（Mato Grosso）的村庄，而这正合他军队的心意，他们开始大肆抢劫民居，焚烧农地，强奸妇女。几个邻国立即激烈反击，好像它们正等着这个机会。巴西、阿根廷和乌拉圭的傀儡政府联起手来，组成臭名昭著的三国联盟，对巴拉圭发动了猛烈侵略。那是一场种族灭绝战争，就连侵略者自己对此也不讳言。战争的目的是完全消灭巴拉圭，侵略军对巴拉圭人民展开了野蛮屠杀。即使强大的巴拉圭军队已被打得七零八落，即使连10岁的孩子都粘上假胡须被送上战场，屠杀也未有稍歇。这些新生的美洲共和国如同罗马神话中的农神，在吞噬自己的儿子。血洗巴拉圭后坐地分赃时，最大的赢家是出钱资助侵略行动的英国金融企业——伦敦银行、巴林兄弟公司、罗斯柴尔德公司。与此同时，巴拉圭这个90万人口的国家被杀得只剩了22.1万人。[28]许多城市全城找不到一个男人，男性人口剧减至2.8万。战败虚弱的巴拉圭只剩下原来的影子，成了妇女和女孩的国度。战胜者阔步离去，留下一片瓦砾和遍地尸体。他们可以像近4个世纪前的瓦伊纳·卡帕克那样宣布：“现在你们都是孩子了。”

拉丁美洲其他新生国家的经历也许没有巴拉圭那么极端，但也大同小异。后来的几个世纪里，形形色色的独裁者层出不穷，但都遵循着同样的发展轨迹。[29]“独裁”成为公众心目中必要的矫枉之举，与拉丁美洲的共和国概念神秘地合为一体。[30]独裁者起初一般都鼓吹解放的理念、人民的声音、革命的需要和彻底摆脱殖民主义蹂躏的决心，但他们最终都走向同样的结果：铁腕统治、严苛管理、动辄镇压。阿根廷作家埃内斯托·萨瓦托（Ernesto Sabato）曾经说过："最顽固的保守主义产生于取得胜利的革命。"[31]这恰恰是拉丁美洲独立战争产生的结果，在巴拉圭尤为典型。革命之后不是镇压、独裁和铁腕控制，就是天下大乱。

秘鲁这个曾经的帝国大本营被西蒙·玻利瓦尔解放后一直动荡不安，20 年里换了 20 个总统。[32]玻利瓦尔自己也认为，他从殖民统治下解放出来的拉丁美洲国家并未像他景仰的启蒙运动英雄设想的那样，做好了实行民主的准备。在骑马穿过地狱般惨烈的战场时，在行经临时军事法庭的行刑地时，玻利瓦尔不止一次被迫把理想放在一边，做出有待商榷的决定。他认为，在这个过去 300 年间在西班牙手中遭到分裂、心态犹如幼儿的大陆上，需要采用强硬手段。他很早就放弃了民主原则。在大哥伦比亚（Gran Colombia），他为了避免出现委内瑞拉共和国成立之初那种四分五裂的情况，总揽了所有权力。最后，玻利瓦尔在秘鲁实行的严格独裁统治为该地区后来的独裁盛行打下了基础。

玻利瓦尔的担心成了现实。他解放的每一个共和国都很快陷入了混乱。暴力导致更大的暴力，腐败换来更深的腐败。在玻利维亚，革命成功不久，一个以生活淫乱、酗酒无度、贪污受贿闻名的总统逃去了国外，但他的妻舅找到了他，在利马城中心将他杀死。[33]在厄瓜多尔，一个受人痛恨，又是宗教激进主义者的暴君第三次连任总统，却在光天化日之下被砍死在大教堂的台阶上。[34]

在基多，一个恋栈不去、多次连任的独裁者被投入监狱，然后被谋杀，尸体如同一袋垃圾被拖过坑坑洼洼的石子路。[35] 拉丁美洲的文学作品充斥着鲜血在街道上流淌的描写，不是没有原因的。那是这个地区的遗产。过去是，现在仍然是。

狂热之岛

古巴，1870 年—1970 年

> 有什么样的人民，就有什么样的政府。
>
> ——约瑟夫·德·迈斯特，1811 年[36]

古巴人最终也感到了推翻统治者的躁动。1868 年，他们的不满发展为怒火，导致了 30 年的解放战争，其间起义军和西班牙人共死了 50 万人。[37] 古巴赢得独立，赶走了西班牙后，很快沦入另一个主人的控制之下，这个新主人就是贪欲，是对财富似乎永无餍足的欲求。革命后的困苦加上美国人的野心，埋下了长达半个世纪的剥削和腐败的种子。正如墨西哥深色皮肤的种族仍然任由西班牙人后裔主宰一样，古巴棕色皮肤的种族也继续受白种人的辖制，成为蓬勃发展的资本主义经济的牺牲品。以前白银曾奴役了整个半球，现在对糖的渴求把古巴人置于富尔亨西奥·巴蒂斯塔和他的美国主子的枷锁之下。整个拉丁美洲都存在着一个无法逃避的现实，那就是，西班牙的制度从未真正被打碎，不过是把主人换成了本国的暴君和贪婪的外国人。被压迫的人民大失所望：独立战争不过是暴力的花招，是个骗局。

1958 年，菲德尔 · 卡斯特罗及其革命战友在民众对当局不满的浪潮中从墨西哥的丛林冲到哈瓦那的街头，誓将古巴的资本主义主子赶走。剑又一次落到了古巴人民头上。50 万人逃离古巴，去迈阿密寻求庇护。[38] 在 500 年前哥伦布尚未到来的时代，古巴原住民部落之间的战争曾造成累累伤亡；而此后到来的各种“主义”也不遑多让，无论打着殖民主义、资本主义还是共产主义的旗号，人们都不惜流血。从赤裸裸的屠杀到无法无天的复仇，再到种族和政治压迫，暴力总是最方便的工具。

1970 年，动乱的可能性大大增加；当时，卡斯特罗定下了“一千万吨糖”（Zafra de los Diez Millones）的目标，发誓在蔗糖产量上打破纪录，将前一年的产量翻一番，达到惊人的 1 000 万吨。卡斯特罗一门心思追求这个目标，为的是证明新古巴的经济灵活敏捷、充满活力。为此，全国人口都被派到田里去砍甘蔗。那时，卡斯特罗已经身兼革命政府总理、共产党第一书记、三军总司令和农业改革负责人，他治理古巴的方式就像殖民时代的哈瓦那侯爵说过的那种很容易的治理方式：一把小提琴、一副纸牌和一只斗鸡。[39] 他的“一千万吨糖”目标不是随便说说，而是成了一项指令。有工作、有收入的所有古巴人，包括医生、教授、码头工人、士兵和农民，都接到紧急命令，要他们放下专业工作去砍甘蔗。用卡斯特罗自己的话说，他的“一千万吨糖”运动“远远不只是蔗糖，远远不只是经济上的胜利，它是一次考验、一项道德承诺。正因为它是考验和道德承诺，所以一克也不能少”。[40]

每一个有劳动能力的男女都要为实现这个目标做贡献。大片土地被清理出来准备种甘蔗，树木被砍伐，庄稼地抛荒，野生动物失去了栖息地。船只泊在码头等待装货，一等就是几个月；学校关门；医院和监狱空空荡荡。一位记者这样描述道：

> 男男女女被从古巴的四面八方召集起来参加蔗糖生产的战斗，好像国家在打仗一样。在原来由美国人建立、现在以革命英雄命名的巨大工厂那高耸入云的烟囱下，劳动者连轴转地投喂脱粒机，巨型涡轮机也不分日夜转个不停。在黎明前的夜色中，能够看到巨大卡车的幢幢黑影，它们在泥浆里缓慢前行，运送着学生、机关干部、监狱犯人、士兵。数十万人在路上沉默地走着，肩扛砍刀，沿着散发出刺鼻甜味的小道前进。他们的脸上很快就会挂上收获的证据——他们的砍刀每一次砍下去，坚硬的甘蔗杆都会像愤怒的剑一样反弹回来。[41]

古巴的脸上很快出现了更多伤疤。对外贸易实际上陷于瘫痪，这对一个岛国来说是巨大的难关。处理原材料的工厂关停，宝贵的商品被迫遭到丢弃。古巴的20万大军是当时拉美国家中最强大的一股军事力量，如今却奉命去甘蔗田里干活，使得这个高度军事化、管理严密的国家的国防只能听天由命。数百公顷的香蕉无人采摘，任其在树上腐烂枯萎。牲畜因为没有饲料而饿死。[42]古巴发生了粮食匮乏，交通逐渐陷入瘫痪，教育也止步不前。卡斯特罗的执念是历史的重演：大炼蔗糖令人联想起西班牙征服者在鲁莽、顽固、最终招致灾难的本能驱使下，把全部人口都赶往矿区，以满足对金银的渴求。彼时的人民在重压之下喘不过气来，如今的人民也是一样。饥荒席卷了古巴，疾病、腐败和暴力紧随而来。经过如此重大的牺牲和破坏之后，卡斯特罗“一千万吨糖”的目标最终仍然遥不可及。1 000万吨的产量从未达到，国家却元气大伤。

卡斯特罗没有气馁。他请求苏联增加援助，并开始寻找其他方法提高古巴在全世界的地位。在一些第三世界国家，共产主义者的起义此起彼伏，自从20世纪60年代起，危地马拉、委内瑞拉、哥伦比亚、秘鲁、玻利维亚和乌拉圭都出现了游击队活跃的身影，很多受到了古巴的启发和支持；70年代，尼加拉瓜、萨尔瓦多、巴西和阿根廷也出现了游击队活动。然而，卡斯特罗却把注意力投向了非洲。对古巴这个雄心勃勃，但除了大量人力别无资源的国家来说，一个遥远大陆上的战争是大好的公关机会。此时，卡洛斯·布埃尔戈斯刚刚成年，没有工作，眼看就要变成放任自流的浪荡子，突然就被征召入伍，到安哥拉去为共产主义事业而战。那是1975年，卡洛斯刚满20岁。他虽然一事无成，但年富力强：健康、壮硕、无畏，鲁莽得恰到好处，正适合打游击战。他乘船前往安哥拉，恰似几百年前他那些寻求刺激的祖辈乘船离开西班牙时那样雄心勃勃、充满希望、放肆大胆，对自己将要踏入的世界一无所知。

扭曲

安哥拉，1975年—1976年

> 头儿说烧光一切。他说的一切就是一切，女人、孩子、一切。
>
> ——本·本将军，安哥拉[43]

古巴在历史上和安哥拉没有多少交集，但在政治上与它深有共鸣。10 年前，位于非洲的安哥拉对它的殖民宗主国发动了全面的独立战争，古巴对这样的斗争感同身受。安哥拉争取自由的斗争爆发之前，葡萄牙实际垄断了西非奴隶贸易达三个世纪之久；它在西非沿海地区肆行劫掠，抓捕了 100 多万人，将其披枷带锁运往新大陆牟取暴利。1836 年，贩卖人口终于被禁止，里斯本这才不得不改变策略。它仍然要求殖民地代理人抓捕奴隶，不过不将他们驱赶上船，而让他们在安哥拉的种植园里做苦工。不出一个世纪，葡萄牙除了从安哥拉兴旺的农业经济中获利丰厚，还得到了从天而降的一个大馅饼——活跃的钻石贸易。然而，这个殖民地的命运如同 150 年前的西班牙殖民地一样，在母国政府突然垮台后，一夜间天翻地覆。1974 年，一场始料未及的政变推翻了葡萄牙超过 40 年的法西斯独裁统治，使葡萄牙陷入政治动乱，也标志着葡萄牙对非洲殖民统治的终结。安哥拉人此前一直在零零星星地同殖民者作战，而今突然陷入了自己人之间的流血混战。为夺取对这个新独立国家的控制权，三个派别展开激烈争斗。左派的安哥拉人民解放运动（MPLA，简称安人运）得到了苏联和古巴的全力支持，给安哥拉民族解放阵线（FNLA，简称安解阵）和争取安哥拉彻底独立全国联盟（UNITA，简称安盟）这两派撑腰的则是奉行种族隔离政策的南非，以色列，以及坚决贯彻反共现实政治的美国。

这是一场对当时非洲最发达、经济最兴旺的新生共和国灵魂的激烈争夺。正如西班牙内战是第二次世界大战的前奏，安哥拉内战成了两个敌对超级大国的竞技场，成为分别被苏联武装到牙齿和由美国提供装备的非洲人之间血腥残酷的冲突。古巴决定同左派军队并肩作战，不惜派出大军帮助其实现革命的胜利。那是一场一往无前、变态嗜血、似乎永无尽头的杀戮。古巴先后向安哥拉派出了总共 50 万人，坚持了 17 年，承受了数千人的伤亡。[44]

对卡洛斯来说，入伍的征召来得十分突然、莫名其妙。古巴军队开始搜罗失业人员、地痞流氓和卡洛斯那样的混混，总之是一切可以送上远方那个混乱战场的身体健壮的年轻人。那时，卡洛斯没有工作，正和一个已婚妇女相恋，在冷清的马坦萨斯自由公园里和别的小流氓一起打发日子。一个风和日丽的星期五早晨，他突然接到通知，要他去军事指挥部报到。来人用拳头擂响他的门，大声吆喝着让他那天下午去报到，否则古巴革命军就会来找他。那是 1975 年 12 月。几个月前他刚过了 20 岁生日。

那天挤在贝当古将军大道上潮湿发霉的军队司令部里的年轻人中，绝大多数比卡洛斯还小。管他们的是一个声音嘶哑的粗鲁麻脸军官，他扬起一条眉毛，中气十足地说："你们是马坦萨斯来的？"然后，他冷哼一声，发出一阵刺耳的大笑，使众人一惊："你们是马坦萨斯来的。你们去的也是马坦萨斯。你们要去的地方会有很多马坦萨斯。听我的没错，用手头锃光瓦亮的黑色 AK-47 大枪，你们会干个够。"他指的是屠杀。马坦萨斯（西班牙语的意思是"屠杀"）城得名于近 500 年前在蔚蓝的大海边对西班牙人的大屠杀，那时古巴的原住民对入侵者毫不留情。听了这个糙汉玩的文字游戏，卡洛斯不自在地笑了。他没想到那个军官一点没有开玩笑，也没想到他入伍后将要一而再，再而三，乃至上百次地重温他的童年阴影——甘蔗收割者溅出的一片血花，高举过头的砍刀——只不过是在 11 000 千米之外，在更悲惨可怕的环境里。

1975 年最后几周，苏联把大批古巴士兵和数万支卡拉什尼科夫 AK-47 冲锋枪空运到安哥拉的丛林。苏联人提供装备，古巴人提供兵员。卡洛斯周围全是和他一样的新兵，他们都是未经训练的农村孩子和城市痞子，被派去参加一场他们不理解的战争。几千人集合在圣安东尼奥-德洛斯巴尼奥斯（San Antonio de los Baños）附近的军营接受新兵训练，学习使用苏制武器、操作苏制电台。一个月后，卡洛斯和战友们接到通知，要去执行一项秘密任务。他们得到了假护照，里面写的职业也是假的，然后，他们分别坐上几辆大巴出发了。到达后，卡洛斯惊喜地发现他们是去见菲德尔·卡斯特罗和劳尔·卡斯特罗。在那次思想动员中，他们被告知自己的使命是保卫黑人共产主义兄弟，抗击南非白人帝国主义者。上面号召他们同有钱有势的财阀作战，狠狠打击掠夺非洲、给腐败的约翰内斯堡政府撑腰的无耻的美国吸血鬼。他们应该把这场战争当作先辈为之流血牺牲的伟大共产主义革命那样的斗争。总司令说，他们对安哥拉解放事业的贡献体现了“无产阶级国际主义”。除此之外，新兵们对自己将要面对什么一无所知。无论如何，古巴在几周内又征召了 3 万新兵，10 年后，人数超过了 7 万。[45] 整个安哥拉战争期间，近 35 万古巴人应征入伍。[46] 一个第三世界小国开展如此大规模的军事行动实属罕见，也许在历史上都是独一无二的。

卡洛斯很快知道了他们投入的战争是多么残酷，就连 11 岁的孩子也应征参加丛林中的小型冲突。身经百战的战士腰带上挂着人肉战利品，有耳朵、鼻子，还有手指；卡洛斯就是和这些人并肩作战。他经常要在夜间手握上了刺刀的 AK-47 步枪，匍匐爬过茂密的灌木丛去袭击村庄。[47] 有时根本辨不出谁是敌人。和共产党军队作战的南非白人军队派安哥拉黑人发动突袭，激战正酣时，很难判断那些嘴里叼着刀子爬过草地的男人或男孩到底是敌是友。

一个无月之夜，卡洛斯奉命和一群年轻的安哥拉人联手突破一个使用美国资金和美式装备的安解阵游击队的顽固据点。据点就在卡洛斯所属部队驻罗安达的行动基地南边，只隔了一片雷区。他们正向敌人营地靠近时，被一名头顶瓦罐在高草中穿行的妇女发现了。他们马上卧倒，而那名妇女开始向敌方营地飞跑，眼看他们的伏击计划就要暴露。这时，一个安哥拉人抽出一支尖端涂了毒液的飞镖，一下子射进那个妇女的脊椎，像猎杀动物一样把她击倒。卡洛斯心胆俱颤，紧紧地把 AK-47 握在胸前，跌跌撞撞地往前走，一边走一边挥手驱赶吮吸他汗水的小虫子，尽量不去想刚才看到的一幕。突然，随着一声似乎是从地下发出的令人毛骨悚然的叫喊，一堵人墙毫无预警地跳出灌木丛，挥舞砍刀吼叫着向他们冲来。橘红色的火球在卡洛斯身边炸开，冒出的黑烟熏得他睁不开眼，把夜色染得更黑。卡洛斯能听到战友们沉重地摔倒在地的声音和痛苦的叫喊，也许是被刺刀捅了，也许是被砍刀砍了，他不能肯定。枪声似乎是从他这边发出的。他踉踉跄跄地在烟雾弥漫的夜色里跑着，刹那间瞥见一个人躺在草丛里，脑袋被劈开了，头上冒出粉红色的液体。卡洛斯惊恐万分，揉着眼睛继续往前跑。混乱中什么都看不清楚，战斗似乎很不真实；枪声震耳欲聋，却又奇怪地好像是从远处传来的。他边开枪边跑，到了一丛树旁边后继续跑向林子深处。战斗的声音逐渐远去，变成了瘆人的寂静。

他爬到树上，希望能看到自己小队的一丝踪影，但什么也没有。放眼望去只见头上明灭的群星，侧耳倾听只闻蟋蟀的欢叫、甲虫的窸窣和青蛙的聒噪。他在树上待了一整夜，时刻警惕着周围黑暗世界中的一切。天亮后，他借着升起的太阳确定了所在方位，爬下树来，向他的营地所在的西南方走去。没走多久，面前突然出现了一条黄眼睛的脏狗。随着他的走近，狗紧张起来，龇着獠牙发出低低的咆哮声。卡洛斯不敢开枪，也怕狗狂吠起来，那样他的位置就暴露了。他蹲下身子，慢慢地向狗凑过去，同时悄悄握紧刺刀，直对着那满身疥癣的狗。狗咧嘴低吼，喷出灰白色的口涎，不断变换着位置，但是卡洛斯最终接近了它，一刀捅进了它的身子。钢刀像刺穿软泥一样滑进了狗的胸腔，刀尖从另一边露了出来。那条狗一声没出就瘫倒在地死去了。

卡洛斯跌跌撞撞地走了几个小时，筋疲力尽，终于看到一个戴着熟悉的绿色贝雷帽的古巴战友在营地边上站岗。他归队后，听说除自己之外，小队的其他成员都葬身在敌人的砍刀下。

有时，很长时间没有事做，卡洛斯只能和安哥拉孩子在泥地上打球，球场边手提录音机放的古巴伦巴舞曲响声震天。有时，他们要在荒野里跋涉好几天侦察地形，其间还要小心躲避巨型蜘蛛和眼镜蛇。有时，敌人会发动突袭，己方则以更大的暴力予以还击。暴力循环愈演愈烈。最后卡洛斯终于明白，他最好的武器就是自己原始的动物本能。不杀人就会被杀。这种本能会使人犯错，他就犯过错：有时自己人可能会杀死自己人。但是，他靠着这种本能活过了一个又一个日子。

卡洛斯在古巴时小偷小摸，说谎骗人，到了安哥拉后变成了冷酷的杀手。在安哥拉，一个士兵有一次问道：“他们对我们做的都是些什么？……在这个内陆地区，被一道道铁丝网关在这个不属于我们的国家，随时可能死于疟疾和子弹，跟看不见的敌人作战，在葬礼面纱一样密不透光的黑夜里摸索。”[48] 安哥拉战争培养出了又一代熟悉暴力的古巴人。卡洛斯发誓，他若能活着离开安哥拉，一定改过自新，像他父亲那样勤劳、负责。他要永远告别杀戮。也许他会安顿下来，找个工作，成立家庭。在卡斯特罗治下的古巴，他从来没有过一份正经工作，也没有过一技之长。现在他有了。

随着时间的推移，卡洛斯所属的营越来越深入安哥拉内地，去迎战逼近罗安达的南非军队。在战争的这个阶段，古巴军队开始使用火焰喷射器焚烧村庄，用低飞的飞机对牧场投掷凝固汽油弹。[49] 1976 年的一个清晨，在万博（Huambo）南边的一片野地里，卡洛斯听到冲锋令后正在向前冲，只听得一声脆响，世界霎时陷入了黑暗。一颗子弹正好射入他的头颅，擦过大脑边缘，从颅骨后部穿出。他不知道从他在开阔的草地上奔跑到他在非洲密林深处的野战医院醒来，中间过了多长时间。终于恢复知觉时，他感到头上紧紧包着厚厚的纱布，身下是气味难闻的简易床。他全身筋骨酸痛，眼前一片模糊。过了好一会儿，他才看清站在床前的医护人员穿的蓝色制服。他们笑着给他讲，他们费了好大的劲才把弹头从他的脑袋里取出来。“是美国造的。”他们告诉他。子弹在卡洛斯的颅骨上穿了个洞，在他的前额留下了一块深深的狰狞伤疤。

他们告诉卡洛斯，他伤得很重，必须把他送到罗安达的阿梅里科·博阿维达医院去办退役手续。退役者都是截肢的、炸伤的、刺伤的、烧伤的；简言之，都是重伤员和精神不稳定的人。几周后，卡洛斯·布埃尔戈斯回到了哈瓦那，又成了一介平民。那时他刚满 21 周岁。

20 世纪中期拉丁美洲的革命往往未达初衷。不只是古巴，其他国家的年轻人也陷入险境之中。20 世纪 70 年代，众多证据表明，蹂躏了这个地区 500 年的野蛮行径以各种形式依然故我，销蚀了民众的信心，使他们不再相信国家能够实现革命承诺的正义与平等。就在卡洛斯在哈瓦那往他父亲家走的时候，冲突正疾风骤雨般横扫美洲。其他国家受到古巴的启发，也为共产主义所吸引，它们国内的穷人以为终于能够靠马克思主义获得神圣的正义。但美国却另有想法，无论美国国内的政治分歧多么严重，不管民主党总统和共和党总统如何轮流坐庄，大多数美国公民至少都同意一点，即共产主义是敌人，在哪里生根，就要在哪里铲除。如果这样做需要牺牲美国人的生命，也在所不惜。

肯尼迪总统和尼克松总统的政府都决意维持美国在西半球的权威，践行近两个世纪前确立的主义。[50] 它们发誓支持任何打击初生的共产主义（或社会主义）运动、确保华盛顿在拉丁美洲最高地位的势力。这导致了十分恶劣的后果：在北美的利益得到保护的同时，暴力席卷了几乎所有拉丁美洲国家。危地马拉就是一例，反共行动使它很快堕入了严重的国家恐怖主义。曾在军中任上校的卡洛斯·阿拉纳·奥索里奥（Carlos Arana Osorio）总统是个睚眦必报、腐败透顶的人，他在美国的强力军事支持下对国家实行戒严，还派遣杀人小队四处活动。最终，全国共有近5万名总统眼中的政治坏分子被捕、受刑、失踪或遭到处决。[51]

当时，尼加拉瓜是美国的主要牛肉供应国，它的内部也爆发了全面叛乱。卡洛斯在哈瓦那努力重新融入平民生活之时，尼加拉瓜宣布戒严。尼加拉瓜军队在华盛顿方面的帮助下，开始封锁全国；大军所经之处，一座座村庄被夷为平地。似乎对美国来说，这些动荡国家的任何地方只要出现一丝苏联或古巴的影响，就必须坚决剿灭，实行军事管制。

智利刚刚选出公开支持社会主义的总统萨尔瓦多·阿连德。右翼军队将领愤愤不平，跃跃欲试地想夺回权力。总统上任后第一件事就是欢迎他的好朋友菲德尔·卡斯特罗前来进行盛大的国事访问。访问期间，卡斯特罗把他自己的卡拉什尼科夫冲锋枪赠给阿连德，上面新刻了阿连德的名字。枪托底部闪亮的金属牌上刻着："给萨尔瓦多·阿连德，你的战友，菲德尔·卡斯特罗。"[52]卡斯特罗把古巴革命最著名的武器赠给智利总统，没有什么能比这更令智利右翼将领愤怒的了。不久后，在中央情报局、尼克松总统和基辛格国务卿的完全同意下，那些将领开始策划发动暴力政变夺取政权。[53]中情局副局长在一份秘密备忘录中写道："推翻阿连德的政策是坚定的、始终不变的……这些行动必须在绝密的情况下进行，绝不能让外界知道美国政府和美国机构的作用。"[54]尼克松已经发动了对智利的经济战，企图通过扼制对智利至关重要的物资供应来迫使它屈服。他对中情局下达指示说："让它的经济惨叫！”[55]

很快，1973 年 9 月，智利空军对首都发动了联合空袭，低空扫射总统府，阿连德总统不得已结束了自己的生命，他用来自杀的武器正是卡斯特罗送的卡拉什尼科夫冲锋枪。政变如外科手术般精准，高效得令人毛骨悚然，把阿连德最信任的将军奥古斯托·皮诺切特推上了台。在这个高度民主的国家，军方从未行使过这样的权威。当一份右翼报纸建议军方发动政变，赶走社会主义者的时候，皮诺切特摆出勃然大怒的架势，威胁要把报纸的编辑告上法庭，他说："我们不做这种事情。"[56]可是，他们确实做了这种事情，皮诺切特获得了绝对权力。新政权眼中的敌人被迅速抓捕，遭到严刑拷打或处决。为了不浪费子弹，行刑手喜欢迫使受害者躺在地上，而自己开着卡车碾过，把他们的头压碎。[57]接下来的 17 年中，皮诺切特实行铁腕统治，在头两年就逮捕了 13 万名持不同政见者，处决了好几千人，迫使25万智利人去国流亡。

1966 年到 1973 年，阿根廷、玻利维亚、巴西、乌拉圭和秘鲁的政府如纸牌屋一样快速垮台，被血腥的军事政变推翻。问题——也可以说是拉丁美洲一贯的问题——在于 500 年前西班牙和葡萄牙征服者造成的根本性不稳定，它以必不可少的剥削为核心，加之种族分裂、绝大多数人的赤贫和堕落、极少数人的特权和财富，以及侵蚀一切的腐败文化。

在墨西哥，和卡洛斯一起长大的那一代人于 1968 年在墨西哥城发起抗议，激烈反对政府为承办 1968 年夏季奥运会一掷千金，却连老百姓的基本生活需求都满足不了。政府的回应严酷无情，镇压持续了 14 年。[58]从 60 年代末到 1982 年，暴力呈螺旋上升，三届墨西哥政府都对持不同政见者、政治反对派和任何被怀疑散播不满的人大开杀戒，或施以酷刑，或令其失踪。政府围捕村民，烧毁房屋，对嫌疑人施以非人的残酷惩罚。在日后被称作“特拉特洛尔科大屠杀”的事件中，军警对广场上聚集的1万名抗议者开枪扫射，当场打死数百名学生和同情政治反对派的人。[59] 此后，又有近1 000人失踪，还有2 000人遭到严刑拷打。[60] 多年后，仇恨将以出人意料的方式再次浮出水面。

20世纪60年代和70年代，刚刚摆脱10年激烈内战的哥伦比亚日子过得如同走钢丝一般战战兢兢。50年代大部分时间是哥伦比亚的“暴力时期”（La Violencia），坚持保守主义的富人和追求自由主义的穷人彼此不共戴天，必欲除之而后快，造成的死亡人数达到了令人震惊的20万，杀戮留下的创伤一直没有愈合。[61] 就在卡洛斯这个麻烦不断的少年跟着父亲在马坦萨斯的甘蔗田里劳动的时候，“绿色贝雷帽之父”*、第二次世界大战中声名卓著的威廉·亚伯勒（William P. Yarborough）准将访问了哥伦比亚，提出了一项“团队协作”计划，鼓励训练各个社会阶层中与政府合作的积极分子，让他们追踪并消灭共产主义分子。亚伯勒估计，如果一切顺利，这支由农民、工人和职业人士组成的秘密队伍将成为一个重要的情报来源，也是一支随时可用的平叛力量。菲德尔·卡斯特罗在古巴的成功及其对美国在西半球利益构成的威胁，使得华盛顿的政要和生怕吃亏的大公司忧心忡忡。这个威胁必须铲除，如有必要不惜采取雷霆手段。

---

* 绿色贝雷帽在1961年由亚伯勒正式确定为美国陆军特种部队制服帽，后成为陆军特种部队的象征。——编者注

暴力清算卷土重来。美苏两国在安哥拉的代理人战争不过是格兰德河以南数十个地方发生的事件的重演。世界上最惨烈的独立战争过后150年，一个个脆弱的政府倒台，重组，再倒台。华盛顿决心维护美国通过门罗主义在西半球高调确立的至上地位，全力开展“遏制”行动，以阻挡共产主义大潮，维护美国利益。然而，尽管拉丁美洲被政变和叛乱搅得天下大乱、民不聊生，美国公众对于美国政府在其中的作用却不明所以，对他们自己政府的行为造成的动乱几乎一无所知。美洲其他地方的人对拉丁美洲向来漠不关心。他们在地理上与之近在咫尺，但对拉丁美洲更友好、更亲切的反而是欧洲。拉丁美洲在它的许多北方邻居眼里混乱无序、神秘莫测，需要彻底脱胎换骨。这种态度早已有之。1786年，约翰·亚当斯在圣詹姆斯宫*担任大使时，曾认为南美洲的革命将“对美国有利”，[62]北美应当全力推动；然而，他当上了美国第二任总统后，却不想与“那些人”[63]有任何瓜葛。被问到如何看待是否援助南美洲独立运动时，他这样答道：“我能对南美的革命和政体有什么看法？那里的人民无知、偏执、迷信，对君主的神圣深信不疑，对神父盲目忠诚，对宗教裁判所敬畏有加，其程度远胜任何欧洲民族，甚至超过西班牙、葡萄牙或奥属尼德兰，连罗马都相形见绌。”[64]

近两个世纪后的1973年，华盛顿方面的观点仍未改变。尼克松坚称，“如果动乱和暴力革命的毒素”继续在拉丁美洲蔓延，它最终将溢出，流到北半球“感染美国”。[65]在他看来，拉丁美洲就

---

* 圣詹姆斯宫是英国君主的正式王宫之一，现在依然是外国驻英大使呈递国书的场所。——译者注

像一个危险的病毒携带体，离得越远越好。而美国在那里任意而为，则不用担心影响到本土。“拉丁美洲无关紧要。”他说。[66]“人们压根不在乎那个地方。”[67]基辛格也持同样的观点，拉丁美洲与他们毫不相干，连微不足道都算不上。“南边发生的事完全不重要。”这位国务卿如是说。[68]话虽如此，如果南方乱起来，威胁到美国的资产，自然就要另当别论。他轻蔑地把拉丁美洲人民视为幼稚和不负责任的人民，[69]还说“美国后院”[70]存在本质上的性格缺陷。在哥伦布给新大陆带来灾祸的500年后，情况鲜有改观。拉丁美洲依旧是征服者的淘金地、掠食者的战场、任人争抢的蛮荒边疆。

第八章

强人崛起，恶龙出现

诉诸武力和暴力的野蛮人种不出任何东西。仇恨是劣质的种子。

——何塞·马蒂，1877 年[1]

印加皇帝和阿兹特克皇帝残忍专横，西班牙征服者也是一丘之貉，作为他们后代的拉丁美洲领导人最终也有样学样。他们当中思想开明者争取建立民主国家，其他人则在重重挑战面前动用非常权力。许多人成了大权独揽的强人。西班牙离开后，争抢领地的混战全面展开，杂牌军领袖和地方军阀为了一块土地或是一个自己能称王称霸的地盘大打出手。治国的困难超乎想象。就连解放者们也放弃了自由主义理想，行使起独裁者的权力，声称他们面临的混乱只有用铁腕手段方能平息；墨西哥的安东尼奥·洛佩斯·德·圣安纳（Antonio López de Santa Anna）、阿根廷的胡安·曼努埃尔·德·罗萨斯（Juan Manuel de Rosas）、智利的贝尔纳多·奥希金斯（Bernardo O’Higgins）莫不如此，玻利瓦尔在南美大部分国家也是这样做的。“我全心全意地为自由而战，”圣安纳说，“但我很快就意识到了自己的愚蠢。哪怕 100 年后，墨西哥人民也不适合拥有自由……独裁是唯一可行的政府形式。”[2]

玻利瓦尔甚至更加悲观。他看到自己亲手建立的每一个共和国都内讧不休，确信一个嗜血的时代即将来临。他对一个朋友哀叹道：“我们试过了太阳底下的一切办法，没有一个管用。墨西哥完了。危地马拉毁了。智利出了新麻烦。他们在布宜诺斯艾利斯杀了总统。玻利维亚两年换了三个总统，其中两个死于谋杀。”[3] 没有人比他更清楚他的同胞是多么难以捉摸，解放后的局面又是多么不尽如人意。拉丁美洲实现了独立，也为获得自由、平等和正义做出了抗争；但是，在一个又一个的新生国家中，根深蒂固的阶级制度依然故我，白人特权思想甚至更加强烈。

看到拉丁美洲新生共和国的情况，解放者们很快明白，至少目前只能放弃催生了革命的启蒙运动原则，实施拉美再熟悉不过的铁腕政策。这次他们自己将成为实施者。穷人和富人、未受教育的人和受过教育的人、棕色皮肤和白色皮肤的人之间的差别实在太大，暴乱和种族战争随时可能发生。玻利瓦尔在加勒比地区流亡期间写了《牙买加来信》，对拉丁美洲的政治现实提纲挈领，做了杰出的总结。他坚称，拉丁美洲人民既不是印第安人，又不是穆拉托人，也不是西班牙人，亦不是欧洲人，而是一个全新的种族；他们憎恨君主统治，而费城式民主对这里先天落后的人民又完全不适用，因为 300 年的迫害和奴役打垮了他们，使他们在精神上处于幼儿状态。他声称：“民主制度不但不能拯救我们，反而会毁了我们。”“我们的地区到处是从西班牙那里学来的恶习，西班牙在历史上从来都象征着残酷、野心、卑鄙和贪婪。”[4]他认为，国王和宪政议会都管不好一团糟的拉丁美洲，但坚决果断的专制政府也许能行，特别是如果它有强大的军队充当后盾的话。恢复社会秩序是迫在眉睫的需要，因此，社会正义在拉丁美洲只能往后靠。然而，200 年过去了，它始终没能走到台前。

就这样，殖民地虽然已成过去，殖民主义的精神却长盛不衰，绝对权力依然令人着迷。各个新生共和国压迫人民、闭关锁国、自成一统，正如当年西班牙所希望看到的各殖民地的情形。长达 14 年的独立战争是西半球史无前例的一场旷日持久的疯狂杀戮，使拉丁美洲的暴力文化一夜间蜕变为恐吓文化，乡绅阶级愈加残酷，亢奋的军方似乎永远不会交出治国大权。

在这种情况下，秩序遥不可及。独立战争打得艰苦异常，致使拉丁美洲人口减少了 1/4 以上。[5]战争结束后，偏远地区的零星作战仍在继续。爱国者的呐喊变成了政治争执、阴谋诡计、互相倾轧、暗杀、边境冲突和对军事力量的严重依赖。除巴西之外，后殖民时代的每一个拉丁美洲国家都经历了剧烈动荡。先是法治崩坏，然后发展为彻头彻尾的独裁，其间阶级分化愈加明显。它们一个接一个地滑向内战，也一个接一个地建立了使民众陷入极端贫困的制度。由于在根本上缺乏凝聚力，政变和暴乱成为家常便饭。

墨西哥

1860 年—1920 年

祖父喝着咖啡，向我讲起胡亚雷斯和波菲里奥……桌布散发出火药气息。

父亲喝着白兰地，向我讲起萨帕塔和比利亚……桌布散发出火药气息。

——奥克塔维奥·帕斯，《墨西哥之歌》[6]

墨西哥获得独立没几年，就开始发疯似的一个接一个地更换总统。圣安纳在 20 年内 11 次赢得总统职位，又 11 次丢掉了职位。每一次当选总统，他都摆出全副军事仪仗，在大主教的祝福下把他在战争时受伤截肢的那条腿隆重下葬一次。[7] 让圣安纳来领导一个刚成立的共和国实属不智。此人喜怒无常、腐败严重、专横跋扈，过分依赖赤裸裸的武力。他窃取公款自肥腰包，把大片土地卖给美国，或任其被美国夺走。[8] 他宣布自己是终身独裁者，还命令手下称他为“安详的殿下”。最后，他被迫放弃权力去国流亡，墨西哥随即爆发了血腥内战，交战双方至今互相敌对。一边是保守派，他们想把权力留在教会、军方和旧有的白人精英手中；另一边是自由派，他们想要一个更具代表性的政府来捍卫由有色人种组成的下层阶级的权利。内战结束后，墨西哥首位原住民总统本尼托·胡亚雷斯（Benito Juárez）担起了收拾山河的重任。他是律师，曾做过教育部部长，因激烈反对圣安纳的腐败政府而被流放。他去了新奥尔良，在一家雪茄厂做工，直到应邀回国重新投入政治活动。

胡亚雷斯就任总统后，试图建立某种形式的民主，减少天主教神职人员手中庞大的土地财富，削弱军方尚存的权力。当法国、西班牙和英国为了逼迫墨西哥还债而威胁入侵时，他奋起反抗这三国不怀好意的行动。不过，虽然胡亚雷斯希望实现均贫富，也做出了一些成绩，但在他担任总统的10年间，国家混乱得不可收拾。拿破仑三世趁火打劫，1861年派兵入侵墨西哥，推翻了胡亚雷斯，建立了一个基础不牢的君主制政权，由奥地利大公马西米连诺一世和他的妻子卡洛塔公主做国王和王后。这个政权不久也以垮台告终。

动荡的局面依然持续，直到1876年波菲里奥·迪亚斯（Porfirio Díaz）夺取政权，之后连续35年对墨西哥实行严密控制。最后，在他的铁腕统治下，墨西哥在物质上开始进步。迪亚斯努力扭转局面，开放经济，接受大量外资，但他在应对挑战时仍过于依赖无情的蛮力。[9]腐败、镇压、贪得无厌成了他的招牌特征。资金不足的时候，他甚至重拾过去西班牙人压榨民众的做法。从小农到艰难度日的商贩再到穷人，大家都被压得喘不过气来。原住民拥有的土地被算作无主的公地，迪亚斯政府就这样迅速剥夺了成千上万原住民的土地，把类似加利福尼亚大小的一块地交给外国投机者和投资者。迪亚斯此举不过是在效仿邻国的做法，那时，售卖土地和产业在拉丁美洲司空见惯，国家的基础设施成了待价而沽的商品。西班牙统治者始终坚持保护自身利益，剥削美洲的财富供自己挥霍；迪亚斯这样的独裁者却毫不犹豫地把自己的国家拍卖给出价最高的买家，致使北美和欧洲的资本家闻风而至。

在此过程中，迪亚斯把雅基人（Yaqui）和玛雅人的部落酋长全部用锁链捆起来扔进了太平洋，部落一半的男性人口被杀，或被赶到尤卡坦。[10] 他心目中孰轻孰重一目了然。

墨西哥人民终于受够了。1910 年，他们再次奋起革命，这次革命的破坏性远远超过 100 年前席卷全国的那场革命。数万农民对地主发起复仇，一场激烈的种族战争开始了。最后，革命推翻了迪亚斯，把弗朗西斯科 · 马德罗（Francisco Madero）推上了总统宝座；但一场残酷无情的军事政变随即爆发，而支持政变的不是别人，正是美国大使。一位著名墨西哥历史学家估计，那场革命至少使他的 70 万同胞死于暴力，另有 25 万人为保命逃去了美国。[11] 工业生产戛然而止，牧场、庄园和城市成了废墟，墨西哥沦为鬼怪横行的末世荒漠。如此大量的鲜血似乎还不够祭祀战神，不久后，有权者和无权者之间横亘的鸿沟导致了又一场屠杀。20 世纪 20 年代爆发了支持天主教的克里斯特罗（Cristero）叛乱，农民基督徒与反教会的世俗政府军之间的战斗如燎原烈火席卷墨西哥乡村地区，吞噬了 7 万人的生命。[12]

争夺尼加拉瓜

1847 年—1934 年

> 战争要来了，我亲爱的，
> ……野蛮人部落
> 要抢走我们所属的和所爱的一切。
>
> ——希奥孔达 · 贝莉，《战争之歌》[13]

尼加拉瓜拼命想摆脱墨西哥的影响，远离这个邻国的变化无常，巩固自己独立国家的地位。可是，它独立才 20 年出头，就在 1847 年遭到英军入侵。[14] 显然，英国人对这块土地志在必得，不管居住在这里的是谁。没出三年，英国就和美国签署了一项条约，获准不受妨碍地使用途经尼加拉瓜的跨洋贸易通道。此举厚颜无耻到了令人瞠目的程度：伦敦和华盛顿在没有得到尼加拉瓜同意的情况下，自说自话地敲定了这项条约。

这对尼加拉瓜立即产生了致命的影响。这个新生的国家曾备受侵略者欺凌，现在再次被迫臣服。的确，到 1856 年，尼加拉瓜似乎已经彻底投降。一个名叫威廉·沃克尔（William Walker）的北美探险者闯进马那瓜，把当地政界骗得团团转，自己当上了总统，最后还想让美国吞并尼加拉瓜。他上任后做的第一件事就是恢复奴隶制。道理很简单，因为尼加拉瓜的资产，尤其是它的劳动力，对美国野心的实现十分重要。尼加拉瓜有高产的金矿，也有利润丰厚的咖啡种植园。在这里能赚大钱，也能为美国高度工业化的繁荣经济提供支持。美国的干预明目张胆，各种抗议均徒劳无功。接下来的 50 年，美国战舰在尼加拉瓜沿海往返游弋，虎视眈眈。最后到了 1910 年，尼加拉瓜当局成立了对华盛顿唯命是从的傀儡政府。

美国在尼加拉瓜攫取利益的过程一帆风顺，直到在矿井和田地里劳作的尼加拉瓜老百姓认识到他们自己过得并不顺。在那以前，尼加拉瓜的暴力不太严重，而且并不持续，在这个征服全不费功夫的国家里只是偶尔发生。但是，到 1927 年，民众的不满爆发为实实在在的游击战，后来 20 年的情形与 400 年前占领这块土地、杀害当地人民的血腥征服相差无几。奥古斯托·桑地诺（Augusto Sandino）率领主权捍卫军（Army to Defend the National Sovereignty）发动战争，誓要把美国军队和商人永远赶出尼加拉瓜。然而，美国海军陆战队同从前的西班牙征服者一样顽固。直到6年后的1933年，经过500多场斗志昂扬的游击战之后，美国才终于撤走。胡安·巴蒂斯塔·萨卡萨（Juan Batista Sacasa）当上总统，军权则交给了"将军"阿纳斯塔西奥·索摩查·加西亚（Anastasio Somoza García）。

然而，索摩查接到美国大使的明确指示，务必杀死桑地诺。虽然在外界看来，桑地诺的革命无可指摘，一群年轻的温和派民众针对代表着腐败和独裁的政权发动了一场起义，而且不涉及苏联和马克思主义；但美国坚决不能容忍桑地诺式的民族主义。西奥多·罗斯福总统对门罗主义的推论表述得再明白不过：如果任何拉美国家发生明目张胆的"长期不法行为"，美国完全有权干预。[15] 对美国的利益来说，桑地诺就是明目张胆的"不法分子"。

毕生坚定不移地反对和批判美国的桑地诺于1934年2月21日在马那瓜遇害，当时他正从总统府大门走出。与他一同遇刺的还有他的兄弟和几位高级将领。事态随后急转直下，尼加拉瓜再次成为美国的傀儡，建立起严酷的高压政权。华盛顿选定的索摩查将军一人专权，像以前的西班牙统治者一样任意实施无情镇压。等他的统治结束时，尼加拉瓜共有5万人被害，30万人不是失踪，就是被政府逼得无家可归。[16] 在美国的保护和资助下，索摩查将军和后来的他的儿子们铁腕统治尼加拉瓜达43年之久。

多米尼加共和国

1900 年—1960 年

Fukú* 可不仅是古老的历史而已……哪怕你只是在心里对特鲁希略有所不敬，fuá，一场飓风就会把你全家刮进大海，fuá，一块巨石就会从天而降把你砸扁，fuá，今天吃下的虾明天就会让你腹痛而死。

——朱诺·迪亚斯，《奥斯卡·瓦奥短暂而奇妙的一生》[17]

新独立的拉丁美洲跌跌撞撞地进入 20 世纪，它的灵魂一遍又一遍地遭受着重磨的碾轧。伊斯帕尼奥拉岛是哥伦布建立的第一个永久定居点。哥伦布征服、奴役了当地的泰诺人，最终几乎将其灭绝。400 多年来，暴力统治从来就是这个岛上的常态。西班牙、法国、英国、荷兰和美国都对这块土地虎视眈眈，将其视为战略目标和宝贵的贸易港。外来的野蛮进攻一轮又一轮：西班牙军阀接连到来；逃跑的奴隶时常从山上冲下来杀死或袭扰西班牙人；9 000 名英国士兵奉护国公奥利弗·克伦威尔的命令，在海军上将威廉·佩恩（William Penn）的率领下发动入侵；肆无忌惮的法国海盗不断在沿岸海域抢劫财物、扰乱航行；腰包鼓、拳头硬的荷兰和葡萄牙奴隶贩子在各个港口横行霸道；和海地的激烈战争永无尽头。从 1822 年到 1844 年的 22 年间，伊斯帕尼奥拉岛上叫作多米尼加共和国的那部分遭到海地占领，当局推行了严厉的反向

* 在小说中，fukú 是某种美洲命定的诅咒。下文的 fuá 是拟声词，类似于“呼啦”。两词均为作者自造，故未予译出。——编者注

镇压措施。西班牙语被禁用，白人不能拥有土地，所有教会财产都被没收，同梵蒂冈的一切关系遭全部切断。大多数拥有土地的人都逃去了世界其他地方。

进入 20 世纪之前，多米尼加人已经被他们残酷无常的过往折磨得筋疲力尽。50 年的时间内，38 届政府你方唱罢我登场，平均每届执政 15 个月。新世纪到来后，政局不稳未有稍减。16 年间，总统府 12 次易主。美国从混乱中看到了渔利的机会，迅速出兵占领了首都，恢复了秩序。接下来的 8 年里，统治多米尼加的不是美军将领就是美国的傀儡。尽管美国官方在 1924 年离开了圣多明各，但美国海军陆战队在邻国海地又待了 10 年，而美国的影响力永远不会完全离开这个岛屿。

多米尼加的拉斐尔·特鲁希略原来是个小打小闹的犯罪分子，后来参了军，退伍后做了低级警官。1920 年前后，他得到了当时占领多米尼加的美国海军陆战队的注意。他们给了他受训加入市警察局的机会，没出 5 年，他就官至警察局长。美国占领者视他为随时可能发生动荡的这段时期中的一个稳定因素，给了他毫不含糊的支持。当然，他是他们一边的，是任由他们摆布的卒子。

1930 年，特鲁希略竞选总统时，威胁要拷打并杀死任何敢于支持反对派候选人的人，结果，他不出意料地大获全胜，得以入主总统府。他靠着腐败堕落的独裁统治，把一切财富收入私囊，不容任何反对他的人获益。他通过暴力或恫吓，把他的敌人一个个全部消灭。为了让人人对他俯首帖耳，他对国家实行军事管制，设立了秘密警察，实施新闻审查，杀害持不同政见者。他还以自己的名字为首都命名，历史古城圣多明各变成了特鲁希略城，免得有人不知道谁是老大。

1937年，特鲁希略下令屠杀越过国界到多米尼加来寻找工作的两万多海地移民，这样的种族绝对主义暴行令人震惊。[18]他上台靠的是美国的力量，是美国海军陆战队把他立为总统并保了他31年；他垮台也是因为不再符合美国的利益，中情局在华盛顿的压力下着手策划将这个日益令美国尴尬的总统赶下台。[19]1961年，特鲁希略企图暗杀他的宿敌委内瑞拉总统未果，自己却死于一群暗杀者的枪下，暗杀者中有他自己军队里的战士。他身后留下了侵犯人权的累累暴行，还给他的国家留下了另一个遗产——持久的恐惧文化。

哥伦比亚

1900年—1948年

> 那是从高处坠物的声音，一阵一阵又经久不息，永远没有结束。
>
> ——胡安·加夫列尔·巴斯克斯，《坠物之声》[20]

从西班牙征服者的时代开始，哥伦比亚就因它那丰富的黄金和绿宝石矿藏及肥沃的农田而引人垂涎。哥伦比亚革命后建国的过程成了又一个拉丁美洲的动荡故事。自从委内瑞拉的玻利瓦尔解放了哥伦比亚，宣布它摆脱西班牙统治成为独立国家之日起，这个新生的共和国就厄运不断。玻利瓦尔的将领之间兄弟阋墙，叛乱一场接一场，政府换了一个又一个，没有一个是稳定的。进入 20 世纪，又爆发了千日战争，那是自由派和保守派围绕咖啡价格的一场激烈冲突。自由派代表咖啡种植农、劳工和自由经济，而刚刚在一场非常可疑的选举中夺得总统职位的保守派是有土地的贵族，一心要从繁荣的咖啡生意中大赚一笔。在这场残杀中，13 万哥伦比亚人命丧黄泉，农地被焚毁，银行纷纷破产。[21] 接下来的混乱中，独立后一直是哥伦比亚一部分的巴拿马在美国政府的支持下趁机大胆宣布独立。接管了巴拿马运河建设工程的美国对巴拿马地峡的控制权已垂涎多年。据美国政府的报告，1903 年，西奥多·罗斯福总统充分利用哥伦比亚的乱局来获取他觊觎已久的东西。罗斯福政府先是挑动哥伦比亚革命者发动战争，然后踏过战争留下的废墟，对运河区确立了永久的专属控制权。

那些年，暴力在哥伦比亚成为家常便饭，连古老的地区冲突和部落宿仇也被后代从遥远的历史中挖出来重新点燃。几个世纪的文化、民族和种族分歧助长了新的敌意，匪帮和流氓走上街头趁火打劫，他们偷窃，强奸，洗劫乡间，策划对宿敌的报复。过去的嗜血文化沉渣泛起，在现时环境中迅速蔓延。正如伊索寓言讲的，蝎子依照本性亮出了毒刺。杀戮司空见惯，所以，1930 年自由派胜选后诉诸暴力，人人都见怪不怪。当时，自由派开展了一系列屠杀和暗杀行动，还大举抢劫焚烧，尤其是针对教堂，尤其是在战斗最激烈的桑坦德（Santander）省。

仅仅一代人的时间后，哥伦比亚在 1932 年再次陷入战争，这一次是和秘鲁争夺国界上亚马孙雨林中的领土。秘鲁总统看到哥伦比亚正被国内各种问题弄得焦头烂额，军事防御薄弱，于是决定收回秘鲁一贯主张属于自己的一块土地。这引发了一场激烈的

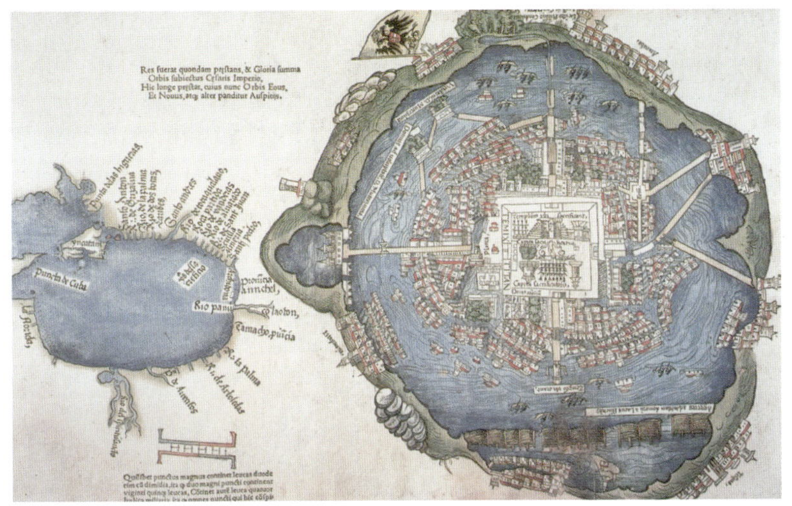

阿兹特克帝国都城特诺奇蒂特兰的示意图

墨西哥著名画家迭戈 · 里维拉（Diego Rivera）的壁画中描绘的特诺奇蒂特兰

穆伊斯卡人用黄金打造的工艺品穆伊斯卡筏，上面的人物与黄金国的传说中所描述的颇为相似，铸造时间大约在公元 1200—1500 年，1856 年出土于今哥伦比亚帕斯卡（Pasca）

哥伦布从美洲返航，携战利品觐见西班牙国王卡洛斯和女王伊莎贝拉

16世纪繁忙的塞维利亚港口。西班牙从这里派出往返殖民地的珍宝船队，源源不断地运回贵金属和其他产品

16 世纪后半叶到 17 世纪末，西班牙殖民下的波托西大量开采的白银源源不断地流入旧大陆，这座城市盛极一时

玻利维亚波托西的里科山今日景象（图：Viko Cazas）

坐落于冰峰之上的秘鲁拉林科纳达镇的景象（图：Hildegard Willer）

《杜兰手抄本》(*Codex Duran*)插图，描绘了特诺奇蒂特兰君主蒙特祖马二世看见彗星划过的场景，这一天象被解读为不祥之兆

1519 年 11 月，科尔特斯会见蒙特祖马二世

1532 年 11 月 16 日，皮萨罗擒获印加帝国末代皇帝阿塔瓦尔帕

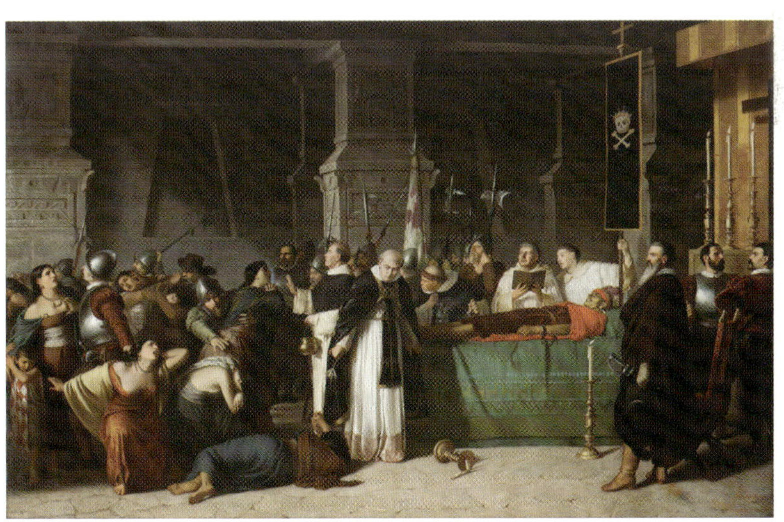

1533 年 7 月 26 日，阿塔瓦尔帕的葬礼

拉丁美洲殖民时期流行的种族等级绘画，上方为瓜达卢佩圣母

“美洲解放者”西蒙·玻利瓦尔（1783—1830）将6个拉美国家从西班牙殖民统治中解放出来，他发起的暴力革命和独裁统治一定程度上塑造了日后的拉美

1976 年 3 月 29 日，魏地拉将军（中）宣誓就任阿根廷总统。在魏地拉当政期间，政府发动了迫害左翼人士和反对派的“肮脏战争”

2004 年，布宜诺斯艾利斯五月广场上的五月柱上挂满了照片，以纪念“肮脏战争”中的“被失踪者”（图：WikiLaurent）

1980 年 4 月到 9 月，马列尔偷渡事件期间，一艘载满古巴移民的船（上图）和一处移民安置点（右图）

秘鲁地区奇穆文化的一把金制仪式刀具（tumi），可追溯至 12—15 世纪，通常用于祭祀

据说阿兹特克人的创世神羽蛇神化身万千，此处为 16 世纪的《特列里亚诺—雷门西斯手抄本》（*Codex Telleriano-Remensis*）中描绘的两种羽蛇神形象，上图为人形，下图为蛇形

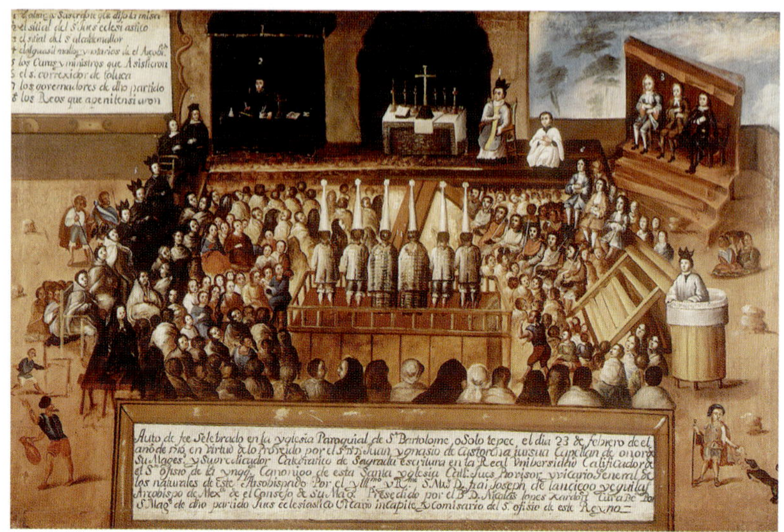

18 世纪宗教裁判所在新西班牙殖民地举行的一场公开火刑

巴西基督教化的印第安人村庄，德国旅行画家莫里茨 · 鲁根达斯（Moritz Rugendas）绘于 1820 年前后

秘鲁库斯科的太阳神殿废墟，以及在其之上建起的圣多明我教堂（图：Diego Delso）

库斯科太阳神殿一处入口（图：5snake5）

庆祝艾马拉新年时举行的“维兰察”仪式，即动物祭祀仪式（图：Tuco Quispe）

玻利维亚波托西矿道里的“矿坑大叔”像（图：SHIBUYA K.）

战争。双方的军队都衣衫褴褛，但在普图马约（Putumayo）的莽莽丛林里依旧打得你死我活。直到秘鲁总统死在刺客的一颗子弹下，双方才达成了脆弱的休战。[22] 万幸，这种勉强的和平在哥伦比亚维持了几年时光，尽管保守派和自由派的分裂依然闹得国家不得安宁。接近 20 世纪中期，哥伦比亚的自由派已连续掌权 12 年，保守派气恼难耐。1948 年，保守派候选人终于获胜成为总统，自由派按捺不住的怒火通过一位声音洪亮、雄辩滔滔的演说家爆发出来。此人名叫豪尔赫·盖坦（Jorge Gaitán）。很快，仅有的一点秩序开始解体，形势危急，哥伦比亚一头栽进了独立后的美洲前所未有的严重暴力之中。

盖坦是哥伦比亚自由党领导人，个人魅力非凡。他曾任教育部部长，一生致力于谴责暴力、为底层阶级争取权利。他坚定反对共产主义，对冷战时期革命者普遍采取的原始嗜杀的方法发出了最严厉的批评。他的演讲生动有力，描绘了一幅好天使组成的新世界的动人图景，令听众如痴如醉、热血沸腾。然而，1948 年 4 月 9 日，盖坦神秘地遭到暗杀，此事改变了哥伦比亚历史的走向，激怒了拉丁美洲大部分地区的左派力量。盖坦遇刺的消息立即引发了自发的野蛮暴力。

人们不清楚是谁连发三枪，击中了盖坦这位备受爱戴的演说家的头部和颈部。一个倒霉的年轻流浪汉事发时刚好在现场，结果被指控是刺客。这个不幸的年轻人被暴民抓住施以私刑，遭活活打死，剥光了衣服在街上拖行，尸体经过之处留下一路血迹。荣获诺贝尔奖的小说家加夫列尔·加西亚·马尔克斯目睹了这一情景，他说有三个衣着考究的人参与煽动了暴民；一个人指着那个可怜的流浪汉说他是刺客，另外两个坐上一辆闪亮的新汽车悄悄溜走了。[23]

可是，杀戮并未随着流浪汉的死而结束。“他们谋杀了盖坦！”的叫喊声响彻大街小巷。[24] 仅仅 10 分钟后，波哥大就成了暴徒的天下。几小时内，暴徒横扫整个首都，留下数百具尸体。后来，这次暴乱被称为“波哥大事件”（Bogotazo），它狂怒的巨浪最终席卷全国。自由派和保守派的军队对打了 10 年，30 多万具尸体遍布哥伦比亚沃野。[25] 至于是谁杀死了盖坦，众说纷纭。有人说是中情局，有人说是哥伦比亚共产党，有人说是苏联，有人说是菲德尔·卡斯特罗，有人说是革命学生，还有人说是新当选的右翼总统马里亚诺·奥斯皮纳（Mariano Ospina）。[26] 无论如何，一人之死夷平了首都中心，引爆了一场血腥内战，使 300 万人被迫流离失所，把国家推入了财政破产的深渊。[27] 除了杀死奥匈帝国大公弗朗茨·斐迪南、引发了第一次世界大战的那颗子弹外，人类记忆中没有哪颗子弹造成过如此多的死亡与苦难。

巧合的是，1948 年盖坦被杀时，年轻的菲德尔·卡斯特罗正在波哥大。他到哥伦比亚是去抗议的，抗议对象包括特鲁希略将军在多米尼加共和国实行的恐怖统治、正在哥伦比亚召开的泛美会议（美洲国家组织会议的前身）和美国对巴拿马运河的图谋。在那次哥伦比亚之行期间，卡斯特罗无论是参加学生集会，还是出席革命支部会议，或是走访从政者，都抓住一切机会痛斥他的大敌——过去 100 年间拉丁美洲层出不穷的顽固独裁者。他认为，法西斯主义、资本主义、帝国主义这些在北方大国支持和教唆下产生的毒瘤必须铲除。他坚称，独裁者毁了拉丁美洲，而此时许多万恶的独裁者正麇集波哥大参加泛美会议。“特鲁希略在那里！”他后来回忆说，“他们都在那里。”[28] 他去哥伦比亚是为了痛斥他们，也是为了号召哥伦比亚人参与他的革命事业。

卡斯特罗一呼百应，吸引了许多巴拿马、委内瑞拉、多米尼加和阿根廷的学生加入他的事业。毕竟，拉丁美洲年轻人当中有许多马克思主义世界观的坚定信仰者。而且，卡斯特罗觉得，饱受政治动乱折磨的哥伦比亚是发动大革命的肥沃土壤。为了帮他实现革命目标，一群受他的政治激情感染，同时一心向往盖坦的平民主义理想的哥伦比亚大学生自告奋勇，将卡斯特罗引见给了盖坦。年龄比菲德尔大一倍有余的盖坦已经是哥伦比亚强硬的现实政治斗争中的老手，邋里邋遢、年仅 22 岁的菲德尔在他眼里想必像个满脑子幻想的孩子。不过，两人会面时，盖坦对这个乳臭未干的革命者还是礼遇有加。菲德尔则激动地称赞这位哥伦比亚英雄有可亲的“印第安人”之风，说他“睿智、聪敏、友好”，他完全为盖坦的天才与魅力所折服。[29] 盖坦对卡斯特罗彬彬有礼，却没有立即许诺支持他，不过他同意以后再与这位年轻人会面。[30] 卡斯特罗非常兴奋，自信这次会面是成功的。尽管如此，他心头仍萦绕着关于这个国家民众情绪的一丝奇怪的不祥之感。后来他说：“我到达哥伦比亚后，注意到一个奇怪的现象，每天报纸上都会公布这里死了 30 人，那里死了 40 人。好像哥伦比亚每天都在发生屠杀。”[31] 波哥大是个随时可能爆炸的火药桶。

就在卡斯特罗准备再会盖坦时，波哥大爆炸了，开启了持续 50 年的战争。卡斯特罗正走在去盖坦办公室的路上，听到人们喊盖坦被谋杀了。[32] 几乎一瞬间，庞大的抗议人群怒吼着冲上街头，把他们看到的一切砸个稀巴烂。在一片狂怒之中，在四处起火的波哥大，卡斯特罗没有犹豫，抄起一根铁棍加入了打砸。很久以后，他在忆起当时的兴奋刺激时大声说："波哥大！又一场伟大的冒险！"这是愤怒、复仇，是原始的正义。狂热中，他夺下另一个抗议者想砸坏的政府打字机，狠狠扔到地上摔了个粉碎。他冲向广场，和任何一个失望沮丧的哥伦比亚人一样，愤怒地挥舞着手中的铁棍。但是，这不是他设想的革命，不是他追求的结果。他下定决心，如果他能发动革命，等他的革命到来时，杀戮要有目的，要争取战术优势，达到战略目标。他对此非常肯定。

历史的见证者

哈瓦那，1976 年—1980 年

> 卡斯特罗去安哥拉，因为安哥拉是抗击美国的又一个新的、宏大得多的舞台。
>
> ——乔吉·安妮·赫耶尔，《游击王子》[33]

不出 30 年，菲德尔·卡斯特罗的战略目标已经非常清楚。他的革命成功了，把帝国主义赶出了古巴，解决了反对者，证明了自己一人能顶得住万夫之敌。[34] 他受美国冷落，但被迎进了社会主义阵营。他热切希望动员起躁动不安的拉丁美洲，认定帮助安哥拉新兴的左翼革命一定能发出正确的信号，实现更远大的目标。他会证明，古巴尽管领土狭小、地处偏僻，但能够对世界事务产生深远的影响，捍卫正义，在全球政治中打下自己的印记。为此目的，他将和苏联联手，对美国打代理人战争。

卡洛斯·布埃尔戈斯 1976 年 12 月从安哥拉回国时，懵然不知自己是历史的见证者。[35] 他无法想象，几个月内又有 4.5 万和他一样的古巴人被派到非洲，继续他所属的小营队揭开的战斗。[36] 事实上，头上严严实实地包着肮脏纱布的他下到停机坪时，脑子根本无法思考。他的头一跳一跳地疼，浅琥珀色的眼睛周围是一片黑紫的淤血。他几个月就瘦了 9 千克。一年前，他和一帮小伙子挤坐在飞机里飞越大西洋时，还是个无拘无束的乐天青年，如今的他只剩了先前的一个影子。他已经满 21 岁了。生日那天，他可能正在罗安达城边的某个地方，等着被派到丛林里执行任务，他也说不准。等脑袋里的弹头被取出，他醒过来看着诊所天花板上的灯泡时，才想起来自己的生日早已过了。

12 月 3 日星期五，他被飞机送到哈瓦那郊外的军事基地。就在那一天，17 年来掌握着无可置疑的权力的卡斯特罗总理就任国务委员会主席，在这个位子上一坐就是 32 年，成了拉丁美洲在位最久的国家领导人。[37] 卡洛斯对这个变化一无所知。他也不知道卡斯特罗不久前在美国准备庆祝建国 200 周年时发出了威胁，说古巴不惜做最高效的恐怖机器，成为这个庞然大物邻国身上最难拔的刺，令其不得安生。[38] 卡洛斯是这场全球风云中的一个小角色，但他这个年轻的退伍战士对此全然无知。他从机场被送到军营，和其他伤员一起列队点名，然后被宣布复员并推出大门，来到辽阔无垠的蔚蓝天空下。一个好心的卡车司机拉着他在哈瓦那的街道上一路颠簸，夜色降临时终于到了他父亲那间狭小的公寓。

后来发生了什么不太清楚，很多事卡洛斯显然都不记得了。

他游来荡去，凑合着过日子。伤势慢慢好转后，他试图去找工作，但总是找不到。就业机会和住房都非常短缺，非洲的战争似乎吸走了这个岛屿的全部精力。卡洛斯对回国第一年的记忆虽然十分模糊，但有件事深深地刻在他的脑海里：饭桌上的食物越来越少。他的父亲眼看着日渐消瘦、面色惨白，他母亲只能干着急。虽然古巴的高识字率和低贫困率得到举世称誉，但市场上买不到东西。准确地说，肉类特别稀缺。

20 世纪 50 年代，古巴牛羊成群，数百万人吃肉不愁，现在牲畜却非常稀少。[39] 执政党不得不承认，需要将宰牛定为刑事犯罪，否则就可能出现庞大的黑市。高层发布命令：任何人若被发现屠宰动物，至少要判处 10 年徒刑。古巴人阴沉地开玩笑说，牛现在成了圣物，像印度的婆罗门一样不可侵犯。但无论如何，人们还是馋肉。如果一群牛被火车撞到，或者一间畜棚被闪电击中，古巴人就会像秃鹫争抢腐尸那样一哄而上争抢死牛。后来，禁宰令的范围扩大，把马也包括了进来。[40] 非法屠宰和贩卖牲畜，哪怕是死牲畜，最多可获刑30年，有时预谋杀人都没有这么重的刑罚。不过，不管怎么禁止吃肉，都挡不住人们对肉食的渴望。需求不断增加，黑市生意日益火爆。马肉买卖兴旺红火，成了能赚钱的行当。卡洛斯觉得这是一条出路，开始四处留意可以下手的马场。

他在卡马圭（Camagüey）找到了一家，离他曾看到一个人的脑壳被砍刀劈开——远不及他在安哥拉的见闻和经历可怕——的甘蔗田不远。他没有犹豫，立即开始和一帮气味相投的朋友策划犯罪，这群临时凑在一起的小流氓是战争留下的浮游群落。他们计划偷一辆卡车，在天亮之前摸黑杀死一匹马，宰杀后用油布包好运到另外一个地方。他们中间有个人的兄弟在一家冷冻食品厂做工头，他们可以把死马存放在他那里避过风头。最后，他们会把用过的卡车扔在某处空地，哪怕当局以后发现了也没关系。等时机成熟，卡洛斯和伙伴们就把马肉在黑市上卖出去，赚的钱足以让他们各自的家人吃上几个星期的饱饭。他们准备在星期六的凌晨，全古巴还在沉睡的时候行动，好有足够的时间偷马宰马，把大卸八块的马肉包好，并在日出前逃到哈瓦那郊区。

犯罪进行得非常顺利，顺利得让人吃惊。他们发现，马厩的保安人数比养牛的牧场少得多。第一次偷马根本没人注意，他们大赚了一笔。马的每个部位都能卖钱，不仅是马肉、马骨和马皮，就连马鞭和马尾都有人买去当作萨泰里阿教*的法器。后来他们又干了几票。很快，这个小集团就形成了固定的作案模式：先搜寻理想的目标，然后跟踪粗心大意的马厩主人，由专人观察马厩遵循什么样的作息时间、是否有护院的狗、马是否容易受惊，再偷窃一辆合适的卡车，最后一刀割断马的喉咙。

食品加工厂的那个工头非常乐意帮忙，他还要求分钱时多分一点。卡洛斯的同伙中负责倒卖的人对每笔买卖都严格保密，不会令买主暴露，交接货物时谨慎小心。很快，这个小集团就发了财，他们仗着鼓鼓的腰包尽情流连酒吧，光顾声色场所。日子似乎过得很惬意，直到有一天，他们正在一条土路上行驶的时候，一辆警车突然出现，打开了远光灯。那是 1978 年 11 月，卡洛斯被逮捕、定罪，火速关入监牢。刚巧，几天后，菲德尔·卡斯特

---

* 萨泰里阿教（Santería）是盛行于古巴和其他加勒比海群岛的一种宗教，是黑奴带来的非洲传统信仰和西班牙天主教结合的产物。——编者注

罗对吉米·卡特总统关于取消对古巴人一切旅行限制的决定做出回应，宣布将于次年把3 000名“死不悔改的”罪犯释放到面朝佛罗里达的大海上去。[41]卡斯特罗称，释放的是政治犯，是60年代起就被关押的反共分子。

卡洛斯没有等那么久。1979年6月，他服刑刚6个月，离卡斯特罗所说的释放犯人的时间还差10个月，就被拉出牢房。狱警给了他一个纸袋，里面装着他入狱时穿的衣服，叫他回家。可是，等他敲响父亲家的门，父亲却直言不欢迎他回来。他父亲说，家里的孩子太多了（卡洛斯的弟弟们和任何普通人一样，有了自己的孩子），卡洛斯只会教坏他们。他对孩子们没有好处，没有用。

不出三个月，卡洛斯又进了监狱，这次是犯了叛国罪，因为他试图逃离古巴。万般无奈之下，卡洛斯用旧轮胎拼成一个筏子，用麻绳捆好，和其他两个人一起出了海。抓住他们的军人可不像一年前抓卡洛斯的警察那样温柔。他们扔出套索套住他，就像抓一头野兽那样，在使劲把他拉上巡逻艇时弄断了他的胳膊。他们痛打了他一顿，把他带上岸，送到哈瓦那以东、距马列尔港40千米处令人生畏的东部联合监狱，扔进了一间潮湿的地牢。他那两个同伴不如他幸运。他们惊恐万分地跳进大海，结果被乱枪打死。

尸体累累

> 火地岛应该是饲养牲畜的好地方，但这个计划的唯一缺点是看来需要消灭火地岛上的所有居民。
>
> ——《伦敦每日新闻报》，1882年[42]

马里奥·巴尔加斯·略萨的直率、尖锐、残酷至极的小说《城市与狗》（*La Ciudad y los Perros*）里面的一个角色说："吃或被吃，这是绕不开的。"[43] 这本小说的英译本标题是《英雄时代》（*The Time of the Hero*），小说讲的是一个在军事学院上学的秘鲁青年对学习作战之道不感兴趣，而是喜欢写情书，可他必须学会摸爬滚打、奉命杀人。可以说，任何军校教育都是为了达到这个目的，但是，在拉丁美洲，年轻人的军事训练还带有相当一部分额外内容。一个男孩在成为军人的过程中，还要学会腐败的手段，学会如何利用军事力量获取物质好处；这是武力在和平时期的用处。民众对这种蛮横霸道的欺压忍无可忍之时，自然会选择以暴抗暴。

关于拉丁美洲政局乱象的各种报道也许有夸大之处，但世界上大部分人读到相关新闻后，都会觉得这个地区视人命如草芥。[44] 这方面的证据比比皆是：铁腕无情的独裁者、暗杀、失踪、腐败文化、不法行为、杀人小队、毒品、恐怖分子、黑帮成员，更不用说还有城墙上的通电铁丝网。媒体上这类画面层出不穷。谁能忘记墨西哥、阿根廷、洪都拉斯、秘鲁、哥伦比亚、萨尔瓦多这些国家过去 60 年的暴力历史呢？谁能忘记残缺的肢体、托钵求乞的寡妇、眼神空洞的孩子呢？眼下，美国任何一个大城市或欧洲的许多城市街区也经常发生杀人事件，但区别在于，在那些城市中，暴力总是意外的事，大多是不幸的偶发事件，而在拉丁美洲，死人却在意料之中。即使数字会有起伏，比如，由于某种原因，某一年新奥尔良的谋杀率高于华雷斯城、圣萨尔瓦多或纳塔尔（Natal），但基本事实是无可否认的。

有时，杀人前的冷酷筹划令人不寒而栗。智利和阿根廷两国南部有块地方叫火地岛，19世纪末，居住在那里的塞尔克南人（Selk'nam）被宣布为阻挡进步的“危险障碍”。[45]欧洲人在淘金热的引诱下拥入这个地区，把抵抗他们的原住民视为眼中钉。他们对塞尔克南人极尽鄙视，即便已经到了那个历史阶段，却仍然不把他们当人看，对他们进行恶意诽谤。英国人忆起查尔斯·达尔文多年前来到巴塔哥尼亚时对火地岛人的厌恶，更增加了憎恶之情：

> 这些可怜虫个子矮小，丑怪的脸上涂着白色颜料，皮肤污秽油腻，头发乱成一团，声音刺耳难听，举止凶狠粗暴。看着这些人，很难相信他们和我们属于同一物种，住在同一个世界。人们经常猜想低等动物有哪些生活乐趣，其实问这些野蛮人有何生活乐趣才合理得多！[46]

“在火地岛大有可为！”伦敦一家报纸在社论中兴奋地宣布。但是，要有所作为，必须“消灭火地岛人”。[47]殖民者正是这样干的，他们出钱让智利和阿根廷雇佣军猎捕和杀害塞尔克南人。携带武器的恶棍用割下的耳朵或睾丸作为自己杀死人数的证明，以领取报酬。如果是拿从孕妇身上割下的耳朵，外加从孕妇肚子里剖出的胎儿，酬金就更高。他们在羊身上涂满有毒的士的宁，希望塞尔克南人吃下去。正如伦敦那家报纸呼吁的，殖民者对火地岛人开展了连续不断的灭绝行动，行动中使用了本地人做凶手。杀戮结束后，数千塞尔克南人丢了性命，剩下的几百人被赶到保留地，在那里全部死于疾病。几年后，阿根廷敞开怀抱迎接了其史上最大的欧洲移民潮——几乎 200 万白人。[48]

正如蒂娜·罗森堡（Tina Rosenberg）在她 1991 年出版的令人心碎的《该隐的孩子》（*Children of Cain*）一书中所写：

> 数量不是问题的全部。拉丁美洲的暴力如此严重，部分因为它大多是政治暴力，是经过精心策划、由社会中有组织的群体针对其他群体成员实施的暴力。暴力被用作传达信息的工具。犯下暴力的是负责保护公民的机构。很多人都认为暴力有理。它与美国那种漫无目的、偶然随意的个人暴力不同，比那更邪恶。[49]

这样的暴力至今犹存。

杀手、游击队员和施虐者

1976 年的某个时候（具体时间不详），“失踪”一词在拉丁美洲有了新用法，突然从不及物动词变成了及物动词；例如，杀人小队可以“失踪”某个人，那个人成了“被失踪者”。[50] 布宜诺斯艾利斯五月广场举行的一场活动把这个词鲜明地投射到公众意识中。数百名男男女女聚在一起，步履沉重地绕自由雕像缓缓而行，手中捧着代表突然失踪的家庭成员的纪念物品；那些失踪的儿女、配偶或孙辈被从家中强行拖走，遭到严刑拷打后被仓促处决，或扔进蓝色的大海，再也不见踪影。这是两年前胡安·庇隆

（Juan Perón）总统去世后席卷阿根廷的激烈内战的可怕尾声。

1974 年，严重的权力真空出现了。庇隆死前把他的第三任妻子伊莎贝尔·庇隆（Isabel Perón）任命为副总统，使她成为阿根廷的国家元首，也是世界上第一个有“总统”头衔的女性。但事实证明她根本无法胜任。伊莎贝尔完全没有已去世 22 年的前第一夫人艾薇塔·庇隆（Evita Perón）那种仪态万千、万人景仰的魅力。

庇隆初见伊莎贝尔时，她是巴拿马城一家夜总会的舞女。她容貌秀丽，但只有小学五年级的教育程度，浅薄乏味。庇隆娶她只是因为天主教会得知他和情妇同居后，坚持要二人结婚。庇隆死后，伊莎贝尔的所有缺点暴露无遗。同时暴露出来的还有她对警察署长何塞·洛佩斯·雷加（José López Rega）的奇怪依赖；这位警察署长原先是总统府的卫兵，他和伊莎贝尔都对卜卦算命特别着迷。伊莎贝尔把洛佩斯提拔为社会福利部部长，但后来处处倚仗他，实际上把他当成了总理。在洛佩斯的主持下，一个秘密暗杀队成立了，名为“3A 党”（Argentine Anti-Communist Alliance，阿根廷反共联盟），用来消灭越来越活跃的左翼人士，一年内就杀死了 1 500 人。[51] 这种强硬好战传染了全社会。右翼准军事团体冲上街头和共产主义游击队作战，触发的血腥冲突似乎有一种恶魔般的自我驱动力。庇隆主义左翼城市游击队员（Montonero）和其他左翼游击队的成员大多是大学生和天主教解放神学家，他们以爆炸或纵火作为还击，还通过劫持企业家来为活动筹资，勒索到的赎金金额达历史之最。他们劫持埃克森石油公司一位高管，得到了 1 400 万美元；劫持阿根廷的粮食巨头豪尔赫·博恩（Jorge Born）和胡安·博恩（Juan Born），得到了 6 000

万美元。[52] 1976 年 3 月，一场军事政变推翻了伊莎贝尔·庇隆，建立了由豪尔赫·拉斐尔·魏地拉（Jorge Rafael Videla）将军为首的政府。新政府被称为“审判”*，诡异地令人想起弗朗茨·卡夫卡的同名小说；它开启了与任何外来征服者一样残暴的恐怖统治。

几个月后，“肮脏战争”全面展开，一年之内，又有近 7 000 名阿根廷人失踪。[53] 其实它算不上战争，没有作战者，敌对双方没有任何真正的你争我夺；它是一场由强大的武装军队悍然消灭数以千计平民的行动。这场行动凶狠猛烈、紧锣密鼓，似乎没有特定的目标。起初人们并不完全明白这场行动的可怕之处，它其实是一场大清洗，意在消灭不听话的阿根廷人。行动的目的本来是清除多年来让右翼权力集团头疼不已的“共产主义游击队”叛乱分子，但很快演变为针对各行各业左翼人士的大屠杀。有左倾嫌疑的人、与左翼人士偶有过从的人、左翼人士的家属，以及军方不喜欢的任何人，包括记者、社会工作者、劳工领袖、教师、神父、修女、心理医生、诗人，都难逃毒手。换言之，清洗的目标是对强硬的铁腕统治心怀反感的大批阿根廷人。

有一次，阿根廷冷酷的军人独裁者、主导了这场大屠杀的魏地拉将军被问到阿根廷人民如何看待数千人被他的临时司法机器吞噬一事，他傲慢地回应说这个问题逻辑错乱。阿根廷人民发现，法律是为当权者服务的。人民应该享受人权，而人权在阿根廷受到了威胁。魏地拉表示，真正忠贞、诚实的公民面临着不断发展变化的恐怖主义威胁，也就是共产主义的渗透，他们需要用鲜血

---

* “国家重组进程”（El Proceso de Reorganizacíon Nacional）简称 *El Processo*，即“审判”，这是人们对魏地拉将军政权的称呼。Rosenberg, 82.

来除掉这个毒瘤，即使有受害者，也都无足轻重。他的说法堪比奥威尔笔下的极权主义论调。“谁是失踪者？”他反问，“无名之人。什么都不是。没有身份，不是死人也不是活人。就是失踪了。”[54]这个回答让人不禁想起15世纪末在塞维利亚举行的大辩论得出的结论，那场辩论中提出的问题是：征服行动的受害者真的是人吗？500年后，回答仍然是响亮的“不”。掌权者就是这样想的。受害者是无用的谷糠，因为他们反抗政府，所以死不足惜。

阿根廷“肮脏战争”中的大屠杀是“秃鹰行动”（Operation Condor）策划的。这个阴险的秘密行动是南锥体（阿根廷、玻利维亚、巴西、智利、巴拉圭和乌拉圭，此外还有秘鲁、哥伦比亚和委内瑞拉的支持[55]）的右翼独裁者策划的一项多国协同镇压计划，由庞大的秘密警察网络负责执行。最初谋划这项多国合作的是这些国家的安全官员，他们当中很多人在20世纪60年代和70年代都曾在美国开办的“美洲学校”受过训。他们齐聚布宜诺斯艾利斯，在魏地拉将军主持下*就如何打击“颠覆分子”展开协商。[56]作为该地区反共行动的天然伙伴，美国也参与谋划，为“秃鹰行动”提供军事和技术支持长达20多年。[57]这样的支持始自60年代末林登·约翰逊政府，一直持续到1989年罗纳德·里根当总统的时候，尽管美国政府官员非常清楚犯下的暴行是多么严重。1973年，国务卿亨利·基辛格看到大屠杀的具体证据时，说这种情况“无论多么令人不快”，大形势都是对美国有利的。“我们希

---

* 那时，魏地拉是阿根廷军队的高级指挥官。1976年3月，他攀上了总统高位。

望你们成功，”他明确告诉阿根廷外交部长，“我们不想找你们的麻烦。我会尽力。”[58]

1976 年 8 月，基辛格接到进一步消息说，名望较高的颠覆分子不仅在拉丁美洲是必欲除之的对象，甚至在拉丁美洲以外的地方也无法逃脱，但基辛格仍然坚持原来的立场。9 月 20 日，他指示美国驻拉丁美洲国家的大使们退后，不要干涉“秃鹰行动”，“不要再采取行动”来阻止拉美各国政府可能正在策划的阴谋。[59]就在次日，1976 年 9 月 21 日，激烈批评皮诺切特将军的前智利大使奥兰多·莱特列尔（Orlando Letelier）乘车驶过华盛顿特区的谢里丹广场时，一枚安在车下的炸弹爆炸了，把汽车炸上半空，他和一位年轻的美国助手双双殒命。此事由智利秘密警察奉皮诺切特的明确命令一手操办。“秃鹰行动”的利爪伸进了美国首都的心脏。

两年后，大规模谋杀在阿根廷已是家常便饭，但军政府还是在布宜诺斯艾利斯承办了世界杯足球赛。就在妇女被用赶牛棒刺穿阴道，男人被用铁棍扎进肛门的时候，就在监狱犯人被活活剥皮，被驱赶进集中营，或被迷倒后从双翼飞机和直升机上扔进大西洋或巴拉那河的时候，[60]魏地拉将军正满面笑容地和基辛格国务卿一起穿梭于各种庆祝活动之间。[61]军政府组织安排赛事如同他们操纵酷刑机器一样高效。那正值残酷镇压的顶峰，海上不时漂来无名尸体，女孩子尖叫着从公共汽车上被掳走。就在这个时候，在全世界的注视下，东道国赢得了 1978 年世界杯的冠军，阿根廷队 3 比 1 大胜荷兰队。30 年后，当阿根廷庆祝那场胜利的时候，由于对当时的回忆感到太过痛苦，22 名前国家队队员中有 19 人没有加入狂欢。[62]

最终，1973 年到 1983 年那悲惨的十年间，共有 3 万阿根廷人被自己的政府杀害。[63] 在智利，我们已知的就有 25 万人遭到军方的逮捕和审讯，另有 1 万人被拘押，受到严刑拷打，3 000 多人被杀。[64] 同期，巴拉圭军队处理了 2 000 具尸体。[65] 由于“秃鹰行动”的秘密性质，那些年实施这一行动的所有国家中的受害人数也许永远也弄不清楚；不过学者估计，可能有 6 万到 8 万人被杀害，其中包括 3 万“失踪”人员或估计被处决的人，另外还有 40 万人遭到监禁和酷刑。[66] 这些数字令人头皮发麻，太难以置信，反而很容易被斥为无稽之谈。但是，计算的结果是实实在在的。“秃鹰行动”造成的生命损失比美国在独立战争或越南战争的损失都大，比过去半个世纪美国在包括伊拉克战争和阿富汗战争在内的所有军事行动中的伤亡人数都多，可能和美国在第一次世界大战中的作战伤亡人数持平。[67] 然而，“秃鹰行动”在阿根廷结束后很久，有计划、有系统的杀戮仍在继续。它如同一场恶疫，传遍整个大陆。

萨尔瓦多、危地马拉

1960 年—1984 年

> 我们经历的历史要列入学校课程，使它永不被遗忘，让我们的孩子了解那一段历史。
>
> ——历史真相委员会，1996 年 [68]

20 世纪 60 年代，革命浪潮横扫拉丁美洲，奔腾汹涌了 40 年，但它并非统一的运动。迅速蔓延的革命也呈现出鲜明的差异，毕竟，城市白人的反叛冲动不可能和香蕉园中的原住民劳工一样。但无论如何，革命的激情传遍了各地。古巴革命使一代拉美人看到，人民能够夺取对自己命运的控制权，改变命运。于是，苏联特工的身影突然出现在拉丁美洲各地，踌躇满志地在各国首都、大学、迅速扩大的共产党支部内向不满现状的年轻人传播这一信息。他们讲的道理清晰有力：严重的阶级差异、种族分裂和贫富鸿沟不能再继续下去。拉丁美洲各地的革命者无论是什么肤色，都决心与旧秩序决裂，建立更自由的社会，缩小阶级差距，最终实现马克思主义理想。然而，至于如何做到这一切，左派内部莫衷一是。讽刺的是，实现了团结合作的反而是与他们对立的旧秩序捍卫者、富人家族和西班牙征服者的后裔，这些人构成了坚决反对革命的权力体系的基础。从蒙得维的亚到圣萨尔瓦多，对革命实施的军事镇压惊人地相似，全都是由冷酷的将军指挥，派坦克驶上街头，实行军事管制，安全部队全副武装，杀人小队秘密行动。镇压也无一例外地得到了美国的支持。

卡斯特罗在古巴得胜后不久，位于墨西哥和南美之间的萨尔瓦多、危地马拉和洪都拉斯这三个被称为中美洲“北三角”（Northern Triangle）的国家同时爆发了激烈叛乱。几十年来，萨尔瓦多一直是随时可能爆炸的炸弹。20 世纪 30 年代，萨尔瓦多农民发动了大规模起义，但招致了军方的致命报复，人称“大屠杀”（la matanza）。3 万名社会底层的萨尔瓦多人惨遭屠戮，被扔进群葬坑。后来的几十年，人人自危，军方执掌国家大权，而军方本身又由“十四家族”寡头集团掌握，并且得到美国的援助。不过，反抗情绪在表面下不断积聚，到了70年代再次爆发。那时，萨尔瓦多的贫困率高达90%，工资剧减70%，失去土地的人数飙升，穷人的预期寿命缩短至37岁，婴儿死亡率和营养不良率达到历史新高。[69]就在富人对这一切视而不见的同时，左翼游击队发展壮大，等他们准备好挑战强大的右翼军队的时候，致命的暴力就开始螺旋式上升了。

接下来整整10年间，游击队攻击外国大使馆，杀死企业家，处决军队指挥官和警察。任何被视为压迫机器一部分的人都是他们打击的目标。他们在工厂、企业和商店中引爆炸弹；他们劫持富人，索取数百万美元的赎金，以这种绿林好汉式的做法赢得了民心。1979年，他们终于胜利推翻寡头政府，夺得了政权，却好景不长。原来的右翼军人获得了美国450万美元的援助，[70]靠着美国办的美洲学校训练出来的军官指挥的作战部队，在刚刚被里根任命为国务卿但没多久就下台了的亚历山大·黑格（Alexander Haig）的积极支持下，气势汹汹地卷土重来。一场惨烈内战随之爆发。在那场长达12年的战争中，埃塞俄比亚和越南为革命者送来了大量枪支弹药，[71]游击队也的确犯下了野蛮暴行，但与萨尔瓦多武装部队的狂暴报复比起来可说是小巫见大巫。萨尔瓦多军队派出杀人小队去消灭所有参加游击队活动的人，还招募儿童入伍，把大批平民投入集中营。《纽约客》杂志记者马克·丹纳对这个沦为屠场的国家做了这样的描述：

> 萨尔瓦多各个城市的街道上，残缺的尸体比比皆是。有

> 的尸体没有头或没有脸，面目被霰弹枪打得血肉模糊，或被电池用的强酸腐蚀得难以辨认；有的尸体肢体不全，或是手脚被砍掉，或是眼睛被挖出；妇女的生殖器撕裂流血，说明曾遭到多次强奸；很多男人的生殖器被切下塞进嘴里。刻在尸体后背和前胸的图案很可能是犯下暴行的某个“杀人小队”的标志。[72]

天主教会提出抗议，可萨尔瓦多军方的回应却是杀害修女，宣布耶稣会修士为敌人，还暗杀了著名人权活动家奥斯卡·罗梅罗（Óscar Romero）大主教。[73] 当25万信徒聚集在圣萨尔瓦多的大教堂前哀悼大主教之死时，附近房顶上的军队狙击手向人群开枪，打死42人，打伤200人。似乎萨尔瓦多军方无论怎么胡作非为，华盛顿都不会切断给它的资金支持。接下来的大屠杀中，无数萨尔瓦多人失踪，100万人流离失所，[74] 7.5万人被杀害。[75] 联合国估计，左翼叛军也许造成了其中大约4 000人的死亡，相比之下，右翼军方的杀人小队杀死了7万多人。

危地马拉也是一样。多年来，它相当于美国利益的殖民地。联合果品公司在危地马拉拥有大片土地，也控制着铁路和船坞以及一切形式的通信。[76] 但是，一旦公民们开始主张自己的权利，这种单方面的控制就突然受到了威胁。自1960年起，随着反政府抗议的大潮席卷全国，历届危地马拉总统都准许对抗议者实施法外处决，企图借此力挽狂澜。当年科尔特斯派兵去处死任何拒绝下矿井劳动的玛雅人，如今军方也靠刀枪来镇压反抗。

麻烦开始露头是在多年前的1944年。当时，危地马拉人推翻了腐败的独裁者，举行了民主选举，胡安·何塞·阿雷瓦洛（Juan José Arévalo）高票当选总统。他推行积极的自由主义纲领，要实现全民投票，保障最低工资。继阿雷瓦洛之后担任总统的哈科沃·阿文斯（Jacobo Árbenz）同样致力于捍卫穷人的权利，他把土地收归国有，然后分给没有土地的人。美国认为危地马拉的社会主义色彩太浓，因此对那个动荡地区的局势感到不放心。很快，一场扭转危地马拉发展方向的严酷行动展开了。1954 年，中央情报局在国务卿约翰·福斯特·杜勒斯的支持下，策划了推翻阿文斯政府的政变。[77] 他们把执行政变的作战者称为“解放军”，但危地马拉人民看到进步分子被抓捕入狱，受尽严刑后遭到处决，很快意识到这个称呼名不副实。任何反叛的迹象都被说成是受了共产党的蛊惑，或者是外国势力介入。危地马拉很快成为美国军方在加勒比地区从事秘密政治干预的试验点，成为武装干预的训练场。

卡斯特罗的成功改变了这一切。在古巴突如其来的胜利的鼓舞下，危地马拉人再次燃起了实现自决的希望。过去的起义匆忙发动，又被迅速镇压下去，但随着轰轰烈烈的革命在 60 年代期间全面铺开，起义规模不断扩大。然而，革命党的胡里奥·塞萨尔·门德斯（Julio César Méndez）通过民主选举当选为总统后，情况发生了变化。危地马拉军方害怕自己的权力受到侵蚀，要求对叛军游击队的打击必须按他们自己的规矩来，不许政府干涉，不受法官约束。[78] 到 1966 年，大规模失踪司空见惯，学生、教授、政治活动家、敢说话的平民、外国使节都成了潜在的目标。理由很明显：知识分子和消息灵通的群体正是革命的火种所在。

对村庄不分青红皂白的轰炸就是从这时开始的。接下来的 15 年，危地马拉在刚从越战的混乱中归来的美国顾问的唆使下，开始自毁。谋杀成了大戏，杀人小队在尸体上贴满传单和令人胆寒的警告，到处抛撒死亡名单，在大街上肆行抢劫，如入无人之境。每换一届总统，暴力似乎都成倍增长。宪法被暂停实施，戒严开始实行，劫持和大规模逮捕成为家常便饭。

然而，持不同政见的左翼人士面对酷刑和失踪等野蛮行径无所畏惧。只有在 1976 年发生了大地震后，国家才暂时团结起来，也许仅仅是因为共同活下去的精神在当时占了上风。但没过多久，杀人小队又重操故业，仅 1977 年 8 月一个月，他们就杀害了 61 位疑似革命小组领导的人。[79] 反叛运动的回应是把队伍扩充一倍，转移到了西部高原的荒山中。1980 年初，种族灭绝山雨欲来，一个原住民代表团来首都控诉他们的村民遭到了杀害，但国会对他们不理不睬，他们的律师就在警察总署门外被刺杀。抗议者为了使世界注意到日益严重的暴力，占领了西班牙大使馆，但遭到残酷的镇压：警察把燃烧弹扔进大使馆带围栏的院子，里面几乎所有人都被活活烧死。至此，国际舆论似已无足轻重。军方铁了心要夺权。

在这种激烈情绪的主导下，埃弗拉因·里奥斯·蒙特（Efraín Ríos Montt）将军 1982 年发动暴力政变，劫持了总统大位后凶相毕露，把广大危地马拉人民都定为“内部敌人”，下令把乡村地区的村庄整座整座地烧光，把全村的人杀光。[80] 一年中就有 1.8 万名危地马拉人成为国家暴力的受害者，[81] 其中大多数是西部顽强反抗的玛雅农民，他们几个世纪以来一直在抵抗压迫，坚决为自己争取公道。有谋反嫌疑的社群遭到大屠杀，被害者很多是妇女儿童。军队发动了针对不同政见的全面战争，想恫吓老百姓放弃革命，如果为此需要夺去无辜者的生命，也只好如此。保守派的目的是维护他们熟悉的世界，支持他们的美国人的目的是在世界上扫除共产主义的“灾祸”。危地马拉军队洗劫城镇村庄，对女性不分老幼一律强奸。他们使用外国顾问传授的方法，袭击反叛者的“藏身之所”，把里面的人全部杀死。[82] 关于那些年历史的一份深入的研究报告做了这样的描述：“暴力手段越来越残忍……军队的行为通常极为过分，他们砍下受害者的头颅或将其活活烧死，把孩子的头砸烂在石头上。活下来的妇女，哪怕是孕妇，也常常遭到强奸。”[83]

就在暴行似乎达到了种族灭绝的程度时，就在里奥斯·蒙特政府的国际形象坏到极点时，新闻报道戛然而止，人权团体突然不知所终，任由暴力在死寂的愁云惨雾中愈演愈烈。与此同时，罗纳德·里根总统的政府夸赞里奥斯·蒙特政权大大改善了危地马拉的人权状况。[84] 里根公开宣称，里奥斯·蒙特是“一个道德高尚的人”，“完全献身于民主”。[85] 当危地马拉这段触目惊心的惨痛时期结束时，20 万人死于非命或失踪，每 30 个公民中就有一人在屠杀中丧生。[86]

尼加拉瓜

1954 年—1984 年

> 1980 年，夸帕童贞圣母的塑像开始渗出汗珠。反对派报刊报道说它受了物质主义之害。一年后，报道又说童贞圣母像不再出汗，而是开始流泪。
>
> **——迪尔克·克鲁伊特，《革命与反革命》**[87]

在尼加拉瓜，不满的声浪一浪高过一浪。这也难怪。受美国资助、由索摩查家族三代人掌握的政府低效无能，当权者攫取咖啡和香蕉种植的利润自肥腰包，只顾贪欲，不思改进。大多数 5 岁以下的尼加拉瓜儿童都营养不良、发育滞后，一些乡村地区的文盲率达到 90%。[88] “我不要受教育的人，”阿纳斯塔西奥·索摩查·德瓦伊莱（Anastasio Somoza Debayle）常说，“我要的是牛。”[89] 到 20 世纪 50 年代中期，索摩查家族靠着贪腐成为巨富，他们将公款中饱私囊，全部投入自家的商业和走私帝国，任由老百姓啼饥号寒。1972 年，马那瓜发生大地震，造成 1.3 万人死亡，30 万人无家可归。[90] 为帮助尼加拉瓜重建国家，大量赈灾款从国外流入，却进了索摩查及其家人的腰包。一船船的水泥和机械都被他们贪污，就连豆子和大米也不放过。

这种倒行逆施激起民怨沸腾。1978 年，拉丁美洲革命浪潮正处于顶峰期，一支以被暗杀的英雄奥古斯托·桑地诺命名的游击队发动了一场狂暴的恐怖和劫持行动，希望以此唤起世界关注尼加拉瓜人民遭受的不公。既然抗议毫无效用，他们就开始在全国各地对索摩查的国民警卫队发动大胆攻击，尽管后者比他们强大得多。作为报复，索摩查的空军对尼加拉瓜各个城市展开了激烈的大规模轰炸。突然间，国际舆论倒向了叛军一边：索摩查为什么要屠杀本国人民？人民不过是表达自己的意愿，要求自己的声音得到倾听。就连吉米·卡特总统也不得不承认这太过分了；索摩查总统让他无法忍受，需要令其逐步移交权力。但是，拉丁美洲游击队的语汇里没有“逐步”这个词。事态愈演愈烈。1978 年 8 月 22 日中午，桑地诺游击队的先锋队攻陷了国家宫，扣押了那里的近 2 000 人作为人质索要赎金。[91] 此事标志着接下来的 10 年中一系列大型暴力冲突的开始。一年后的 1979 年 7 月，索摩查总统带着情妇在尼加拉瓜起义军的追击下仓皇逃亡，老百姓拥入马那瓜的中心广场，宣布起义军取得了彻底胜利。

不到两年半，美国干预尼加拉瓜的基调发生了剧变，期间华盛顿换了里根当总统，马那瓜成了莫斯科的坚定盟友，尼加拉瓜的武器大量流入萨尔瓦多叛军手中。1981 年 11 月，美国总统签署命令，给试图推翻桑地诺民族解放阵线政府的反革命力量“康特拉”（contra）秘密提供资金。与此同时，在尼加拉瓜的邻国洪都拉斯，美军加紧训练中美洲士兵，以击退该地区任何地方出现的共产主义势力。然而，这项任务在这个动乱越来越严重的地区变得日益艰难。几个月后的 1982 年 3 月，中情局的一项行动炸毁了离洪都拉斯边境不远的尼加拉瓜的两座桥，战火因此重燃，最后演变为兄弟相残。战争结束后，咖啡和香蕉种植园里留下了 5 万具尼加拉瓜人的尸体。[92] 接下来的 40 年间，一个又一个中美洲国家吞噬着自己的孩子，正如科阿特利库埃女神吃掉自己的后代，或农神咽下自己的儿子。将近500年后，那块葱茏肥沃的狭长土地，那块位于巴拿马以北、激发了巴尔沃亚和科尔特斯的雄心、将美洲分为南北两半的战略要地依然战火不绝。“你们一定想不到，”罗纳德·里根在向美国人民报告他对中美洲首次正式访问的讲话中说，“它们居然是不同的国家。”[93]

启程港

1980年5月

> 我在那个怪兽里面住过，我知道它的五脏六腑；我拿的是大卫的弹弓。
>
> ——何塞·马蒂，1895年谈到美国[94]

个子瘦高、浅褐色眼睛的西班牙人后裔卡洛斯·布埃尔戈斯是9个孩子里的老大，这个无忧无虑的小伙子也是个被判罪的盗窃犯。虽然他自己并不知晓，但他又一次成为政治棋局中的一颗棋子。他刚满25岁，就被放出古巴的东部联合监狱，再次坐上政府的一辆破烂不堪的汽车。不过，这次不是送他上飞机飞往非洲去面对不确定的未来，而是把他拉到了海边。在他妈妈生的所有孩子当中，只有他属于卡斯特罗不想要的那一类古巴人。不服管束、性格乖张的卡洛斯头上有个大洞，惯于违法犯罪；他属于可以被丢弃的一类人。

1980年5月9日，卡洛斯的12年徒刑才服满一年，监狱就打开了大门，卡洛斯被带到了马列尔港。放眼望去，只见海边人头攒动，海上随波起伏的小船密密麻麻，看得卡洛斯如堕五里雾中。他过去也经历过这类刻骨难忘的情境：目睹一个濒死的甘蔗收割者的头上喷出血雨；正在一位有夫之妇怀里享受温存时，军队的人来敲门；去非洲为共产主义作战，却带着破碎的颅骨被送回国；用偷来的马肉换得毒品，抚平狂乱的大脑。可这次，他看不太明白眼前的景象。他从暗处走进光明，眼前的一切令他目眩，令他不知所措。他看见男女老少拼命地往无数条小船上爬，但没人告诉他是怎么回事。他第一时间的本能反应就是逃。

第九章

慢烧的野火

在安第斯谁都知道，魔鬼来到地上作恶时，有时化身为一个瘸腿的陌生外国佬。

——马里奥·巴尔加斯·略萨，《安第斯之死》[1]

在美国深陷水门事件丑闻之时，在英国被“愤怒旅”游击队*弄得焦头烂额之时，在越南战争进入惨烈的最后阶段之时，拉丁美洲跌跌撞撞继续前行。那里的暴力动乱日益严重，但被日益耸人听闻的新闻头条所掩盖，几乎没有引起世界的注意。此时，20世纪期间夺去了数百万拉美人生命的革命激情如同慢烧的野火，逐渐传遍整个大陆，500多年来积聚的愤怒起到了助燃的作用。尽管如此，正如16世纪的西班牙在造成最残酷破坏的同时因拉丁美洲的白银而财源滚滚一样，20世纪的哥伦比亚虽然人死如麻，但经济实现了强劲增长，获利丰厚。[2]尽管从1948年到1953年，哥伦比亚经历了堪比内战的“暴力时期”，但它仍旧是世界上最大

---

* “愤怒旅”（Angry Brigade）是一个左翼革命团体，1970年到1972年间在英国发动了好几起恐怖主义爆炸事件。

的黄金出口国。[3]

1948 年发生了人称“波哥大事件”的严重暴乱，暴乱的余波在后来 10 年间造成了近 25 万哥伦比亚人的死亡。那场暴乱从未真正结束，一直在继续，导致尸体成堆，造成了一种似乎具备生命力的暴力文化。到 70 年代早期，中美洲革命热潮的消息传到位于高山上的波哥大时，哥伦比亚人早已对左派与右派之间的暴力司空见惯。

藏身内地的哥伦比亚叛军继续顽强抵抗政府的铁拳。在这场似乎永无休止的战争中，农民得不到安全部队的保护，只能组织武装队伍来自我保护，也有人利用天下大乱从事犯罪活动。很快，全国各地出现了两万多支武装突击队，还建立了他们自己的“独立共和国”。[4] 哥伦比亚像是回到了一个半世纪之前那种无法无天的疯狂日子：当时也是革命运动蜂起，平原居民和村庄首领自建王国，为了争强好胜大打出手。军方对农民的乡村武装发动了严酷的军事打击，所到之处不啻杀戮场，而左派叛军表示可以保护农民，承诺要保障他们的权利。声名狼藉的哥伦比亚革命武装力量（简称“哥武”）就这样诞生了，一场更广泛的革命也拉开了大幕。整个 70 年代，马克思主义的理想一直鼓舞着拉丁美洲人，“哥武”的队伍不断扩大，吸引越来越多的农民加入它的行列。城市里对现状不满的大学生联合起来成立了名为“民族解放军”（ELN）的游击队组织，专门伺机从事恐怖活动，目的是使富人惶惶不可终日，推翻他们的帝国。鼎盛时期的“哥武”和“民族解放军”力量强大，共有 2.3 万大军，全部投入爆炸、劫持、勒索、枪杀、屠戮等活动中。[5] 为了迫使寡头政权放弃对国家的控制，他们无所不用其极。

这样的动乱似乎已足以压垮任何国家，但动乱仍在继续恶化。90 年代，邻国秘鲁的古柯种植突然停止，给哥伦比亚强大的毒品卡特尔提供了扩大生意的好机会。美国对可卡因的需求空前飙升，经常吸食者超过了 1 000 万人，[6] 这样的赚钱机会怎会被放过呢？1995 年，美国的可卡因市场规模达到创纪录的 1 650 亿美元，几乎同美国的农业和矿业合在一起的体量相当。[7] 毒枭开始在哥伦比亚乡间购买土地，来开辟古柯种植园，扩大业务。原已非常庞大的非法毒品市场就这样进一步扩张，最终成了左派和右派双方的资金来源。数十亿毒品美元流入哥伦比亚，[8] 引诱和腐蚀着国家最重要的公共机构，包括国会、警察和司法体系。如此令人目眩的巨额财富也带来了更凶猛、更肆意的暴力，毒品恐怖分子开始打击任何碍他们事的人，无论是政府官员，还是记者或政治家。[9] 两个庞大的毒品帝国应运而生，一个在卡利（Cali），一个在麦德林（Medellín）；它们彼此大打出手，争夺对非法毒品贸易的主导权。

可卡因毒枭和“哥武”部队在内地并肩活动，形成了强力联盟。现在，只有法外统治才能起作用。毒枭、游击队和右翼准军事部队竞相争夺控制权，普通老百姓无所适从，谁都可能成为靶子。哥伦比亚一个月就有 3 次屠杀，一天就发生 7 起劫持案，丛林里和高山上活跃着 1.1 万名儿童兵。[10] 每天都会发生匪帮式处决、斩首、剥皮、强奸、绑架、失踪等难以言喻的野蛮行为。几乎每一个活着的哥伦比亚人家里都有人遭受过某种形式的暴力。光是流离失所者就多达 300 万人，他们被迫离开家园，逃往城市寻求保护。哥伦比亚人民有着骄傲的历史、璀璨的文化，他们的国家享有“绿宝石之国”的美誉，富含宝藏，却成了被流氓和刽子手掌控的犯罪集团。

贡萨洛思想

万事皆空，唯有权力。

——阿维马埃尔·“贡萨洛”·古斯曼[11]

暴力如瘟疫般迅速传播，与500年前西半球被征服时席卷整个半球、留下累累伤痕的那场流血惨剧几乎同样险恶惨烈。就在阿根廷和智利的愤怒之火烧向中美洲的同时，发生在哥伦比亚的混乱和暴力也很快传到了秘鲁这个充满仇恨、种族积怨世代累加的国家。

事情是从安第斯山脉的阿亚库乔（Ayacucho）开始的。阿亚库乔是秘鲁最贫穷的省份之一，是一个阳光充足的山谷，最高海拔3 600米。居住在那里的盖丘亚人以固执、骄傲著称，也出了名地贫穷。然而，就是在这个地方，秘鲁人突然获得了受教育的大好机会。[12] 20世纪60年代和70年代，历届秘鲁政府为提高人民的识字率，决定在国家最偏远的极端贫困地区开设中小学和大学。结果，阿亚库乔的胡阿曼卡大学*迅速扩招，6年间学生人数增加了5倍。到1977年，整个大学规模扩大了33%，教职工和学生总计占了阿亚库乔全部人口的1/4以上。

* 正式名称是胡阿曼卡圣克里斯托瓦尔国立大学。

这是个非凡的进步，因为在贫穷省份里的贫穷市镇中，人们受教育的机会本来几乎为零。安第斯的原住民青年男女抱负远大、坚信平等，决心充分利用这个意想不到的好机会。大学也决心充分发挥自己突然获得的潜力。胡阿曼卡大学的教室里挤满了青春焕发、求知若渴的年轻人，他们特别容易吸收向其灌输的各种思想。这里远离氛围保守排外、固执偏狭的首都——“白人的利马”，远离那里高高在上的白人和外国资本家，学生们可以像任何大学本科生一样，反复分析解读自己国家各种不正义现象的历史。在大胆不羁、充满魅力的阿维马埃尔·古斯曼（Abimael Guzmán）教授的鼓动下，胡阿曼卡大学的学生群体成为培育“光辉道路”最合适的温床；“光辉道路”是拉丁美洲历史上最强大的游击队运动之一，也是最暴烈、最狂热、最偏执、最可怕的一个。[13]

古斯曼是阿雷基帕一个殷实商人的私生子，出生在港口城市莫延多（Mollendo）附近的一个小村子。[14]他母亲家境一般，把他拉扯到 8 岁时，因为自己急于开始新生活，就抛弃了他，让他自生自灭。一位住在卡亚俄的舅舅收留了这个没人要的孩子，却不是出于善心；他虐待、羞辱这个孩子，把他当作家里的用人使唤。虽然小阿维马埃尔没见过自己的父亲几面，但这次他给父亲写了一封信，诉说自己遭受的各种残酷虐待，求他救自己脱离苦海。老古斯曼个性极强，和不同的女人生了 10 个孩子。他对阿维马埃尔的遭遇并不怎么同情，但那封让人揪心的信落到了他妻子手里。那女人比较善良，可怜这个孩子；她说，这封信证明这孩子很聪明，应该让他过上好日子。于是，11 岁的阿维马埃尔·古斯曼住进了他父亲在莫延多的房子，在继母的张罗下念了一所好学校。

他的学习成绩优异，他因此鼓起了信心，立志去附近的阿雷基帕这个秘鲁知识分子聚集的中心去继续深造。

50 年代晚期，古斯曼进入最具秘鲁特色的城市阿雷基帕的一所声名卓著的天主教大学——圣奥古斯丁国立大学，在那里学习法律和哲学。他在校期间成绩优良，还加入了在拉丁美洲不断壮大的共产党。毕业后，他于 1962 年被胡阿曼卡大学聘为哲学和政治学教授，来到了位于安第斯山高处的寂静山城阿亚库乔。腼腆害羞、身材矮胖、低调神秘、高度自律的古斯曼，或许不像个魅力四射的革命家，阿亚库乔也完全不像是革命的摇篮；但是，古斯曼对秘鲁的未来有着明确具体的雄心，也有实现雄心的意志。

在那座山城大学里，古斯曼对校长滔滔不绝地讲述了他的激进设想。这位年轻教授多次凭资助项目去过中国，对毛泽东在中国规模巨大、发展吃力的农民社会中取得的成就十分钦佩。毛主席证明，革命不一定要从大城市发生，农村运动也能从星星之火发展为燎原烈焰。校长听后印象深刻，觉得古斯曼阐述的是可以付诸行动的哲学，是拥有力量的意识形态。他鼓励这个满怀理想的下属去追求自己的目标。古斯曼觉得秘鲁抛弃了自己在安第斯的根，受了外部力量的引诱。他的学生祖祖辈辈受到漠视，但他坚信，这些前程远大的盖丘亚青年有能力摆脱几个世纪以来的压迫，不辱祖先的英名，为子孙后代夺回秘鲁。他们需要发动一场猛烈的暴力革命，也就是印加人所说的“帕查库蒂”（Pachacuti）——翻转世界。必须破旧立新，推翻殖民主义、外国帝国主义、猖獗的腐败和残酷的阶级体制。古斯曼把校长对他的鼓励理解为让他放手去干，于是开始超越对理论的思考，着手将他的政治信念付诸实施。他把胡阿曼卡大学当作推动天翻地覆的工厂，教他的弟子们扭转历史、改天换地、重塑国家。

到 70 年代中期，古斯曼在胡阿曼卡大学成立并精心培育的秘鲁共产党已经发展出一支强大的游击队，男女成员都决心对他们眼中贪得无厌、听命于外国利益的政府宣战。最后，古斯曼带领一班可靠的指挥官离开胡阿曼卡大学，建立了一处准军事营地，准备为暴力起义训练部队。他自称“贡萨洛同志”，像任何铁腕独裁者一样实行专制统治，每个入伍队员都要签下严格的宣誓效忠书，效忠对象不是“光辉道路”，而是古斯曼本人。[15] 他向游击队员灌输“贡萨洛思想”，声称他的思想将超越国界，引爆世界革命。[16] 他的狂热追随者越来越多。

秘鲁为“光辉道路”的恐怖活动提供了最肥沃的土壤。从 1968 年到 1975 年，掌握治国大权的是胡安·贝拉斯科·阿尔瓦拉多（Juan Velasco Alvarado）。这位总统是温和的社会主义者，一心想同卡斯特罗的古巴和阿连德的智利发展关系。等到军方 1975 年发动政变将其推翻时，古斯曼的“光辉道路”成员已经利用一切机会进入了政府系统，占据了重要岗位，学会了政府的运作方式。[17]“光辉道路”在政府基层广泛开展宣传，渗透了警察和军队，给新加入的警员和士兵分发小册子，为他们提供大量从矿区偷来的炸药，它还怂恿士兵从武装到牙齿的兵营里带着弹药逃走。到 1980 年，“光辉道路”做好了激活它精心架构的网络的准备。5 月，秘鲁总统大选前夕，它终于出手了。“贡萨洛同志”的游击队袭击了山城丘斯奇（Chuschi）的各个投票站，烧掉了票箱，宣告了推翻秘鲁政府、消灭统治阶级的雄心壮志。

新当选的总统费尔南多·贝朗德·特里（Fernando Belaúnde Terry）和住在繁忙热闹的首都利马的所有人一样，完全没把游击队放在眼里，只当他们是一群乱哄哄没头苍蝇般的疯子。贝朗德对“光辉道路”居高临下、不屑一顾，对他们的诉求置之不理，认为他们不可能有什么远大目标。与此同时，“光辉道路”的力量不断壮大。它席卷农村地区，杀害国营企业的工头，在实际上被贝朗德所代表的利马利益集团当作奴隶役使的农民当中赢得了尊敬和忠诚。“光辉道路”刚起步时动作不大，但很快就开始打着保护穷人的旗号巡察阿亚库乔的周边地区，后来又把活动范围扩大至整个安第斯高原。不久后，他们在首都街道上留下了令人毛骨悚然的来访名片：一天早上，利马居民醒来后发现电线杆上吊着死狗，下面还贴着愤怒的标语。[18]

起初，加入“光辉道路”的年轻人青涩无知，对作战技能或游击战术一窍不通，但不久后，他们就连战连捷，成了久经考验的战士。[19]他们发动的袭击针对性和战略性都越来越强，手法也越来越野蛮。最终，他们成为一支名副其实的军队，占据了农村的大片土地。不赞同他们的恐怖行为或不加入他们行列的农民都被处死。“光辉道路”使用死狗这个粗鲁的象征符号来告诉秘鲁人，他们若是软弱地屈服于资本主义，将遭到毫不留情的消灭。喉咙被割断的狗的尸体开始出现在住房台阶上，悬挂在工厂大门上，或者被扔进军事哨所的墙内。信号很清楚：当权派是打击对象，掌权者难逃被消灭的命运。“光辉道路”发动了一轮疯狂的血洗，其残忍程度不亚于“红色高棉”领袖波尔布特（Pol Pot）推行的骇人的灭绝政策。任何与政府哪怕有一丝关系的人，无论是警察，还是军人、市长、教师或任何碍事的倒霉平民，都遭到严刑处决。

慢慢地，“光辉道路”同在丛林和偏远山区活动的毒贩结成了获利丰厚的联盟。游击队负责保证安全，贩毒集团负责提供现金。因此，“光辉道路”不需要外国资助，它依靠贩毒得来的钱训练战士、购买武器、维持日常活动，成为拉丁美洲第一个几乎完全不靠外国支持的武装叛乱运动。[20]后来的恐怖主义组织也学到了这种筹资方式。到20世纪80年代晚期，“光辉道路”控制了秘鲁大部分农村地区，它的恐怖统治从北边的厄瓜多尔边境一直延伸到与巴西和玻利维亚接壤处。

“光辉道路”从事的不是政治说服，古斯曼的手下用野蛮武力迫使人民服从。有时，一个女游击队员故意勾引警察，警察如果上钩，就很可能被割断喉管，抢走武器。[21]有时，一组游击队员在公路上拦住一辆小汽车，把车里人的头颅打烂，眼睛挖出，生殖器割下来塞进嘴里。[22]小孩子被派去炸银行。爆破小组炸毁发电站，使城市陷入黑暗之中。游击队攻击供水系统，使得成片的街区断水。假如孩子呜咽一声，可能造成伏击行动暴露，妈妈就要被迫亲手杀死自己的孩子。农民被逼用刀杀死自家的狗以防其吠叫。谁胆敢反对，马上就没命。“光辉道路”的宗旨是秘密行动、制造混乱、散播恐慌、掏空权力结构，进而控制所有人。古斯曼激励手下的战士们说，他们将蹚过“鲜血之河”！[23]他们将狠狠打击农村，挤净脓液，留下一片沙漠。[24]

为粉碎旧秩序，受过专门训练的游击队冲进山村，杀光与旧秩序哪怕只有一丝关系的人。一位记者说，任何被怀疑与政府有关系的人都可能成为打击目标：“当地的市长、卫生所的护士、农业合作社的负责人、银行保安、防治羊发热的欧洲农艺师、拥有的马铃薯田面积太大的农民、去机场迎接从利马来的政治候选人的学生。”[25]

在更大的意义上，“光辉道路”从200年前图帕克·阿马鲁二世发动的反抗西班牙统治的激烈战争中汲取了灵感；那场战争使整个秘鲁殖民地陷于瘫痪。从1780年到1783年，秘鲁血流成河，10万具尸体遍布秘鲁山区，比美国独立战争死的人都多。[26]毫无疑问，图帕克·阿马鲁和阿维马埃尔·古斯曼无论在战略上还是在理想上都不谋而合。他们要的是被压迫者和压迫者之间、棕种人与白种人之间、山区与城市之间你死我活的零和战争。可是，图帕克·阿马鲁的目标是杀掉西班牙地方官、屠戮白种人，“光辉道路”却是要处死任何不肯加入它行列的人，就连它立誓为之争取公道的原住民也不例外。

古斯曼称之为“定额”（la cuota），[27]杀死无辜之人是秘鲁为去除资本主义毒素、迎来更加公正的时代而需要付出的一部分血的代价。在这场血战中，“光辉道路”游击队即使牺牲几千名战士也在所不惜。“定额”要求彻底的自我牺牲精神和慷慨赴死的决心。革命军将播下反抗的种子，期盼其发展为增长数倍的力量。“光辉道路”很快就成为革命力量孤注一掷走极端的最激烈表现。[28]一个半世纪前，玻利瓦尔称另一场完全不同的革命为“你死我活之战”；“光辉道路”发出的信号与之完全相同。两者都是旨在实现清洗的战争，一个是针对西班牙，另一个要推翻利马僵化的等级制。两者都是无政府力量发动的革命，革命对它们来说只有收获而没有损失，国家若是因革命而崩溃，那最好不过。“光辉道路”

就是要为被践踏、被蔑视的底层老百姓而战，要将压迫了他们500年的势力斩首。

古斯曼的战士与图帕克·阿马鲁二世的军队不同，他们不仅深入秘鲁的遥远角落，而且闯进首都的核心地区，把富人区和权力中心闹得天翻地覆，甚至在利马城里设立了办事处。不过，他们对穷人也不放过。他们扫荡贫民区，杀死民间领袖、神父和社会工作者。[29]他们要传达的信息是：只有一条路，那就是“光辉道路”。秘鲁军方对游击队发动了毫不留情的残暴战争，在农村烧杀抢掠，处死任何和游击队沾边的人，常常滥杀无辜，这更是给动乱火上浇油。事实上，军方的残忍滥杀和革命军不相上下；他们大批屠杀农民，还将许多人逮捕监禁，对其严刑拷打。利马的所有监狱都人满为患。1986年，发生了一次犯人暴乱，250人在监狱墙内像羊群一样遭到宰杀。到那个愤怒狂暴、浸透鲜血的十年结束时，7万秘鲁人因古斯曼的革命而死于非命。[30]乡村居民害怕性命不保，离开家园拥入首都寻求安全，在沙地、山坡等任何能落脚的地方盖起容身的棚屋，围绕着利马市中心形成了一圈圈肮脏污秽的贫民窟，利马原来的80万人口一下子猛增到700万。[31]到1990年，利马居民每两个人中就有一个住在贫民窟。[32]他们的生命贱如粪土，日子过得提心吊胆。一年后，暴发了一场霍乱疫情，32.2万人染疫，[33] 1 000人死亡。[34]

至此，敌对双方都在大肆征收“定额”。1992年，利马郊区米拉弗洛雷斯（Miraflores）一个安静的广场上，一枚炸弹突然爆炸，炸死了40个平民。两天后，秘鲁军队突袭了利马郊外的一所大学，因为军方认为所有高等教育机构都是麻烦的温床。25名学生和教师被绑架，经受了酷刑后被杀害，他们的尸体被扔在沟里，或被斩首，或被烧焦。[35] 其实这些人没有一个是“光辉道路”或任何其他恐怖团体的成员。[36] 然而，肆虐的暴力此时似乎已成为唯一的社会法则。

最后，古斯曼在首都一处僻静角落的一家儿童舞蹈学校楼上的藏身处被抓捕。三年后的 1995 年，恶龙的头甩过来反噬尾巴，利马开始了对山区人民的报复。阿尔韦托·藤森（Alberto Fujimori）总统为了阻止讨厌的穷人不断增多，改善秘鲁的经济状况，下令对秘鲁山区的原住民妇女强行实施大规模绝育。这一伪装成卫生措施的暴行得到了美国 3 600 万美元的资助。[37] 政府将 35 万多名惊恐的盖丘亚和艾马拉妇女不由分说地赶到临时诊所，未经她们同意就打上麻药，施行了手术，断绝了她们生育的可能。

流浪在黄金国

> 美国有最充分的机会，也有最恶劣的影响。
>
> ——乔治·桑塔亚那[38]

卡洛斯·布埃尔戈斯接近那块影影绰绰的陆地时，感到自己得到了重生。他只知道那个地方叫骨礁（Cayo Hueso），属于冷静务实的基韦斯特。刺眼的阳光无情地照下来，使卡洛斯无法看清自己即将进入的世界。他在地牢里待得太久，眼睛已经习惯了黑暗，现在，他双手搭在前额上尽力向前望去，看到波光粼粼的海面尽头有一线沙滩。他听到旁边的人大喊：“美国！上帝保佑！”

他自己也想欢呼，但只能发出嘶哑的咕哝声。谁想得到宰马和犯法能带来这么好的运气？他光着脚，赤着膊，身上还是他在警察打开监狱大门、把他搡上卡车的时候穿的衣服。他的肩膀和手臂被太阳灼伤，嘴唇干裂，头上的旧伤一跳一跳地疼。有人一拳打在他胳膊上，指着远处的岸边说："哥们儿，美元、女人、威士忌！"卡洛斯笑了。他的欲望比那还要更基础：他已经好几天没吃饭了。

卡洛斯只是12.5万人中的一个。那些绝望的人衣衫褴褛、蓬头垢面，没有任何身份证明，他们说自己是什么就是什么。虽然有人劝过美国人不要试图救助卡斯特罗口中的这些"败类"和"人渣"，[39]但吉米·卡特总统许诺要"张开臂膀"欢迎他们。美国人租借了摩托艇、帆船、捕虾船、货船，赶往古巴海岸边去接人，有的甚至为此动用了自己的积蓄。马列尔港来的人还没到，佛罗里达群岛（Florida Keys）接待处的墙上就贴好了美国政府的传单：

致古巴难民：

这个伟大的国家让你们有机会开始新的生活，得到充分的自由、安全，保证你们过上和平有序的生活。你们将重获新生，得到人的待遇，享受上帝赋予的一切不可剥夺的人权。[40]

载着卡洛斯和其他几个犯人的监狱卡车到达马列尔港后，车门打开，他们下车来到港口。卡洛斯跌跌撞撞地跑向离得最近的货船，却被疯了一样的人群挤到了一边。最后，他跟着似乎是一大家子紧张焦躁的人好不容易挤上了一艘船。船上有西装革履的人，也有衣衫破烂的不同政见者、心怀不满者、亡命徒、追梦者、同性恋、智障者、精神病患者。卡洛斯环视四周，没看到一个他认识的人。没有退役军人，没有东部联合监狱里的盗窃犯，也没有和他一起来到港口的犯人。几小时后，他和数千人一起快速通过基韦斯特的处理中心，登上了飞往宾夕法尼亚的飞机。[41]

飞机降落后，他被送到印第安敦盖普堡（Fort Indiantown Gap），那是国民警卫队的一个训练中心，成千上万从马列尔港来的难民被围在那里的铁丝网内，等待美国官员决定如何处置他们。最后，卡洛斯被赶上一辆大巴，驶往阿肯色州的查菲堡（Fort Chaffee）军事基地。经过筛选甄别的数千名古巴人中，55 人有犯罪记录，其中许多是政治犯。[42] 然而，就卡洛斯所知，和他一起到达查菲堡拘留中心的一群人中，只有他一个罪犯。即使如此，看到古巴人大批到来，基地附近小镇的居民都相信卡斯特罗说的是真的，认为这些人都是罪犯、恶棍，对他们的社区构成了危险。[43] 民众举行了抗议，拘留中心的古巴人也发动过暴乱，在有些情况中，美方管教人员被指控犯下了残暴行为。5 个月后，卡洛斯突然被送上汽车，经过一段长长的旅途后来到华盛顿特区：他可以自由地逛大街了。

位于华盛顿中心区的移民与归化局的工作人员为卡洛斯做了三件事：给他找了一份工作，在美利坚大学的食堂收盘子，拿最低工资，没有小费；在他完全适应工作之前每月给他 150 美元的津贴；在治安不好的芒特普莱森特（Mount Pleasant）的一处拥挤宿舍里为他租了一个房间。[44] 没人问过他是否坐过牢，没人告诉他华盛顿堪称美国的谋杀之都，而他居住的市中心街区是全美最活跃的快克可卡因*交易地，就连市长马里昂·巴里（Marion Barry）本人都公然吸食可卡因。

举目茫茫、语言不通的卡洛斯努力想过上好生活。几个月后，他找到了第二份工作，在一家名叫里奇韦尔斯的高级宴会承办公司洗盘子，好多挣点钱。但是，他发现华盛顿特区的生活并不太平。一天深夜，他在打完第二份工回家的路上遭到三个街头匪徒的抢劫，肚子上被打了一枪，造成肠子8处穿孔。几个月后，他做了结肠造口手术，但日渐消瘦，形销骨立，几乎无法吃饭。

卡洛斯对枪击并不陌生，他过去经历的枪战比这激烈得多。但他当时还不知道，他其实不必听移民局的话；美国有的行当来钱快得多，而且是大钱。他从住在同一座楼里的美国瘾君子那里听说，大量快克可卡因正在流入这个街区。市政府领导人好像根本不管。[45] 毒品来自安第斯地区，在秘鲁种植，在哥伦比亚加工，然后流向北方，经由墨西哥运到美国，全程由恐怖分子操作、保护。瘸子帮（Crips）和赤血帮（Bloods）这两个洛杉矶最凶狠的黑帮直接和哥伦比亚毒品卡特尔做生意，把成卡车压成砖状的快克可卡因运到华盛顿，而推动此事的毒枭就在卡洛斯住的街区活动。

卡洛斯伤好后，干过各种各样的工作，但都干不长。他当过餐馆服务员，做过酒保，还在建筑公司干过挂石膏板的活。现在他的想法不一样了，他想多了解毒品世界的情况，弄明白他周围这么多的现金是怎么来的。他周围的人好像一个个都能说会道、

---

*　快克可卡因（crack cocaine），一种高纯度的可卡因。——译者注

衣着入时，开的车也时髦酷炫。这里不是哈瓦那，不是马坦萨斯，也不是罗安达或莫桑比克。他开始对这个世界着迷。夜幕降临后，毒贩、迪斯科、纸醉金迷、荡妇流莺——这一切都强烈吸引着他，使他无法抗拒。他开始和朋友们一起吸可卡因。不久，毒贩开始要他翻译电话那头喋喋不休的西班牙语，或者让他陪同去萨泰里阿教的伏都法器店、萨尔萨舞厅、墨西哥卷饼店或食杂店帮他们谈生意。他得到的报酬是几克可卡因，享受一刹那的飘飘然。他过去没有用过能致瘾的毒品，那种快感让他大开眼界：那是一种狂喜，一种自觉永生不朽的无法言喻的感觉，一种飘飘欲仙的幸福感。卡洛斯过去从来没有过这样的感觉。它是一剂缓解药，减轻了他的头痛；它是一杯忘忧水，转移了他对自己被打烂的肠子的担忧。很快，他除了毒品外，其他什么都不在乎了。

难道美国的好生活就是这么简单吗？卖点毒品，带件武器，拉上关系，收拾几个不听话的人，这些对卡洛斯来说并不陌生。他受过训练，知道怎么开枪用刀，必要时他也会偷东西，这些他都轻车熟路。他过去就与罪犯、流氓和杀手为伍。这难道就是他在这块土地上最能派上用场的技能吗？

卡洛斯是逐步滑入重罪深渊的。他在一家曼波舞厅遇到了一位年长的美国女人，这个 50 来岁的金发女人有一份好工作，有一个和卡洛斯一样大的女儿，还有一套不错的公寓。海伦喜欢卡洛斯跳舞的样子，也喜欢他说的可笑英语、他的幽默感、他那一刻不停的充沛精力和他的青春。她让他上了自己的床，不久后又让他搬来和她同居。同居的日子过得相当舒服，卡洛斯慢慢地都不想去上班了。后来，他和一帮瘾君子鬼混，不时小小地违法犯罪一下，在夜里吵闹喧哗，还因醉驾被逮捕过。官方文件显示，卡洛斯 1982 年和 1983 年曾两次因暗自携带武器被拘押。“那两次我都是和一群古巴人在一起，”他回忆说，“我们在一家 7-11 便利店的停车场，可能大家都喝多了点儿，结果打了起来，把事情闹大了。我的武器就是我刮石膏板用的刀子。”[46]

1984 年的一天，有人让他把一旅行箱的可卡因送到城的另一头，报酬等于他几天的工钱。不久，他就干起了运送毒品的勾当。只要有人要，他就把毒品包裹送往各地，包括外州。此时，美国首都已成为快克可卡因的王国，毒品泛滥，新上位的毒枭老大是年仅 19 岁、颇具个人魅力的雷夫尔·埃德蒙三世（Rayful Edmond III）。1984 年 9 月 24 日，埃德蒙的一个亲信派卡洛斯带着厚厚的几沓百元大钞去马萨诸塞州的斯普林菲尔德（Springfield）做交易，但后来，事情忽然失控。卡洛斯和同行的墨西哥人入住汽车旅馆后，那个墨西哥人突然拔出手枪，从背后向卡洛斯射了一枪后卷款逃走。卡洛斯被赶忙送进急诊室，在医院住了好几个星期。弹头至今仍卡在他的左髋骨内。

没出几个月，卡洛斯就陷入可卡因毒瘾中无法自拔。他身上的伤经常疼痛难忍，别人因为他的毒瘾而对他鄙夷不屑，视他为废物。到 1987 年，他开始替小毒贩跑腿做事，挣的钱用来买金链子和时髦衣服，还要满足他越来越大的毒瘾。在此期间，32 岁的卡洛斯在马里兰州的海洋城（Ocean City）抢劫了一家商店和一座私宅，被抓住后在监狱服了 12 个月的徒刑。

也是在这段时间内，他遇到了克拉拉，一位在马里兰州贝塞斯达（Bethesda）以替人打扫房子为生的委内瑞拉年轻女子。认真负责、勤劳肯干的克拉拉试图帮卡洛斯回归正常有序的生活，他也的确一度停止了吸毒，找到了一份挂石膏板的正常工作。他搬出了海伦的家，发誓要好好生活。他和克拉拉结了婚，次年 5 月生了个儿子。

1988 年，卡洛斯在华盛顿一家高级乡间俱乐部找到了一份服务员的工作，工资比他过去的任何工作都高，但他没干多久。领班批评他动作慢，对顾客不够殷勤，他一怒之下辞了职。为补上这一份工作的收入，他找了两份工，在一家万豪酒店做客房服务员，下班后再和他最好的朋友一起去巴尔的摩一家假日酒店做餐厅服务员。“我上道了，”他说，“我很努力。”[47] 但是，当那个朋友几年后患癌死去时，卡洛斯便把两份工都放弃了。他很快变本加厉地重拾可卡因，堕入了活跃着瘾君子和毒贩子的地狱。

在一个大毒贩搬进 16 街卡洛斯住的公寓楼后，卡洛斯又干起了运毒的勾当。这次，他不顾高风险，专干大买卖。他好似变了一个人。他总是回忆起非洲战场上的噩梦，感到怒火在胸中燃烧，恨不得要杀人。不久，他妻子就搬进了一个救助受殴打妇女的收容所，后来又搬去了另一处公寓，全心照顾他们 3 岁的儿子。那孩子开始显现出严重注意力缺失和情绪失调的症状，有些吸毒者的孩子身上就会出现这样的问题。

孑然一身的卡洛斯自暴自弃，完全向毒瘾屈服。他不留钱，把钱全花在吸毒得来的快感上。流落街头的他如同冬天的一片树叶，被毒品和随他北来的凄厉寒风吹打着，卷到他想象不到的恐怖高空。他因走私毒品被关进洛顿监狱时，只剩了 20 年前开往安哥拉的那个金发年轻人的一个影子：他面色惨白，浑身抽搐，体重不到 60 千克，几乎不成人形。

在卡洛斯坐牢期间，他的儿子死于心脏衰竭，他的妻子远走他乡。2001 年，洛顿监狱关闭，要改为社区艺术中心，监狱当局只能把包括卡洛斯在内的所有犯人都送去别的地方。犯人们有的去了佐治亚州，有的去了南卡罗来纳州，有的去了佛罗里达州。卡洛斯获释后，又重操旧业，干起他最拿手的老本行：偷窃、入室抢劫、威胁欠钱的吸毒者、用手枪枪托打人。他从一个镇游荡到另一个镇，寻找下一次机会。[48] 但是，不管他走到哪里，有些记忆永远挥之不去：劈在一个人前额上的砍刀，非洲战场上遍地的残缺尸体，子弹穿过他头骨时突如其来的一片黑暗，8 颗子弹打进他腹部时的白光一闪，抱着儿子逃往走廊那头的妻子，还有子弹弹头射入他身侧的重重一击。生活就是这样。从来就是这样。

无尽的战争

征服尚未结束，对征服的抵抗也未结束。

——胡安·阿道弗·巴斯克斯，1982 年 [49]

反正在古巴从来就是这样，即使是在革命胜利后，在卡斯特罗夺权的动乱平息后，在他后来开展的政治清洗结束后。尽管如此，从 20 世纪 60 年代到世纪末，古巴模式一直激励着拉丁美洲其他地方的革命。这也很正常。在人们的记忆中，拉美地区一直是火药桶，是种族冲突的定时炸弹，随时可能爆炸。暴君统治成为常态，就连民主选举出的政权也是暴君式的，各国政府都倾向于专制主义、强力压迫、无情手段。暴力成为这个大陆的常规做法和行为模式。世界就是这么运作的。

此乃历史使然。造就了拉丁美洲的熔炉把两群截然不同、暴烈躁动的人民结合在了一起。西班牙在征服美洲不久前，刚刚和阿拉伯占领者打过一场恶战，争夺奴隶贸易主导权的战役也刚刚止息。成千上万渡海前来拉丁美洲定居的西班牙人依靠“兄弟会”（hermandades），即自发的治安队和乡村警察来维持秩序，常常诉诸野蛮残酷的手段。[50] 他们在这片远离祖国的土地上遇到的原住民帝国对征服战并不陌生。这里的原住民用人做祭祀的牺牲品，也经常施行暴力镇压。双方都知道野蛮的暴力多么有用，都依靠暴力、运用暴力，最后也都败于暴力。这是事态发展的自然趋势。

随着历史的展开，一种模式逐渐成形。总有跃跃欲试的战士感到无用武之地，也总有被奴役的人民索性放手一搏。葡萄牙国王开始对巴西殖民时，送去的都是些他不想要的惯犯；[51] 巴西原住民为此蒙受了惨重的损失。西班牙士兵被派去镇压拉丁美洲革命时，刚刚打完了抵抗拿破仑入侵大军的激烈游击战，殖民地的叛军则以同样激烈的暴力还治其身。法国想向墨西哥讨债，顺便将其收归己有时，派去了经过克里米亚战争洗礼的善战精兵，在那里展开了大屠杀。几个世纪后，拉丁美洲的外国公司需要建立安全部队时，雇用的是经过内战锤炼的强悍老兵——公司为保护自己的生意，需要的正是有过作战经验的顽强、冷酷的佩枪战士。

就像前几个世纪一样，这是一个“打狗时代”（la época del perrero），充斥着以眼还眼、以牙还牙的行动。[52] 诺贝尔奖获得者、小说家马里奥·巴尔加斯·略萨脱离政治生活多年后写道，在秘鲁，无法不注意到社会本性中有“一种原始性，一种凶暴”。[53]对于秘鲁这个历史上充斥着不公和犯罪的国家，人们很容易简单地认为它在根子上就是恶毒的。[54]其实，秘鲁与它的邻国并无不同。这是它在文化冲击的磨难中的自然表现，自古就是如此。

巴尔加斯·略萨在诺贝尔奖颁奖仪式上的讲话中阐述了拉丁美洲的苦难：

> 对美洲的征服如同历史上一切征服一样，是残酷的、暴力的。我们必须正视征服留下的遗产，同时不能忘记，那些犯罪者和劫掠者正是我们自己的祖先……两百年前殖民地脱离西班牙获得独立时，掌权者没有补偿原住民，没有为过去犯下的恶行赎罪，反而和西班牙征服者一样，继续贪婪凶狠地剥削他们，在一些国家中，掌权者甚至残杀他们，或将他们完全灭绝。要清楚地认识到，几个世纪以来，解放原住民完全是我们的责任，但我们并未成功完成任务。这个问题在整个拉丁美洲都没有解决。这是全大陆的耻辱，无一例外。[55]

这是暴力的根源，是白人之所以对种族问题如此一丝不苟的原因。为此，神父在古老的教堂记录中仔细记下新生儿的肤色；为此，掌权者今天依然坚决维护种族的纯洁；也是为此，拉丁美洲的有色人种长期以来一直被排斥、被遗忘、被蔑视。关于拉丁美洲白人和有色人种间的大规模混血，有许多颂扬的文字。的确，种族间混血从一开始就相当普遍，但那是没有选择的，是西班牙和葡萄牙征服者同原住民及黑人女性随意滥交的结果。即使如此，西班牙人的后裔一贯注重“血统之纯净”这个古老的理念，注重维持没有原住民、犹太人、亚裔、阿拉伯人或黑人血统的基因库；尽管时至今日，世世代代居住在美洲的“白人”血统中其实已经掺杂了上述人种的大量基因。现实已经改变，但偏见依然故我。

整个 15 世纪的 100 年间，“血统之纯净”在西班牙是法律。[56] 每个人都要有官方的血统证明，以将犹太人和阿拉伯人排除在外。后来，这个概念不再被坚持，而是被随意滥用。19 世纪初，西班牙的财政捉襟见肘，于是决定出售“血统净化证明书”（Cédulas de Gracias al Sacar）来赚钱。[57] 那是一纸证书，赋予美洲殖民地肤色较浅的有色人种与白种人同等的权利，如受教育的权利、获得更好工作的权利、加入圣职的权利、担任公职的权利、与白人通婚的权利、继承财产的权利等等。在当今多种族的拉丁美洲，“血统之纯净”的概念更加灵活随意，但它仍然是用来支撑偏见的工具。白肤色也有不同的层级。新郎的父母会得意地说：“新娘很白。”他们感到高兴，因为这意味着他们的后代会更白。这就是为什么玻利瓦尔叹息说革命尚未成功，很多人今天也仍然这样认为，真正的平等这一启蒙运动的光辉目标从未真正实现。探究任何一桩犯罪的动力，或民众长期愤怒的深层原因，就会发现拉丁美洲发生的一切几乎都源于种族、阶级和贫困这三大因素。这就是暴力文化经久不衰的原因。

暴力文化挥之不去。世界上 50 个暴力最严重的城市中，43 个在拉丁美洲。[58] 谋杀率最高的 25 个国家中，近一半位于格兰德河以南。今天，在我童年的故乡，秘鲁的特鲁希略这个太平洋岸边皮萨罗为之骄傲的城市，只要花上 100 美元甚至更少，就能雇一个刺客去枪杀债主，或干掉讨厌的邻居，或除去你妻子的情夫。找到合适价钱的合适杀手很容易，在脸谱网（Facebook）上或一个叫“真便宜！”（Qué Barato!）的数字化集市上就能找到。[59]你也可以到哥伦比亚的卡利去找；事实上，在处于和平状态的国家中，哥伦比亚的暴力最为严重。[60]阿根廷布宜诺斯艾利斯的价钱贵一些，干净利落的预谋杀人今年一般要价 1 万美元，但杀手也是可以找到的。[61]一位记者说过，在拉丁美洲，刺客之于谋杀如同晶体管之于收音机。[62]野蛮与残酷形式多样、无处不在，还以其他方式渗透了这个地区社会的方方面面。例如，在今天委内瑞拉的马图林（Maturín），一个街头罪犯若是看上了你的手表，就可能砍掉你的手；为了一双好鞋，他可能干脆杀了你。之所以形成这种局面，是因为在 20 世纪 60 年代，拉丁美洲的正义暴力发生了惊人的螺旋式上升，触发了一种疯狂，统治者和反叛者都抛开了一切道德或心理约束，放纵自己最卑劣的冲动。[63]

2018 年，萨尔瓦多每天都有十多人死于帮派冲突，人们已经麻木，见怪不怪了。[64]情况严重的时候，一天就有 45 具尸体被扔上卡车拉去停尸房。当时，萨尔瓦多的谋杀率高居世界之首，每 10 万人有 108 人被杀，是英国的 100 倍以上，比美国高 20 倍还多，超过全球平均数的 10 倍。[65] 2017 年 1 月 17 日，这个多灾多难的国家一整天没有发生谋杀案，远至俄罗斯和新西兰的媒体都报道了这一喜讯。然而，杀戮并非只在萨尔瓦多盛行。整个拉丁美洲的人口仅占世界人口的 8%，其凶杀案却占了世界的 38%。[66]据《经济学人》杂志报道，2017 年，拉丁美洲共有 14 万人被谋杀，比 21 世纪迄今为止所有战争加起来的伤亡人数都多。假如把虽然饶幸存活，但致残、受伤、被强奸和遭酷刑的人都算上，数字将大得令人瞠目、难以理解。而这一切都发生在一个犯罪率总体来说在下降、谋杀案日益罕见的世界中。

在暴力不那么赤裸裸的地方，政治派别和犯罪团伙有其他更微妙的施暴手法，如未遂暗杀、绑架勒索、纵火、制造恐慌情绪、煽动偏执思想、引起心理创伤、造成社会崩溃，以及让民众食不果腹和流离失所。我们在 21 世纪的委内瑞拉看到了所有这一切。自从 2014 年乌戈·查韦斯总统被安葬在宏伟的陵墓之后，委内瑞拉便迎来了一波巨大的难民潮。绝望的委内瑞拉人为了保命逃往拉丁美洲各地。我们无从得知他们逃离的暴力有多严重，因为委内瑞拉政府自 2005 年起就不再公布死于凶杀的人数。[67]

哥斯达黎加和巴拿马等国比较幸运，犯罪率较低，或袭击事件大幅减少；这些国家的公民反而从周边的混乱中获了益。前往北方的毒品贸易通道穿过这些相对和平的国家，充盈了它们的财富，也把它们同拉丁美洲普遍的痛苦紧紧连在了一起。一些曾经暴力猖獗的国家今天安全多了，这方面的例子有阿根廷、厄瓜多尔和智利，但历史表明，在这些反复无常的国家中，政治气候可能发生逆转，蛊惑煽动可能卷土重来，暴力循环可能重新开始。

拉丁美洲在暴力面前应对不力。谋杀案无人调查，失踪案从不起诉，人身攻击案从不报告，这证明了拉丁美洲司法系统的严重失能，其最明显的表现就是今天拉美地区的普遍腐败。欺诈、贿赂、勒索在西班牙和葡萄牙殖民统治时期就极其严重，而今依然猖獗。它们成了文化根深蒂固的一部分，极难遏制，更遑论消灭。大多数拉丁美洲国家，即使是号称自由民主的国家，都贿赂成风，企业运作全要靠它。

2004 年到 2016 年间，巴西的巨无霸建筑公司奥迪布里切特（Odebrecht）通过给几十位总统和政府官员[68]提供总额达 8 亿美元的回扣，获得了 30 亿美元的巨额利润。[69]在秘鲁利马湾畔的褐色的乔里约斯（Chorrillos）山顶，矗立着一座威严的耶稣像，和张开双臂俯瞰里约热内卢的那座耶稣像一模一样；那是奥迪布里切特公司的“公关部”为表感激赠予阿兰·加西亚（Alan García）总统的。秘鲁最近的 6 届总统中，5 位涉嫌收受贿赂，包括加西亚。5 人中有的受到申斥，两人进了监狱，佩德罗·巴勃罗·库琴斯基（Pedro Pablo Kuczinski）因证据确凿而被弹劾，加西亚饮弹自尽。不过，多数人都逍遥法外。从巴拿马到阿根廷，政府官员一次就将数千万美元装入腰包。讽刺的是，他们中间很多人坚称自己致力于反腐且成绩斐然。最近的两位巴西总统也因相似的罪名而身败名裂。

奥迪布里切特公司这场波及广泛的丑闻揭露了拉丁美洲政治及工商业精英的贪婪和腐化，也使广大老百姓更加确信，在世界的这个地区，透明和正义遥不可及。腐败已经成为日常生活的一部分。据活跃在反腐领域中的“透明国际”（Transparency International）组织统计，过去一年里，每三个拉丁美洲人中就有一个对警察、医生或教师行过贿。[70]正是掌权者这种傲慢的特权感点燃了穷苦大众的怒火。

如果历史按照既有的模式继续，人民的愤怒还会导致叛乱，叛乱后则会建立暴君统治。[71]这甚至可能是人民盼望的结果——军人独裁肯定能更高效地平息革命的乱局。[72]也许叛乱后会建立民主，但猖獗的腐败仍会继续，最终再次引发人民的狂怒。腐败如同瘟疫，自从西班牙征服者欺骗了王廷，西班牙又转而欺骗了新大陆之后，一直牢牢盘踞在拉丁美洲。[73]贫困、依附、剥削、革命、贪污，然后重回铁腕统治。解放者许诺给人民带来更美好的未来，却实行独裁统治，还声称这是为共和国的利益着想，这正是上述循环的表现。19 世纪，粗野牛仔出身的革命英雄何塞·安东尼奥·派斯（José Antonio Páez）将军在刚刚获得自由的委内瑞拉自封为独裁者；伟大的解放者玻利瓦尔成为哥伦比亚和秘鲁的独裁者；墨西哥的解放带来了两个彻头彻尾的暴君，阿古斯丁·德·伊图尔维德（Agustín de Iturbide）和圣安纳将军；阿根廷解放后，权力落到了公开的暴君胡安·曼努埃尔·德·罗萨斯手里；不一而足，全大陆各国莫不如此。从古巴的富尔亨西奥·巴蒂斯塔、尼加拉瓜的阿纳斯塔西奥·索摩查、巴拉圭的阿尔弗雷多·斯特罗斯纳（Alfredo Stroessner）、多米尼加共和国的拉斐尔·特鲁希略和秘鲁的阿尔韦托·藤森这些人的政权中，我们看到这个循环再次出现。如阿根廷作家埃内斯托·萨瓦托警告的那样，革命能带来最顽固的保守主义。[74]在卡斯特罗的古巴、查韦斯的委内瑞拉和庇隆的阿根廷，这种顽固的特征重新显现；这些国家都经历了斗志昂扬、充满希望的人民革命，也都举行了看似开放、民主的选举。在它们每一个国家中，暴力，或暴力的威胁，都是强人手中最有力的武器。

在暴力冲动的驱使下，1973 年，皮诺切特将军手下的军人向拉莫内达宫*倾泻下如雨的炸弹，断送了萨尔瓦多·阿连德的总统

* 拉莫内达宫（Palace of La Moneda），智利总统府。——译者注

任期。10年后，暴力冲动再现于危地马拉，埃弗拉因·里奥斯·蒙特总统声称要拯救人民、使其不受恐怖分子之害，发动了一场歼灭战，杀死了数十万玛雅人。这不是欧洲或美国个别罪犯的强悍好斗，而是具有公共性和仪式性的集体暴力。我们在秘鲁看到了这样的暴力：政府把利马各监狱中囚禁的250名“光辉道路”成员全部处决，这是现代拉丁美洲历史上对政治犯最大规模的屠杀。我们在阿根廷看到了这样的暴力：那里的数千名“政治嫌疑犯”被关入集中营，酷刑、谋杀、失踪是家常便饭。现在我们又在巴西看到了这样的暴力：右翼势力不惜一切代价要力挽狂澜，阻止自由主义的潮流，回归过去的保守价值观。从左到右，政治光谱所有位置上的派别都不例外；恐怖分子和政府官员都蓄意制造混乱和暴力，毒枭和军方互相警告的办法是给对方送去肢体残缺的尸体。

拉丁美洲的确是产生独裁者的温床（选举出来的总统也容易变成独裁者），但暴力并不总是出自强人的“铁拳”。民主政府未必就能缓解肆虐的野蛮暴力。例如，哥伦比亚近70年从未有过独裁统治，这片地区没有一个国家像哥伦比亚一样如此大力地推动民主（智利、乌拉圭、哥斯达黎加或查韦斯之前的委内瑞拉都无法与之相比）。[75]然而，哥伦比亚时常发生流血事件，是世界上凶杀率最高的国家之一。

墨西哥的民主实现了长足的进步，领导人也是依照宪法选举出来的，但政治风向一有改变，暴力就应声而起。该国的经济与犯罪密不可分，这也注定了暴力的循环往复。民主对此似乎束手无策。事实上，墨西哥首位宪政总统，也是标志着该国作为民主国家的百年历史开端的贝努斯蒂亚诺·卡兰萨（Venustiano Carranza），在1920年遭到了暗杀。接下来是一段动乱时期，但自从1934年起，墨西哥人就一直兢兢业业地去投票站投票选举政府。然而，这个国家仍然无法摆脱暴力倾向。毕竟，这种倾向是骨子里的原始冲动，很难克服。

墨西哥和许多其他拉美国家一样，身上带着严酷的历史留下的伤疤。16世纪初，墨西哥的人口大约有2 000万，17世纪期间却因为欧洲人带来的致命疾病和西班牙残暴统治的双重打击而减少到区区100万。[76]有人称之为种族灭绝，也有人说它是“人口崩溃”。[77]300年后，墨西哥爆发农民革命，那是西半球最惨烈的内战，每10个墨西哥人中就有一人丧命，150万人暴尸荒野或悬尸枝头。这场惨绝人寰的大灾难使墨西哥人对革命闻之却步，但暴行在墨西哥依然司空见惯、令人胆寒。2007年，暴力急剧增加，费利佩·卡尔德龙（Felipe Calderón）总统命令军队对毒枭发动长达10年的殊死战斗，使全国同胞陷入大规模流血之中，无辜的和有罪的一起遭到屠杀，共有20多万人命丧黄泉。[78]

贫民窟是怨恨愤怒的渊薮，人骨子里的残酷本能想必在这里爆发得最为淋漓尽致。民主未必能给穷人带来安全。过去50年间，正值民主力量壮大、立足渐稳之际，贫民窟里的暴力犯罪却成倍增加。[79]这主要是拉丁美洲的城市人口急剧扩大造成的。20世纪60年代和70年代，恐怖主义、毒品战争和社会动乱逼得成千上万的农民和山民逃往城市寻求保护，加入赤贫和失业的大军。[80]城市周边污秽肮脏的贫民区不断爆发帮派暴力，这是底层阶级愤怒情绪的最明确表现。70年代后，帮派暴力急剧增长，如今成为整个中美洲、巴西和毒品泛滥的南美北部无时不在的危险。

在所谓的“北三角”萨尔瓦多、危地马拉和洪都拉斯，自称为 Mara Salvatrucha（意为“野蛮萨尔瓦多人”，简称 MS–13）的黑帮成员有 7 万之众，他们都是愤怒的年轻人，是谋杀、强奸、贩卖人口从事性工作、绑架、勒索、毒品暴力等野蛮行径的行家里手。[81] MS–13 是逼得中美洲人民拖家带口大批逃离家园的最主要原因。很奇怪，MS–13 是 20 世纪 80 年代在洛杉矶险恶拥挤的贫民窟里发源的，然后像恶性瘟疫一样向南传播，在 MS–13 成员的出生国迅速壮大，变得势不可当。暴力拥入中美洲国家最严重的时期是 2000 年到 2004 年之间，当时美国为执行比尔·克林顿总统任内制定的严格的移民政策，从全国各地的监狱里揪出 2 万黑帮成员（全是出生在外国的难民），将其逐回他们在“北三角”的家乡。[82] 这些罪犯与自己的出生国毫无感情，很难融入当地的正常生活，只能回归老本行——黑帮。他们召集起了一支满怀愤恨的年轻人大军。这些年轻人从小生活在贫穷和屈辱之中，照他们自己的说法，他们“生下来就已经死了”，因此，他们对加入 MS–13 能够得到的地位和权力趋之若鹜。从索诺拉沙漠到巴拿马城，他们杀人如麻。萨尔瓦多、危地马拉和洪都拉斯的司法系统根本无力应对随之而来的暴力流血。[83] 这些国家本来自诩为新生民主国家的典范，现在却处于实际的封锁之下，统治国家的不是总统和政府，而是杀人不眨眼的黑帮。

中美洲、巴西和南美洲的大片地区深陷腐败和毒品贸易之中，几乎没有别的地方比那里的社会暴力更加猖獗。可能最令人不安的是，黑帮暴力似乎在模仿历史。1 000 年前中美洲盛行的斩首在今天的萨尔瓦多和洪都拉斯再次到处可见。剜眼挖舌，掏出敌人的心脏——这一切都与前哥伦布文明的古老做法诡异地相似。这方面的证据比比皆是。例如，1983 年，“光辉道路”在秘鲁正大肆开展恐怖活动，一位名叫安赫利卡·门多萨·德·阿斯卡尔萨（Angélica Mendoza de Ascarza）的母亲去找她的儿子。整整 20 年的时间内，她翻遍了每一个群葬坑，不放过每一条可能的线索。她搜寻过利马城外道路两旁散发着恶臭的垃圾堆，她翻检过无头的尸体、无眼的头颅、破碎的下颌骨、断掉的手指。直到她 2017 年去世，她仍然没有找到自己的儿子。[84]

几千千米之外，埃尔南·科尔特斯创建的繁忙港口城市韦拉克鲁斯附近有个郊区小镇叫科利那斯德圣菲（Colinas de Santa Fe），那里一位名叫玛丽亚·德·洛德斯·罗萨莱斯（María de Lourdes Rosales）的母亲也在寻找自己的孩子。遍寻无踪后，她加入了其他失踪者母亲的游行队伍，抗议 2005 年至 2014 年那血腥十年中 20 万墨西哥人的失踪。游行中，一个神秘人钻出一辆小汽车，塞给她们一张粗陋的手绘地图，上面标着一个未被发现的群葬坑的位置。玛丽亚到达那个地方时，被恶臭熏得无法呼吸；砍下来的腐烂头颅无从辨认。[85] 400 年前的殖民时代，圣巴巴拉汞矿旁边的死人坑里经常可以看到这噩梦般的凄惨一幕。就在 2017 年，这种事在巴西的马托格罗索也常有发生；在那里，贪图土地的人侵入原住民属地并大开杀戒，无情地砍倒任何拦路的树木和男女。历史总会不时重演。[86]

现在与过去还有其他惊人相似的地方。今天，墨西哥的帮派老大叫 palabreros，意思是说话管用的人，[87] 正如蒙特祖马和他的祖先自称为“话事人”一样。与美国得克萨斯州的埃尔帕索（El Paso）隔着国界遥遥相望的华雷斯城犯罪猖獗，那里经常可以发现剥了皮的尸体，或插着13把刀的尸体——这些是复古的仪式性杀戮。在安第斯山中的村庄，在胡安·奥乔乔克所在的高山上的像拉林科纳达那样的矿区小镇，矿工们会从他们当中选出一人做祭品，将其杀死后把尸体放在矿井里给地下的神上供；他们的祖先就是这样做的。卡洛斯·布埃尔戈斯在各处违法犯罪，绕了一圈后回到迈阿密，和贩毒的暴徒混在一起。对他们来说，生命太不值钱了，那些人的金项链上挂着人的耳朵作为纪念品，正如他们的祖先把干瘪的人头挂在腰带上。

拉丁美洲任何一个谋杀之都的任何验尸官都会告诉你，在这个地区，研究人类学可以鉴古知今。剑取代了燧石，枪又取代了剑。其实是换汤不换药。

第三部分

石

STONE

先生，你劝说我信任了咱们之间的友谊之后，为什么要毁掉我呢？我可是你的朋友和兄弟啊！你给我十字架，说它可以帮我抵抗敌人，可你却要用它来消灭我。

——名叫卡斯基的酋长，约 1520 年[1]

第十章

昔日之神

顶天立地的大神有可能决定出生在马厩的牲口群里，然后和盗贼一起死在十字架上吗？还有什么能比这激起更大的震惊、更大的敬意呢？

——路易斯·德·格拉纳达神父，1554 年前后[1]

高高瘦瘦、天真热情的哈维尔·阿尔沃（Xavier Albó）是耶稣会[2]的见习修士，他到达美洲时，清醒地意识到自己和 500 年前的前辈神父无甚不同。[3]他和他们一样，年纪轻轻，对自己来到的世界一无所知，但担负着紧迫的使命——为基督教赢得信徒。他沿跳板走下"奥古斯都号"，踏上坚实的地面时，立即注意到四点：荒废的港口、关门的商店、街上哭泣的妇女，还有他进入布宜诺斯艾利斯市中心后看到的攒动的人群。那是 1952 年 8 月初，深受爱戴的阿根廷第一夫人艾娃·杜阿尔特·庇隆（Eva Duarte Perón）在全国人民的关注下与癌症奋力抗争后，刚刚与世长辞。300 万人从各地拥到首都，在她的灵柩旁哭泣。"圣艾薇塔"在阿根廷受到万民景仰，她的去世使人们悲痛欲绝。哈维尔从未见过如此浩瀚的人海，也从未见过对一个凡人如此热忱的崇拜。他除了从加泰罗尼亚的丘陵地区去巴塞罗那上学之外，从未到过离自己的出生地几千米以外的地方。他才满 17 岁。

哈维尔毕业于圣依纳爵学院（Colegio San Ignacio），那是一座砖石建造的新哥特式庞然大物，占地广大，至今仍雄踞巴塞罗那的高地。他和两个同是见习修士的发小一起来到玻利维亚，准备在科恰班巴（Cochabamba）度过见习期，用两年的时间专心祈祷，然后再学习 10 年，之后就可以帮助把耶稣的爱带给乡村的穷人了。哈维尔是个阳光大男孩，脸上经常挂着笑容，栗色头发理得短短的。他身穿合身的黑色修士衬衫，雪白的领子浆得笔挺，与浪迹四海追求冒险的野孩子的形象恰好相反。的确，他来此地是为了正事，是要履行义务。送行的主教明确告诉他们："永远告别你们的家人吧。"此言听得他心里一寒。他几乎连胡须都没长出来呢。

哈维尔 1934 年出生在拉加里加（La Garriga），那是位于加泰罗尼亚中心的一个小小的度假胜地，四周环抱着枝繁叶茂的高大橡树。多少年来，这个葱茏的小型天堂一直是巴塞罗那富人的避暑地。天气晴朗时，哈维尔站在家门口就能看到提比达波山（Mount Tibidabo）上那座雄伟的教堂，每次他都会想象从教堂俯瞰全城的景象和远处那波光粼粼的大海。对一个爱做梦的男孩来说，那个静谧的远郊小镇的生活本应像一首田园诗，实际却并非如此。自从哈维尔降生在西班牙的那个动乱地区之日起，所处的世界就充满了敌意、怨恨，随时可能爆炸。他出生前几天，阿斯图里亚斯（Asturias）的煤矿工人举行了罢工，西班牙军队对罢工工人发动了残酷镇压，造成2 000名抗议者死亡，3 000人受伤，还有3万人被投入监狱。[4]街头暴力、政治谋杀和狂暴的愤怒随处可见。位于加泰罗尼亚和巴斯克抵抗运动中心地带的拉加里加硬着头皮准备迎接骚动不安的未来。

两年后的1936年，西班牙的民粹主义狂热达到顶点，自由党、社会党和共产党组成的“人民阵线”（保守派称之为“赤色分子”）在全国大选中出乎意料地大获全胜。由工业家和地主组成的富人阶级和天主教会为之震怒。作为回应，军队首领弗朗西斯科·佛朗哥将军发动了暴力兵变以图夺回政权。那场兵变最终导致了西班牙内战，那是一场共和派与国民军之间血腥惨烈的大战，造成死亡无数，引发了国际义愤，把纳粹德国和苏联的战争机器卷入冲突，成为第二次世界大战的预演。西班牙内战期间共有50万人丧生，还有50万人沦为难民。[5]

哈维尔的父亲在拉加里加做一点小生意，属于镇里在内战中最先遇难的一批人。据哈维尔说，他父亲是被“赤色分子”杀死的。那些没有土地、饥肠辘辘、不顾一切的西班牙人四处横行，杀死保守派，霸占他们的生意，纵火烧毁教堂，企图夺取政权。父亲被害时，哈维尔才几个月大，不记事，但他的姐姐们记得。她们看着共和者拧着父亲的双臂把他从家中押走，拖入一条黑暗的巷子，冲着后脑用一颗子弹结果了他的性命。几周后，哈维尔在拉加里加当面包师的外公也被杀死，他母亲就这样既失去了丈夫，又失去了父亲，只能单独把5个孩子拉扯大。肆虐的野蛮暴力使国家陷入瘫痪。为了安全，阿尔沃太太决定把孩子们留在家中，自己负责他们的教育。从宗教到世俗，哈维尔的知识都是从妈妈那里学的。经过痛苦难熬的三年，1939 年，就在希特勒的大军攻下波兰，开进法国之际，就在西班牙内战接近尾声之时，佛朗哥国民军的 10 架萨伏亚–马切蒂战机呼啸着飞临，无差别投下的炸弹雨点般落到哈维尔家所在的街区，把拉加里加市中心夷为一片废墟。[6]

哈维尔 5 岁时，佛朗哥元帅已经清除了“赤色分子”，把西班牙置于铁钳般的控制之下。他自封为“考迪罗”（El Caudillo，即领袖），开始处理关在全国各地集中营里的40万政治犯，或将其处决，或对其施以酷刑。在此过程中，“考迪罗”得到了天主教会坚定不移的支持。佛朗哥虽然凶狠好斗，却是虔诚的信徒（有他自己专门的耶稣会忏悔神父）。他发誓在西班牙消灭无神论，保证天主教会未来在西班牙发挥中心作用。阿尔沃家的客厅墙上挂了一张大大的佛朗哥肖像，紧挨着哈维尔亲爱的父亲的肖像。5 年后，哈维尔 10 岁时，西班牙长达 39 年的强人统治方兴未艾；阿尔沃太太给哈维尔打包好行李，送他去了巴塞罗那的耶稣会学校，盼他能够平安。

哈维尔也许命中注定要在新大陆度过一生。他还是孩子的时候，在拉加里加的大教堂望弥撒时要对着圣司提反的画像做祈祷，那张画像是哥伦布起航去美洲的 1492 年挂上去的。出生在残酷无情又毫无意义的战争中的哈维尔立志献身于争取和平、改善世界、推动社会正义和人类之间的谅解。为此，他愿意去耶稣会派他去的任何地方，发誓在生活中甘受贫穷、洁身守贞、听从调遣。虔诚和对冒险的热爱共同形成了用之不竭的驱动力，好奇与服从的罕见结合照亮了他的人生道路。

哈维尔看到了对艾薇塔迷信般的崇拜，也发现变化无常、黩武好斗和偶像崇拜并非西班牙独有的特征。他觉得，自己来到的这个世界尽管与祖国差别明显，在深层次上却彼此相通。他乘坐的火车摇摇晃晃地北上前往玻利维亚，途中，辽阔壮丽的世界在他眼前展开，它贫穷、落后、满目疮痍，但也美得难以形容、善良得无与伦比，他的信念因此而更加坚定。他来到的这个世界活力充沛，他看到的这个国家马上就要把命运掌握到自己手中，改变未来的发展道路。

玻利维亚刚刚结束了一场历史性的革命。4 个月前的 1952 年 4 月，锡矿工人发动了反对高压寡头政权的起义，和阿斯图里亚斯的西班牙煤矿工人的行动非常相似，不同之处在于玻利维亚工人胜利了。玻利维亚走平民路线的左派赢得了民主选举，而且，与西班牙左派不同的是，他们保住了权力。玻利维亚正在推行一系列激进改革，给予农民权利，把矿山收归国有，赋予妇女普选权。在古巴因同样的成就而蜚声世界的 7 年前，玻利维亚就已经这样做了。哈维尔来到玻利维亚时，正值该国历史上的一个关键时刻。那是印第安人口中的“帕查库蒂”——天翻地覆、星宿重组，而天主教会也就此面临一个重大抉择：它是要像西班牙内战中主教们做的那样，保护传统富人的权力基础和铁腕掌权者，还是要忠于《圣经》的训诫，支持穷人争取权利？

天堂之基

谁能征服特诺奇蒂特兰？谁能撼动天堂之基？

——《墨西加民歌》，阿兹特克歌曲，1560 年前后[7]

哈维尔很快发现，尽管过了500年，他在玻利维亚看到的民众的信仰状况却可能与皮萨罗时代他的前辈神父所见的相差不大。根据他的观察，这个“新世界”的信徒与大自然的关系密切得多，他们的宇宙观与脚下的土地、头上的太阳、天地间的雨水紧密相连。西班牙征服者和神父不请自来踏上这块遥远的土地时，带来的却是关于罪孽的说教、圣人的教诲、赎罪的抽象概念和有严格书面规定的仪式。这是一种奇怪的、不对等的碰撞。新大陆的神是一种解释而非疑问，是大地上生命的具体对应。西班牙征服者的上帝则完全不同，他是用不可理解的密码记载的一个命题，是一个谜。科尔特斯自己报告说，他来到的世界“奇妙无比、难以置信”。特诺奇蒂特兰这座庞大的都市到处是匪夷所思的新鲜景物，“我们的眼睛看到了，头脑却不能理解”。[8]

哈维尔难以理解当地人纯粹原生态的信仰并不奇怪，毕竟当年的科尔特斯不理解，今天的我们仍然不理解。所谓有记载的历史其实根本不是历史。[9]西班牙史家笔下的历史是在征服美洲之后写成的，满纸欧洲人的偏见，通篇认定美洲印第安人往好了说是愚昧无知，往坏了说就是恶魔。哥伦布、科尔特斯、佩德罗·皮萨罗和其他人写的东西也充满夸张之词和彻头彻尾的谎言，原因很明显：他们的使命是劝说、制服、统治。他们的叙述不是历史，而是呈交国王的宣传或辩解材料。不过，即使是用意良好、观察力异常敏锐的教士记录的最详细的日记也因基督教教义的影响而明显存在偏差。由于没有原住民自己的任何全面记录，那些教士的观点无论怎么看都受了他们自身立场的歪曲。

理解过去原住民的精神信仰甚至比理解历史更加复杂困难。

关于从火地岛到格兰德河，从瓜拉尼人到阿兹特克人的不同部落的信仰，我们都只能通过他们留下的手工艺品来推断，但是，解码那些手工艺品的含义困难得令人灰心，更别说获得深入或确切的了解了。古代文物可以使我们深入了解古人下葬的习俗和当时的神祇，或者是战争中的英勇事迹、科学进步的状况、某个族群所处的地理位置，甚至物质世界的中心。但是，从它们那里，我们无法得窥一个民族的灵魂深处，也无法理解一个古老而神秘的族群的信仰，而正是那些信仰决定着他们的恐惧和希望。

就我们目前所知，在印加人于库斯科、萨克萨伊瓦曼（Sacsayhuaman）和马丘比丘（Machu Picchu）建起巨大神庙很久之前，在玛雅人修建奇琴伊察、蒂卡尔和乌斯马尔（Uxmal）很久之前，瓦里人（Wari）和奥尔梅克人（Olmec）就已经建造了巨型石头圣殿，常常是建在岩石基座上。后来人们发现，美洲原住民的圣地具有天然磁力，这种物理特性说明原住民对地质特性有深入的了解。事实上，石头的神圣性似乎贯穿了西半球各地原住民的精神生活。各地的创世神话无论后来如何润色修改，似乎都有一个共同点：都始于寻找一处理想地形，它可以是一个湖，也可以是一块岩石或一座山岬，在此基础之上衍生出强大的信仰。那里通常汇集着大地的能量。[10] 头上的天空，无论是高悬夜空的北极星还是冉冉升起的太阳，可能也为确定神庙的建筑位置提供了参照。

印加人建成了当时最伟大的帝国，[11] 他们深谙事物具象的物质属性。围绕着这种了解，他们发展出了强有力的宗教。他们把太阳定为至上之神，把帝国分成四块来反映四季，再分为（南北）两半来代表一年中的旱季和雨季。银河在天空中从东北转向西南意味着季节交替，那也正是上天把滋生万物的雨水洒向大地母亲帕查玛玛的时候。[12] 印加人的信仰和科学都遵循着同样的严格逻辑。阿兹特克人也奉太阳为最高的神，把他们的宇宙一分为四——不仅是为了反映四季，也是为了对应他们的文明经历的四个太阳纪，以及造成那四个时期终结的四场大灾难。宇宙被分成四个方向，特诺奇蒂特兰城也分成四个“康庞”（campan）。

阿兹特克人留下的最著名的文物也许就是他们的日历石。那是一个圆形石盘，中心处刻着太阳大神，四周描绘着之前的四个文明。按照这个日历，第一个文明中的阿兹特克人成了老虎的口中食，第二个文明被飓风吹毁，第三个文明在暴雨中淹没，第四个文明随洪水而逝。科尔特斯到来时，正值阿兹特克人的第五个太阳纪。他们知道，要想存活，就必须令诸神满意，而这只有通过用人献祭才能做到。根据传说，第五个太阳纪就是从献祭的牺牲品中产生的，人类的生存靠的就是献祭。故老相传，统治宇宙的力量在创世之初聚在一个熊熊燃烧的火堆周围，需要他们当中的一个站出来勇敢地跳进火堆，以显示自己的忠诚。最美丽的神面貌英俊、满身珠宝，此刻他迟疑了。最丑陋的神身材矮小如同侏儒，脸上全是长疱留下的麻坑，但他义无反顾地跳进了火堆，马上获得重生，成为威力无匹的太阳。最美丽的神羞愧难当，也跳了进去，升天成了月亮。

显然，如果神牺牲自己创造了宇宙，第五个太阳纪的人就必须报答神的牺牲，方能生息。阿兹特克人把人祭视为天经地义，如同天上的太阳和地上的玉米。他们的逻辑很简单：需要奉养大地女神科阿特利库埃，这样她才会为人类提供食物。需要用人血来灌溉她的土壤。需要从活人胸膛里挖出还在跳动的心脏高高举起，呈给大地女神的配偶——太阳。阿兹特克人的信仰就这样反映了他们周围的世界。季节更替，循环往复，使他们时刻意识到自己的脆弱。他们在世上能存续多久？如何坚持下去？如何击退可能再次吞噬他们的黑暗力量？宗教是一面镜子，反映了信徒的思虑和关注。我们从中美洲印第安人的宗教中了解到，他们念兹在兹的是，必须热爱、敬畏自然才能生存。古人践行自己的信仰，深知自身与大自然的联系。因为他们是自然的造物，肉体和精神都依赖自然世界，所以他们努力适应周围的世界，而不是试图改变它。

对石头以及来自石头的一切东西——金、银、铜、朱砂、盐、宝石——的崇拜在古代美洲发挥着突出作用，时至今日依然如此。印加时代的矿井被视为神赐之物，是大地的馈赠，正如植物、庄稼和来自大地的一切其他东西都被认为是神圣的一样。[13]这些大地的产物是更大世界的组成部分，是大机器上的齿轮，人类也是这部机器的一部分。石头是所有人的最终归宿，是一代代逝者组成的坚硬王国，也是动植物能量的大汇集。高耸的岩石堆和峻峭的大山是我们在大自然中的父亲，我们精神的“阿普”，它们历经千古、智慧绵长。太阳是伟大的生命赋予者，是创造万物的生命力。大地是他天然的配偶、情人，是孕育一切生命的子宫，也是我们所有人的最终归宿。水是满载生命力的媒介，它流过自然，维系自然，恰似叶脉中的汁液和血管中的血液。原住民思想中最重要的要素，亦即他们思维逻辑不容置疑的中心内核，是生命的互联性。他们认为，万物在本性上相互依存，呼吸同样的空气，身处同样的环境。[14] 这对古代美洲人来说正如货币和商业的全球流动对今天的我们来说一样合时易懂，世界由一张巨大的、形式多变的网连在一起。

语言这个基本问题加大了我们真正理解这一切的困难，因为关于原住民，很少有未经西班牙解读的原始叙事。西方人的语言表达不出自然界对于印第安人的重要意义。这首先是因为，对于我们共享的世界最根本的方面，我们的观察方式完全不同。美国人类学之父弗朗茨·博厄斯曾经指出："形式一样，但解释不同。"[15] 比方说，把一根管子放在一个当代欧洲人面前，把一模一样的另一根管子放在阿拉斯加的一个原住民面前；欧洲人可能将它看作一个实在的柱状物体，中心恰好是空的，而那位以捕鲸为生的因纽特人则可能更关注管子里面的空虚。另一方面，字面意思也许能懂，实际含义却不一定能理解。16 世纪记录中美洲历史的《新西班牙诸物志》(又称《佛罗伦萨手抄本》)写道，蒙特祖马的使者带着宝物划船来见警惕的科尔特斯时，他们"吃土"，直到科尔特斯允许他们登上他的船。[16] 此话的意思是他们下跪叩头。显然，语言是一堵高墙，阻碍着我们理解古时原住民的想法。语言上的许多含义不对等之处，外加我们与他们截然不同的神话、我们对人际关系的态度、我们对记忆的运用、我们观察周边环境的方式，这一切很可能导致大量误解。如果我们连对形状的看法都与安第斯人有着本质的不同，怎么可能明白石头的精神意义呢？

然而，种种证据表明，石头过去是，现在仍旧是文化的本质所在。1572 年，西班牙业已摧毁了印加帝国，征服者也牢牢控制了塔瓦廷苏育之时，西班牙探险家佩德罗·萨缅托·德·甘博亚（Pedro Sarmiento de Gamboa）受委托撰写一部印加历史。他笔下印加人的创世神话与几十年后西班牙印加混血的印卡·加西拉索·德拉维加所讲的主流版本的神话很不一样。印卡·加西拉索讲那个神话的时候已是17世纪，他已经离开秘鲁，在西班牙住了50多年。按照他的版本，印加人的亚当和夏娃——曼科·卡帕克和玛玛·奥柳——手持珍贵的金棒，出发去寻找属于他们的土地，等金棒跳出他们的手，深深扎入土中的时候，他们就知道自己来到了宇宙中心——神圣的库斯科。故事很动听，里面讲到的金棒的作用绝对会引起西班牙人的兴趣。但是，甘博亚在库斯科周围高山上的居民点采访了印加人的后裔，听到的故事却完全不同。[17] 据他们说，阿雅·乌丘（Ayar Uchu）、阿雅·卡奇（Ayar Cachi）、阿雅·曼戈（Ayar Mango）和阿雅·奥卡（Ayar Auca）四兄弟在文明初始时从一个洞穴出发，到外面去建立帝国。他们在大地上四处游荡，在土壤肥沃的地方播下种子，收获粮食。这几个骨子里是农夫的兄弟游荡多年，他们的旅行非常普通，毫无出奇之处。不过，他们干掉了一个讨厌的兄弟，把他封在了一个洞穴里；他们还把一个最讨人喜欢的兄弟变为一块巨石，也就是神圣的瓦卡，有事经常请示于它。最后，他们强悍暴躁的祖母玛玛·瓦科（Mama Huaco）流浪够了，向北方投掷了两根棍子。一根落在了科尔卡班巴（Colcabamba），触到干硬的土地后弹了起来，说明那里并不宜居；另一根则轻易地陷入了库斯科的土地。当兄弟们踏上棍子消失的那块地方时，泥土变成了石头。

对古时的美洲原住民来说，石头是性质可变的（transubstantial），这一动态转化的概念可类比基督教语境下的酒之于耶稣的血。[18]石头的物理特征显而易见，但它的意义却并非如此。石化状态不过是短暂的悬置、一时的静伏，生命还会再次从中迸发。印加王的木乃伊要细心保存，人们还要向其上供、请示，因为他们在另一个维度仍然活着。同样，石头也有生命，有力量、感知和跃动的精神；人类可以召唤石头之灵，向它请教求知。这种理念与西方思维格格不入，却与东方思维比较合拍。例如，北美的奥吉布瓦人（Ojibwe）相信石头蕴藏着生命力，切罗基人（Cherokee）、苏人（Sioux）、易洛魁人（Iroquois）也都这样认为。在古代中国和古代日本，岩石因其具有大地的力量而受到珍视。居于英伦诸岛、信奉德鲁伊教的古凯尔特人（Celtics）也崇拜石头，重视用人献祭，明确相信灵魂会变换各种形态。但是，罗马征服者贬之为怪异的野蛮人，罗马人之后的基督徒也认为他们是异教徒，对他们嗤之以鼻；后来，美洲印第安人的遭遇与凯尔特人别无二致。

对石头的迷恋深深根植于古代中美洲人的精神生活。[19]他们的文化南起巴拿马，北至科罗拉多，东临加勒比海，西到太平洋，主导着那条漏斗形的狭长土地。生活在那片郁郁葱葱、雨水丰沛的土地上的玛雅人人口众多，他们用石头雕刻出已逝之人的形象，相信那是死者灵魂的寄托之所。石头本身具有高于物质、超越时空的生命力。玛雅人相信，石头代表永恒的生命，这一观念在他们思想中根深蒂固，就连他们语言中指代石头的词语“盾”（tun）也有“时间”的意思。[20]流逝的岁月，也就是纷繁的历史本身，是以“盾”来计算的。同样，安第斯地区的人讲的盖丘亚语中的“帕查”（pacha）有脚下土地的含义，也指时间的推进（这个词无法准确翻译过来）。[21] 这些概念暗指了某种超越实体的存在，代表着一种许诺，甚至可能是一种道德秩序。人通过与石头的不断沟通，可以超越死亡，与逝者对话，甚至操纵未来的事件。石头代表着权威，是帮助我们与更高力量沟通的中间媒介。最终，出于显而易见的原因，献人祭与石头崇拜联系了起来。鲜血洒上石头，人的献祭在厚厚的石板上完成，以获得神的奖赏；活人就这样驱使诸神为自己服务。[22]

与石头的紧密关系产生了众多文化上的派生影响。玛雅人用石头建造巨型金字塔，用来标志一年的天数、太阳的运动、播种的时间和收割的季节。瓜拉尼人的祖先两千年前生活在巴拉圭的阿曼拜山（Amambay Hills）周围的丛林里，他们在巨大的石梁上雕刻出代表大地和天空的抽象图形。在哥伦布到来之前 800 年，住在巴拿马和哥斯达黎加的迪奎斯人（Diquís）用火成岩雕出重达 15 吨的浑圆石球（bolas），散布在丛林田间，作为通往某个伟人居所（也许是神庙）的路标，不过那些石球的真正意义至今依然成谜。另一个谜是奥尔梅克人留下的重达 50 吨的巨石头像，展示着他们种族强大而骄傲的面貌。

当然，还有印加人建造的宏伟的石头宫殿。他们深知磁石的灵性，所以特意寻找有天然磁石的地方建造神庙。若是地下的天然磁石不足，他们就派遣数千人去挖磁石，把 100 吨重的大石块从 30 多千米以外的采石场拉过来。印加王的坟墓上安放着石头，他们的魂灵就寄托在石头墓碑上向活人发声。正如苏格兰人的石冢，藏族人的玛尼堆，蒙古人的敖包，安第斯也有象征好运的石头堆，过往行人将它们堆起，不断添加新的石块，在石头上面堆石头。人们对被弃的废墟顶礼膜拜，因为它们能够通达其他的世界、其他的维度。这些石头堆就是瓦卡，瓦卡这个词的确切含义很难解释。瓦卡在抽象意义上不是神圣的；它们不是神，不是超自然的力量。它们之所以强大，是因为它们反映了大地的生命力。一位学者指出，“瓦卡由赋能物质构成”，正如地球上一切其他物体，“它们在自然内部起作用，不像西方的超自然力量，是在自然之上、之外起作用”。[23]它们可能并不起眼，是嶙峋的山崖、静止的生命、沉默的旁观者，但是，它们敏锐地知道我们的存在，正如我们知道它们。这种世间万物皆有灵的概念从古至今始终反映在西半球雨林中原住民的信仰当中。一位历史学家曾这样描述他们：“在丛林居民的生活中，到处都是眼睛。人在自然中永远不是孑然一身。”也就是说，树木、石头、大地——整个物质世界都是活的，有生命力的，充满了可以滋养人灵魂的养分。[24]

对古人来说，石头兼具神圣性和实用性再自然不过。巴托洛梅·德·拉斯卡萨斯是历史学家，也是多明我会修士，一生献身于捍卫原住民权利、反对西班牙人的破坏。据他说，中美洲和加勒比地区的印第安人使用宝石来捕捉酋长临死前最后的气息，这样，酋长的灵魂就会继续存在，酋长的智慧仍能指引他们。[25]莱昂诺尔·冈萨雷斯床头那块承载着她丈夫永恒灵魂的小小安第斯圆石表明，石头不仅代表死者，而且是死者的化身，能替死者观察、说话、陪伴生者。专门组建的官员团体负责护卫印加王的石头化身，确保按时献祭，维护其千秋万代。这种仪式不仅限于有权有势的人。最普通的人也可以把最后一口气吐给一块石头，用地上捡起的一块普通石块就可以，人借此得以永生。

随着时间的推移，许多纪念性的石质建筑（无论是纪念碑、雕像，还是石柱）都毁于西班牙传教士之手，他们决意在殖民地消除他们眼中的迷信、邪灵和“黑魔术”。但是，西班牙的神父和征服者可以把瓦卡夷平，却无法将其从人民心中抹去。在安第斯地区，无论是盖丘亚人、万卡人（Huanca），还是艾马拉人，都一直保持着对有灵性的石头的崇敬。他们对傲然耸立的岩石显示的壮美与力量心生敬畏；他们对随便弃置的“疲惫的石头”（piedra cansada）充满同情，这样的石头本该用来修建崇殿伟厦，却遭到冷落；[26] 他们还特别喜爱形状完美或颜色特别的小石头，用它们来做雕刻的材料或选它们来代表亲人。时至今日，中美洲的萨满给孩子治病，都要拿一块代表孩子灵魂的未受污染的天然石头，将其埋在泉眼或河流旁边，让大地母亲照料这个孩子直至恢复健康。[27] 古老传统就这样得到了延续。

宅邸、神庙、巨大的石头金字塔这些玛雅人最壮观的成就全部建在丛林里，后来被杂草树木遮蔽，整整 1 000 年不为人知，直到两个世纪前才逐渐被发现，其中许多是由大胆的探险者无意中发现的。探险者在藤蔓缠绕的密林中用砍刀开路，突然发现众多的精美建筑物。奇怪的是，许多建筑物都有一个共同特征：地基都是由三块巨石构成的。在危地马拉基里瓜（Quiriguá）的丛林深处发现的高大红砂岩建筑群给我们提供了解释。根据它们上面的铭文，最初的三块石头是诸神在公元前 3114 年（大约是古埃及王朝诞生时）埋下的，用以标志时间的开始。[28] 所以，埋下三块石头作为根基这种“种石头”的古法，数千年来一直是文化的一部分。[29] 基里瓜的铭文还告诉我们，三块石头中的每一块都有自己的目的和含义：第一块代表肥沃大地之王美洲虎的宝座；第二块是鲨鱼与睡莲共存的水之宝座；第三块是苍天之王飞蛇的宝座。有意思的是，这样的三元组合呼应了生活在 3 000 千米之外、4 000 年之后的印加人的信仰。印加人和玛雅人一样，最崇敬三种有灵性的动物：美洲狮、蛇和秃鹰，它们各自是大地、水和天空的主宰。这样的崇拜合乎情理，毕竟，这三处是我们这个星球上的生物仅有的三种栖息地。

今天，中美洲人民仍然保留着埋下三块基石的仪式。玛雅人或阿兹特克人的后裔仍然坚持在房子的地基处安放三块岩石，或在厨房里用灰泥砌上三块石头。他们往往自己也不太明白为什么要这样做，只是说如果凳子需要三条腿才站得稳，人的房子也是一样。[30] 就这样，在拉丁美洲原住民的生活中，石头继续占据着中心位置，人们仍然对自然怀有深深的敬畏，并坚信自己负有监护神圣的生命循环的责任。玻利维亚原住民政党的一位艾马拉族候选人当着昆库里奇里奇（Qhunqhu Liqiliqi）一群选民的面从地上捡起一块石头，向着太阳高高举起，宣布说："我们就是这块石头。"然后，他在手中转动着石头，为杜绝怀疑而再次宣称："这块石头就是我们。"[31] 此言宣示着人对大自然的依附、与大自然的共生、对大自然担负的责任，它也是信仰的声明。

拉丁美洲古老的原住民文明被大洋环绕，与世隔绝，不为人知，但是，他们高度发达的宗教和对世界、对事物原理发自内心的好奇促使他们积极地探求知识。例如，至今仍住在中美洲的玛雅人有着近 3 000 年的农耕史，始终遵循着古老的信仰。在英国和欧洲北部还是狂野的原始部落横行之地的时候，玛雅人就已经建起了宏伟的神庙，发明了象形文字，设计了使用零的先进计数系统，还制订了用于推动天文学研究的日历。事实上，玛雅祭司在6世纪制订的计算天数的办法比欧洲的办法更准确，直到近1 000年后，教皇格列高利十三世（Gregory XIII）颁行的格列高利历[*]才超过它。对玛雅、托尔特克或印加这些文明来说，科学与宗教是伙伴，二者共同解释世界的秘密，而不是争夺对世人的支配权。

位于今天洪都拉斯境内的科潘（Copán）是玛雅人的知识中心，是一座大学城，那里是世界上能看到最多象形文字的地方之一。当然，大部分典籍都已荡然无存，被在西半球狂热传播基督教的西班牙征服者纵火焚毁，但《波波尔·乌》和《方士秘录》等书籍幸存了下来，它们记载了诗歌、神话和玛雅人民各种没有被完全消灭的信仰，使我们从中得窥玛雅人的精神生活。今天墨西哥土地上遍布的金字塔不仅有玛雅人建造的，也有奥尔梅克人、托尔特克人、萨波特克人和阿兹特克人建造的，这些气势磅礴的建筑物见证着经久不衰的信仰。装点着危地马拉蒂卡尔古城的6座金字塔是建筑上的杰作，它们是高耸入云的瞭望台，俯瞰着帝国的辽阔土地。乔卢拉（Cholula）的金字塔比埃及奇阿普斯法老[†]建造的任何金字塔都更宏伟、更壮观，可惜它如今已成为一片巨大的石头废墟。[32]奇琴伊察的金字塔更加引人注目，那里有用来观察星空的观象台，还有一个四周围着圆柱的宽阔球场，作为对司空

---

* 即现行公历。——译者注

† 奇阿普斯（Cheops）是埃及第四王朝法老，又称胡夫，以建造古埃及最大的金字塔闻名。——译者注

气、风和智慧的神的礼赞。特奥蒂瓦坎（Teotihuacán）的太阳金字塔是前哥伦布时期全美洲最重要的宗教场地，这座城市也是古代世界最车马辐辏、人烟稠密的城市之一。

历史学家尚未找到古时墨西哥和秘鲁之间交流沟通的证据，但两地人民的宗教偶像和信仰显然有一致之处。就在奥尔梅克人和玛雅人为他们的神建造庙宇之时，向南数千千米处的沙漠和高山中居住的莫切人、瓦里人和蒂瓦纳科人（Tiwanaku）也在建造雄伟的丰碑来赞美惊人相似的神祇——无所不能的太阳、肥沃多产的大地、变化无常的雨水和波涛起伏的大海。更令人惊讶的是，文化的影响似乎越过了艰险恶劣的地形。秘鲁考古学家胡里奥·特略（Julio C. Tello）在玻利维亚的高原上发现了一些废墟，其建筑时间早于秘鲁最古老的建筑，但在风格上与之非常相似。[33] 秘鲁的那座建筑叫作查文德万塔尔，是座廊道交错、令人叹为观止的地下迷宫，它与玻利维亚的那处废墟隔着一条山脉，建造的时间晚了数百年。还有许多这类例子，显示安第斯地区互不相干的不同文化彼此有相似之处，即便它们要到许多世纪之后，等印加人建立了从厄瓜多尔直至阿根廷的庞大帝国时才在政治上连接起来。从墨西哥湾到太平洋之滨，被墨西加人征服的各个文化也是如此。它们之间相互联系似乎合情合理，毕竟，这些文化之间并非远隔千山万水。然而，在从墨西哥到巴拉圭的广大地区，地形完全不同的地方都出现了长牙的蛇、大型猫科动物、蜥蜴、蜘蛛、蜂鸟这些具有神秘力量的生物的形象，表现媒介从金属到石头，五花八门。手工器物如同连接人与神的筋肉组织，揭示了各地人民共同信仰的神祇和信条：太阳、月亮、大地，大自然的丰沛繁育力，以及神祇难免失误这一与凡人无异的特征。对诸神的解释更是惊人地相似。例如，各地都膜拜一个善用巫术、残忍恶毒，但代表着强大生育力的女性偶像；无论是浑身刺青、佩戴蜘蛛的卡奥夫人这位 1 500 多年前统治着秘鲁沿海地区的嗜血女王；还是数千千米之外阿兹特克人的女神、大地母亲科阿特利库埃，她主宰着生与死、创造与毁灭，是她赋予人生命，也是她将生命夺走，她的石头雕像显示她身穿蛇做的裙子，令人生畏。

各种文化的创世神话也有着奇怪的联系。根据安第斯地区的传说，造物之神维拉科查（Viracocha）造人不是造了一次，而是两次。[34] 第一次造出的人动作笨拙、愚蠢无脑，他觉得很讨厌，马上把这一批人变成了石头。第二次他用了较小的石头，甚至可能是硬质黏土，这一次的作品令他满意。维拉科查这个名字的意思是"海之泡沫"，他不仅创造了一切大地上的生灵和一切天体，还是大自然的老师，致力于到他新创造的世界各处去传授智慧。他满腮胡须（作为一个基本上没有体毛的种族的神，这是个奇怪的特征），身材高大，睿智异常；一些西班牙史籍出于明摆着的原因，说他是白皮肤。他一路旅行到达海边，乘船驶入了太平洋，发誓有朝一日会回来，虽然后来再无踪影。南美洲内地各处都有维拉科查的金属或石头雕像，显示他手握两道闪电，周身环绕着太阳光芒。他深受爱戴，后来的印加王维拉科查甚至用了他的名字。

令人惊奇的是，阿兹特克人的创世神据说也是身材高大、满脸胡须，有些记史者说他是白皮肤、蓝眼睛。他就是羽蛇神，化身万千，据说每个历史时期都会重生，每一次都以不同的面目出现。神话学家约瑟夫·坎贝尔（Joseph Campbell）着手记录羽蛇神的各种形象，很快发现有不下 1 000 种，不同部落和不同地区对他的描绘各有不同。羽蛇神和安第斯地区与他地位对等的维拉科查一样，代表着天与地，既是繁星密布的天空那光彩照人的井然秩序，也是大地和海洋那杂乱无章的丰茂生机。印加人和阿兹特克人都把崇拜神秘而根本的生命力量视为至关重要之事。正如今天的信徒膜拜基督教、伊斯兰教或犹太教的神以及各种各样的圣徒及随从，祈求他们拯救自己的灵魂一样，原住民祈求太阳神及其下属允许自己驾驭大自然。为此目的，南美洲和中美洲的文明建造了宏伟的神庙，征服了异族部落，并迫使他们皈依自己的信仰。这一切都需要源源不断的人，无论是作为奴工，还是作为祭品或信徒。只有不断扩大被劝化信徒的壮观行列，才能确保更丰沛的雨水、更充足的阳光、更丰厚的收成。

跟我走

所以，你们要去，使万民作我的门徒，奉父、子、圣灵的名给他们施洗……教导他们遵守。

——《马太福音》28:19—20

哈维尔·阿尔沃深知，他对天主教会的首要义务是宣讲福音，把人们的灵魂带到耶稣面前；每一个就任神职的耶稣会修士都应当效仿去塞浦路斯传教的圣保罗。年深日久，这个决心会转变为另一种更深刻的东西，不过，才满 17 岁、刚接到梵蒂冈传教部门赋予的重任的哈维尔想达到的目标很简单。他希望学习知识，增长见闻，学会与他负责劝化的人们进行直接的、有意义的沟通。他在阿根廷首都漫步，惊叹于那里高大的历史建筑、强大的政治势力和在积满雨水的街上哀悼敬爱的第一夫人的拥挤人群，那时的他最惦记的就是如何实现自己的目标。就在哈维尔购买去玻利维亚的火车票之时，另一个少年，后来成为耶稣会修士和教皇的豪尔赫·贝尔格里奥（Jorge Bergoglio）坐在布宜诺斯艾利斯另一边的一座教堂里瞥见了自己未来的命运。那一刻如此震撼，贝尔格里奥描述说自己感觉好像从马上摔了下来，就像曾经的圣保罗那样。[35] 这两位年轻的耶稣会修士各走各的路，后来的 64 年都没有交集。

哈维尔乘坐的火车摇晃着驶往玻利维亚科恰班巴，途中，他透过车窗看到了一个他在最离奇的梦里也不曾梦到过的世界。几个月前，他确信自己会被分配去孟买传教团，于是把学校里所有关于印度的书读了个遍。可是，教皇庇护十二世（Pius XII）要求教会把年轻人派到拉丁美洲去，因为共产主义正在那里生根，可能会在穷人当中掀起无神论的浪潮。教皇觉得，见习修士越年轻，越稚嫩，就越容易和老百姓打成一片。现在，看着车窗外阿根廷的辽阔草原迅速向后退去，随着火车轰鸣着爬向安第斯山脉空气稀薄的高处，哈维尔才真正意识到自己是多么青涩、多么无知，离自己选择的职业的要求有多大差距。在他的船于布宜诺斯艾利斯港口靠岸下锚之前，他基本没有读过关于这片土地的书籍。他第一次听说艾娃·庇隆是在船上，当时，阿根廷籍的船长要求大家默哀 15 分钟，一位船员大声朗读了艾薇塔的回忆录《我生命的原因》（*La Razón de Mi Vida*）中的一整章。现在，哈维尔的火车从首都郊外的农田驶向图库曼（Tucumán）长满仙人掌的平原，沿途他看到每一个火车站都挂着艾薇塔的画像。那是如假包换的膜拜，其热切程度令哈维尔吃惊。艾薇塔原来是演员，而且不是个特别出色的演员，但她投入毕生精力建立学校、孤儿院、养老院、医院和慈善机构，还大力推动确立妇女投票权。她做的都是传教团努力要做的事。

哈维尔到达科恰班巴时，已经对这个地方的情况略知一二。玻利维亚与阿根廷截然不同。布宜诺斯艾利斯居民基本上都是白人，他们绝大部分是欧洲裔，没有原住民血统，而哈维尔将要为其奉献一生的玻利维亚却有十分显著的原住民色彩。玻利维亚妇女，哪怕是最穷的，都身穿彩色的多层裙子（polleras），头戴圆顶礼帽，留着标志婚姻状况的长辫——辫梢散着说明是单身，扎起来说明已婚，寡妇的发辫中则编着黑穗子。男人肩膀宽阔、举止从容、态度严肃。哈维尔看着他们急步走在泥土小路上，或在田里驱赶着牲口。在这片粗犷的土地上，一张又一张脸抬起来，注视着缓慢驶过的钢铁庞然大物中的这个男孩。哈维尔感到，他看到的每一张凝视的脸都带他进入了另一个永恒的宇宙。面色黑红的农夫正在砍倒粗壮的藜麦秆；女孩子用兜布把婴儿捆在背上，小跑着下山；女人蹲在色彩鲜艳的布上，展示治疗不育、白内障、麻风的药品；男孩们笑着跑着，叫喊着要把出生不久的小羊驼卖给他；一个渔夫划着独木舟静悄悄地在浑浊如泥的河上驶过；喝得醉醺醺的劳工在小酒馆里争吵。这些人是他的羊群。他的责任是爱他们。

哈维尔一直觉得，自己的使命是传教，不是担任圣职。他是个爱冒险、充满好奇心的小伙子，天性友善快乐，他来到这里既要传教，也想学习。他不想一辈子待在西班牙的某个城镇里，在自己熟悉的地方当教士。现在，来到一个完全陌生国度的他环顾四周，心中生出从未有过的欢喜。这里有很多他可以学的东西。见习修士们到达科恰班巴后，欢迎他们、邀请他们去自己阔绰的家里做客的玻利维亚人都是浅色皮肤，而且有钱有势，这些人与哈维尔自己国家的人似乎没什么两样。他们讲西班牙语，应有尽有，控制着 92% 的耕地，理所当然地享用着这个国家的财富，数百年来一直过着高高在上的特权生活。[36] 然而，哈维尔最想认识和了解的是他从火车窗口看到的人，那些是盖丘亚人和艾马拉人，是卑微、贫穷的劳工和山民。恰好，就在哈维尔来到玻利维亚的数月前，一场暴力革命的浪潮刚刚冲击过这个国家。他看到的玻利维亚正处于巨变的边缘。他当然不可能知道，但他周围的玻利维亚人都感觉世界变了，革命之神帕查库蒂把它翻了个个儿，最下面的现在要成为最上面的。

哈维尔被耶稣会送到了他在科恰班巴的新住所，在一所学校里闭门不出，学习盖丘亚语；最终他娴熟掌握了这门语言。在相当一段时间内，他对革命的事浑然不知。他在鸡和猪经常出出进进的教室里上课学习，完全不知道外面的世界正在发生沧桑巨变。他不知道，玻利维亚的年轻知识分子多年来一直对保守派政府十分不满，因为政府严厉压迫人民，奉行低效的经济政策，对外国老板卑躬屈膝。因此，他们大力主张印第安化（indianismo），坚信国家应回归古老的根本，建立类似印加帝国那样组织得更好、更能代表广大人民的社会主义国家。白人精英以及完全听命于他们的军队将领给人民带来的只有痛苦。仅仅 20 年前，他们在与巴拉圭的战争中遭到耻辱的惨败，牺牲了 6.5 万名将士，痛失石油矿藏丰富、灌木丛生的大查科（Gran Chaco）那一大片土地。[37] 智利、秘鲁、阿根廷和巴西意识到玻利维亚的虚弱，多年来不断犯边。不过，欺压普通工人，被外国公司收买，把国家财富拱手让人，使人民忍饥挨饿的是锡矿矿主、乡村大地主、军队将领这些玻利维亚本国的寡头统治者和国家旧有的高压权力架构。

1946 年，人民忍无可忍，推翻了政府，绑架了总统瓜尔韦托·比利亚罗埃尔（Gualberto Villaroel），将他吊死在总统府外的一根路灯杆上，接下来是 5 年的动乱。这一切丝毫不足为怪。玻利维亚脱离西班牙获得独立刚刚一个世纪，却已经爆发过 178 次民众起义。[38] 一次次暴力动乱令经济瘫痪，但每次都被当权者轻易镇压下去。即使如此，1952 年 4 月 9 日，就在哈维尔·阿尔沃乘船驶向布宜诺斯艾利斯，准备从那里前往玻利维亚之时，动乱再起；玻利维亚民族主义革命运动（National Revolutionary Movement）宣布要为被压迫的国民而斗争，夺取了拉巴斯的军火库，开始向公民分发武器。大批矿工持枪拥入首都与军队对峙，有的矿工甚至从波托西远道而来。经过 3 天激战，即便美国政府也提供了各种援助企图挫败反叛者，玻利维亚军队还是投降了。新选出的总统，前经济学教授维克托·帕斯·埃斯登索罗（Victor Paz Estenssoro）掌握了权力，使内地乡村的老百姓看到了难得的一线希望。帕斯·埃斯登索罗几乎立即确立了全民普选，就连最偏远地方的人和不识字的人都得到了投票权。他也迅速把所有矿山收归国有，包括蜚声世界、催动全球经济发展的波托西这个白银产地。他还推行了农业改革，废除了强迫劳动，把土地分配给原住民农民。哈维尔来到的就是这个全新的世界。

哈维尔一生都是文化帝国主义的受害者。加泰罗尼亚语是他的母语。自从12世纪阿拉贡吞并了兴旺繁荣、具有强烈独立精神的加泰罗尼亚以来，加泰罗尼亚人民就处于语言上的屈从地位。在佛朗哥大元帅的高压下长大的哈维尔只能在家里使用自己祖先的语言，在公共场所不能用。他对生活在殖民主义之下，本民族方言在国家“利益”的名义下被压制、被消灭的痛苦感同身受。他知道，对使用古老的盖丘亚语的盖丘亚人来说，看到自己的孩子被外来文化夺走是怎样的感觉。

哈维尔来到这个乐园般的地方，接受主持圣礼的培训，学习当地语言，慢慢熟悉了接纳他的温和热心的玻利维亚人。他们当中有笑口常开的厨子，有牙齿掉光了的看门人，有友善的店主，也有匆匆而过的行人。他开始得知更多的情况，听说了这些人经历的困苦。当然，这里刚刚发生过由遭受了几百年残酷压榨的矿工掀起的剧烈革命，在那之前是殖民统治充满暴力的黑暗年代。然而，即使再往前，这片土地上人民的生活也已经非常艰难；那时印加征服者长驱直入，把各个部落吞并入印加帝国，将自己的信仰强加给当地人，并迫使被征服的人服劳役，还有大批的人被当作祭品。古老的宗教不给予被征服的大众以安慰，而是要求他们做出鲜血的献祭。

的确，从墨西加统治所及的最北端到最南端瓜拉尼人居住的大森林，宗教和部落仪式经常要求献上终极祭品——用人献祭来取悦众神。宗教不仅要求信徒做好事、多祈祷，而且要求他们奉上生命。

在古代美洲，人祭是对宗教信念的考验。诸神需要安抚，需要献上人的肉体、人的鲜血。前哥伦布时代的美洲人，特别是中美洲人，通常不从自己人当中挑选祭品上祭台，而是挑起战争，抓俘虏当祭品。他们甚至为此制定了战争规则，规定战斗中只能把敌人打伤，好俘虏他们，然后在献祭仪式中再杀死甚至吃掉他们。[39] 关于在巨大的金字塔神庙顶上举行的铺张的祭祀仪式，阿兹特克法律有详细的规定。[40] 大祭司在俘虏中挑选出最强壮的一个，由四个小祭司把该人拉到祭台上躺倒，第五个祭司用锋利的黑曜石刀割开他的胸膛，伸手从胸骨下掏出仍在跳动的心脏。人祭的尸体被沿着金字塔的台阶扔下去，鲜血随着级级滚落的尸体洒在台阶上。然后，他的心脏被烧掉，青烟直达饥饿的神。

在秘鲁，冬至举行太阳祭（Inti Raymi）时，印加王的大祭司会主持盛大的人祭仪式。[41] 不过，献给至高无上的太阳神的血食必须是最好的，武士和俘虏都不够格。印加人敬献给太阳神的是童男童女，取其面目姣好和纯洁无瑕，希望借此获得太阳神的恩宠，确保丰收。这种献祭被称为“卡帕科查”（capacocha）*。无论是皇帝身体染恙、得了皇子、出发打仗，还是老王驾崩、新王即位，总之每当人们需要好运的时候，就向诸神献上一个美貌纯洁的儿童。[42] 被选中的小小牺牲者要经过复杂的仪式，穿上盛装，喝下迷药，然后被带到山上寒冷的冰峰，在庄严的仪式中被打碎头颅或

* 卡帕科查，盖丘亚语写作 Qhapaq hucha，意思是“皇家之罪”。

被勒死。这样的献祭仪式从来不流血，被割破流血的祭品是不完美、不完整的，太阳神不会接受。[43] 1892 年，在厄瓜多尔普拉塔岛（Isla de la Plata）的考古挖掘出土了两个被献祭的儿童的恐怖遗体。他们佩戴着宝石饰品，没有任何迹象显示他们被杀时流了血，他们被埋葬的方法与印加皇帝对祭祀仪式的要求完全一致。[44] 百余年后的 1995 年，人们从秘鲁南部安帕托峰（Mount Ampato）的雪中挖出了一个 12 岁印加女孩的木乃伊，同时挖出的还有一堆金银饰品；后来她被称为冰少女“胡安妮塔”。[45] 她身上裹着一条编织精美、色彩鲜艳的毯子，还围着一条最上等的羊驼毛披肩，胸口别着一枚银别针，头上戴着一顶红色羽毛制成的帽子。她右眼窝有一处明显的裂缝，上方的骨头碎了一大片，这说明她死于对她头部的一记重击。在智利和阿根廷西北部的高山冰川，在阿空加瓜（Aconcagua）千年不化的积雪中，人们发现了一批儿童木乃伊，年龄从 6 岁到 15 岁不等，有的单独一人，有的几人一组，都衣着精美，都是因击打或窒息而死。2018 年，在墨西哥城正中央地下的阿兹特克大神庙废墟的献祭坑里，出土了一个不到 10 岁的男孩的头骨。[46]

杀害儿童令人毛骨悚然，但古人认为儿童具有出色的中介力量。也许，正如我们相信在战争中牺牲士兵，把我们社会中最年轻最强壮的成员投入混战能够给我们带来进步一样，古代安第斯人相信，精心规划的盛大献祭仪式能大大减轻自身的罪孽，带来好运。更重要的是，他们认为有证据表明这种献祭方法是有效的。15 世纪早期，阿雷基帕的米斯蒂（Misti）火山爆发，周边地区被如海潮般汹涌而至的炽热岩浆淹没，帕查库特克·印卡·尤潘基的皇后要求在库斯科举行一系列献祭活动，以求阿普神息怒。但是，直到帕查库特克亲自带领一队大祭司来到米斯蒂举行祭祀后，火山喷发才终于平息。[47] 库斯科最神圣的太阳神殿建造之时，地基里活埋了好几个儿童，以确保这个圣地为将来的世世代代提供源源不断的精力和能量。[48] 印加人确信用儿童献祭有利于帝国，所以，父亲会把自己的女儿献出来做“卡帕科查”的祭品，认为这将为人民带来巨大的裨益，自己被选中的孩子将和天上的诸神一起，享受永远的荣光。

生活在巴拉圭和乌拉圭的瓜拉尼人处事温和，虔诚敬神。他们信仰一个单一的神，也相信人内心深处有一种从娘胎里就传给下一代的知识，他们称其为“言”。然而，他们也是出名的食人族。他们会创作诗歌，敏感多情，但也吃人肉。我们不知道他们是吃敌人的肉，还是因为相信把自己部落中逝者的遗体弃于荒野是大逆不道而将死者吃掉——更有可能是后者，亚马孙地区的一些原住民至今仍然在这样做。吃掉亲人的遗体，咽下他的精华，将他纳入永恒的生命周期，这要比将他的遗体留给严厉的命运摆布好得多。不管瓜拉尼人是怎么想的，在全世界眼里他们的宗教十分残酷，也许这是由于信仰基督教的西班牙征服者蓄意造谣，通过抹黑他们来为征服寻找理由。阿尔瓦尔·努涅斯·卡韦萨·德·巴卡在他 1542 年发表的《评论》(*Comentarios*)中讲述了瓜拉尼人打仗后举行敬神仪式的习俗。仪式开始时一片祥和，大家唱歌跳舞，还邀请俘虏加入歌舞的行列。他们前几个星期一直在做准备，把俘虏养得胖胖的，满足俘虏的各种要求，甚至允许他们的妻女和俘虏交欢。[49]最后，等被用作祭品的俘虏身体肥胖、心满意足的时候，瓜拉尼人就派巫师和一些孩子去将其大卸八块。尸块被放进大锅煮熟，大家吃得津津有味，并感谢天上的大神给了他们这个报仇的机会。

这段关于瓜拉尼人的叙述是否真实姑且不论，但有确凿的证据表明，新大陆其他地方也有用人献祭和吃人肉的做法。据历史学家的讲述，人们在安第斯地区各处的建筑物墙下都发现了活埋儿童当作祭品的痕迹，显然那是一种奠基仪式。[50]前哥伦布时代的美洲印第安人肯定不是这种做法的首倡者。耶路撒冷的宗座圣经学院（Pontifical Biblical Institute）下设的博物馆中就陈列着用于同样目的的无头婴儿；根据展品说明，那些无头婴儿是在死海附近的市镇发现的，“都位于房屋地下，很可能是房屋奠基时献祭的牺牲品，近东其他地方也有同样的做法”。两者的分别在于安第斯地区用儿童献祭的做法几千年后仍然相当普遍，一直延续到外来征服者到来时，按有些人的说法，甚至在西班牙征服者到来之后仍持续了多年。[51]我小时曾在秘鲁沿海的安孔（Ancón）玩耍，那里的一座石头房子一角的地下被发现埋了一个小孩。她的眼睛被挖出，换上了亮闪闪的方形石英片，她的胃被换成了一个葫芦，本该是心脏的位置放了一块闪亮的水晶石。神圣的家宅需要这样的祭品。

在前哥伦布时期的历史中，暴力与信仰就是以这样的方式结合在了一起，正如西班牙凶狠驱逐犹太人、对异端施以火刑、对征服欧洲的穆斯林军队发动十字军东征等行动所体现的暴力与信仰的结合。然而，数世纪来一直嗜血凶暴的西班牙人却声称原住民“野蛮”“渎神”，以此作为他们奴役整个半球的理由。在身为天主教徒的西班牙国王看来，用人当祭品的宗教仪式和吃人肉的行为是不可原谅的邪恶异端，必须采取行动予以清除。于是，拉丁美洲以往的宗教暴力成为把新的宗教暴力强加给它的完美理由。西班牙抓住原住民“亵渎神圣”的行为，趁机迅速让天主教会密切参与对拉丁美洲展开的征服战。在征服这片广袤的未知土地的过程中，《圣经》经文发挥了空前的作用。征服者、主教、商人、银行家都支持对原住民的诽谤，异口同声地指责新大陆所有印第安人都是天生的野蛮人，完全无视他们的文明是多么伟大，他们的宗教是多么成熟。现在，一位观察敏锐、心怀同情的年轻耶稣会见习修士开始认识到，他被派到遥远的美洲腹地的山区，就是为了牢牢把握住 500 年前确立的对当地人民的支配权。

第十一章

此石胜彼石

对拉丁美洲的征服和掠夺中，剑与十字架并驾齐驱，总督和主教、骑士和福音传教士、士兵和修士联合起来抢夺拉丁美洲的白银。

——爱德华多·加莱亚诺，《拉丁美洲被切开的血管》[1]

旧世界从遇到新世界的那一刻起，就想对它传福音，要在它的所有公共场所都安上十字架，在它的圣石上堆上石头。科尔特斯初会蒙特祖马，就警告这位阿兹特克皇帝说，西班牙的上帝至高无上，在上帝的土地上膜拜偶像是对上帝的亵渎。说者与听者对此概念都不陌生，科尔特斯和蒙特祖马的世界都以宗教为主要特征。对科尔特斯来说，十字架代表着爱国、正直、勇猛，是他与生俱来的身份认同。毕竟，西班牙的主保圣人是圣雅各，又称圣雅各·"马塔莫罗斯"，这个绰号的意思是"摩尔人杀手"。多少世纪以来，每次利剑出鞘，每次对敌冲锋，每次出行探险，西班牙人都会祈求圣雅各保佑。

对于墨西加人，特别是对于统治他们的阿兹特克人来说，他们的数十个神祇同样如他们呼吸的空气和他们血管中流淌的鲜血那般自然，那般实在。阿兹特克人的万神殿里，上天有13层，地下有9层，每一层都有自己的神和天体。阿兹特克人种植玉米、酿制美酒、打败敌人、孕妇生产都要祈求神灵，就连享受鱼水之欢也要祈求神灵。也许，他们与西班牙人的区别在于阿兹特克人并不单方面强迫别人接受自己的神。大祭司们明白，其他文化的信仰可能也有效、有用。阿兹特克的繁殖之神西佩·托特克就是从约皮人（Yopi）那里拿来的。阿兹特克宗教中统治地下世界的大神、主司夜空和狂风的特兹卡特里波卡（Tezcatlipoca）原先是托尔特克人的神。[2]

科尔特斯征服特诺奇蒂特兰后，颁布的第一道法令是不要立即拆毁各个神庙，因为也许能用它们来做结实的碉堡，但是，神庙里面的偶像必须从神龛里拉出来砸碎。[3]这在历史长河中也是常有的事，自古以来，基督徒就对被征服民族的神庙必欲毁之而后快。罗马这个也许是世界历史上最强硬好战的帝国在决定皈依基督教后，它关于征服“野蛮人”的命令就成了现成的屠杀说明书。任何征服首先要消灭的目标都是偶像。基督徒攻占雅典后，一群打砸抢的暴徒推倒了一座雅典娜女神塑像，砍下她的头，把她砸成碎片；塑像头部被颠倒过来，充作通往一座教堂的踏脚石。[4]教士们接管埃及亚历山大港的塞拉皮斯（Serapis）神庙后，下令将其夷为平地。数千本书被销毁；巨大的神像被拆得七零八落，遭游街示众后被一把火烧个精光；墙面上贴的金箔被运走，拱顶上装饰的白银和青铜被剥掉。抢掠结束后，神庙只剩了地上的石头，在上面建起了献给圣施洗约翰的教堂。[5]

后来在拜占庭时代，代表着希腊文明顶点的帕台农神庙被征作教堂使用，两个傲慢的主教把自己的名字刻在了神庙巨大的石柱上，全不在乎自己是在毁坏已有千年历史的神庙。[6]他们不过是沿袭了旧例。基督降生后不到400年，政府颁布了一条法律，宣布谁敢拒绝十字架，就要“付出生命和鲜血”的代价。[7]自那以后，为此被杀的人不知凡几。到科尔特斯在韦拉克鲁斯登陆时，这种心态已经存在了1 000多年。

所以，科尔特斯和他的同伙对摧毁当地人民的宗教、强力打击他们的信仰丝毫没有良心上的不安。西班牙征服者从一开始就表明了这一点。科尔特斯到达特诺奇蒂特兰几天后，要求去看蒙特祖马最大的神殿。皇帝答应了他，亲自带他参观了休伊神庙（Huei Teocalli），让他看了高耸入云的石塔、宏伟的大殿、留着血痕的祭坛、祭祀用刀、巨大的蛇皮鼓、雕龙的柱基、巨石堆，还有维齐洛波齐特利（Huitzilopochtli）和特兹卡特里波卡的嵌满宝石的神像，这两位神各自主司战争和地下世界。[8]科尔特斯按捺不住心中的厌恶，转向主人说，他非常惊讶，蒙特祖马这样睿智的人居然会膜拜如此荒谬邪恶的偶像。他建议在神庙顶上竖起十字架，在大殿中央安放圣母马利亚的雕像。蒙特祖马深受伤害，勃然大怒，反唇相讥说，他若是知道科尔特斯会侮辱他的神，就不会准许他进入神殿。

不过，征服完成后要做的头等大事并不关乎宗教，而是黄金。科尔特斯囚禁了蒙特祖马，给他戴上枷锁，宣布特诺奇蒂特兰属于西班牙国王之后，马上命令士兵们仔细搜刮所有的宝物。疯狂的抢劫过后，蒙特祖马的大祭司们以为虽然科尔特斯大谈上帝、圣子、圣母和圣灵，其实他真正的神是黄金白银。[9]他们相信自己的信仰能够继续维持，顶多做些改动，这里加一个神，那里加一项仪式——他们自己就是这样吸收被征服部落的信仰的。他们没有想到西班牙人最终对他们宗教的打击会如此凶暴。阿兹特克诸神也许咄咄逼人、欲求无限、挑剔苛刻，但祭司们从不认为只有那些神才算神。[10]阿兹特克帝国以多样性立国，一贯假定它日益扩大的版图中的人民可以自行选择宗教。

慢慢地，阿兹特克祭司们明白了，西班牙人和为虎作伥、烧杀抢掠的特拉斯卡拉人不惜杀死、残害、摧毁一切阻挡他们建立统治的障碍。祭司们也推测，自己作为神职人员，活下来的可能性很大。既然征服者一心只顾“黄色和白色的金属”，[11]西班牙又显然对人祭深恶痛绝，所以祭司们基本上可以放心，自己不会在宗教仪式上遭到屠杀。身处每日的混乱当中，祭司们仍然以为他们的宗教不会有事，特别是因为他们自己的最高造物主、赋予生命的奥梅特奥特尔（Ometeotl）似乎与西班牙征服者的上帝没有多大分别。[12]这里竖个十字架，那里建个神龛，但这些不一定意味着作为他们生命基础的根本信仰遇到了危险。他们这个想法很快就化为了泡影。

接下来的三年中，疾病造成死人无数，征服者大肆杀戮并疯狂劫掠。然后，1524 年，12 名方济各会修士从西班牙来到新大陆，来做科尔特斯无论怎么凶狠都没能做到的事——取代阿兹特克祭司，把当地的广大异教徒劝化为基督徒。至此，墨西加人越来越清楚地看到，西班牙人不会容许过去的做法。西班牙人搬空了他们的神庙，烧毁了他们的偶像，把数千人杀死或变为奴隶；现在，西班牙人又要踏平他们的文化，除掉怀疑西班牙宗教的人，在他们最神圣的场所竖起十字架和圣母像。

那一小队方济各会修士肩负着对一个文明传播福音的重任。[13] 他们踩着沙子、淤泥和火山岩徒步从韦拉克鲁斯走了 320 千米到达墨西哥城。史书中称他们为“十二人”；他们的人数是含有深意的，是为了与把基督的福音传向世界的十二使徒相吻合。这些修士蓬头垢面，被一个月的海上旅行弄得筋疲力尽。他们脚踩破烂的拖鞋，身穿褴褛的衫袍，在陌生的土地上蹒跚前行，一副落魄样子。聚众围观的印第安人彼此悄声说“莫托利尼亚”（motolinia），这在纳瓦特尔语中是“乞丐”的意思；一个修士听到人群说的这个词，干脆用它当作自己的名字。从那天起，那位方济各会修士就成了莫托利尼亚。待到这支衣衫褴褛的小小队伍终于走进首都，墨西加人震惊地看见科尔特斯和他手下的人赶上前迎接，跪下亲吻修士们溅满污泥的袍边。不过，印第安人此时已经看到了太多奇怪难解的情景，他们的伟大都市陷入了不可想象的大变局，他们身处的世界遭到的破坏到处可见。他们没有想到的是，随着这 12 个谦卑的人的到来，他们文明的最后一点残余也要被夺走。对墨西哥的精神征服拉开了大幕。[14]

写到这里，应该回顾一下天主教在“地理大发现”时期的状况。野心勃勃、欲壑难填的教皇亚历山大六世（Alexander VI）急需钱用，[15] 天主教会乱作一团，欧洲本身也动荡不安。相比之下，中美洲或安第斯地区的宗教具有更强大的凝聚力，在文化中占主导地位，使经济和社会更稳定、更统一。[16] 一位历史学家说，欧洲的失衡已经到了危险的地步，各国龃龉不断，敌意暴发是早晚的事。[17]欧洲的宗教不像阿兹特克和印加的信仰体系，并未形成政治目标，也未促进财政统一。尽管基督教创立起来本来也不是为了做这种事的，但是，它在诞生1 500年后已经严重偏离了原本的目标。

16世纪初，天主教会没有献身于拯救灵魂，而是陷入了腐败的泥潭，从信徒那里大肆捞取金钱。当科尔特斯在尤卡坦勇往直前之时，担任教皇的利奥十世（Leo X）每年都要卖出2 000个教会职位，能赚差不多50万达克特（相当于今天的1亿美元）。这个数字令人瞠目，因为当时欧洲最富有贵族的全部家产也只有它的一个零头。[18]买到圣职的人只从每年任职的收入中拿出一点点钱分给围在他们身边的谄媚小人，让他们去处理教会的事务，自己则忙于为罗马搜刮金钱，同时中饱私囊。[19]违规的行为数不胜数。德意志美因茨（Mainz）地方的大主教包养了多个情妇，债台高筑，想从利奥教皇那里再买一个主教职位来增加收入。为了筹集买主教职位的钱，他命一个多明我会修士去兜售赎罪券。[20]赎罪券是一纸证明，号称可以保证买主死后去见上帝时能减少罪孽，减轻应受的惩罚。那修士一心想讨好大主教，编了个朗朗上口的顺口溜："金币落钵叮当响，灵魂马上进天堂。"[21]大批信徒热切希望拯救自己的灵魂，坐上天堂直通车，纷纷心甘情愿地争相购买。

天主教会变成了一个官僚机构、一家销售公司、一张巨大的金钱网，它的目标不再是照顾温顺的和贫穷的人，而是吹嘘美化自己。每一任教皇都要筹集大量金银来宣扬天主教，维持它至高无上的地位。1506年，教会开始在罗马修建圣彼得大教堂，用来充分彰显天主教的庄严伟大。10年后的1517年，一个声音对这种穷奢极侈发出了谴责。一位来自德意志矿区小镇的年轻教士因教会肆无忌惮的贪婪而怒火中烧，写了一份他称为“九十五条论纲”的文章，钉在了维滕贝格大学教堂的大门上；他在文章中谴责了教会靠出售神职和赎罪券赚钱自肥的做法。[22]

在迅速普及的印刷机的帮助下，不出两个月，马丁·路德发出的谴责就传遍欧洲各国首都。[23]若是没有谷登堡的这项发明，教会的分裂可能根本就不会发生。路德的控诉说服了越来越多的王公和平民抛弃天主教，加入他新成立的新教教会，使罗马大惊失色。1524 年，那 12 名衣衫褴褛的方济各会教士从韦拉克鲁斯前往墨西哥城之时，宗教改革运动的反叛精神正在欧洲北部的中心地区造成巨变，威胁到了天主教的至高地位。天主教会和最强烈支持它的西班牙奋起捍卫天主教信仰。它们都需要科尔特斯取得胜利，以捍卫天主教的地位，确保西班牙经济的存续，加紧天主教对旧世界的控制。然而，宗教改革运动非但没有促使天主教会清除持续数十年的腐败，反而对新大陆各地的宗教社团起到了反作用。贪婪更加根深蒂固，如果说传播福音是征服土地的关键，那么它同样是控制土地的关键。对开辟新疆界的人来说，西班牙颁布的所有法令和修正案不过是遥远的噪声，他们遵守的是另一套规矩。金子的清脆响声才是唯一重要的声音。

讽刺的是，对许多参加征服事业的信徒来说，新大陆是他们的信仰重获新生、回归根本的机会，是收集纯洁无瑕的灵魂，使基督教的征程再出发的机会。然而，即使在美洲人中间传播福音起初是为了喜获更多信徒，后来的事态发展却很快使这个计划付诸东流。重点转向了发大财、赚大钱。那一队方济各会修士到达后不久，西班牙征服者就确立了推行基督教的行动流程，要靠武力达到精神上的征服。[24]这套行动立即在整个半球付诸实施。

行动以向村民宣读《条约书》开始，宣布西班牙拥有神授权利，可以没收新大陆的任何土地，征服并奴役当地居民，如有必要还有权发动战争、展开杀戮。1513年，就在米开朗琪罗在西斯廷教堂天花板上描绘上帝创世的精彩绝伦的壁画面世之时，就在巴托洛梅·德·拉斯卡萨斯认识到西班牙的征服已经使300万印第安人死于非命之时，[25]就在瓦斯科·努涅斯·德·巴尔沃亚扩大了入侵范围，到达太平洋岸边之时，西班牙国王决定，需要采取措施减少死亡。[26]当时的普遍共识是，劣等种族居住的土地是无主地，新大陆的土地可以随便抢。对美洲的征服开始20年后，原住民权利的问题才摆上台面。

为减轻可能造成的不良影响，西班牙国王决定，以后征服者在行动前先要向印第安人宣读一份声明，要他们和平归顺基督和西班牙，这样，西班牙就免除了任何暴力罪责。殖民军队每次攻击前，都先宣读一遍《条约书》；这份文件开头相当平和，提到了天主教所有的天使和圣徒，包括圣雅各和圣彼得，结尾处却发出了赤裸裸的威胁："如果你们不服从，和我作对，我发誓在上帝帮助下全力对付你们，在任何地方、以任何方式同你们作战，给你们套上枷锁，迫使你们服从教会和崇高的陛下。我会把你们和你们的女人、孩子都变为奴隶，任由国王陛下出卖或处置，我还会夺走你们的一切，给你们带来一切可能的痛苦伤害。"[27]

宣读《条约书》通常是在离人群很远的地方大声喊叫，有时只是咕哝几句，听在印第安人耳朵里根本就是莫名其妙的噪声，几乎和狗吠差不多。有的人和平地接受了十字架，也有许多人发起了激烈抵抗。最后，在火枪、大炮、马匹和疾病的猛攻下，一块又一块的土地落入了耶稣的士兵手中。

征服印第安人的灵魂

啊，最虔信基督的国王，我发现您的印度只有一个缺点。那就是住在那里的人卑鄙、肮脏、不可靠。

——加斯帕尔·佩雷斯·德·比利亚格拉，1610 年[28]

被征服的印第安人直接划归委托监护地（encomienda）管理，那是由西班牙征服者、官员或神父监管的土地。惊惶恐惧的印第安人经常被强行与自己的孩子和家人分开，清点后驱赶到委托监护地。殖民政府给他们起了西班牙名字，通过结结巴巴的翻译告诉他们，他们属于一个遥远的神，一个遥远的国王。委托监护主（encomendero）作为主人，有权要求印第安人纳贡缴税，可以用劳役作抵或以黄金支付。委托监护主则许诺给印第安人提供保护，使他们从今往后成为基督徒。然而，印第安人实际上没有得到任何好处，委托监护制是彻头彻尾的抢夺土地。西班牙人没收了所有土地，把土地上的居民都变为奴隶，并将其送到矿山，在极端恶劣乃至致命的条件下劳动，从来不关心他们的信仰问题。[29]“他在这个岛上主政的 9 年中，”一位修士谈到西印度的王家总督时这样说，“对印第安人的教化和救赎漠然视之，好像他们是木棍、石头或猫狗。”[30]然而，派总督到这里来，就是为了纠正哥伦布在任时对印第安人犯下的种种令人发指的恶行。对印第安人的虐待极为残酷，造成了大量死亡和疾病，这种情形促使与征服者一道前来的神父向国内发出报告，说虽然新大陆的征服者高调宣称要遏制虐待行为、传播基督福音，但征服制度反而变得更加野蛮、更加不人道。

按巴托洛梅·德·拉斯卡萨斯从小受的教育，他不应该从印第安人的角度看待征服。恰恰相反，他那当商人的父亲为了发财，参加了哥伦布的第二次航行，归来时带了一个奴隶充当纪念品，让他年幼的儿子大为惊奇。这个名叫华尼科（Juanico）的印第安人正是由哥伦布本人所赠，他立刻被安排去伺候巴托洛梅。[31] 几年后的 1501 年，青春洋溢、刚满 18 岁的巴托洛梅加入圣职成为见习修士，跟随父亲乘船驶往伊斯帕尼奥拉岛。关于他初抵当地后那几年的情形，我们知之甚少，只知道天主教会在那里尚未站稳脚跟，这位年轻教士无章可循。他应该和其他教士一样，帮助建立殖民地，搜捕奴隶，推动发展刚刚萌芽的经济。

几年后，巴托洛梅做了一次短暂的罗马之行，返程前被任命为多明我会修士，他因此而成为首个获得圣职后初次主持弥撒的地点在美洲的神父。他分得了自己的委托监护地和许多奴隶，成了富有的种植园主。他经常参加抓捕行动，抓泰诺人当奴隶来弥补不断减少的劳工。他深入参与奴隶贸易，几年后到来的一批多明我会神父甚至剥夺了他和所有其他奴隶主的忏悔权。[32] 一位多明我会修士看到征服者的冷酷无情已成为一种肆虐的痼疾，不禁痛心疾首，在一次言辞激烈的圣诞日布道中痛责他的西班牙同胞。“告诉我，你们有什么权利，有什么法律依据来如此残酷无情地奴役这些印第安人？”这位神父涨红了脸咆哮道，“你们靠什么权威对这些和平温顺的人民发动如此卑鄙的战争……为了抢夺和积累黄金令他们劳累至死，或者干脆把他们杀死？”[33]这位多明我会神父慷慨激昂地滔滔不绝，指控坐在小教堂里的所有西班牙人丧尽天良，说他们是非不辨、满身罪孽，正危险地走向熊熊燃烧的地狱之火，坐在下面的听众里就有克里斯托弗·哥伦布的儿子迭戈。[34]

拉斯卡萨斯刚听到这些指控时感到愕然，极力为西班牙征服者辩护。毕竟，他们担负着把主的福音带给这片蛮荒之地的任务，教皇和国王都认可了他们的努力。但没过多久，他开始仔细思索那位多明我会神父的激昂话语。1513 年，《条约书》颁布之时，他动身参加了对古巴的远征，与他同行的有科尔特斯、迭戈·贝拉斯克斯、潘菲洛·德·纳瓦埃斯等人，他们最终几乎灭绝了古巴岛上的泰诺人。就在那里，身为随军神父的拉斯卡萨斯亲眼见证了征服者疯狂的残忍手段。他们把许多人绑在火刑柱上烧死，犯下令人发指的暴行，屠戮数千名当地人，而这一切都是“毫无理由、毫无原因的”。[35]这促使拉斯卡萨斯开始怀疑西班牙的教化使命。他参加征服战得到的奖赏是古巴的一座金矿、更多的奴隶和俯瞰阿里芒（Arimao）河的一处风景如画的委托监护地。他过上了庄园主的宁静生活，但他禁不住要思考他的宗教誓言与他所目击的泯灭人性的暴行之间的矛盾。

卡奥纳奥屠杀发生时，他就在现场。[36]他看到，印第安人带着装满面包和鱼的篮子走上前来之时，西班牙征服者却在磨刀霍霍。那天，7 000 人被杀，大部分都是征服者为取乐而杀的，受害者惨遭开膛、断肢、狗咬，抱着自己的肠子拼命逃跑。他看到他的一些同伙围成一圈；纵狗去咬一个无助的印第安人；那人嘶喊着求饶，旁观者却哈哈大笑，眼看着那人被咬得肚破肠流。他看到奴隶被迫跋涉400千米去开采黄金；他们做苦工时不断遭到鞭打，有人在回家的路上就死去了，活着回到家的人也因为身体严重受损和营养不良而不能人道，即使生了孩子，也会先天发育不足。[37]出去做工的男人带回了水痘病毒，传染了全村，整个种族就这样规模日减，无法达到出工的定额。

短短一年内，拉斯卡萨斯改变了观点，思想趋向激进，宣布他自此将献身于被征服人民的福祉，使其他庄园主大为惊讶。他的转变迅速而惊人。无论是在激愤的布道中，还是在寄给巴利亚多利德的权力机构的言辞尖刻的信中，他都痛斥他的同胞抓捕奴隶的暴行和委托监护制度的严酷。他发誓要阻止他们的犯罪。至于西班牙是在给一个不敬神、不守法的世界带来基督教的说法，拉斯卡萨斯回应说，如果一定要通过动武才能让印第安人皈依的话，那么不去打扰他们才更像基督徒所为。[38]

他的意见在殖民地听者藐藐，但他至少引起了天主教会的注意。拉斯卡萨斯不懈地大声疾呼，最终被天主教会任命为印第安人的保护者。接下来的15年中，他付出了超乎寻常的巨大努力，走访了许多边远村庄，去西班牙征服者竖起十字架的所有地方不厌其烦地宣讲要对玛雅人、纳瓦特尔人、印加人和泰诺人更加仁慈。他传教的脚步远至委内瑞拉海岸，还在那里试着以和平的方法劝化当地人。他的努力失败了，主要是因为其他西班牙人丝毫不予配合，也因为利益受损最大的新地主开始散播言论，说他是疯子、怪人，是魔鬼的化身。即使如此，他依旧坚持不懈。他立誓献身于多明我会，因为他思想的转变就是受了多明我会的启发。他千里迢迢前往墨西哥、危地马拉、巴拿马、尼加拉瓜，再回到墨西哥，在那里险些遭到暗杀。[39] 他的努力没有白费。由于他的请愿，教皇颁布了一道里程碑式的诏书，宣布印第安人和任何其他人一样，是可以成为基督徒的。尽管并非所有人都相信此言。

拉斯卡萨斯的不懈坚持终于赢得了年轻国王的注意。身兼神圣罗马帝国皇帝的卡洛斯一世国王 * 年方 19 岁，正是容易接受新思想的年纪，他听到拉斯卡萨斯对暴行的描述后深信不疑，也惊骇不已。从拉斯卡萨斯这位眼神锐利、性急如火的神父口中听到印第安人遭受的野蛮虐待，年少的国王不禁感同身受。从非洲流向欧洲的奴隶贸易早在他即位之前就开始了，黑人在欧洲做家仆，如女佣、厨子、马厩帮工、贴身男仆，但那不是累死人的苦工。发生在新大陆的残酷和屠杀是过去没有过的，是完完全全的邪恶。即使在他年纪渐长，靠着新大陆的白银获得了巨大的财富和权力的时候，卡洛斯国王也从未停止倾听这位高高瘦瘦、不屈不挠的神父的意见。

他的意见非常中肯。卡洛斯的祖父母费尔南多和伊莎贝拉去世后，西班牙在殖民地的暴行与日俱增。西班牙完成了对墨西哥和秘鲁的殖民，在拉普拉塔河沿岸实行了种族灭绝，对波哥大高原的居民大开杀戒；这一切使得西班牙在西半球的权力日益巩固，却造成印第安人的人数剧减，加勒比、中美洲、安第斯各地人烟凋敝。原住民英勇反抗，竭尽全力，不像有些记史者说的那样卑

---

* 他也被称为查理五世或卡洛斯五世国王，自 1506 年起为勃艮第公国大公，自 1516 年起为西班牙国王，自 1519 年起为神圣罗马帝国皇帝。

怯地屈服投降。但是不可否认的事实是，人口损失十分严重。于是，为了弥补劳动力的短缺，殖民者很快就开始了又一场大抢劫——大西洋奴隶贸易。甚至拉斯·卡拉斯自己在束手无策的时候也提出了这个办法。[40] 葡萄牙、英国、荷兰这些欧洲海洋大国的航运大亨抓住商机争先恐后地投入这个市场。数百万非洲黑人被围捕，塞进船舱，运往遥远的新大陆；他们如果没有死在途中，就会被送到那个残酷的世界去做工。500 万黑奴被送到巴西，近 150 万到了西属美洲。[41] 显而易见，欧洲是踩着印第安人的尸体，通过贩卖黑奴和严酷剥削西印度的人民，靠着对金银不断扩大的需求而发达起来的。

一位神父对于拉丁美洲的一切提出了质疑。拉斯卡萨斯以某种方式在身体上、思想上和精神上将自己代入了印第安人的经历，从他们的角度来看待西班牙人对他们的攻击。[42] 一个欧洲人当然不可能完全理解原住民的世界观，但是他对原住民的研究在当时几乎无人能及，他发出的良心拷问激起了敌意的风暴。在新大陆，委托监护主、有土地的富人、有影响力的商人和靠奴隶经济发财的有权有势的西班牙征服者对拉斯卡萨斯群起而攻之。讽刺的是，最激烈抨击拉斯卡萨斯的人当中甚至包括“墨西哥十二使徒”之一的莫托利尼亚，这位衣衫褴褛的方济各会修士后来被任命为圣方济各修道院院长。[43] 他要求审查删改拉斯卡萨斯写的《西印度毁灭述略》(*Brief History of the Destruction of the Indies*)，把这个多明我会修士锁在修道院里，让他无法阻挠征服大业。批评者说拉斯卡萨斯心向印第安人，是印第安人的傀儡、自己种族的叛徒，是个“恶人，骚动不宁、胡搅蛮缠、狂暴不羁、诽谤中伤、满腹偏见”。[44] 后来又说他制造了“黑色神话”，那是一种恶毒夸张的说法，说西班牙比在南半球抢夺钱财和奴隶的任何其他欧洲国家都更加残酷可恨。[45] 英国人、法国人和荷兰人，包括路德宗信徒，都利用“黑色神话”大做文章，抹黑西班牙，中伤西班牙人都是施虐狂，污蔑天主教是腐败的宗教，意图推翻西班牙庞大的全球势力。

当时，关于印第安人是人还是牲口的辩论在欧洲正进行得如火如荼，哲学家、神职人员和立法者都加入了进来。新大陆的居民值不值得费如此大的力将其劝化为基督徒？能够用武力迫使劣等种族进入精神的高级王国吗？在激烈的言辞交锋当中，卡洛斯国王决定，在此类问题得出结论之前暂停一切征服活动。为此，他在巴利亚多利德召开了一次会议，会址选在圣格里高利神学院（Colegio de San Gregorio），那是 15 世纪建造的一座宏伟的石头建筑，上面可笑地雕刻着瞪着狂野的眼睛、浑身是毛的兽人在挥剑持盾、面貌英俊的骑士脚下畏缩示弱。在神学院拱顶高耸的大厅里，拉斯卡萨斯和胡安·希内斯·德·塞普尔韦达（Juan Ginés de Sepúlveda）唇枪舌剑，展开了长时间的激烈辩论；塞普尔韦达是国王的御用史学家，是广受尊敬的学者，倡导亚里士多德的天然奴隶说。[46] 按照亚里士多德的《政治学》（*Politics*），尤其是按照大多数殖民国家对该书的解释，有些种族因其卓越的智力是天生的统治者，而其他种族因其粗陋有限的理性而注定要为统治者服务。

塞普尔韦达刚刚发表了一篇论文，论证对新大陆人民发动战争完全有理，因为那些人实施吃人肉和用人献祭这种可憎的行为。[47] 据此逻辑，西班牙对这些亵渎神灵的人开战并得胜后，根据战争规则完全有权利奴役他们。塞普尔韦达接着说，西班牙天主教会作为宣誓传播福音的机构，有责任强行将基督教信仰灌输给被征服的异教徒，执行“勉强人进来”（compelle intrare）的法则。这是对耶稣所说“勉强人进来，坐满我的屋子”这句话的严重歪曲。西班牙据此声称，它完全有理由强迫异教徒“进来”，接受基督教，信仰基督。恶魔般的阿兹特克人不是一年就牺牲两万人献祭，把那些可怕的祭品放在巨型架子上展示吗？邪恶的印加人不是最喜欢乱伦吗？变态的加勒比人不是把他们的敌人放在巨大的泥锅里烤熟，像食尸鬼一样抓着敌人的骨头大快朵颐吗？这一切不都是在西班牙人到来之前发生的吗？当然，塞普尔韦达思想的核心是，西班牙人在文化上、智力上、身体上都优于印第安人，印第安人虽然并不完全是猴子，但绝对是低级的灵长类动物。当时的一位历史学家评论说，此人口若悬河，却从未见过印第安人。

不过，卡洛斯国王听从了神父拉斯卡萨斯的意见，没有听亚里士多德派学者塞普尔韦达的话。1542 年，他颁布了西印度《新法》，禁止继续在新大陆抓捕印第安人做奴隶，谴责并废除了委托监护制。《新法》在西班牙得到了一定的支持，神父和政治家都对其做出了赞扬，许多西班牙人对兴奋的拉斯卡萨斯表示祝贺，祝贺他获得的这个胜利。但是，在美洲殖民地，《新法》非常不得人心。殖民体制内各个等级的人都站出来大声疾呼，说《新法》会破坏他们的生计，富人将被剥夺财富，穷人则会失去致富的机会。[48] 被派到墨西哥去推行国王《新法》的使节最终被劝阻，根本没有将《新法》公之于众。[49] 秘鲁的总督企图强推《新法》，却遭到追击、逮捕，最后被弗朗西斯科·皮萨罗的弟弟贡萨洛斩首。卡洛斯国王任命拉斯卡萨斯为恰帕斯（Chiapas）的主教，辖区包括危地马拉的一些地方和墨西哥南部。消息传来，负责巨额槐蓝贸易的危地马拉市政委员会惊慌失措，紧急给国王写信说："我们惶恐不安，国王好似派了公共刽子手来砍我们的头。"[50]就在卡洛斯国王因自己的英明决定而自得之时，拉斯卡萨斯成了过街老鼠。《新法》对它本意要帮助的人民没有起到丝毫作用。[51]它只是短暂的胜利，其实不过是一纸空文。西班牙征服者对《新法》视若无睹，土地所有者对它一笑置之，因为他们发现，对数千千米外签署生效的法律完全可以不屑一顾。

那么国王该怎么办呢？他在巴利亚多利德挑起的辩论对于西班牙在西印度统治的合法性提出了质疑，但卡洛斯国王不会按照他自己颁布的法律的逻辑走到底；因为那样的话，他就得把欺压当地人的征服者撤回来，把他的白银拱手送给欧洲那些正在他头上盘旋的秃鹫，并宣布西班牙对新大陆的征服无效。他唯一的希望是加速传播福音，让印第安人以及自征服者初抵新大陆以来的50年间出生的几代梅斯蒂索混血儿更天主教化、更西班牙化。然而，此事最终不了了之，因为国王遭遇了一连串厄运。王后生下了一个死胎，两周后自己也撒手人寰。国王哀痛欲绝，无心国事。他自己不时发作癫痫，还有痛风，下巴也经常疼痛。于是，他开始逐渐放弃他的帝国权力。

1556年，卡洛斯国王放弃所有权力，由儿子腓力二世继位。[52]秘鲁富有的征服者，包括波托西的银业大亨，极力游说新国王永久保留他们的委托监护权，好让他们把万贯家财子子孙孙传下去。他们给国王开出了天价贿赂：900万达克特，足以清偿西班牙近10

年的财政赤字，这让腓力非常动心。他父亲给他留下了一屁股债，他自己为了在英格兰重振天主教会，去伦敦迎娶英格兰的玛丽一世（Mary I）女王时，穷奢极侈，花钱如流水。因此，腓力命令印度事务委员会立即接受征服者提出的条件。一直在为废除委托监护制而奋斗的拉斯卡萨斯闻讯大怒。他开始孜孜不倦地劝说他的支持者和秘鲁的印第安人，让他们向国王表示也愿意出同样数额的钱。他们真的这样做了，尽管那显然是个空洞的表态。

这桩事最终由西班牙的殖民官僚机构做了了结。第一批来到秘鲁的征服者得到保证，他们可以永远保留自己的财富。土地所有者中有几个可以在有生之年保住财产，其他人则必须将所有财产上交国王。在殖民统治的铁蹄下挣扎了超过一代人时间的印加人后裔看不到自己的后代有任何希望能逃脱剥削。他们中间的一个人哀叹道："曾经勇敢高尚的我们现在不过是可怜的仆人，是yanakunas。"[53]就这样，为印第安人申冤争权的任务完全落到了一群一无所有、宣誓终生甘于贫穷的神父肩上。这些神父的行列日益壮大，他们深知，在科尔特斯和皮萨罗手中，传播福音的工作做得并不好。尽管西班牙征服者冲进村庄时叫喊着圣徒的名字，尽管他们在印第安人的圣石堆瓦卡顶上立起了十字架，剑永远不会将印第安人带到耶稣身边。

传教士的工作

和信仰一起，上帝的鞭子进入了这个国家。

——《耶稣会关系》，1653年[54]

哈维尔·阿尔沃在两年的见习期间，一直在思考如何把原住民带到耶稣身边。[55]他觉得，传教士的工作应该反过来。神父难道不应该主动接近原住民吗？传教士不是应该为人服务而非强迫人吗？他怎么也摆脱不了一个念头，觉得有人编造了一个劣等种族的神话，来污蔑他被派来劝化的这个种族。以根深蒂固的种族偏见为基础的心理战仍在进行。人们不知从何时开始认定，要实现真正的征服，胜利者需要羞辱失败者，打垮他们的精神，让他们相信自己一文不值。400多年前，一位愤怒的神父对他的教众喊话，如果说原住民软弱疲乏，也许是因为征服他们的人没有践行真正的基督徒的慈悲。"你们有没有动过脑筋，用他们能够理解的方式向他们揭示创世的上帝？让他们明白受洗礼、望弥撒、以上帝的名义纪念节日的道理？"他说，"你们认为他们没有理性的灵魂吗？你们作为基督徒难道没有义务像爱自己一样爱他们吗？"[56]

哈维尔深信不疑，他所认识了解的玻利维亚原住民，无论是温驯的还是大胆的，大都比他们的白人主人信仰更坚定、头脑更聪明、行动能力更强，但他们没有发挥的机会。

他深深感到自己来到了一个分裂的社会，一个种族隔离的国度。城市里住的是白种和近乎白种的人，都讲西班牙语，生活富足。原住民和深色皮肤的人住在农村，讲盖丘亚语，极为贫困。住在城里、两种语言都会的梅斯蒂索人经常以自己的原住民血统为耻，不愿让别人知道自己会说盖丘亚语。严格的种族和语言界限把玻利维亚分成了两半，导致国家运行不畅。这个国家62%的人口被排挤到社会边缘，他们有很多地方需要哈维尔这位年轻神父的帮助。矿工需要正义，农民需要教育，母亲需要救济，孩子需要医生，村庄需要饮水。除了上帝的仆人，谁还能满足这些需求呢？政府似乎把这些责任推了个一干二净。

哈维尔是在农民革命几个月后来到玻利维亚的，他不了解这个国家之前的动乱、它在和巴拉圭的查科战争（1932 年—1935 年）中的惨败以及它新选出来的信奉社会主义的总统，但是他从与面包师、清洁工、养猪人等各色人等的接触中，能够感到他们心中蕴藏着希望的萌芽。他与外部世界隔绝，听不到消息，看不到报纸，只能根据眼中所见判断情况。这个国家是要发生巨变吗？哈维尔大胆地想象自己能够为推动变化尽绵薄之力，为穷人争取到一定的尊严，做基督徒真正该做的事。为此，他决定全心全意地学习安第斯地区的古老语言盖丘亚语。他在学习神职人员的基本课程的同时，潜心研究盖丘亚语那奇怪的语法、短促的发音，还有它背后独特的世界观。两年的时间结束后，他修习了耶稣会创始人圣依纳爵（Saint Ignatius）的神操，发下了守贫、守贞、顺从的誓言，结束了见习期，也掌握了关于盖丘亚语的牢固知识，可以运用自如。

阿尔沃有语言天赋，他的耶稣会老师对此非常清楚。上学的几年间，他对拉丁语、法语、意大利语和英语都有了初步掌握。这个机灵开朗的男孩坦荡率直、渴望冒险、随和快乐，学习外语一点儿不犯难，他需要下力气的是有关礼拜仪式的课程和严谨的历史和哲学。尽管课业繁重，又不能出去玩耍，阿尔沃在学校里还是有过一些快乐时光的。和他一起的年轻见习修士有加泰罗尼亚人，也有玻利维亚人；加泰罗尼亚人大多家境一般，玻利维亚人则都是富有的庄园主出身。一个活泼的巴塞罗那小伙子加入耶稣会就是为了周游世界；后来，他脱离耶稣会，和一个玻利维亚姑娘结了婚。一个优雅的玻利维亚小伙子出生于著名的矿业家族，祖上是波托西的矿业大亨，是百万富翁；他能讲一口流利的盖丘亚语，因为他是原住民奶妈带大的。老师们也非常有趣。例如，一位年老的耶稣会天文学家用厕纸的纸筒来存放镜头，仔细研究星象图，凝望夜空；他从来不太相信科学家真正懂得星空那璀璨的奇景。沉默寡言的山民来来去去，对于更美好的世界即将到来的说法心存怀疑，这种话他们以前听得太多了。叫卖吉开酒的妇女身穿宽大的裙子，头戴圆顶毡帽，和哈维尔亲切地聊天；有时他话说得不对，或者不自觉说了粗话，逗得她们开怀而笑。通过这些短暂的接触，他爱上了玻利维亚人；那是一种电击般的感觉，深入而又迅速。他从此认定，玻利维亚是他注定要拥抱的土地，原住民是他真正的族人。

两年后，耶稣会决定派他去厄瓜多尔继续受训。哈维尔明白，服从是神父的必修课，所以他平静地收拾起自己仅有的财产——几件衣服、一本家传祈祷书和一叠写满了整齐字迹的笔记本，登上了前往基多的一艘冒着浓烟、发出刺耳响声的大铁船。此刻他还不知道，他腋下夹的那些笔记本日后将成为他写作的第一本书——盖丘亚语初级读本——的素材。[57]

厄瓜多尔令他吃惊。这个国家身处20世纪，却陷在错置的时间中无法自拔，整个国家仍沉浸在殖民历史中。他看到基多及周边地区的印第安人遭受奴役，累死累活，开始明白玻利维亚为什么要闹革命。厄瓜多尔人也讲盖丘亚语，事实上，因为过去的印加帝国幅员辽阔、统治长久，盖丘亚语在整个地区都是通用语言。不过，印加人的勇气，他们那种骨子里的骄傲和他们特有的不撒谎、不偷窃、不懒惰的道德准则在这里的原住民身上几乎已荡然无存。这些人似乎不知道自己具有可能重新焕发的内在精神，那是他们曾经有过，如今却丢失了的古老力量。即使如此，哈维尔仍继续学习语言，找人请教，和街上的行人搭讪练习口语。他接触的人越来越多，有富人也有穷人，但他始终感觉置身异国他乡。这片土地上的人精神已被击垮，这是受到500年殖民统治残害的结果。在沿海岸线南下前往皮乌拉（Piura）和利马的途中，他在秘鲁的原住民和混血的乔罗人*身上看到了同样的无奈认命的态度。

他的观察非常准确。厄瓜多尔和秘鲁一样，在20世纪50年代期间正经历着强烈的政治反弹，席卷整个半球的共产主义浪潮在这两个国家遇到了惊人的抵抗。厄瓜多尔总统何塞·马里亚·贝拉斯科（José María Velasco）执行严厉的反动纲领，秘鲁的曼努埃尔·奥德里亚（Manuel Odría）将军针对所有质疑白人统治合法性的人展开了全面军事行动。事实上，一场消灭共产主义的猛烈战役正在整个拉丁美洲打响，这场战役背后有美国支持，得到了克里奥尔白人统治阶级的坚决拥护。哈维尔到达玻利维亚时正值该国沧桑巨变，但旧有的压迫在玻利维亚的几个邻国中仍显而易见。从1950年到1966年，14个政府被暴力推翻，拉丁美洲一半以上的人口被强行置于独裁统治之下。哈维尔对右派和左派、富人和穷人之间的斗争深感兴趣，开始有系统地研究拉丁美洲革命者的

* 乔罗人（cholo）是美洲原住民与梅斯蒂索人的混血后代。——译者注

哲学，特别是厄瓜多尔共产党的创始人曼努埃尔·奥古斯丁·阿吉雷（Manuel Agustín Aguirre）的思想。他不同于曾和西班牙征服者并肩行进的神父，而是站到了无权者的一边。作为“上帝的战士”，他这样做并不稀奇，耶稣会在拉丁美洲一直有反抗权势的历史。

新入修道院的学生需要经过15年的准备期，才能成为耶稣会修士；哈维尔现在进入了准备期的下一阶段。他将在基多逗留3年，学习哲学、形而上学、宇宙学、人类学、认识论；授课全部用拉丁文。有几门课程，如物理或哲学史，需要更深的理解或更多的讨论空间，因而用西班牙语教授。在天主教神职人员中，耶稣会修士所受的教育号称是最严格的，这可谓名不虚传。他们的课程自从4个世纪前耶稣会创建以来基本未变，制定课程的就是当过军人的罗耀拉的依纳爵，那个创建了“上帝的战士”队伍的巴斯克人。

哥伦布在加勒比地区抓捕奴隶的时候，依纳爵正在欧洲打仗，在费尔南多和伊莎贝拉的军队中效力。战斗中一颗炮弹击碎了他的腿骨，于是这位受伤的贵族回到了自己在罗耀拉的庄园，在那里经历了灵光一闪，生出一个愿景，促使他转向了宗教。他的愿景得到了教皇的热情接受和西班牙国王的支持，那就是创建一支由坚强的基督徒组成的大军，让那些基督徒接受所有学术科目的严格教育，然后把他们派往世界各地，去最艰苦的地方传播基督的教诲。对他们的训练将是长期而艰苦的，旨在考验这些未来战士的忠诚、韧性、机智和耐力。依纳爵提出这个主意正当其时，当时西班牙正好需要在新大陆传播基督教，需要坚强的基督徒去制服那个半球的印第安人。

然而，耶稣会的修士在战斗中经常站在印第安人一边。16 世纪晚期，几乎正好在哈维尔宣誓加入耶稣会的 400 年前，西班牙小镇梅迪纳（Medina）一个 11 岁的男孩宣誓加入了耶稣会，后来成为去秘鲁和墨西哥传教的耶稣会队伍的一员。他名叫何塞·德·阿科斯塔（José de Acosta），是位思想开明的神父，他拒绝接受原住民的宗教不过是野蛮人的魔鬼崇拜的说法。[58] 阿科斯塔争辩说，印第安人生活在另一个精神世界中，他们是通过大自然来接近上帝的。他激烈反对西班牙征服者采取的那种清零式的传播福音、推广基督教的方法；征服者以为可以靠砸碎偶像、夷平神庙来赢得民众的灵魂，让民众接受血和火的洗礼。他宣称："我一直认为，不等印第安人自然而然地接受福音，就用武力消灭偶像崇拜，这不是对外面的人打开福音的大门，而是关上、锁上、闩上了大门；其他非常睿智冷静的人也有同感。"[59] 阿科斯塔希望耶稣会换个办法，一点一点地传播福音，不要快步跃进，而是小步推进，把印第安人聚集起来，倾听他们的声音，以身作则传播上帝的旨意。为此，他在秘鲁各地为原住民建立了中小学校和大学，使总督惊愕不已。

16 世纪和 17 世纪期间，遵循阿科斯塔理念的耶稣会修士在安第斯、巴西和叫作巴拉圭的那片从阿根廷到秘鲁之间的广阔土地上为印第安人建立了大型传教区。这些传教区地处偏僻，但经济上自给自足、欣欣向荣。西班牙国王非常赞成这个做法，认为偏远地区的这些社群能保护西班牙的疆界，顶住葡萄牙的扩张。[60] 耶稣会修士却认为，这些偏远的传教区能保护印第安部落的安全，让他们远离殖民统治的压榨，劳有所得，享受生活。传教区成了逃离征服的庇护所、安全港。神父如同企业家，管理着大片玉米地或棉花田，监督着猪场和牧场；瓜拉尼人、雅基人或亚马孙部落成员则学着读书识字、弹奏乐器，学着崇拜基督教的上帝。他们在这里可以安然不受葡萄牙准军事团体（bandeirantes）的抢掠，也不会被野蛮地掳去当奴隶。到17世纪末，居住在拉普拉塔河周围辽阔土地上的原住民人口一半以上都生活、劳作在耶稣会的土地上。[61]

然而，耶稣会的杰出成功也埋下了它失败的种子。150年间，他们传教团的生意蒸蒸日上；而在西班牙国王眼中，他们成了国中之国，成了西班牙的经济竞争对手，因此必须予以阻止，将其通通赶出美洲大陆。1767年2月27日，卡洛斯三世国王将耶稣会成员驱逐出西班牙的所有领土。神父们被迅速召到码头，赶上船送回了西班牙。他们的房屋被没收，传教区的所有财产被剥夺，他们还遭到审讯，被逼问是否还有别的财产。最后，教皇宣布耶稣会“被永远消灭，禁止发声”。[62]成千上万赤贫的神父瞬间成了贱民，他们在欧洲各地流浪，寻找能接受他们的地方。南美洲和中美洲荒野中传教区的印第安人散入丛林大山，茫然无措、前途未卜，只能听凭命运摆布。许多人落入了奴隶贩子和狡猾的地主手中，那些人看到传教区无人管理，于是趁火打劫，大肆抢掠。[63]整个传教区的人被绑架，卖到巴西的奴隶市场上去。传教区的树木上悬挂着尸体。许多印第安人躲进雨林，从此不见踪影。小提琴、长笛、书籍、犁铧等等全部被投进熔炉，烧化后做成弹壳。有些人坚持留了下来，希望传教区能奇迹般重获新生，但他们病的病、死的死，死亡人数远远多于出生人数。[64]

除了让人煞费脑筋的哲学和科学课程以外，哈维尔学习的就是这段悲惨的历史。然而，真正使他深受教益的是耶稣会后来表现出来的坚韧不拔。耶稣会被解散近50年后，于1814年恢复了地位。如同一株死去的植物留下的一颗强壮的种子，新一代耶稣会蓬勃发展，人数远超以往，在美洲各地都建立了享有盛名的大学。20世纪50年代末，哈维尔结束在厄瓜多尔的学业时，耶稣会的活动已经遍及全球。身穿黑色僧袍的耶稣会修士比比皆是，尤其是在南半球。在欧洲信仰新教的地区，耶稣会修士被称为“教皇的黑卫兵”；[65] 50年代末是他们的鼎盛时期，世界各地传教团的人数都破了纪录。在拉丁美洲的政治局势日益动荡，人民深受压迫，定时炸弹很可能再次爆炸之时，耶稣会传教团在那里重拾了几百年前使他们声名卓著的工作——改善穷人的福利。哈维尔成了这方面的一位领头人。

在野蛮人当中宣讲福音[66]

你们不知道这些修士说的全是谎言吗？我们的父辈，我们的祖父辈——他们知道这些僧侣吗？

——安德烈斯·米克斯寇特在梅特佩克对民众的演讲，1537年[67]

人们普遍认为，哥伦布初次前往新大陆时没有神父同行。这个假设令人惊讶，因为他声称他的航行是神圣之旅，伊莎贝拉女王也以为他是去为西班牙传教的。早期的学者对此提出了异议，他们不肯相信哥伦布这样一个虔诚的基督徒起航时会不带神父。他们甚至提出了几个名字，如胡安·佩雷斯（Juan Pérez）修士、佩德罗·德·阿雷纳斯（Pedro de Arenas）修士等等，说他们中间一定有人和哥伦布一起去了美洲。然而，哥伦布在日记中仔细记下了那次初航中许多同船人的话语，但其中没有一次提到过教士。很难相信他在用他那独特的潦草笔迹写下的日记中会只字不提他的神父的名字。时间上和后勤上也有明显对不上的地方，这更使得早期史学家的说法疑点重重。哥伦布第一次远航没有神父随行的可能性比较大。也许他没想到旅程会超过 6 个月，这一点很重要，因为信仰天主教的航海者是按照天主教徒的义务来安排航程的。15 世纪时，信徒通常每 6 个月领一次圣餐，或至少一年一次。权威证据显示，哥伦布一行在 1492 年 8 月那个无风的夜晚从帕洛斯港起锚之前，全体去做了忏悔，领了圣餐。他们对自己前往的无垠世界一无所知，也许他们以为航行几个月就可以完成，没必要带神父。

然而，关于科尔特斯初见蒙特祖马，或皮萨罗与阿塔瓦尔帕爆发冲突，或贡萨洛·希门尼斯·德·克萨达在波哥大击溃穆伊斯卡人这些事件，记录都非常清楚。征服新大陆过程中的这些重大事件发生时，每一次都有神父在场，而且他们在事态发展中发挥着关键作用。碰巧的是，上述三个征服者彼此都是远亲，三人都遵守那个时代的约束性原则；战争与宗教，也就是剑与石，是他们民族身份认同中不可分割的部分。在那个时代，武士和神父并肩前进，教皇亲自领兵攻打任何敢于违抗的人。也许更近在眼前的理由是，三人都明白，正是教士严厉指控了哥伦布的斑斑劣迹，而自己身旁若是有位神父祝福他们的胜利，那么一旦国王发出指责，自己就有了方便的挡箭牌。

在科尔特斯神话般的征服中，两个神父起了关键作用。第一个是赫罗尼莫·德·阿吉拉尔，这个倒霉的方济各会修士乘的船在尤卡坦海岸处沉没，他逃到岸上，在金塔纳罗（Quintana Roo）的草原上四处游荡，被玛雅人捉住，当了8年奴隶。[68]科尔特斯向阿兹特克首都前进途中碰巧发现了他。那时的阿吉拉尔几乎看不出是西班牙人，他的皮肤晒成了棕色，头发和奴隶一样剃得精光，衣衫褴褛、污秽肮脏；他对科尔特斯喃喃说了几句西班牙语，从身上披的朽烂毯子下掏出了一本破旧的《时祷书》（*Book of Hours*）。阿吉拉尔如果再在玛雅人那里待下去，肯定会被送上祭台；得救后，他因为会说当地人的语言，马上成了科尔特斯的好帮手。最终，阿吉拉尔和科尔特斯迷人的纳瓦特尔情妇拉·马林切一起，在科尔特斯与蒙特祖马的谈判中起了至关重要的作用。

贡萨洛·格雷罗（Gonzalo Guerrero）神父和阿吉拉尔一样，也是从那条沉船上逃生的。但是他最终归顺了当地人，宣誓效忠捉住他的玛雅人，和他们一起无畏地作战。后来他晋升为酋长，耳朵和下唇按照玛雅礼仪割为两半，还娶了一个玛雅女人，生了许多孩子。阿吉拉尔遵守了独身誓言，为此付出了失去自由的代价；格雷罗则放弃了自己的宗教、文化和全部过去，因此得到了印第安人的奖赏。可是现在形势反转了过来，600名西班牙士兵带着枪炮和众多盟友一起开往特诺奇蒂特兰。格雷罗不愿意暴露自己曾经是方济各会修士，为掩藏自己羞耻的堕落，他躲进了密林，但当西班牙人横扫墨西哥，巩固征服成果的时候，他又投入了反对西班牙人的战斗。

帮助科尔特斯的另一个神父是巴托洛梅·德·奥尔梅多（Bartolomé de Olmedo），科尔特斯在征服早期取得的许多胜利都多亏了他。[69] 奥尔梅多本性温和节制，是位思虑周全的神学家；他多次遏止科尔特斯的野蛮本能，唤起他的悲悯之心。野心勃勃、纵情声色的科尔特斯在征服和治理中不择手段，他很清楚，自己需要一个奥尔梅多这样的人来中和自己狂野的本性，改善自己在国内的形象。[70] 不过，奥尔梅多不是具有启蒙思想的英雄，并不把印第安人看作和自己一样的人。他经历了许多，也看到了许多。他来到伊斯帕尼奥拉岛时，已经是经验丰富的神父，肩负的任务是把还活着的泰诺人拉进基督教，但碰巧卷入了科尔特斯任性发动的征服墨西哥的非法行动。他赢得了科尔特斯的信任，除神职工作外，还奉命担起了外交任务。他劝化了奴隶拉·马林切，主持了她的洗礼，科尔特斯因此得以与她结合。他也给墨西哥的第一批女基督徒施了洗礼，这样，西班牙士兵就可以尽情与那些女人厮混，不必害怕自己是在和异教徒交欢。当愤怒的部队乘船前来惩罚科尔特斯的公然抗命时，他被派去安抚解释。在蒙特祖马被杀害，去见他的众神之前，奥尔梅多也曾给他讲解过基督教的基本教义。

最重要的是，科尔特斯恨不得把特拉斯卡拉人的偶像砸个粉碎，奥尔梅多却劝他不要如此激进，反复说明用武力传播基督教只会激起反抗的旋风。他坚持说，有更好的办法让天真未凿的人民了解耶稣的教诲。事实证明他是对的。起初，特拉斯卡拉人不肯接受基督教的上帝，他们不需要又一个神或先知；但是，奥尔梅多锲而不舍地耐心传教，最终使他们皈依在十字架之下。此事的意义重大非常。如果没有作为阿兹特克人宿敌的特拉斯卡拉人的支持和军力，西属美洲的历史就会在韦拉克鲁斯以外几千米的地方戛然而止。如果没有成群皈依基督教的印第安人和科尔特斯一起攻打阿兹特克的首都，今天的墨西哥就不会讲西班牙语。特诺奇蒂特兰陷落后，如果不是习惯于接纳外来神祇的纳瓦特尔人很容易地皈依了基督教，就不可能征服更顽固的齐齐米卡人（Chichimeca）或玛雅人。[71]那12名疲惫不堪、面色惨白、满身肮脏的方济各会修士来到蒙特祖马帝国的心脏，受到西班牙人跪拜欢迎的时候，对墨西哥的精神征服之路已经完全打开。

无数证据表明，科尔特斯的本意是要靠拳头将自己的宗教强加给印第安人，但他为实现野心所采用的手段没有一丝基督徒的意味。和任何其他成功的征服者一样，他有战略眼光，狡猾多智，动辄诉诸狂野的暴力。尽管科尔特斯被盛赞为最大的英雄、虔诚的基督徒，[72]正如一位法官对国王夸赞的那样，"他的虔诚如假包换，他有做烈士的素质"，[73]但也有同样多的记录表明他是个毫无心肝的暴君。本来是要拯救灵魂的事业，怎么变成了毫无道理、毫无缘由的大肆杀戮？蒙特祖马的怯懦、科尔特斯的天才、上天注定白种人要来到新大陆——这些是几代西班牙史家编造的神话。时至今日，科尔特斯征服过程的拼图还有一些碎片没有找齐，花了5个世纪精心构建的政治叙事可能永远也无法解构。可是，无论如何解释那段历史，那个时期开头和结尾的两个事实都无可置疑：科尔特斯自由进入了特诺奇蒂特兰，他和他的神父及部队进城时受到了欢迎；经过死人无数、破坏惨重的两年，他征服了一个帝国。

皮萨罗不识字，也并不洞明世事；他的生父是贵族，但他是私生子，因此而备受屈辱。但是，在登程远征，成为历史上的重要人物之前，他已经混得相当不错了。他家产丰厚，受人尊敬。他跟着巴尔沃亚参加了对卡塔赫纳、巴拿马和太平洋的远征后，深谙在征服美洲这场发财大业中该如何利用天主教会的力量。他明白，对传说中“皮鲁”的土地发动全力进攻时，身边若有几位得力的神父，就有了道德上的压舱石。就在这个念头方才萌生，他还在巴拿马梦想去南方进行大胆探险的时候，他就和富有的教士埃尔南多·德·卢克结为好友，后来皮萨罗和西班牙国王打交道时，多亏了这位教士的指点。卡洛斯国王终于批准了皮萨罗的远征后，皮萨罗从自己的亲戚当中选了一位神父与自己同行。这个做法并不稀奇；西班牙征服者发动有望发财的探险行动时，都愿意找自家人合伙，这似乎成了一种本能。在对财富与光荣的疯狂追求中，只有自己的兄弟或结拜的战友才信得过，因为反叛或偷盗的诱惑实在太大了。事实上，皮萨罗和他的副手迭戈·德·阿尔马格罗就因为争夺对富藏黄金的库斯科地区的管辖权而反目成仇，人称“老船长”[74]的皮萨罗最终下令处死了阿尔马格罗。这一鲁莽行动激起了阿尔马格罗手下人的强烈愤慨和仇恨，几年后，他们在老总督的府邸中发动突袭，用剑刺穿他的喉咙，终于报了仇。

皮萨罗远征时带着自家人，本意就是为了避免这样的下场。他带了三个同父异母的兄弟——胡安、贡萨洛和埃尔南多，其中两个和他一样，是他父亲的私生子。他还带了几个亲戚，其中一人是比森特·德·巴尔韦德，他和皮萨罗有点远亲关系，原来是贵族，后来成了多明我会修士；是他陪同皮萨罗前往卡哈马卡与阿塔瓦尔帕举行那次决定命运的会面。后来的事尽人皆知：巴尔韦德向印加王挥舞十字架，对他大声朗读祈祷书，坚称基督教的上帝高于印第安人的神，说崇拜太阳是愚蠢的。[75]阿塔瓦尔帕把巴尔韦德的书抢到手里，翻过来摔到地上之后，巴尔韦德要求他的亲戚报复这样的亵渎行为。皮萨罗早就想攻击并俘虏印加皇帝，但最有效的办法莫过于由一位神父发出这样的命令。这是宗教与强权之间的绝妙合作，天主教会在西班牙各个殖民地基本上都起了这个作用。

剑与石的结合成了民族特征的一部分。卡斯蒂利亚王国和阿拉贡王国打击异教徒的圣战造就了在暴力的熔炉里摸爬滚打、身经百战的武士种族，也在人们心中植入了激烈好斗的宗教狂热。投身于征服新大陆事业的西班牙人勇气过人、笃信命运、坚忍顽强、傲慢自大、看重荣誉，他们还深信自己的“基督徒例外主义”。[76]他们把耶稣的话当作旗帜，当作西班牙化的象征和指南。征服、殖民、传教热情，三者在新大陆并驾齐驱。在西班牙征服者大胆探索，殖民者赶来发财的同时，神父们深耕社区，对被征服的人民开展文明劝化。也许听来令人惊讶，但基督教传教团成了建章立制的力量，成了帝国的先锋。[77]

大批教士赶来改造新征服的土地，行使着他们在世界任何其他地方都不曾拥有的巨大权力。天主教帝国主义从征服之初在美洲就是生活的现实，是组织原则，并随着西班牙建起庞大的官僚机构而日益壮大。王位与祭坛互相支持，无人质疑，教会因此蓬勃发展，在征服者和殖民者早已随风逝去之后仍坚如磐石。天主教成为混乱迷茫的世界中稳定不变的现实，拉丁美洲精英的教育、白人统治的延续、穷人的社会安全网、普罗大众对进步的热望——这一切都建立在天主教的基石之上。天主教会恪守正统、观念保守，却又充满圣战精神。征服美洲期间，各种意外情况层出不穷，教会在应对时比王国政府更加灵活变通、妙计百出。[78] 归根结底，教会比去美洲探险开疆的任何人都更有办法。国王使者不敢踏足的地方，神父却勇往直前，他们去到的地方远远超过了西班牙征服者止步的界线。西班牙对教会要求甚多，教会也做了很多。但是，一切的核心是对控制权的争夺，其激烈持久不亚于征服本身。

多明我会、方济各会、奥斯定会等修会的托钵修士率先进入新大陆，很快就开始争相确立对"异教徒"的专属管辖权。[79] 每一方都确信，只有自己才能把不信上帝的众人改造成基督教理想中的样子，建立焕然一新的教会，与欧洲堕落成唯利是图的腐化机构的天主教会截然相反。他们积极投入行动，把印第安人迁入传教区，让他们劳动，用上帝的话教诲他们。大批印第安人被从故土连根拔起，移居异地，这对他们造成了巨大的冲击。但神父们不管这些，只关心西班牙征服者心中的头等大事，那就是收取大片土地，坚持推行大规模再教育。[80] 被强迫集中的印第安人越来越多，需要的土地面积也越来越大。不同修会间开始激烈竞争，抢着结交执政官，扩大行动规模，增加自己在这项事业中所占的份额。[81] 多明我会修士指责方济各会的人入侵他们的领土，强占他们的活动；[82] 奥斯定会的修士抱怨说多明我会修士布道时用西班牙语，不用当地语言，这会使天主教沦为外来的异教。[83] 各修会之间摩擦不断，新加冕的国王腓力二世也来凑热闹，他以“基督的代表”（Vicar of Christ）的身份，决定把在新大陆传播福音的工作从各个修会那里收归王室控制之下。现在，国王成了最终权威，由他来挑选主教，将其分配到殖民地去，到出现麻烦的地方去恢复秩序。

主教们到来后，发现殖民地已经建起了完备的教会制度，没有他们的位置。[84]他们只能横插一脚，强行实施权威，希望能赢得应有的主导地位。就这样，在美洲，主教和修会之间、在俗教会和僧侣之间的嫌隙一直持续至今。一位历史学家说，在拯救灵魂的事业中，主教和僧侣激烈争夺控制权，造成了殖民地教会核心处的深深裂痕。[85]天主教会很少有统一的声音，这使当地人民看到了渔翁得利的机会。一方是在俗教会，它有主教担任领导，有总督的大力支持，还有国王的敕令撑腰，可以向出生在美洲的人授圣职以加强自身力量。另一方是各个托钵修会，它们是在这个半球传播福音的先锋队，彼此却又是竞争对手。这些修会为争夺领地吵个不停，不愿意把接力棒交给任何出生在新大陆或属于新大陆的人。

显然，两个阵营的神父都是西班牙人或西班牙裔，都是白人，都与权力结构关系紧密。但是，他们彼此视为仇雠，甚至经常殃及社会；似乎每个家庭都有儿子或兄弟在教会任职。双方都情绪激动，经常吵得不可开交。墨西哥的一次教会选举中，两个对立的教派仇人相见，打作一团，还动了刀子，最后总督本人不得不出手干预，拉那些教士一起坐下来谈，直到他们的情绪冷静下来。[86]

托钵修士对主教，克里奥尔人对西班牙生人，修会对修会——争夺宗教优势的斗争如电流般瞬间传遍整个西属美洲。[87]然而，尽管天主教会内部纷争不断，它的影响力却在以各种形式持续增强。人们不分贫富都要缴纳什一税，印第安人被要求通过劳作来获得上帝的祝福，天主教会靠着这些措施大发横财。盛产黄金和白银的秘鲁和墨西哥两地产出的巨大财富令人难以想象，那些地方的总督为了炫耀，建起一座又一座的教堂，装饰得越来越富丽堂皇。修会把全副精力用来获取不动产，买下城市里的地皮，大干快上，建造男女修道院、中小学和大学。1620年，科尔特斯在蒙特祖马的神殿中央竖起十字架仅仅一个世纪后，上帝的荣耀在拉丁美洲已是随处可见。英国一位叫托马斯·盖奇（Thomas Gage）的神父感触颇深地写道：

> ［墨西哥］城里的大小教堂、男女修道院和教区教堂总共不超过50座，但它们是我平生所见的最美丽的教堂。许多教堂的屋顶和梁柱涂着金粉，许多祭坛装饰着各种各样的大理石柱，有的装饰着巴西苏木做的一根摞一根的立柱，上面几位圣徒的神龛金光闪闪，一个卖两万达克特[88]是很平常的价钱。老百姓看到这样的景象心生崇敬，这促使他们每天都来敬神……长袍、华盖、幔帐、祭坛桌布、烛台、圣徒像上装饰的珠宝、金银制的王冠、游行时用来装圣物的黄金和水晶神龛，这一切的价值相当于一座不小的银矿，任何能够把这些财富派上更好用场的国家都会对其垂涎。至于那座城里的修士和修女的生活，我不想多加置喙，只想说他们在那里享

受的自由比欧洲的有些地方更多，他们的丑行一定会招致上天的报复、审判和毁灭。[89]

这段话生动地说明，一个人的圣所是另一个人眼里的渎神之地，虽然两人信仰的是同一个神。

的确，为建造一座比印加的太阳神殿或阿兹特克的休伊神庙更宏伟、更华丽的大教堂，西班牙一掷万金，耗费的资金和劳力远超英属美洲殖民地的任何工程，印第安人则备受压榨。早在1501年，教皇亚历山大六世就为维持西印度教会的运作发布了教皇诏书，下令严格征收强制性的什一税。美洲土地上生长的所有作物、美洲矿山出产的所有矿石从此都在征税之列，它们的收益“永远”要让利于“天主教国王的教会”。外加通过为教徒举办洗礼、圣餐礼、婚礼、葬礼和特别祝福等活动收取的费用，教会的金库总是满满的。于是，宗教游行越发壮观，神父主持宗教仪式时穿的十字褡上的刺绣愈加精美。殖民地的教士阶层可以说是富可敌国。19世纪，革命者冲进殖民政府官邸要求从西班牙的统治下独立之时，墨西哥城几乎一半的财产都是属于教会的。在加拉加斯，西蒙·玻利瓦尔继承了巨额财富，用它解放了6个共和国；留给他这笔遗产的就是他一个做神父的叔叔，他拥有一大批俗世财产。在利马，富得流油的教士们生财有道，秘鲁教会成了财力雄厚的银行，总督辖区的居民要借钱都来找它。

地主和商人、矿工和农夫都从教会机构贷款，有时用自己的财产作为抵押。当教士成了发财的坦途，教皇格列高利十三世甚至发出申斥，批评在银矿业繁荣的墨西哥和秘鲁的方济各会修士只顾“自肥，而不是拯救教众”，斥责他们发财后抛弃圣职，回到西班牙时都成了腰缠万贯的贵族。[90]但是，向往物质财富的不仅是神父个人，他们的组织也靠传播福音大发横财。到18世纪末，西班牙王国政府非常清楚地看到，殖民地的天主教会坐拥巨富。在耶稣会修士的传教区被没收，他们自己被逐出美洲、名声扫地、被迫散伙之前，耶稣会在殖民地是最富有的大地主，在大陆各地拥有400多个成功的大庄园，控制着大片耕地。

三个世纪的殖民统治期间，天主教会成了自我标榜、自肥腰包的行家里手，不过它也做了许多好事。当拉斯卡萨斯还在对西班牙法院慷慨陈词，请求把印第安人列为“困苦者”（miserabile，在法律上国王必须保护这类人）的时候，教会就成立了“印第安最高法院”（General Indian Court），目的是给所有印第安人上诉申冤的机会。[91]无论其判决是否能得到执行，至少它的出发点是正义的。教会还建起了医院、慈善会堂和学校，并负责监管；它实质上是提供这些服务的唯一机构。西班牙征服者只关心能榨取什么，教会却想留下些什么。起初，是方济各会、多明我会和奥斯定会的修士给当地的穷苦大众提供教育，最终，堪称新大陆最大教育力量[92]的耶稣会建起了中小学和大学的网络，为整个西属美洲的白种克里奥尔人服务。

虽然各个修会彼此不和，但同一套天主教课程架构确保了思想的统一。大家使用同一本教义问答书，信仰体系内在一致，便于王室和宗教裁判所的管理。[93]在几个世纪的时间内，天主教教育似乎是不断扩大的殖民体系中各地唯一的共有因素。玻利瓦尔后来宣称，单一信仰和单一语言本来是实现残酷征服的条件，现在反而变成了拉丁美洲最大的希望：这两个共同特征意味着各地有可能结成坚实有力的联盟，使南美洲有机会团结起来形成面向世界的强大堡垒。[94] 西班牙坏事做尽，只有这一点好处。不过，玻利瓦尔向往的团结最终未能实现。传播基督教的行动尽管包含混乱和分歧，但还是产生了一定的整合效果，然而，传教活动抵不过西班牙对各个殖民地实施的严格隔离。信仰把各殖民地连到一起，宗主国却成功地将它们分隔开来，让它们互不了解，彼此怀疑。

这并不意味着天主教会没有干过坏事，主教和各修会都对他们宣誓要“教化”的人民犯下了令人发指的不义之举。教会有好坏两副面孔，以传播福音为名犯下野蛮暴力时，好的那副面孔经常会故作不见。方济各会修士对上宗教课迟到的印第安人施行严厉体罚，用带刺的棍子狠抽背部 5 下。[95] 进入 18 世纪很久后，方济各会仍然给不遵守它的规矩或惯例的原住民戴上枷锁，投入监狱。要塞和传教团驻地雇用武装士兵做保安，这个联系有些尴尬，因为这使得神父成了强权征服者的同伙。[96] 不过，这样的联系经常是神父自己主动建立的。传教士在根除旧信仰、建立新宗教的狂热中，将前哥伦布时期的文化摧毁殆尽，把原住民智慧的一大部分扔进了历史的垃圾堆。[97]

修士们常常被当时的暴力氛围冲昏了头。面对墨西哥齐齐米卡人的激烈反对，有些修士气急败坏，也加入了“血与火之战”号召下的全面歼灭战，以期消灭好战的印第安人，一举吞并他们的土地。[98] 16 世纪晚期，尤卡坦的方济各会领导人迭戈·德·兰达（Diego de Landa）得知玛雅人仍在秘密崇拜他们自己的偶像，怒火中烧，发动了一系列暴行。[99] 数千名印第安人被处以宗教裁判所的一种最残酷的刑罚，叫撕裂刑（estrapada）或滑轮刑（garrucha）——在犯人腿上捆上铁块，用绳子绑着手腕吊起来。不用说，数百人支撑不住，被折磨至死。然后，兰达要求在大广场上把5 000座玛雅雕像砸成碎片，大量珍贵书籍烧成灰烬，以此来决绝地告诉印第安人，他们的历史是可憎的，他们唯一的救赎是十字架。有人也许会说，以今人的认知来评判16世纪的野蛮行为失之公允，[100]但有一个事实是无法否认的：教会无论是那时还是现在，都号称遵守一条基本的神学原则，即信仰必须由人们自由接受，而新大陆的教士忘掉了这条原则。此外，征服者带来的种种苦难，如抓捕奴隶、暴力入侵、强迫搬迁、剥削、疾病、大规模强奸等等，这些都使得当地人反感基督教。[101]就像一个普通墨西哥人所说的："如果天堂有西班牙人，我就不想去。"[102]

当然，有些教士为保存印第安人的文化与历史做出了巨大努力，贝尔纳迪诺·德·萨哈贡（Bernardino de Sahagún）和莫托利尼亚这两位方济各会修士以及多明我会的拉斯卡萨斯就是其中几位。这些神父坚信，要劝人皈依，首先必须知道并理解他们的思想及行事方式。在捍卫美洲印第安人的利益方面，英属美洲没有任何人能与这些西班牙人相比。[103]同样，拉斯卡萨斯和塞普尔韦达在巴利亚多利德关于原住民是否完全算人的那场辩论能够举行，本身就很了不起，更别说它还是国王召集的。那场激情四射的辩论可谓空前绝后。[104]

然而，由神父打头的西班牙传教活动本身就是入侵，意在破坏原住民的生活，改造他们，迫使他们从不信上帝的边缘地带进入基督教的轨道。[105]也许他们的初衷是温和劝谕，结果却是把原住民的世界翻了个底朝天。身穿教袍的教士是不带枪的拓荒者，别人不敢去的地方他们奋不顾身前往；他们的到来预示着原住民将遭奴役，也预示着强力胁迫下的破旧立新。在英属北美殖民地，拓荒者到来后定居下来，用暴力将印第安人驱逐出去；西班牙人却恰好相反，他们到来后定居下来，吸收了印第安人。他们把印第安人集中到传教区，给他们施洗，和他们通婚。在大多数情况中，这个办法行之有效，但并不总是管用。在今天属于智利的地区，阿劳干（Araucanian）印第安人对殖民者发起了不屈的反抗，传教士只能谨慎地躲到一边；血腥的战争持续了好几代人的时间，最终西班牙借此发展起了利润丰厚的奴隶贸易。

随着各修会深入美洲内地，传教越来越需要仔细规划。在向大众传播福音的同时，天主教会还努力担负起腐败贪婪的殖民政府做不到的事情，例如，塑造并发展文化，为民众谋福利。是神父在 1539 年给墨西哥带来了印刷机。[106] 是神父在利马、墨西哥城、拉普拉塔、圣多明各、波哥大等地建立了一所又一所大学来为白人的孩子提供教育；这些大学是正统观念的堡垒，努力复制祖国那生机勃勃的知识文化。不同修会的修士采用的办法大不相同，但正是因为他们提供了这些服务，才慢慢地把越来越多的印第安人拉了过来。方济各会修士深信千禧年学说和世界末日论，从一个村庄赶往另一个村庄，一次性地给大群大群的墨西哥人施洗，省去了讲解基本教义这个费时间的环节。多明我会修士继承了伟大的知识传统，是到达秘鲁的第一批传教者，也是第一批向当地人传授西班牙语的人。[107] 不过，他们只教了一些基本知识就不肯再多教；他们觉得，印第安人如果真接受了良好教育，就不好再对他们实施种族压迫，可压迫印第安人对迅速发展的奴隶经济来说是必不可少的。耶稣会修士则对印第安人倾囊以授，从拉丁文到巴赫，再到天文学。他们在城市中心创办声名卓著的学校，重点教育有钱有势的人的孩子；然后，他们又远赴丛林深处，把知识教授给所有其他人，建立自成一统的社区，用行动证明他们的治理能力比他们的上司高明得多。

建立乌托邦

僧侣们只会抢劫压迫，靠着印第安人的血汗和痛苦自肥腰包。

——图帕克·印卡·尤潘基，1783年[108]

神父们走遍高原和低地，传播基督的教诲，警告当地人膜拜“伪神”的危害，但印第安人一开始却怀疑他们是魔鬼。[109]这些人一定是盖丘亚民间故事里的pishtaco、艾马拉传说中的kharisiri：在大地上游荡的邪恶白色精灵，把人害死后采他们的脂肪做仪式的油。[110]印第安人惊恐万分地看着西班牙士兵在战场上四处寻找敌人的尸体，把尸体的脂肪一块块割下来敷在自己流血的伤口上。这在当时其实是很普遍的做法，旧世界的神父兼外科医生就用温热的油来加速伤口的愈合。[111]但这样的情景在印第安人当中引起了大量谣言：这些白色的异族人装备齐全、信心满满、实力强大，他们做出各种许诺，说得天花乱坠，但他们需要印第安人的脂肪，那样他们教堂的钟声才能敲响，他们的轮子才能转动，他们的大炮才能发射。

西班牙神父看起来那么不同，好似不属于这个世界，简直是怪异。原住民的大祭司尽管法力强大、高高在上，但有妻有子，过的是正常生活。他们膜拜太阳、雨水、大地这些生活中恒久不变的事实，这是合理的、符合实际的。可是，行为古怪、如苍白的幽灵般的西班牙神父发誓终身不娶，膜拜一个被钉在木头十字架上的衣衫褴褛的先知；这简直太怪异了、太可笑了。独身守贞的神父从来没有运用过性的繁殖力这个世间最自然的力量来行使人道，他怎么可能是一个完整的人呢？[112]这群身穿长袍、头顶剃光的人自己对生活本身如此幼稚无知，又怎么可能成为精神信仰上的导师呢？

几个世纪后加入耶稣会的哈维尔·阿尔沃在玻利维亚和厄瓜多尔的乡村地区遇到了同样的怀疑。许多次，嬉笑的孩子跑上前来，大胆地掀起他的袍襟，喊道："这个小神父里面有个人！"[113]男人穿长袍已经很奇怪了，一个高瘦的白种男人在偏远的村子里走来走去更是少见。哈维尔特意接近市场上交头接耳的大妈和拖着疲惫的脚步下班回家的矿工，努力赢得他们的好感。他了解历史，知道人们看到一个从西班牙来的陌生人来向他们布道会有什么感觉。他对他们解释说，他其实是加泰罗尼亚人，和他们一样也是外人，文化和语言都和西班牙的很不一样。人们听了他的话后点点头，礼貌地报以微笑。后来，他开始说自己是玻利维亚人。再后来，他干脆脱掉了黑色僧袍。

哈维尔开始专业深造前，先要完成若干年耶稣会修士的必修学业，也叫初等学业；他完成初等学业时，已经清楚地意识到神父是征服的帮凶。他可不想当入侵者。他在充满仇恨的内战中长大，其间他父辈和祖父辈的人因为一时的头脑发热遭到杀害；在这一片混乱中他得到了上帝的启示，他只想把这一启示传给别人。现在，他发现自己最关心的不是怎么劝人入教，而是如何帮助别人，如何缓解他在周围看到的因治理怠忽造成的令人震惊的苦难。他没有想到，原住民本身，他们的语言、传统和他们饱满的精神生活会使他如此折服，最卑微、最贫穷的“困苦者”成了他的老师。他想在主的这片土地上为他们而努力。他在拉帕斯和基多都看到，拉丁美洲许多城里人家境富有、前途光明，属于经济富裕、身体健康、受过教育的那 20% 的人口。[114] 但是他敢肯定，真正掌握拉丁美洲命运的是坚守古老传统、维持着日常仪式和自身信仰的乡村印第安人及他们的后代。

哈维尔的这些想法与 500 年前在如今的巴拉圭与巴西交界处建立传教团的耶稣会修士几无二致。当时，新成立的耶稣会正试图在那片荒野中确定自己的作用，修士们致力于推动被西班牙人弃置不顾的人们的福祉，那些人是不肯做奴隶、逃进森林深处的瓜拉尼人。为了保护教徒，耶稣会修士建起了一支全部由瓜拉尼人组成的军队来反击葡萄牙抢劫者和殖民统治者，从此开始了耶稣会与总督和主教斗智斗勇、自行其是的长期传统。耶稣会办的传教区基本上是慈善事业，教士深入社区了解部落文化，对自己也许不完全理解的当地传统保持尊重。传教区的经济也蓬勃发展。欧洲的一些观察家甚至说，在一个不友好的大陆的偏僻森林中，耶稣会正在建立乌托邦。[115]

关于古巴和即将重塑拉丁美洲未来的古巴革命，哈维尔一点消息也没听到，好似他身处马迪迪（Madidi）与世隔绝的丛林之中。就在卡斯特罗和格瓦拉藏身于古巴克里斯塔尔山脉（Sierra Cristal）的松林中等待进攻哈瓦那的合适时机之时，哈维尔正在玻利维亚实地学习，努力熟悉盖丘亚语这一古老语言的各种特点。盖丘亚语语义的微妙令人惊讶，词语的变化似乎无穷无尽。他抖落毯子上的跳蚤，从一个村子走到另一个村子，决心将这个从未有过完整记载的语言体系记录下来。他头脑中最具革命意义的东西不是马克思主义思想（西班牙内战使他发展出了对马克思主义的免疫力），而是掌握 ka 和 kha 的发音——他如果能区分这两个音，盖丘亚语就算及格了，否则只会徒惹讪笑。一位上了年纪、比较有经验的神父反复为他示范这两个辅音在发音时喉头和软腭用力的区别，最后连假牙都掉了出来，哈维尔开玩笑说，这样的发音方式他可学不来。

他几次不小心走进了妓院，因为他看到阳台上聚着一群“女士”，觉得这是练习会话的好机会。他一丝不苟地记录下北方和南方口音在语调上的不同。一天，他为了学习听上去优雅高级的口音，和一位和蔼可亲的老妇人攀谈起来，没想到她是内政部部长的母亲，结果哈维尔被怀疑是间谍而遭逮捕。简而言之，他记录的不只是一种语言，还是一个文化。为了扩大接触面，他当上了人口普查员，挨家挨户敲门询问情况，坐在石头上和母亲谈论孩子，和父亲谈论抱负，和孩子谈论游戏。他骑着一辆突突作响的旧摩托车走遍农村，僧袍在风中飘扬。没有几个外人能像他这样看到拉丁美洲的方方面面。他努力了解安第斯山民，想弄明白这些人的内心；他们顽固地留在边缘，生活在和有钱有势的人的世界完全不同的另一个世界中。他担任见习修士期间一直在这样做，即使是在美国的康奈尔大学攻读社会语言学博士学位的时候，他也没有停止在玻利维亚的实地学习。

当新结识的玻利维亚朋友问到他的信仰时，哈维尔会给他们讲自己的导师，那人生在马厩的牲畜当中，死在山坡上，周围都是盗贼。当耶稣会弟兄问及他的工作时，他回答说，他在试图找出一个国家治愈自己灵魂的方法。[116] 他没有确切说明他指的是哪个国家。

第十二章

上帝之家

政治陷入了危机，在拉丁美洲陷入了严重危机……弊病丛生，情况不妙。

——**教皇方济各一世，2018 年**[1]

在 18 世纪末耶稣会修士遭到教会驱逐之时，殖民地的许多人，无论是白人、棕种人、黑人，还是梅斯蒂索人，都清楚地认识到，过去欧洲关于拉丁美洲的比喻是完全错误的：魔鬼不是不信上帝的印第安人，而是残酷无情的西班牙人。[2]出生在新大陆的人当中，越来越多的人开始将殖民主义视为邪恶的化身。这个思想的种子由巴托洛梅·德·拉斯卡萨斯在几百年前播下，现在飞速生长，“黑色神话”在欧洲的流传也推波助澜。克里奥尔贵族受过良好教育、见多识广，对自己所在半球的情况了如指掌；他们因自己低人一等而愤懑不平，被印度事务委员会颁布的法律深深刺痛。他们是白种人，是西班牙人的儿子，但是，因为他们没有出生在西班牙，就没有任何权势。法律禁止他们担任公职，制订法律，掌握权力。他们把庄园、企业和矿山管理得有声有色、欣欣向荣，却不能从中充分受益。任何机构，无论是商业、司法，还是社会机构（包括教会），都有一个母国派来的监管人，这个人是外来的钦差，是暴发的新贵。母国常常不会把最出色的人派过来，于是，精明能干的克里奥尔人就只能强忍不满，听命于蠢笨无能的外来人。引爆了独立战争的火种就此埋下。18 世纪晚期，火种引燃，1810 年形成燎原之势。革命的火舌从拉普拉塔河延烧到格兰德河，点燃了整个半球，使数百万人葬身于战争的地狱之火。在流血杀戮中，天主教会一贯站在西班牙一边。这并不奇怪，因为神父始终与征服者并肩前进，教皇从来是国王的盟友，这方面的证据在每一个城市的中心广场上都明白可见：最宏大、最壮观的教堂总是坐落在总督府旁边，主教宅邸也仅在数步之遥。

拉丁美洲革命结束后，西班牙被赶回了大西洋另一边，但战争造成了极大的破坏。[3] 整座城市从地图上被抹去，平民人口减少了 1/3，西班牙远征军被尽数消灭。[4] 只委内瑞拉一地，死亡人数就超过了美国独立战争和南北战争的死亡人数之和。国王的军队丢盔卸甲，带着总督、大主教和主教登船离去，留下了拉丁美洲领导层的真空，为持续几代人的天下大乱埋下了祸根。传教区人去楼空，侥幸未毁于战火的教堂和修道院失修破败。[5] 克里奥尔神父人数不够多，无法维持美洲大地上星罗棋布的天主教产业形成的巨大网络。较小的城镇中，本地人接管了教堂，但打不定主意该将其派何用场。乡村地区的印第安人与天主教完全脱离了接触。白人一拥而上，争抢西班牙人留下的权力与财产，有色人种则被抛在一旁，任其自生自灭。

无人注意天主教会在穷人社区中丧失了多少影响力。[6]连续几代人的时间都没有关于本地人的宗教或信仰仪式的任何记录。留下来的少数被授圣职的克里奥尔神父通常愿意待在大城市里，因为那里有他们熟悉的环境，有白人教众，还有热闹的街区。这还不算，新独立的共和国的政府一片混乱无序，却不愿意借助教会的力量，怕给人造成殖民时代复辟的印象。在中美洲一些地区，反教会的政府尽量削弱教会的影响力，使教会不再能像过去那样充当梵蒂冈的税务局。例如，墨西哥在 19 世纪末没收了教会的一切财产，将其收归国有，实现了政教分离。[7]结果，教士阶层走了极端，处处和政府作对，直到墨西哥的立法者厌倦了他们的抵抗，把所有外国神父通通赶走，规定只有出生在墨西哥的人才能布道。危地马拉的措施更加严厉，政府颁布法令，严格限制天主教神父的人数，全国最多不能超过 100 人；这个法令原本是临时性的，后来却执行了 70 多年。

这段时期内，上层阶级和努力向上爬的人仍然忠于教会。讽刺的是，在革命后的西属美洲，因为白皮肤是获取权力的直通车票，所以，炫耀自己基因中西班牙血统的高占比和与之关联的天主教信仰就成了获得权力的手段——要登上主导地位，必须是白种人，还要戴上十字架，明确显示自己的宗教归属。不过从全局上和总量上来看，拉丁美洲教会陷入了严重危机。[8]革命后，农民在新主人手下受到的压榨比在西班牙人手下的更加残酷，生活极为贫困，劳作异常辛苦。怨恨促使他们热衷于回归他们祖先的宗教仪式。其实，即使在殖民统治的严厉政策下，他们的信仰方式也一直残留着古时的部分内容。如今，乡村地区的教会一切只能靠自己，于是允许信徒崇拜自然和偶像，造成了基督教与部落信仰的高度融合，与天主教会所熟悉的基督教大相径庭。例如，圣母马利亚被画成一座山（这体现了大地母亲帕查玛玛的痕迹），头上顶着太阳，脚下围着半边月亮。基督教节日的庆祝活动中，游行队伍的领头人装扮成魔鬼的样子，面具上的獠牙一看就属于科阿特利库埃或阿伊·阿帕埃克。

就这样，席卷这个半球的革命产生了一个始料未及的后果——在拉丁美洲重新定义了基督教。有色人种急于去除基督教的严厉制约，例如他们始终感到陌生与不解的基督教对罪孽的执念，于是他们恢复了对人性弱点更加宽容的古老传说以及与周围的自然界更加合拍的信仰。加勒比地区的黑人恢复了伏都教，重拾萨泰里阿教、约鲁巴人或曼丁哥人的招魂术，对与生活中的万物相对应的诸位小神（orisha）顶礼膜拜。[9] 印第安人重新拥抱大地、太阳和大海这些他们自己的神，重新确定了人作为大自然产物的角色。

从阿根廷的大草原到尤卡坦的丛林，基督教传教团逃离后留下的民众开始重拾对古老的宇宙起源说的信仰。例如，在墨西哥偏僻的纳亚里特（Nayarit）山脉，最后一个在武力逼迫下接受福音的墨西哥部族科拉人（Cora）自从 1767 年耶稣会离开后再也没有见过一个神父。连续两个世纪，他们与基督教再无瓜葛，直到 1969 年一个方济各会修士来到山中，恢复了福音布道。这位修士发现，在 200 年的与世隔绝期间，科拉人恢复了太阳崇拜。可是他惊讶地得知，太阳神变成了耶稣基督，受难、被钉死于十字架、复活，一应俱全；有些印第安人甚至能用近似拉丁文的发音背诵成段的弥撒曲。科拉人的宗教里没有犹大这个人物，因为他们不能理解他，他与他们的任何神祇都不一样。不过，犹大的部族——"犹太人"——成了"被抹掉的人"（los borrados），他们几乎全裸的身上涂满了灰和泥，脸上画得五颜六色，长着兽类的嘴。在延续至今的春季仪式中，科拉人就以这样的装束扮演当年把耶稣钉死在十字架上的刽子手，他们认为那些人是犹太人。震耳欲聋的鼓声中，装扮成魔鬼的一群人在村里的道路上追赶一个代表基督太阳神的男孩。科拉人的仪式以基督教仪式无法做到的方式表现了地狱的情景，教人以宽容：这些是世界上的害群之马，集人性之恶于一身，可尽管他们坏事做尽，却和我们一样，是容易犯错的人。"被抹掉的人"靠咀嚼大量佩奥特掌*来赞美邪恶，通宵跳舞直到复活节的太阳升起，那一刻，他们跳进河里，洗去身上的灰泥和邪恶，和基督一样得到复活。

虽然哈维尔·阿尔沃尚未意识到，但他和400年前进入南美高原的第一批教士一样，需要重新开始传播基督教。在他考虑自己的未来，思索该如何最好地为这些显然有着自己强大的信仰体系的人服务的时候，一群外国神父加入了他的行列。他们和他一样，也是被派到拉丁美洲来推动天主教振兴的。哈维尔在玻利维亚和厄瓜多尔静谧的山间漫步，或在传教团的院子里静坐，全然不知自己正处于一场世界范围的运动之中。直到20世纪60年代末，他去康奈尔大学修博士学位时，才对这场运动有了充分的了

---

*　一种含有致幻物质的仙人掌。——译者注

解。当时，和平运动席卷全球，解放神学正在诞生，天主教会正以前所未有的方式重新塑造自己。

20世纪的修士和16世纪被派到这个动荡不稳的半球的主教肩负着同样的任务：要采取行动阻止信徒流失，解决当地的问题。然而，形势今非昔比，天主教会的政治力量大不如前。拉丁美洲人对基督教并不陌生，他们过去接受过这个宗教，想象过它的各种许诺，并将其改动好为己所用。这一次，神父们的任务与其说是传播宗教，不如说是拯救它。他们需要回到这个被基督教遗弃了一个多世纪的世界，用比较温和的方法劝它回心转意；否则，他们就会失去拉丁美洲，将其让给新教、福音派、无神论、不可知论或无所谓的心态。大多经过世界大战磨炼的天主教传教士从世界各地来到拉美。他们开始沉浸入当地的文化，努力成为当地社区的一分子；他们没有明确的行动规划，只有争取信徒的目标。这种传教方式与从前大相径庭。

城市里的精英和他们的西班牙祖辈一样，维持了基督教传统。孩子上天主教学校，父母为婴儿举行洗礼，死者按照基督教礼仪下葬，人们经过教堂时不忘画十字。但是，在拉丁美洲广阔的乡村地区，农民改造了宗教，把精神生活与实际生活更加紧密地联系在一起，其程度远甚于殖民时期。宗教机构完全成为社区的伙伴，组织大家群体聚会、共同劳动、帮助弱者，但这样的宗教已经不再是天主教。被当地人改造过的基督教的领导人与其说是神父，不如说是巫师。他们庆祝夏至、冬至、季节更替和作物收获；他们主持原住民的节日，完全遵循传统习俗，连血祭也不落下。他们回归了传统的一贯理念，将崇拜自然视为他们文明的黏合剂，这个信仰体系远比白人教给他们的任何信仰都更全面。耶稣和马利亚仍然被尊为神，但他们不再是赎罪者和圣母，而是永恒的太阳和大地。

20 世纪 50 年代，欧洲各天主教修会开始致力于重新征服拉丁美洲，要恢复并加强对拉丁美洲信众的控制。但来到拉丁美洲的并非只有他们。美国的马利诺（Maryknoll）传教会把重心从中国转到了拉丁美洲，其修士大量拥入这个地区。[10] 可是，乡间各地过去由西班牙人建造的老旧教堂里没有被授过圣职的神父，只有对外来者高度排斥、公开怀疑的宗教头人。北美人被视为篡位者、入侵者和现代的征服者。外来传教士试图接管革命前的教会财产时，更是困难重重。印第安人拒绝把钥匙交给他们，不让他们进入被遗弃的学校校舍，甚至不准他们观瞻当地人保存了几代人时间的宝贵的主保圣人像。

毫无疑问，天主教会为赢回 5 000 万原住民的忠诚陷入了苦战。[11] 上至梵蒂冈，下至最小的传教团，都把教会重返拉丁美洲视为一场浩大的斗争，其紧要性不亚于教皇亚历山大六世为使新大陆所有不信上帝的异教徒皈依基督教而发动的大胆行动。现在的天主教传教士对不同的文化更加敏感，也意识到教会需要适应人民，而不能要求人民适应教会。他们大批进入森林深处和内陆腹地，准备把失去的信徒争取回来。在墨西哥，教会与国家的关系一个多世纪以来一直非常紧张，乌拉圭则早已断绝了与梵蒂冈的外交关系；传教士蜂拥进入这两个国家，坚信自己这次一定能把事情做好、做对。

这种新态度的一个重要组成部分是“文化濡化”的概念，即默认神父在劝化别人的过程中，自己也受到劝化。* 如果神父用对了方法，比如，潜心学习当地语言和风俗，深入了解当地人民，那么他们就能融入而不是更改当地文化，就能通过友情而不是武力来赢得信徒。为此，神父们扩大了传教队伍，招募了印第安人和混血的“传道员”（catechists），这些本地平信徒充当神父的角色，负责讲解教义、照顾病人、履行简单的教会职责。[12] 教会要用当地人来劝化当地人，使大批人自发皈依天主教。这个办法似曾相识。5 个世纪前，方济各会修士就曾用纳瓦特尔人来帮助劝化造反的部落。不过，天主教会现在的行动规模之大，决心之强，却是从未有过的。

要纠正的东西太多了。数世纪来，拉美地区各个城市一直实行明目张胆的歧视制度，似乎怎么也纠正不了。每一天都会发生对深色皮肤的“卑下”种族的侮慢：一个身穿原住民服装的盖丘亚人在利马被挡在电影院门外，一个雅基人在墨西哥城只因为走进了白人区就遭到逮捕，一所天主教名校拒绝接收一个玛雅天才儿童入学，一所教堂不准一个艾马拉教士履行神职。“我们口口声声说，艾马拉人的宗教和基督教都教人爱世人和尊重生活，”一群宗教领导人在玻利维亚的一个神职人员集会上宣称，“这两个宗教都不是仇恨的宗教。然而，基督教却言行不一。它造成了分裂。它对原住民担任领导毫无信心。我们是基督教的左膀右臂，却当不了头。神学殖民主义仍然盛行。”[13] 情况的确如此。从欧洲和美国来的传教士比以前更加通情达理，但他们依然完全是外

---

* 哈维尔·阿尔沃在接受笔者采访时多次主动提到，他是在原住民当中生活的 65 年期间接受了福音的。

来的，靠国际资金支持；他们的到来是一种入侵。1563 年，佩德罗·德·基罗加（Pedro de Quiroga）神父返回母国西班牙时，带回了一位秘鲁人充满怨愤的证词："我们无法说服自己相信你们布的道、说的话，因为在所有事情上你们一直在撒谎，一直在欺骗我们。"[14] 时至今日，情况似乎依然如故。

时光流逝，20 世纪 70 年代和 80 年代期间，形形色色的内战、革命和恐怖主义袭击震撼了拉丁美洲。此时，传教士对自己所服务的民众已经相当了解，比他们的前辈受当地文化影响深得多；他们发现当地人激进的政治观点与自己的观点不谋而合。巴托洛梅·德·拉斯卡萨斯的义愤跨越几个世纪，催生了 20 世纪的反叛。这是带着尖牙利爪的解放神学，它在拉丁美洲横空出世，使梵蒂冈措手不及，造成了至今令教会头痛不已的身份危机。

风起云涌

我所出生的大陆上，60% 以上的人口生活在贫困中，其中 82% 属于极度贫困……你如何向穷人解释上帝爱他们？

——古斯塔沃·古铁雷斯神父，《解放神学》，1971 年[15]

哈维尔·阿尔沃 1969 年在康奈尔大学获得人类学博士学位后回到玻利维亚，决心用自己的知识来改善美洲原住民的生活，那年他 34 岁。他生命的一半以上时间是在玻利维亚度过的，他几乎花了 20 年为成为耶稣会教士做准备。他眼看着解放神学在修士当中出现，这个如同星星之火的新生思想与他的想法不谋而合，但尚未广为传播。同样是在1969年，一位名叫鲁本·阿尔维斯（Rubem Alves）的年轻神父在普林斯顿大学完成了博士论文。他来自米纳斯吉拉斯，在一次对共产党嫌疑分子的暴力镇压中被逐出巴西。他的论文题为《向着解放神学》，属于美国学术界第一批使用"解放神学"这个术语的论文。不过，论文本身并没有清楚有力地阐述一段时期以来南美洲风起云涌的局势，不过是委婉地提出巴西的穷人应当得到天主教会更大的照拂。阿尔维斯自己对那篇论文都不满意，普林斯顿大学给了他最低分。

碰巧的是，大约同一时间，在欧洲完成了圣职学习的秘鲁人古斯塔沃·古铁雷斯在秘鲁繁忙的渔港城市钦博特（Chimbote）组织了一次神职人员大会，与会者都是多年来一直参与讨论如何在拉丁美洲另辟蹊径的神父。古铁雷斯为大会定下的主题是："向着解放神学。"（Hacia una teología de la liberación.）古铁雷斯发起这场新运动的那一年风云变幻，正值社会主义激情席卷整个半球，这样的激情迸发也促进了新运动的发展。古铁雷斯为这场运动下的定义大胆清晰，对神父的角色影响重大："如果信仰是对上帝和人类同胞的奉献，如果神学是对这一信仰的理解，那么理论就不重要。重要的是奉献，是行动。解放神学意图建立起人在社会、政治、经济等世俗意义上的解放和上帝的王国之间的积极联系。"[16]

换言之，如果拉丁美洲最痛楚的伤口是缺乏正义，是贫富之间、白色皮肤和棕色皮肤的人之间、享有特权和遭到忽视的人之间的巨大鸿沟，那么天主教会作为上帝的使者，就有责任纠正这种与基督教精神背道而驰的状态。贫穷不是不治之症，而是可以改善的境况；压迫不是命中注定，而是可以扭转的不公。[17] 根据古铁雷斯的推论，是拉丁美洲人民遭受的迫害造成了他们的普遍贫穷，加害方是不公正的社会、扭曲的心态和征服者的文化。如果压迫不是内生的，而是外来的，就可以将其扭转。伊索寓言里那个坏蝎子说，“不是我的错，我本性如此”，此话道出了所有暴君的心声，但这是不可接受的。对于造成人民痛苦的社会经济结构，天主教会需要介入，需要尽力清除内里的深层罪孽。毕竟，天主教会的工作不就是代表基督教拯救人民吗？拯救如果不是实现人的解放，还能是什么呢？

这个革命性的思想要求神父以远超传统的方式和力度介入社会，它意味着深刻改变社会，正如500年前西班牙的征服对社会的改变。然而，这一次的改变是自下而上的，从草根阶层，从最弱势群体发起，而非自上而下，由统治者发动。这一次，解放神父不是协助征服者威胁恐吓原住民平民，而是要在解决那段令人发指的历史遗留下来的问题上大显身手。如果神职人员必须成为反叛者才能治愈拉丁美洲的贫困痼疾，如果他们必须拿起武器方可为穷人赢得一点正义，那也只好如此。

梵蒂冈的反应迅速而激烈。[18] 在它看来，拉丁美洲这批新型神父寻求的解放主要关乎政治，与基督教关系不大。天主教官方教会认为，人的解放是要摆脱罪孽，不是脱离压迫；梵蒂冈关注的中心是个人的灵魂，不涉及更广泛的政治范畴。更关键的是，天主教会不想与20世纪60年代和70年代在全球各地令人不安地迅猛发展的马克思主义扯上任何关系，因为最纯粹的马克思主义是反基督的，广义上是反宗教的，是建立在无神论基础上的。拉丁美洲那些积极求变的神父在试验各种规则和办法时，对信仰本身提出了根本性的问题：天主教会如果不代表人权，那代表什么？教会打算如何纠正拉丁美洲历史上发生的恶行？基督教究竟只是嘴上说得好听，还是真正身体力行它的训诫，遵守它最伟大的导师耶稣基督的教诲？人民的痛苦要到什么程度，神父才应采取行动保护最卑微的人？

回顾那段风云激荡的历史，可以清楚地看到解放神学是梵蒂冈自身的产物。罗马教廷中的许多人最终明白了这一点，而这使得这种新神学更加直击要害。这一切始自 1959 年 1 月，当时的教皇约翰廿三世（John XXIII）宣布要召开第二次梵蒂冈大公会议，呼吁彻底改造教会。[19]（第一次梵蒂冈大公会议是 1869 年教皇庇护九世召开的，宗旨之一是应对物质主义的威胁。）“梵二会议”对传教使命做出了更加宽泛的解释，这对天主教会及世界各地的年轻神父都产生了深远影响。然而，教会怎么也没有料到，历史就在此时发生了急转弯；1959 年 1 月，菲德尔·卡斯特罗攻入哈瓦那，古巴革命一跃登上世界舞台。

古巴革命如同一股电流，震动了 60 年代的拉丁美洲。贫富鸿沟加剧了民众的怨恨，长期以来一直是这个地区一颗嘀嗒作响的定时炸弹，随时可能爆炸。古巴革命彻底改变了严重腐败的古巴社会，整个国家天翻地覆，变为共产主义国家；拉丁美洲的寡头统治者和支持他们的机构惊恐万状，广大下层阶级则欢欣鼓舞。不过，古巴革命动摇了拉丁美洲教会的根基。教会对革命的爆发毫无准备，猝不及防。

然而，古巴革命为负责向拉丁美洲重新传教的新一批神父提供了机会。哈维尔在康奈尔大学念研究生的时候，“梵二会议”为教会打开了一扇窗，赋予了天主教新的内容。正如古巴推翻了臭名昭著的独裁者富尔亨西奥·巴蒂斯塔和腐败过时的统治制度一样，天主教会也呼吁与过去死板严厉的束缚决裂。它将不再是高高在上发号施令的机构，而是要成为和忠实信徒，即“上帝的朝圣者们”订立的盟约。[20]它将成为由信徒组成的生力军，贴近人民，拥抱创新，接受不同民族的信仰表达方式，并严肃对待信徒遇到的社会和经济问题。用拉丁文主持弥撒这种腐朽的形式被放弃，许多神父和修女不再穿僧袍，在天主教中融入自己的民间传统也不再被视为亵渎。也许最重要的是，教会不再用身后天堂中的奖赏这种空话来安慰穷人。现代教会有责任结束人民的痛苦，现在就要行动。

谁也没想到基督教的下一波流行思潮会来自拉丁美洲。然而，该地区的压迫、暴力、制度性的不公及其与天主教会的历史关联创造了完美的机会，使人们重新思考宗教的作用，寻求新的方法。这一思想的诞生十分艰难。解放神学的横空出世使罗马的主教们为之震惊。这个愤怒的信条到底是针对谁的？它为什么与马克思主义思想如此接近？人们都知道共产主义威胁到了有组织的宗教，但一个为强权服务、延续社会不平等的教会同样是威胁。为了实现“梵二会议”许诺的更加公正的世界，为了把不信上帝的共产主义拒之门外，天主教会决定从根源上减轻贫困，下沉到哈维尔·阿尔沃这样的年轻神父所在的田间村头。解放神学家同样立志为穷人服务，但他们更加积极主动。他们认为，造成贫困的原因是种族主义、阶级社会和系统性压迫；他们相信，尽管马克思主义宣称宗教是麻醉人民的鸦片，但无论谁想重塑拉丁美洲，都可以从马克思主义促成平等的力量中得到启示。

那是个混乱狂暴的时代。就在罗马的神职人员仍在为教义的细枝末节争论不休的时候，世界各地已是烽烟四起，发生了越南战争、老挝动乱、古巴导弹危机、美国的民权斗争、欧洲的激烈抗议，还有阿以冲突，十几位世界知名人物被暗杀，[21] 32 个非洲国家发出了独立的呐喊。时机似乎已经成熟，可以通过执行“梵二会议”的成果来真正扭转旧秩序，但天主教会只愿意进行有限的改革。新上任的保罗六世（Paul VI）教皇虽然一生致力于抗击贫困，却对解放神学不以为然，说它的理论政治性太强、太咄咄逼人，对数世纪以来一直是教会后盾的权力精英太严厉无情。

这并非教会第一次申斥捍卫拉丁美洲弱势群体利益的神职人员。400 多年前，巴托洛梅·德·拉斯卡萨斯不懈地谴责征服中的各种残暴行为，最后教会不胜其烦，把他排挤到了历史边缘。神父应该听从罗马的号令，服从主教的指示，遵守通常由神职人员担任主席的西班牙印度事务委员会发布的严格规定。哪个神父不这样做，而是为被征服的人发出抗议，就会受到斥责、冷落，甚至被解除神职。

300 年后的 1810 年，与西班牙国王保持一致仍然是天主教会的标准立场。几乎没有神父反抗西班牙政府所代表的军人–教士的强大联盟。就在那一年，米格尔·伊达尔戈神父发出破釜沉舟的“多洛雷斯呐喊”，领导发动了农民革命；也许他应该算是拉丁美洲第一位真正的解放神学家。他受到了整个教会机构的全力打压。

开始时，伊达尔戈争取正义的呼声得到了墨西哥神职人员的大力支持，穷人组成浩浩荡荡的队伍，高举瓜达卢佩圣母的旗帜游行，抗议几个世纪以来对墨西哥的压迫虐待。[22]但是，教皇发表了一封措辞激烈的通谕，坚决站在农民运动的对立面。教皇认为，西班牙是美德的典范，西班牙国王是绝对君主，他的国民是上帝的子民，而叛乱的神父是“邪恶之人”，革命是“阴险的深井中升起的瘟疫”。[23]总督手持这封气势汹汹的通谕，要求大主教动员整个墨西哥教会的力量打击革命者。[24]大主教遵命行动，派神父带着武器去捍卫西班牙，高喊着“天主教信仰万岁！”的口号，在救赎圣母的旗帜下与革命者展开战斗。一位历史学家挖苦说，这是叛军和统治者各自尊奉的圣母在墨西哥杀戮场上的战斗。最后，伊达尔戈神父被俘虏，遭到斩首，他的首级挂在钩子上，在瓜纳华托一座房子的屋顶上摇来荡去。

讽刺的是，150 年后，另一位教皇使得天主教会中持异见的人再次胆大起来。“梵二会议”在新一代拉美神父的心中燃起了改变的希望，他们的目标明确无疑。在原住民和黑人最多的国家中，包括墨西哥、秘鲁、玻利维亚、危地马拉、巴西和委内瑞拉，80%以上的民众生活在贫困线以下。疾病、饥饿、苦难、文盲和犯罪泛滥成灾，政府却对于这些问题的明显根源——种族主义——束手无策。必须采取行动。“梵二会议”宣言发表三年后，30 名神学家要求在麦德林召开会议，讨论关于天主教的新思维——他们称之为“优先选择穷人”。[25]《圣经》经文说得很清楚，上帝眷顾赤贫者，那么，把穷人放在教会工作的中心就是在履行《圣经》

的要求。20 世纪进入后半叶，上帝在这个半球的子民仍然贫穷得令人触目惊心，有赖教会服务的人似乎无穷无尽。

哈维尔回到拉美后的 70 年代和 80 年代，拉美各地都有神职人员努力在最贫困无助的城镇乡村宣传解放思想。他们当中有一位是巴西的方济各会修士莱昂纳多·博夫（Leonardo Boff），他坚定倡导新思想，公开支持共产主义，痛斥美国是恐怖主义国家，指控梵蒂冈是坚持基要主义的僵硬王朝。[26]罗马的支持者，特别是枢机主教约瑟夫·拉青格（Joseph Ratzinger），多次因博夫的无礼而对他发出申斥。后来成为本笃十六世（Benedict XVI）教皇的拉青格批评说，解放神学一事无成，造成的只有“反叛、分裂、异见、冒犯和无政府”，鼓吹这一学说的完全就是混乱的制造者。[27]

这帮破坏分子当中有一个名叫佩德罗·卡萨达利加（Pedro Casaldáliga）的巴西主教，他全心全意保卫田间劳动者的利益，马托格罗索的有钱地主甚至雇用杀手要取他的性命。[28]（不过杀手认错了人，杀死了他的教区牧师。）卡萨达利加和博夫一样，遭到教廷的痛责；约翰·保罗二世（John Paul II）教皇斥责他过分同情左派，还支持丹尼尔·奥尔特加（Daniel Ortega）的尼加拉瓜反美政权。既然共产主义是敌人，那么它的任何方面都是不可容忍的。霍布斯选择*是一切照旧，也就是说，只有贫穷这一条路。

巴西的民众群情激愤，军方很快展开了暴力镇压，打击任何反对或批评国家社会政策的人，包括解放神学家。[29]军队将领把人

* 霍布斯选择是一个经济学名词。中世纪英国有一位叫霍布斯的马场老板，他卖马时每次都允许顾客挑选，却只卖最靠近门口的那匹马，因此，“霍布斯选择”的含义就是没有选择。——译者注

民的自由一项一项地予以消除，设立了专门的秘密警察来监督教会的政治活动，逮捕、拘押，甚至杀害在巴西最贫穷的贫民区工作的神父。然而，在巴西以及美洲的其他地方，哈维尔的年轻朋友慢慢地都开始向往社会革命。

教会的回应是对教士队伍中不听话的人开展系统性清洗。除了博夫、卡萨达利加和哈维尔的许多其他同事以外，还有两个人被约翰·保罗二世解除了圣职，他们是兄弟俩，是耶稣会的知识分子费尔南多和埃内斯托·卡德纳尔（Fernando and Ernesto Cardenal）。[30] 他们出身于马那瓜的一个富人家庭，对尼加拉瓜令人窒息的压迫公开表示坚决反对。几十年来，梵蒂冈一直对秘鲁的解放神学家古斯塔沃·古铁雷斯轻蔑有加，指控他破坏教会的权威，把信仰变为反叛的工具。在哥伦比亚，信奉马克思主义的卡米洛·托里斯（Camilo Torres）神父和民族解放军的游击战士并肩作战，最终战死沙场；他生前也多次受到教会警告，威胁要将他开除出教士行列。他对此只有一个回答："如果耶稣今天还活着，他也会成为游击队员。"[31] 不过，一个又一个的解放神父仍然落得被申斥、被暂停神职或被开除圣职的结局。[32]

哈维尔本有可能加入其他神父的激进行动，但他没有。他参加了和解放神学积极分子的辩论，他看到了他们日益加剧的极端态度，体会到了他们日益高涨的怒火。他不是不同情他们，他们的所有意见他都赞同，但他不同意他们的目标。如何才能最好地树立急需的社会良知？要改造世界上这个历尽磨难的地区，必须认识到，种族偏见是错误的、有腐蚀性的、可憎的；这是一条根本真理，比任何政治雄心都更重要、更持久。要说服别人接受这条真理，不能靠强制或暴力，只能通过和睦与亲善。他盼望能出现一位像甘地，或马丁·路德·金博士，或纳尔逊·曼德拉那样的理性灯塔，通过揭露拉丁美洲年深日久的偏见所显示的人性缺失，来促成社会结构的巨大变化。其实很简单，如果我们自己想要尊严和正义，当然也希望其他人获得尊严和正义。道理很明显。这是耶稣最有力的教诲。理性最终会占上风。

哈维尔在好战的年代选择了和平。在他看来，在世界的这个地区，剑的势力已经够大的了。从波托西的历史和它目前的破败荒凉来看，贪婪也是毁掉拉丁美洲的一个因素。哈维尔最希望的是教会不致成为拉丁美洲的第三个诅咒。他会和他所了解的印第安人一样，把石头一块一块地堆起来，埋头苦干。他成立了一个专门促进农民福利的组织。他努力激发盖丘亚人和艾马拉人的自豪感，教他们为自己的语言、历史和悠久的文化传统而骄傲。他凭着锲而不舍和灵活应变的精神，为孩子们建起学校，召开促进民族自豪感的大会，成立和平与人权委员会。他继续帮助最穷困卑微的社群，从他们深邃的精神世界中汲取力量。

另一个神父碰巧也和哈维尔一样默默地怀有这样的信念，他后来成了哈维尔最亲密的知心朋友之一。他叫路易斯·埃斯皮纳尔（Luís Espinal），同事们都叫他路乔（Lucho），他也是加泰罗尼亚人，但他选择了一条激进得多的道路。[33]哈维尔正在组织成立 CIPCA（农民研究促进中心）的时候，路乔来到了拉帕斯。他们两人自知彼此有许多相同之处：都是加泰罗尼亚人，都是耶稣会修士，都献身于改善周围的世界。路乔是诗人、记者、电影制片人和批评家；他看到什么，就想报道出来，这使得他这个神父积极投身社会，与当时的解放神学家正好合拍。当路乔滔滔不绝地谈论现在急需更积极主动、更坚持不懈、更大声呐喊的时候，哈维尔默默地倾听。发生环境灾害的时候，他俩一起迅速赶去处理。哈维尔记下在玉米地劳动的童工对自己生活的叙述，路乔就将其在他制作的电视节目《实在人生》（En Carne Viva）中报道出来。1967 年，切·格瓦拉被玻利维亚特种部队及其美国军事顾问团抓捕杀害后，路乔徒步进入深山去采访切的游击队残部。萨尔瓦多·阿连德在总统府中遭到空袭后身亡，路乔随即飞到智利的圣地亚哥，在狼藉的尸体中间徘徊祈祷。路乔通过他的工作，特别是他与本地银矿工人的接触，变得越发激进，成为控诉对民众各种苛待的发言人。为了改善玻利维亚全国的状况，他和别人共同创办了常设人权大会（Permanent Assembly for Human Rights）。

到 1977 年，路乔已成为争取工人权利的突出人物；那年他加入了原住民妇女发起的一场绝食抗议，那些妇女的丈夫因为要求改善矿山的工作条件而被关进了监牢。哈维尔出于对盖丘亚和艾马拉妇女的同情，也加入了绝食抗议。不久后，很可能是因为他的积极抗争，路乔被乌戈·班塞尔（Hugo Banzer）总统的极右翼政府手下的准军事部队绑架，遭到严刑拷打后被杀死，他赤裸的尸体被扔在通往查卡塔雅（Chacaltaya）的大路旁。[34] 后来人们得知，他的被害是“秃鹰行动”的一部分。在那场得到亨利·基辛格首肯和美国资金支持[35] 的国家恐怖行动中，共有 6 万被怀疑是“危险颠覆分子”[36] 的拉丁美洲人遭到杀害。在那之后，哈维尔内心的某些东西再也不复从前。他回忆那次矿工罢工的漫长日子时，会想起那似乎将他撕裂的饥饿感，还有他和被囚禁矿工的妻子们一起值守的报社办公室那坚硬的地板。但他脑海里最生动的形象是一个人的身影，那人特意前来看望他和路乔这两个和原住民一起绝食的形容憔悴的外国神父，他名叫埃沃·莫拉莱斯（Evo Morales），是个瘦弱的青年，头发漆黑，神色坚毅。莫拉莱斯后来成了玻利维亚第一位艾马拉人总统，也是500年来拉丁美洲第二个当选的原住民总统。[37]

解放神学家也许觉得自己找到了拯救穷人、赢得信徒的办法，但坚定致力于这个目标的还有别人。1960年到1990年那几十年间，在那个自由主义者、独裁者和军队将领为争夺统治权而激烈冲突的动荡暴烈的年代，在信仰领域中共有四支力量在拉丁美洲竞相争取信徒。罗马天主教会宣布它已经彻悟，将痛改前非，通过“梵二会议”确定的改革纲领致力于减轻贫困。解放神学家以近乎好战的激情坚决与统治集团做斗争，保护弱小的民众；他们斗争的对象有政府、矿业公司、出口商、银行，必要的话甚至包括天主教会。无神论者发动的恐怖主义叛乱席卷从尼加拉瓜到秘鲁的整个半球，他们希望通过完全消灭宗教来争取支持者。80年代，贫穷社区的群众渴望非西班牙、非天主教、非共产主义的宗教场所，使他们能够真正自由地拜神敬神，于是，新教的五旬节派和福音派教士纷纷来到拉丁美洲，希望争取到当地的信徒。棕色皮肤的人、黑人、城市贫民和乡村穷人开始拥进新教的这些上帝之家，其中一半人希望回归古老时代，让宗教重新起到部落黏合剂的作用，另一半人则是为了反抗参与昔日入侵的天主教会。

这些新教教派最大的吸引力是，它们的一些规诫棕色皮肤的人民一听就懂，例如，信徒可以自己与圣灵交流，仪式可以治愈病人，驱邪是必要的，先知也许就在我们当中。换言之，新教的福音传教士告诉信徒，生活是充满奇迹、象征和令人惊讶的事物的体验，而不是沉重的赎罪旅程。也许它最有说服力的论点是，只要抱定信仰，坚守符合美德的生活，穷人也能在社会经济的阶梯上高升，贫儿可能会变成王子。

看哪，新的已到来

> 现在已经很明显，这些轻率的千禧年信徒错了。我坚信，决定天主教会未来的地方就是这里（拉丁美洲）。我一直如此认为。
>
> ——**教皇本笃十六世，2007 年飞往巴西途中** [38]

20 世纪 70 年代，时任枢机主教的拉青格曾将无形的尖棍刺向解放神学家的后背；他成为本笃十六世教皇后，2007 年初次出访选择了巴西，来到了他的绝大多数教徒居住的大陆。[39] 当时，全世界虔诚的天主教徒中有一半以上是拉丁美洲人。[40] 这个数字实在惊人，特别是考虑到这个宗教是 500 年前依靠强力，甚至是暴力强加给这个大陆的。不过，本笃十六世的访问是绝境中的奋力一搏。

教皇初访选择巴西经过了深思熟虑，有充分的理由。巴西是地球上天主教徒最多的国家；但还有另外一个更紧迫的理由，那就是尽管巴西的天主教徒人数众多，却有很多教徒离开了教会，流失量大得触目惊心。仅仅一代人的时间里，巴西就有 1/4 的天主教徒转向了新教，大多数是在 10 年内离开天主教的。这个速度引起了天主教会的警觉。更糟糕的是，教徒的流失似乎没有停止的迹象。拉丁美洲最近 500 年的历史中，天主教会一直垄断着这片大陆的宗教信仰，唯一的挑战是无神论或一些“邪恶”的印第安宗教仪式沉渣泛起。现在情况变了，而且速度极快，等教会注意到这个问题的时候，大批信徒已经离去。

拉丁美洲宗教格局的巨变来得如疾风骤雨一般，很难做出精确的评估。数字每天都在变，但趋势很明显。今天，巴西每 5 个人当中就有一个新教徒，他们绝大多数属于五旬节派。在尼加拉瓜、萨尔瓦多、洪都拉斯和危地马拉这些饱受流血冲突之害的国家，1/3 的居民放弃了天主教，转而在新教的指引下获得重生。北起哥斯达黎加，南至阿根廷的整个拉美地区，信徒纷纷转向，人数之多令人咋舌。就在天主教教堂靠出售地产挣扎图存之时，数以千计的福音派教堂如雨后春笋般出现。仅仅 25 年前，转信新教在大多数拉丁美洲家庭中还是无法想象的，但今天，几乎每个家庭中都有新教徒。据统计，全世界五旬节派教徒 40% 在拉丁美洲；他们几乎都出身天主教家庭，几乎都属于下层阶级。穷人深受阴魂不散的殖民主义和邪恶流毒的种族主义之害，正纷纷脱离控制了他们 500 多年的天主教会。

在许多意义上，这一现象是更大范围内震撼性重组的一部分。在 20 世纪，基督教经历了沧桑巨变，它的势力从一个半球转到了另一个半球，应验了帕查库特克关于世界最终将翻转过来的预言。

“发达国家”（北美、欧洲、澳大利亚和新西兰）* 曾经拥有相当于“发展中国家”（世界其他地区）4倍之多的基督徒，如今却不再是地球上基督教最盛行的地区。100年前，全球北方90%的人自称为基督徒，今天这个百分比降到了69%。[41] 要完全理解这个趋势，可以想一想，在发达国家，一对虔诚信教的夫妇的孙辈更有可能从来不去教堂。400年前，欧洲的新教徒和天主教徒互相屠杀，他们之间的宗教战争是有史以来最血腥的。† 现在，宗教在欧洲却日渐式微。伦敦一些教堂因为没有教徒而改成了餐馆。[42] 而21世纪第一个十年期间，荷兰关闭了约1 000所教堂，其中很多改造成了豪宅，还有一个变成了滑板场。[43] 在德国，从柏林到门兴格拉德巴赫（Mönchengladbach），一些废弃的教堂改成了清真寺，以满足不断增长的穆斯林人口的需求。[44] 在西班牙和葡萄牙，以前征服者看到身穿僧袍的教士要双膝跪下，现在修道院变成了度假村，自我包装为“吃货天堂”。[45] 美国也未能幸免，离白宫不远处，人们正在出售由教堂改建的豪华公寓，[46] 还有历史悠久、声名卓著的教堂被改造成酿酒厂对外开放。[47]

全球南方的趋势恰好相反。同一时期内，基督教在亚洲和撒哈拉以南的非洲蓬勃发展，结果，当今世界的大多数基督徒都生活在南半球，[48] 发展中国家成了天主教传教团迅速扩张的广阔天地。尽管天主教会的财政捉襟见肘，[49] 尽管它放弃了欧洲人，任其拥抱不可知论、无神论，或干脆对信仰毫不在乎，但是，它在深肤色

* 严格说来也包括日本，但这里为了论述需要排除了日本，因为它不是基督教国家。

† 紧接着宗教改革运动发生的欧洲“三十年战争”（1618—1648）造成800万人丧生，触发了一场饥荒和一系列疫病。

的种族中建起了信徒大军。这个成功在很大程度上要归功于哈维尔那一代神父，20 世纪 50 年代和 60 年代，他们以在第三世界传播福音为己任。信天主教的白人或许越来越少，但棕色皮肤的信众大增。

即便如此，本笃教皇在里约热内卢走下飞机时，心头仍然萦绕着两个紧迫问题：巴西人、智利人、阿根廷人、中美洲人都深信宗教，几个世纪以来都是天主教的中坚力量，他们为什么要抛弃天主教会，接受另外一种基要主义信仰？他的神父们如何才能留住这些基督徒？这些人并未抛弃耶稣，但正在以每日上万人的速度脱离天主教会。[50] 正如本笃教皇认识到的，未来取决于拉丁美洲，教会需要全面出击。这种想法最强烈地体现在选举教皇的枢机会议上。2013 年，老迈严谨的德国籍教皇本笃十六世突然宣布退位，震惊世界；枢机会议选出了亲切热情的南美人豪尔赫·马里奥·贝尔格里奥枢机主教担任教皇，希望他能够修复教会与教徒的关系。现在，天主教未来的重任落到了教皇方济各一世（Francis I）的肩上，这位耶稣会修士出身的教皇要完成 50 年前交给他这一代人的任务，他坚称要建成一个属于穷人、服务穷人的教会。[51]

公众疏远天主教会有许多原因。如本笃教皇所指出的，一个重要原因是 20 世纪下半叶暴力猖獗，恐怖分子和毒品贩子在拉丁美洲肆意横行，任何持有左倾观点的人都遭到野蛮报复。[52] 从巴西到尼加拉瓜，独裁者和军队将领明确表示，对于闹事的神父、同情共产主义的自由派和耶稣的战士，会像对任何新生革命分子一样，一经发现，立即粉碎。思想激进、敢于为民请命的神父和修女一个接一个地成为打击目标，不是被杀害就是遭流放。

梵蒂冈很快陷入两难。“梵二会议”召开后，它敞开大门，表达了消除贫困的坚定立场，燃起了教士们的希望。但是，一旦它认为教士们走得太远，又把大门紧紧关上。天主教会发出了许多帮助穷人的豪言壮语，许多神父和修女甚至为帮助穷人献出了生命，但 20 世纪下半叶在拉丁美洲肆虐的暴力和天主教会在其中的牵涉吓跑了许多农民和贫民区居民，他们开始拥向五旬节派教堂，想通过精神升华来忘记眼下的惊恐。[53] 一位美国牧师说得好：“天主教会选择穷人，但穷人选择了福音派。”[54] 本笃教皇亲自飞往巴西，企图赢回拉美大陆变心的教徒，但他也许没有看到事物之间的联系。梵蒂冈把为穷人积极奔走的神父一个个开除，支持强权，拒绝接受对天主教会的任何批评，漠视地土上温柔的人，* 任由反叛的教士发展自己版本的解放神学——这一切给它带来了加倍的报应。石头似乎正在落入他人手中。

并非只有本笃教皇没有看到这层关系。他的前任约翰·保罗二世教皇因为支持“优先选择穷人”而成为在拉丁美洲最受爱戴的教皇之一，[55] 但保罗二世也忽略了信徒大量流失的迹象。20 世纪 80 年代他巡游南美时，已经知道了福音派的大举到来，但他每到一国，都受到热情洋溢的欢迎，无边的人群向他欢呼，为他竖起纪念碑。在这种情况下，他很容易把民众对新教的兴趣视为一时的心血来潮。然而，到他的任期尾声，已经有一些微妙迹象表

* 典出《圣经》“温柔的人有福了，因他们必承受地土”。——译者注

明形势正在恶化：解放神学家越来越大胆，教士以势压人施行性虐待的行为引起群情激愤，天主教会明显不愿意处理自己人犯下的罪孽，各种历史错误亟待弥补和纠正。最后，约翰·保罗二世教皇对太平洋岛屿的原住民做出了深刻道歉。“必须坦承对原住民的伤害，”他直截了当地对澳大利亚人和波利尼西亚人说，“教会对于它的孩子参与了伤害深表遗憾，请求宽恕。”[56]可是，天主教会尚未承认它在对美洲的征服和奴役中的作用；对此，教皇每次来访时都热烈出迎的拉美各国数千万贫穷教徒都看在眼里。

这位波兰籍教皇数次访问拉丁美洲，每次都把重点放在批判解放神学的害处上面。他痛斥在拉美践行解放神学的神父，对拉美地区独有的特点采取了专制的、欧洲中心的视角。他一门心思反对左翼政治，尤其是共产主义，无法冷静恰当地评价拉丁美洲现实中存在的失衡状况。萨尔瓦多的奥斯卡·罗梅罗主教恳请教皇为萨尔瓦多人民发声，谴责该国政权动用杀人小队杀害自己的公民，[57]约翰·保罗却只是告诫他别掺和政治，继续站在反共力量一边。[58]“可是大人，”罗梅罗据理力争，“反共是（鼓吹暴力的）右派的说教！”[59]这位主教坚持认为，站在反共力量一边就意味着宽容杀人小队。的确，事实证明，萨尔瓦多暴虐的右翼政府威胁到了本国人民的生命安全。国民警卫队在一个公共论坛上明确宣布，为了粉碎左派叛乱，它不惜杀死30万萨尔瓦多人。[60]已经有至少4万农民惨遭屠戮，所占全国人口的百分比大得惊人——这个百分比放在美国就是400多万。尽管如此，天主教会对罗梅罗的呼吁仍然置若罔闻。罗梅罗主教去觐见教皇，为自己的同胞恳求慈悲的几个月后，在萨尔瓦多一家医院的教堂里主持弥撒时，在光天化日之下遭到枪杀。

即使这样，约翰·保罗二世教皇依然固执己见。他在三年后对尼加拉瓜的访问中公开谴责表达政治立场的神父，尽管在他周围，人民苦难的证据比比皆是；尼加拉瓜 2/3 的人口生活在贫困中，婴儿死亡率创历史新高，93% 的人口没有安全饮用水。聚集而来听他演讲的 50 万尼加拉瓜人当中，许多人已经忍无可忍，教皇的声音多次被“我们要和平！”“权力归人民！”[61] 的高亢口号声所淹没。显然感到恼怒的教皇好几次厉声喝道“肃静！”。解放神父埃内斯托·卡德纳尔跪下刚要亲吻教皇的戒指，约翰·保罗一把抢走戒指，指着他的脸斥责他，要他“摆正你在教会面前的位置！”。[62] 后来，卡德纳尔做出了强硬的回应：“基督把我引到了马克思那里！我认为教皇不懂马克思主义。”[63] 梵蒂冈对新教的持续壮大无知无觉是有原因的。它光忙着整治它自己的神父了。

当约翰·保罗二世终于注意到拉丁美洲新教力量的壮大时，他仍采取了轻蔑不屑的态度。1992 年，在庆祝哥伦布到达新大陆 500 周年的仪式上，教皇在多米尼加共和国对拉丁美洲的主教们发表讲话，警告说新教传教士中有“饿狼”。他说，这些不请自来的人不怀好意，他们宣扬“伪精神运动”，只会散播分裂与不和。他语带不祥地警告说，新教传教士主要靠外来资金支持，也受外部力量的指使。[64] 主教们在拉丁美洲大力传播这个信息，指责新教教士的行为完全是赤裸裸的北美入侵，是美国中情局支持并出资的。[65] 他们却忘了，天主教会也是靠入侵强加给新大陆的。台下的听众知道，“庆祝”残酷无情的征服 500 周年是天大的讽刺，他们期望听到教皇提及天主教会与暴力的同流合污，却什么也没听到。

相反，约翰·保罗告诉他们，“从一开始，天主教会就不知疲倦地捍卫印第安人”，[66] 还丝毫不觉讽刺地举一些修士为例，说他们是英雄，但那些修士在 16 世纪正是因为声讨对印第安人犯下的野蛮行为而遭到了天主教会的谴责。

1493 年，亚历山大六世教皇说，天主教会将保护相信基督的印第安人；500 年后，天主教会的领袖又在重复同样的话，尽管众所周知事实并非如此，尽管 1992 年印第安人的社会地位显然与 1492 年他们的祖先一样，处于最底层。接下来，教皇迂回地提到当今的解放神父，说他们的破坏活动也许是造成拉丁美洲人对天主教心存警惕、寻求别的精神寄托的原因。“大众得不到宗教足够的关注，”他焦虑地说，“虔诚信徒从教区牧师那里无法获得对上帝的强烈感知。”[67]

解放神父没有把准人民的脉搏，这一点是肯定的。拉丁美洲人厌倦了肆虐的暴力，厌倦了解放神学号召的无休止的冲突。相比之下，五旬节派、灵恩派、耶和华见证人派等新教教派讲解的信仰系统是贫苦大众能够理解的。那些教派宣扬加强精神生活，和自己的社区建立起更加坚实的联系，回归使自己的祖先强大的美德。古印加人相信，社会必须遵循强有力的道德守则：不得偷窃，不得撒谎，不得懒惰。征服者用来取代这些道德守则的是些什么呢？是奴役，是腐败的文化，是放肆的道德败坏，是普遍的贫困。美洲各地人民都渴望个人行为更有规范，社会更加有序，体制能够坚守原则并为人民带来美好生活。新教传教士许诺给教徒的恰恰正是这些。

大批五旬节派传教士来到这块衰败而愤怒的土地，带来了一个无关政治的选择。他们指出了一条通往更加光明的未来之路。一位布道者说："我们都听过了关于仇恨、罪孽、种族主义、不宽容、分裂、斗争、失败的老调，现在是唱新歌的时候了。"[68]传教士声称，和他们一起敬神可以直接与上帝对话，信徒不必经过那么多中间人就能接近造物主。对历经战乱的拉丁美洲人来说，五旬节派更大的吸引力在于它带来的秩序感。五旬节派的道德守则不仅和古人的一样严格，而且可以说是斯巴达式的。皈依的信徒必须经常参加宗教活动，和睦邻里，拒绝同性恋，禁止饮酒，摒弃婚前性行为，谴责堕胎，痛斥种族主义，把男人作为家庭的中心（虽然福音传教士强调，需要有个好女人把他推上那个位置）。[69]人不必经过耶稣赴难的苦路（via crucis）来获得拯救，只要皈依就能获救。他们称之为精神新生、瞬间重生、再生的恩典。最重要的是，传教士说五旬节派的道路是向上之路。天主教会告诉信众，贫穷是高尚的，受苦人在天堂中享有特殊的位置；五旬节派却坚称信徒在尘世可以过好日子，他们称之为成功神学（prosperity theology），想在现世发财没有错。

今天，福音派基督教为拉丁美洲老百姓开辟了新天地。妇女向来是贫困和边缘化的主要受害者，现在她们自视为促进变化的力量。虽然成为福音派信徒不一定能提高政治地位，但通过劝说男人皈依福音信仰，她们开始改造自己的家庭。一个对饮酒、婚外性行为或家庭暴力决不容忍的宗教能够对家庭产生明显可见的影响。一个家庭如果更健康、教育程度更高、更多地参加生产，那么它的社会经济地位必然会提高。拉美各国开始出现新的中产阶级，此中福音派教会功不可没。[70] 它还促成了一些保守政党的改造。[71] 福音派信徒一反常态，开始加入右翼政党，让人大跌眼镜；那些政党历史上一贯压迫穷人，但在同性恋权利、堕胎和妇女作用等社会问题上的保守态度与福音派一致。奇怪的是，在这些传统陈腐的文化教条上，天主教会也无法提出异议。

巴西 1/4 的人口生活在赤贫之中，[72] 福音派牧师却可以乘坐价值 4 500 万美元的私人喷气式飞机从一个城镇飞往另一个城镇。[73] 但是，这种巨大的经济差距如今似乎成了对人民的激励。巴西数十万生活困苦的失业人员拥进福音派教堂，去学习如何在信仰指引下步入财富乐园。有些人怀疑巴西传教士埃迪尔·马塞多（Edir Macedo）洗钱诈骗，他拥有一家大报、好几家音乐公司、一家新闻电视台，还有价值约 10 亿美元的家产。他批评起梵蒂冈来毫不留情，祝贺他那些曾经是天主教徒的追随者抛弃了禁锢他们的心态。他向他们保证，他们也能像他一样有钱，只要他们效法信徒中的榜样人物。信徒们的确这样做了。一个阳光明媚的早晨，住在纳塔尔的桑德拉·阿布达拉（Sandra Abdalla）的门铃响了，她打开门，发现是两个申请来她家做土木活的人。[74] 他们开门见山，说自己为人清白、敬畏上帝，是埃迪尔·马塞多的神国普世教会（Universal Church of the Kingdom of God）的成员。他们不喝酒、不偷窃、不乱来，夫人可以放心，他们每天早上 7 点钟都会准时到她家门口，而且，他们和同他们竞争揽活的天主教徒不同，夫人完全可以相信他们不会碰她家的威士忌、银器，更不会沾她的女儿。

其他不那么一门心思赚钱的福音传教士选择的道路比较低

调。天主教神父不愿意去的地方难不倒他们，他们深入位于白雪封顶的安第斯山高处的拉坎顿丛林，不是匆匆路过，给村民们传一次教就一走了之。他们和村民同吃、同住、同劳动，从一条河里汲水，在一条沟里给自己的孩子洗澡。他们不把五旬节派叫宗教，而是称其为“道”。他们没有教堂，只有简陋的木屋。一个寒冷刺骨的黎明，莱昂诺尔·冈萨雷斯离开她在拉林科纳达明澈冰峰上的小屋去筛拣矿渣时，看见附近一座小屋的门上钉着一块简陋的牌子。她问女儿塞娜上面写的是什么，塞娜告诉她那是一份邀请，上面说：“进来吧，朋友。我们在留下足印。我们是神召会（Assemblies of God）。”那座小屋和莱昂诺尔的一样，是石头建的。

上帝之怒般的打击

> 生活中有些打击如此沉重……我不知道！上帝之怒般的打击，好似所有过去遭遇的痛苦一拥而上将灵魂吞没……我不知道！
>
> ——塞萨尔·巴列霍，《黑色的使者》[75]

哈维尔·阿尔沃受到解放神父激情的感染，也明白他们以激进姿态提出的挑战。像他这样在拉丁美洲工作的神父绝大多数是西班牙来的，他和他们许多人一样，在虔诚的天主教徒中间长大，那些人在变化无常的西班牙内战中跟随天主教会支持佛朗哥大元帅。现在他们转向左倾也是人之常情，是对自己当初行为的矫枉。

那时他们站错了队，支持了致使近50万人死于非命的一方。[76] 当哈维尔和同伴们思考了历史，研究了对美洲的征服后，看到尽管天主教会力图表现出不干涉政治的样子，事实却并非如此，他们的立场就更加坚定了。教会从来都与剑和王权关系密切。自从它的神父踏足拉丁美洲那一刻起，天主教就是统治者的宗教，是遥远的国王、暴君、独裁者和掌权者的宗教。它建起了强有力的机构，受到了信任、服从和尊重。但是，它并没有照顾矿工、劳工和砌砖工人这些被迫害、被蔑视的穷苦人。天主教会怎么如此严重地背离了基督树立的榜样？

哈维尔来到这里时还是个脸颊细嫩的17岁男孩；当他环顾四周，意识到自己生活和工作的这片大陆一直暴力频仍的时候，他已年过半百。他一直梦想能够融入这片新的土地，学习并弄懂深嵌于更广泛的美洲身份特质中的瓜拉尼文化、艾马拉文化、盖丘亚文化和非洲-拉美文化。实现这个梦想需要勇气和苦干。在南美度过的半个世纪期间，他看到了为穷人争取权益会给自己带来什么后果。和他一样的神父有被处决的，有被偷袭的，有遭到报复性杀害的。他曾在他们残缺的尸体前祈祷，也曾冒险深入最偏僻的丛林去见解放神父和他们背着枪的同志。他从来不想做过激的事，但他可以理解这样的态度。也许这是因为他修习人类学，所受的训练使他能够从别人的角度看问题，不妄加评判。当然，他从未试图逃避拉丁美洲的严酷现实，但尽管他充满好奇，尽管他希望深入了解自己视为家园的这片土地，他毕竟没有遇到过最坏的情况。剑没有砍到他的头上。

比森特·卡尼亚斯（Vicente Cañas）就没这么幸运了。他是哈维尔的朋友，也是耶稣会修士。他全身心沉浸到巴西和巴拉圭的原住民文化之中，甚至脱去了僧袍，在脸上打了佩戴各种饰物的孔洞，加入了厄纳沃内–纳韦（Enawenê-Nawê）部落。[77]卡尼亚斯不遗余力地保护部落的土地不被矿业公司和大牧场主抢走，因而成了巴拉圭残酷的独裁者阿尔弗雷多·斯特罗斯纳的眼中钉。斯特罗斯纳轻蔑地称他为“那个愚蠢的小神父”，[78]认为他专门碍事，是个刺儿头、害群之马，是这个贪赃枉法的混乱宇宙中的一粒微尘。因为帮助瓜拉尼人，卡尼亚斯被逐出巴拉圭，在巴西的一座小木屋里安下身来。他的住处在厄纳沃内–纳韦部落下游，划独木舟过去大约 6 个小时。他在小木屋里组织敬神活动，经常去看望厄纳沃内–纳韦人，帮助他们种植庄稼，击退来犯者，照顾病人。一个晴朗的早上，人们发现卡尼亚斯膛开肚破的尸体躺在小屋旁边泥地上的血泊里，头颅被打碎，生殖器被割掉，屋里仅有的几件东西都被捣毁。巴西的法官想把这桩罪案弄个水落石出，办案警察却被急于扩张土地的富有农场主买通，带着卡尼亚斯被打碎的头颅这件初步证物潜逃了。没有任何人为此受到问责。最后，卡尼亚斯的头颅在米纳斯吉拉斯一个偏远的汽车站被发现，装在一个盒子里丢在那里。

若昂·博斯科·布尔涅（João Bosco Burnier）是又一个受害者。这位耶稣会同侪在一个出产钻石的矿山小镇工作。他看到一群野猪围着两名原住民妇女要把她俩撕成碎片，急忙上前救人，却遭到手枪柄击打，然后脖子被近距离射入一颗入身变形的达姆弹。[79]那两名妇女是被一群无聊的士兵捆住的，士兵们引逗那群野猪去将她俩活活开膛，这桩惨剧被若昂修士打断了。两名妇女得救了，但若昂修士丧了命。20多年后，军方才承认，其实那两个妇女是诱饵，他们的目标根本就是这个爱管闲事的神父。

整个半球都是如此情形。积极投身社会活动的传教士不断受到军方、外国公司、富有的庄园主和凶狠霸道的独裁者的打击。他们比较保守的弟兄则像自古以来的那样，向城市和特权中心集中，在那里平平安安地在声名卓著的中小学和大学里工作，照顾富有的和在社会中有上升机会的会众。每隔一阵，总有些神父不愿意循规蹈矩，他们就会踏入危险的领域。

上帝之道

> 他们的文化有别于西方文化，他们有自己的信仰，这一点应当得到承认，这是他们的天赋权利。
>
> ——**萨穆埃尔·鲁伊斯主教，在恰帕斯**[80]

墨西哥恰帕斯有一位英勇无畏的主教萨穆埃尔·鲁伊斯（Samuel Ruíz），他为穷人伸张正义的努力最终发展为一场全面起义，即1994年的萨帕塔起义。事情起因是天主教会派传道员去向拉坎顿丛林里迅速增加的人口传授基本教义。[81] 1950年前，拉坎顿人烟稀少，后来，政府鼓励拥有土地的人关闭农庄，改建牧场，结果，数十万在恰帕斯的田地里劳动的劳工全部遭到解雇。这些人唯一的出路似乎就是到森林里去。就这样，被赶出自己家园的愤怒的原住民潮水般涌入丛林，传道员和革命者则紧随其后。

鲁伊斯主教对原住民的困境深感同情，要亲自指引这些刚刚失去家园的人。他决心保护他们不受剥削，为此专设了一类新的宗教人员，称为 tuhuneles，即平信徒身份的教会执事。这样的人超过 8 000 之众。[82] 他们和传道员不同，不但可以讲道，还能主持洗礼、圣餐礼和婚礼等仪式。这个新职位满足了原住民数世纪以来的渴望，即自己选举领导人，自己推选神父，自己发展宗教。[83] 鲁伊斯和神父同侪把这种更加有力的传教方式称为“上帝之道”（the Word of God）。最后，鲁伊斯实际上在恰帕斯建起了一个帝国，带枪的激进分子（brigadista）也被吸引了过来，他们和执事一起把养蜂人和咖啡种植农组织起来，提高他们的政治觉悟，为他们争取人权。后来，鲁伊斯的朋友奥斯卡・罗梅罗主教在萨尔瓦多被枪杀，20 世纪 80 年代期间，军队实施的恐怖暴力在尼加拉瓜、洪都拉斯、萨尔瓦多和危地马拉（以及整个拉丁美洲）各地肆虐，恰帕斯的各个村庄也开始害怕恐怖活动会蔓延到它们这里。天主教会的执事到处寻找更强大的支持者和保护者，最后找到了一个更激进的团体——民族解放阵线（Frente de Liberación Nacional，缩写 FLN）。这个团体 1983 年避入拉坎顿丛林，改名为萨帕塔民族解放军（Zapatista Army of National Liberation，缩写 EZLN），准备向墨西哥政府发动全面战争。成了恰帕斯受压迫人民的先知、神父和国王的鲁伊斯主教[84] 就这样见到了副司令马科斯（Subcomandante Marcos）。

那次会面并不愉快。副司令马科斯自称是恐怖分子兼游击战士，他戴着黑色滑雪面罩，口衔烟斗，是个很有魅力的人物。对于他在拉坎顿的部队，他的指挥方法好像罗宾汉在舍伍德森林里那样随心所欲、毫无章法。1968 年，政府在墨西哥城对学生实施了血腥的特拉特洛尔科屠杀，350 人惨遭杀害，此事使马科斯极为愤怒，走向了极端。[85] 几年后，他潜入丛林，和民族解放阵线的残部会合，组建起一支让墨西哥当局头疼了 20 年的军队。马科斯受过古巴游击队的训练，是切·格瓦拉的狂热信徒。[86] 他犀利、暴烈、直来直去，与面容和蔼、轻声细语、眼神温和的鲁伊斯主教恰好相反。

不过，马科斯和鲁伊斯在许多问题上意见一致。他俩都相信他们新发动的农民运动是回归本源，[87] 是对西班牙征服所造成的破坏的反抗，是墨西哥最古老的原住民历史的复兴。[88] 他们知道，如果反抗压迫是他们的目标，那么他们的斗争本质上就是政治斗争；而政治分裂迟早会带来暴力。他们也同意马克思主义的观点，认为第三世界的落后是直接由第一世界的贪得无厌造成的。富国的投资在中南美洲唤起了巨大的希望，也的确带来了断断续续的进步，但外国投资产生的主要结果是奴役，受奴役最深的永远是地位较低的阶级，是深肤色种族，是穷人。

上述是马科斯和鲁伊斯意见一致的地方。但是，鲁伊斯主教相信，他的“上帝之道”（从马克思主义角度对福音的解读），他那些平信徒执事和传道员，这些人本身就是一支救赎力量，一支解放军。副司令马科斯却坚决不同意。虽然马科斯撰写的文章带有明显的《圣经》论调，痛斥原住民的嫖娼、酗酒、大男子主义、家庭暴力等堕落行为，[89] 虽然萨帕塔民族解放军的所有成员都起了《圣经》里的名字，[90] 如摩西（Moisés）、约书亚（Josué）、大卫（David）、但以理（Daniel），但是，马科斯不信上帝。他身背半自动步枪，头戴标志性的包头护耳、长及肩部的巴拉克拉瓦头罩，叼着烟斗催马在绿色的森林里穿行时，经常对随行的人说：“上帝和他的‘道’一文不值。”[91]

最终，马科斯与鲁伊斯主教划清了界限。“这里不会有‘上帝之道’，”他对拉坎顿丛林中的人们宣布，“这里不会有共和国政府，这里只有萨帕塔民族解放军。”[92]他不知道，鲁伊斯主教已经越了界。为推行“上帝之道”，鲁伊斯成立了一个叫作“根”（在泽尔塔尔玛雅语中是 slōp）的激进组织，这个秘密团体的任务是为恰帕斯人民与共和国突击部队可能发生的武装冲突做准备。[93]它本来是用于自卫的预备队，但当副司令马科斯带兵远至拉坎顿最遥远的角落，为萨帕塔民族解放军招募恐怖分子的时候，这支农民武装的核心力量恰好在那里跃跃欲试，他们在主教的传道员手下已经接受过训练。鲁伊斯主教摇头叹息：“这些人（萨帕塔民族解放军）到来时，马的鞍子已经配好，正好方便他们骑。”[94]天主教会播下了种子，墨西哥人民现在要收获苦果。萨帕塔起义在 1994 年元旦猛烈爆发，使 150 多人命丧黄泉。3 年后，和谈开始，杀戮却并未停止。[95]持枪人员常常会冲进教堂，一通扫射把全体会众悉数打死。4 万政府军开到天堂般美丽的拉坎顿森林平叛。[96]印第安人不惜卖掉牲畜来买武器。经过连续数周的流血屠杀，鲁伊斯主教悲伤地说：“事实是，对原住民来说，除了拿起枪没有别的出路。”[97]

鲁伊斯因自己在这场血腥起义中的角色而四面受敌。梵蒂冈试图堵住他的嘴，政敌试图暗杀他，墨西哥政府则发起了一场无所不用其极的运动来抹黑他。[98]被敌人称为“红色主教”[99]的鲁伊斯成了一个象征，代表着解放神学家在拉丁美洲此起彼伏的危机中发挥的具有争议性的作用。从 20 世纪 60 年代起，到进入 21

世纪后很久，从秘鲁的“光辉道路”开展的匪夷所思的自我种族灭绝，到巴西对国内左翼叛军的残酷报复，再到危地马拉对近25万本国国民有计划的清洗，[100]天主教会都被视为站在叛乱者一边，挑唆温柔的人，让他们以为自己可以承受地土。动乱的冲击过后几十年，余波依然在整个半球激荡。的确，与2006年以来墨西哥的事态发展相比，当年的恰帕斯叛乱简直成了小儿科。毒品战争造成死人无数，使萨帕塔民族解放军相形见绌，过去10年中，已经有20多万墨西哥人死于非法毒品贸易。[101]新教传教士在格兰德河以南吸引到如此众多的信徒是有理由的，因为对天主教的神父和修女来说，墨西哥已成为拉丁美洲最危险的国家。[102]举行天主教礼拜活动时，毒枭会专程到场，他们随身携带并分发《圣经》，把他们的暴力行为说成是“上天的正义”或主的旨意。[103]有时，神父会碍他们的事。

凑巧的是，20世纪90年代末的恰帕斯和谈期间，哈维尔·阿尔沃刚好来拜访鲁伊斯。[104]他来到主教那座明黄色的灰泥教堂，称赞主教为原住民所做的一切，但温和地谈到了他自己的非暴力思想。这不是他们第一次见面，鲁伊斯对哈维尔这位耶稣会修士的印象是，这个玻利维亚来的人和自己一样，也把生命献给了这个日益破碎的新大陆中无权无势的大众。哈维尔环顾四周，浏览着墙上描绘各个历史阶段的图画。图画的内容尽管刺眼，却很熟悉，对过去500年间任何关心这个大陆的人都可以说是司空见惯。一条拦索后面是等待上帝宣判的印第安人。另一条拦索后面是支持印第安人的身穿白衣的国际和平团体。第三条拦索后面是拿着枪和手榴弹的军队和警察。

精神之所在

> “宗教”意味着有组织、有信条、有严格规矩的东西。对我们来说，它更多的是内心深处的东西。不是教派，不是建筑，不是《圣经》。
>
> **——戴维·肖克胡安卡，玻利维亚教区秘书长，2017年**[105]

500年前被毁灭文明的宗教如今已没有信徒。既然这样，评价拉丁美洲目前的宗教信仰状况时为何还要考虑它们呢？原因也许是那些宗教的圣火从未被彻底扑灭，它们的劫后残余一直影响着这片土地。

美洲的原住民人口在北美基本上被消灭，在拉丁美洲存留的程度不一。[106]原住民在阿根廷、智利、乌拉圭和巴西被大批屠杀，几乎灭绝，在其他国家却仍然活跃着，也许血统纯正的原住民已经不多了，但很多混血儿身上都有原住民血统。北美、非洲和印度殖民地的英国人和法国人很少同殖民地人民混血，西班牙人和葡萄牙人却和拉丁美洲的有色人种任意交合，导致大量的种族融合。一方面，种族多样性由此产生；另一方面，恶毒的制度化种族主义得到严格执行。西班牙刚刚控制住殖民地的局势，就开始实行不同种族间的严格隔离。[107]最顶层是西班牙人；紧随其后的是出生在美洲的白种西班牙人后裔；再下边是各种各样的混血儿，包括西班牙人与印第安人混血的梅斯蒂索人、黑人与印第安人混血的桑博人（sambo）、黑人与白人混血的穆拉托人（mulatto）、有1/4黑人血统的黑白混血儿夸德隆人（quadroon）、有1/8黑人血统的黑白混血儿奥克托隆人（octoroon）、白人和穆拉托人的后代摩里斯科人、梅斯蒂索人和印第安人的后代凯约蒂人（coyote）、凯约蒂人和印第安人的后代查米索人（chamiso）、混有黑、白、印第安血统的希瓦罗人（gíbaro）等等，每一种肤色都由天主教会一丝不苟地记录在官方的出生登记册中。众多种族身份中每一个都有具体的社会经济后果。如果一个新生儿看起来像印第安人，因此被记录为印第安人，那么他长大后就要向西班牙缴纳贡赋；如果他缴纳不起，就必须做苦工来抵债。一群群印第安人被锁链拴着带到遥远的地方为西班牙服劳役，妻离子散，受到非人的待遇。今天，印第安人在殖民时期遭受的苦难也许已成往事，但种族主义依然阴魂不散。

种族偏见根深蒂固，常常困扰着不清楚自己家族血统史的人。随着基因检测日益普及，自认为是“白人”的拉丁美洲人慢慢了解到自己可能只有部分白人血统，他们大多数人的祖先来自不同的种族。我本人就是例子。我从小就听大人说，我们家是百分之百的西班牙血统，虽然我的祖上500年前就来到了南美。后来，我通过基因检测了解到，我只有一半多一点的白人血统，此外我有棕色人种的血统，有黄种人的血统，也有黑种人的血统。我就像墨西哥哲学家何塞·巴斯孔塞洛斯（José Vasconcelos）说的，属于“宇宙族”（La raza cósmica）[108]。在拉丁美洲扎根较长的人大多数都是“宇宙族”。

这就使我们注意到拉丁美洲一个特有的现象：一些人明显看上去是原住民或非洲人后裔，却强行坚称自己不是。很多人觉得，说他们的祖先是有色人种是一种侮辱，我们大多数人身上的有色人种血统是“污点”（la mancha）。但正如墨西哥作家卡洛斯·富恩特斯（Carlos Fuentes）所言，“我们都是有污点的人”。[109]我们就是污点民族，或者如一个老笑话说的，我们拉丁美洲人像香蕉一样，终于现出了黑点。富恩特斯进一步阐述道：“我们没有一个人是纯种的，都是实际与理想、崇高与荒谬的结合，都是由欲望和想象所组成的，正如我们身体里的血液和骨头。我们每个人都有基督徒的部分、犹太人的部分、摩尔人的部分、白种人的部分、黑种人的部分、印第安人的部分，而我们不必牺牲这些组成部分中的任何一个。只有当我们明白了这些，我们才能真正懂得西班牙带来的辉煌和它对人民的奴役。”[110]

这种与生俱来、根深蒂固的种族主义有时会以奇怪的方式出现。在最近的“原住民主义”（indigenismo）大潮来袭之前，安第斯地区的印第安人极少提及自己的种族。玻利维亚印第安人自称为乡民（campesino）；[111]秘鲁印第安人自称为山民（serrano）；委内瑞拉的黑人自称莫雷诺人（moreno），这个词的字面意思是“摩尔人”，但也有棕褐色或古铜色的意思，比如，“红糖的颜色”就是“azucar morena”。另外，人们对任何哪怕有一点点种族特征的人都有专门的（并不总是友善的）绰号，例如，吊眼梢的叫中国人（chino），有原住民特征的叫乔罗人，皮肤颜色深的叫桑博人，浅色头发的叫古韦罗人（guero）*。在拉丁美洲做人口普查时，确定一个人所属的种族难于上青天。[112]某人的外貌特征可能与他的基因组成并不一样，结果他可能根本不属于他自以为的民族。日本

* guero 是西班牙语 guerrero（战士）的变体，最初在美西战争（1898 年）期间，西班牙和墨西哥士兵用该绰号指代美国士兵。——编者注

人经常被误称为中国人（秘鲁前总统就被称为“中国人”阿尔韦托·藤森[113]），阿拉伯人被叫作土耳其人（世界最富有的人之一、墨西哥亿万富翁卡洛斯·萨利姆被称为“土耳其人”[114]）。这种情况比比皆是。奇怪的是，在绝大多数人都讲瓜拉尼语的巴拉圭，[115]如果把身旁经过的一个人称为瓜拉尼人，他很可能会感到错愕。瓜拉尼人在这个曾经完全属于他们的国家中只占人口的很小一部分，只有2%。[116]然而，90%的巴拉圭人都讲瓜拉尼语。[117]

这对精神信仰有什么影响呢？对自认为是天主教徒的80%的人口来说，[118]拉美地区的宗教信仰和种族一样，是个大杂烩。即使在白人占绝对多数的城市地区，宗教信仰的方式也并不遵从正统，而是一种混合体。拉丁美洲的基督教，无论是天主教还是福音派，都掺有迷信、驱魔、献祭仪式、治疗仪式、暗黑力量、伏都教、自然崇拜和超自然的内容。[119]这方面最丰富的记录见于拉美文学，你能读到天主教徒一边对圣母马利亚虔诚祈祷，一边又寻求灵媒帮助和亡魂交流，或者请巫师祓除邪祟。在加夫列尔·加西亚·马尔克斯的小说中，在奥克塔维奥·帕斯（Octavio Paz）的诗歌中，都能看到拉美人精神生活多种多样的组成部分。早在哥伦布到来之前，这个动荡骚乱的半球的宗教就一直在改动、变化，为新来的神腾地方。哈维尔·阿尔沃被授圣职后准备开始在南美的工作时，耶稣会总会长说：“在这里，如果你不横跨多个宗教，你就不是真正信教；如果你不秉持普世主义*，你就当不了真正的天主教徒。”[120]换言之，在一个动荡不安的地方，信仰要想生

* 普世主义：起源于20世纪新教神学界的一种主张全世界各基督教团体联合组成一个合一教会的理念。——编者注

存下去，就必须灵活权变。前哥伦布时期的印第安人明白这一点。虽然自古以来，在科尔特斯或皮萨罗或哥伦布到来很久以前，拉丁美洲人民就相信有一种更高的力量，就渴望能够超越今生今世，但在这块变幻莫测的土地上，也一直存在着求变的冲动。[121]

作为第一位来自拉丁美洲的教皇，方济各一世可以说是锐意求变。他就任时，他的家乡既是天主教最大的希望，也是天主教最深的创痛。2018 年方济各访问拉美时，小心地避而不谈把天主教会弄得焦头烂额的性丑闻，[122] 但他对极大伤害了拉丁美洲人民的腐败、贪婪和暴力毫不客气。他在对利马的人群发表讲话时说："政治陷入了危机，在拉丁美洲陷入了严重危机……弊病丛生，情况不妙。"[123] 他对巴西的奥迪布里切特丑闻表示痛心，这桩历史上最大的外国贿赂案涉案金额高达数十亿美元，牵涉到从加勒比到南锥体十几个国家的总统和政客，是腐败的毒瘤。[124]"秘鲁出了什么问题？"方济各叱责道，"当完总统就进监狱？"[125]

教皇显然决心要把自己家乡的事理顺。几年前，他做了一件 500 年来他的历届前任都从未做过的惊人之事：他为教会对拉丁美洲印第安人权利的严重侵犯道了歉。在玻利维亚，他对着包括总统埃沃·莫拉莱斯在内的一屋子原住民做了那次里程碑式的演讲。他直言不讳地做出了沉痛的道歉，坦言教会"以上帝的名义对美洲原住民犯下了许多深重罪孽"。[126] 由艾马拉人、盖丘亚人和瓜拉尼人组成的听众明白这句简单的话承载了多么重大的意义，狂喜地跳了起来。一贯谦虚的教皇不肯接受众人的欢呼，说其实他的话并无新意，毕竟首先做出道歉的是教皇约翰·保罗二世，他为天主教会“未能遵守福音书……特别是在第二个千年期间”深表歉意。[127]但毫无疑问，方济各的话确有新意。当时在场的哈维尔·阿尔沃看到教皇如此深刻、坦率地承认教会的过错，深受触动。然而，教皇并未到此为止，而是继续道歉，不仅代表罗马，也代表西班牙、葡萄牙、英国、法国等所有自封的美洲征服者道歉。“我谦卑地请求饶恕，”他说，“不仅为了教会本身的罪过，也为了在所谓的征服美洲过程中对原住民犯下的罪行。”[128]

纠正不可纠正之错

> 如果有人问我信不信 kharisiri（专害印第安人的白色食尸鬼），我会说，不，我不信，但我十分尊重那些信 kharisiri 的人。
>
> ——**哈维尔·阿尔沃，2017 年**[129]

哈维尔在他所热爱的玻利维亚备受尊敬。这位精力充沛的 85 岁老人全心全意地为广大穷苦人民的需要和愿望服务，人称 tata tapukillu 或 el cura preguntón，意思是有问不完的问题，怀着友善的好奇，温和地不断探究的神父。[130]他头戴安第斯传统的针织小帽（ch’ullo），身穿御寒的旧羊驼毛衣，走遍拉帕斯的大街小巷，时常停下来和水果小贩用艾马拉语聊天，或者用盖丘亚语和一群学童交谈。与他的人民不断交流就是他每日的功课，就像时时举行的礼拜仪式，就像行走的玫瑰经。

如果他来到新大陆是为了学习而不是传道，那么他已经实现了目标。他和巴托洛梅·德·拉斯卡萨斯或贝尔纳迪诺·德·萨哈贡这些著名的前辈神父一样，是声名卓著的原住民研究学者。2017年，他因为做出了巨大贡献，被授予玻利维亚的最高荣誉——安第斯雄鹰勋章。他就原住民问题向历届总统提供咨询意见；他为交战部落调停促和；他和新教传教士并肩工作；他成立了基金会、图书馆和学校来教育印第安人，让他们了解外面的世界和他们在世界中所占据的值得自豪的地位。对于玻利维亚的第一位原住民总统埃沃·莫拉莱斯而言，他既是顾问，也是批评者。当过砌砖工也种过古柯树的莫拉莱斯2005年当选总统后，哈维尔欣喜地为之庆祝，但后来也激烈地批评他蜕变为顽固的暴君。

爱开玩笑的哈维尔说，和他在一起的耶稣会修士是“来到这个山间据点的最可怕的部落”。[131] 他是带着骄傲与遗憾混合的复杂感情说出这番话的；他为他的修会尽力纠正历史上的错误而骄傲，也为他的教会太多次与暴君同流合污而遗憾。他代表拉丁美洲参加过和罗马教廷主教们的激烈讨论，也在破败的小村庄里简陋的听证会上用盖丘亚语做过证。他认为，一名牧师在与数千年来照看着这块土地的人民沟通时使用西班牙语这一征服者的语言是荒谬的。

阿尔沃代表着大变局之中的拉丁美洲教会。当然，他主要关心的不是教义，而是他的会众长期以来遭受的精神折磨。如果将他的传教工作比作行医（同样是个微妙的、难以拿捏的行业），可以说他看到了病人的症状，正在寻找治疗的方法。他把一生中60多个春秋奉献给了拉丁美洲，他很清楚，靠三言两语很难解释他做的事情。不过最终，他将其表达为一句朴素的话：“我不想征服灵魂。我不想当谁的主人。我在这里是为了陪伴。”[132]仅此而已。

哈维尔一生中见证了各种自封的救赎者来来去去。菲德尔·卡斯特罗、曼努埃尔·诺列加*、埃沃·莫拉莱斯、胡安·庇隆、阿尔韦托·藤森、胡戈·查韦斯这些领导人对人民许下无数承诺，履行了其中一些，但久久占据权位不肯放手。他看着民主选举的总统变为实际上的独裁者，似乎与历史上的暴君并无二致。自从哥伦布拿到了巴拿马的珍珠，科尔特斯劫持了蒙特祖马的财富，皮萨罗要求用金银填满几个房间以来，这个地区出现的这种暴君数不胜数。哈维尔·阿尔沃告诉我，他认为真正的宝藏是三个支柱。如同一张桌子需要三条腿支撑，一个稳定的社会也需要经济正义、社会平等和教育机会这三个支柱的平衡发展；[133]也可以说，它们代表着“不得偷窃、不得撒谎、不得懒惰”这三条往昔文明的基本原则。他说：“这无关乎宗教。”[134]然而，它们完全体现了最基本的认知、基督教的诫命、人类能够达成共识的约束性契约。这是关乎精神的问题。

“我不注重祈祷，”他这样对我说，“至少不注重那种仪式化、义务性的祈祷。我不是那种神父。我在乎的是内心更深刻的东西。”[135]他说到这里停下来，看我是否明白他指的是他几天前告诉过我的，担任玻利维亚教区秘书长的艾马拉人戴维·肖克胡安卡曾对他说的话。那位秘书长解释说，玻利维亚宪法里没有宗教这个词，因为信仰不是具体可见的，也无法僵硬地理解。“对我

* 曼努埃尔·诺列加（Manuel Noriega），1983 年—1989 年为巴拿马国防军总司令，掌握巴拿马军政大权；1989 年美军入侵巴拿马，将其抓捕到美国判罪。——译者注

们来说，它更多的是内心深处的东西。不是教派，不是建筑，不是《圣经》。”[136]

难怪哈维尔·阿尔沃始终对天主教会的各种仪式兴趣不大。难怪他坚决不碰政治。他离开西班牙内战的战场，却又赶上了玻利维亚革命，对党派效忠深存戒心。我结束了在拉帕斯最后一次对他的采访，离开他那简朴的房间，那时的他好像比我们初次见面时矮小了一点，似乎被我无穷无尽的问题、我的好奇、我的打扰累坏了。但是他的眼睛闪着光。

“有一个形象我怎么也忘不了，”他在我收拾笔记本时说，“那是久远的历史小片段，但也许你能从中看出我是怎么思考事情的。”[137] 他脑海中的那个形象是1717年离开西班牙去巴拉圭加入耶稣会传教团的一位年轻的巴斯克神父胡利安·德·利萨尔迪（Julian de Lizardi）。利萨尔迪被派往无人去过的内地，去向奇里瓜诺人（Chiriguano）传教。那个部落属于瓜拉尼人，很不友好，激烈抵抗基督教的传播。他到达后不久的一天，正在一所简陋的小教堂里主持弥撒的时候，脸上涂满战斗油彩的奇里瓜诺人对教堂发起了攻击。他们抓住他，剥掉他的衣服，把赤身裸体的他带到一块巨石上面捆住，然后打烂了祭坛，烧毁了教堂，杀光了附近所有的人。几周后，这位耶稣会修士被人发现绑在那块高大的白石头上，尸体被长矛刺过，被棍棒打过，被万箭穿过。

我当时的眼神里想必透出了疑问。

“我告诉你这个，是因为你会理解我为什么不能奔走呼吁给这个人封圣。”他说。[138] 印着利萨尔迪肖像的祷告卡片上有这样一行字：“死于野蛮人的残酷暗杀。”[139]

“野蛮人！瓜拉尼人！就是我一直在努力帮助的人。”哈维尔摆摆手，“所以你看，传教这事非常复杂。以上帝之名做的事可能被解读为战争行为。”[140]

尾　声

本性如此

紧张是跨代（可遗传）的，亲代的紧张会影响后代患上创伤后应激障碍的风险。

——《生物心理学》，2015 年 9 月[1]

胡安·加夫列尔·巴斯克斯（Juan Gabriel Vásquez）是拉丁美洲最著名的小说家之一，他的作品淋漓尽致地描写了哥伦比亚世世代代那令人心碎的血流成河的情景。他讲到了进入 21 世纪不久后，他的双胞胎女儿在波哥大出生的那一刻。[2] 当时，屠杀和流血未曾稍歇，毒品、群体骚乱和恐怖活动构成的巨大风暴致使数万人丧命。产科医生把两个新生儿交到这位年轻父亲的臂弯里时，忽然认出他是那位仔细记录哥伦比亚的暴力所造成的创痛的小说家兼记者。那位医生力邀巴斯克斯去他家，说有重要的东西给他看。几个小时后，巴斯克斯穿过波哥大这个位于安第斯高原的首都城市那陡峭蜿蜒的街道，去看那人到底急着让他看什么东西。敲开门后，主人很快把他带进一个房间，交给他一个密封的小玻璃罐，里面装满浑浊的黄色液体，散发出刺鼻的化学品味道。他立刻意识到，罐里泡的是几块人的脊椎骨。

那位医生像刚才抱着巴斯克斯的两个新生儿一样温柔地将小罐放在巴斯克斯手中，解释说，这几块脊椎骨曾属于近60年前在波哥大被暗杀的总统候选人豪尔赫·盖坦。暗杀事件引爆了所谓“暴力时期”的疯狂杀戮。这几块骨头从一位医生传到另一位医生手中，最后不知怎么到了这位产科医生家的抽屉里。

不过，骨头只是故事的一小部分。1948年4月9日，盖坦遇刺后，民众连续10个小时大肆打砸，向总统府投掷石头，在城里焚烧汽车和房屋，结果引来政府的残酷回应，把波哥大毁得遍地瓦砾。随着盖坦遇刺的消息传遍全国，不出几个小时，暴力就迅速蔓延开来，麦德林、布卡拉曼加（Bucaramanga）和伊瓦格（Ibagué）相继发生打砸和屠杀。接下来的10年间，哥伦比亚人民为盖坦之死展开了复仇。民众的怒火引发了内战，导致了军事镇压，催生了愤怒的游击队和民兵，为毒枭起家创造了条件；毒品卡特尔及其成员遍布全国，直到进入21世纪后都牢牢控制着哥伦比亚。超过500万哥伦比亚人被赶出家园，4.5万儿童被杀。

巴斯克斯把装着盖坦脊椎骨的罐子捧在手里，这双手数小时前刚刚抱过他两个女儿扭来扭去的小小身体。现在他手里拿的是引爆叛乱、招致恐怖时期的一件谋杀案的遗物。20世纪40年代“暴力时期”开始时，他的父亲还是个婴儿，巴斯克斯自己于1973年出生时，暴力加速蔓延，直到三代人之后的今天仍如火如荼，连他的孩子也摆脱不了暴力的阴影。突然间，巴斯克斯心中出现了一个问题：暴力的冲动、对暴力的忧惧、暴力的不可避免，这一切是否已经编入了他的国家的基因？这是可遗传的特征吗？野蛮暴力是否已深深印在人民内心，成了被普遍接受的常态、一种生活方式？暴力是否一代传一代，刻在了几小时前刚刚进入这个世界的那两个小女孩的颞叶、神经节和心脏里面？

跨代表观遗传学是一门新科学，许多细节模糊不清，未经证实，远未获得科学界的明确肯定和接受。目前我们知道，孕妇若遭遇创伤，会导致胎儿细胞的化学变化。但整整一代人的DNA是否会因他们的父母和祖父母经历的恐怖和虐待而留下印记，那就是另一回事了。然而，拉丁美洲人不需要科学证明就已经相信了这一点。在拉美的许多文化中，人们普遍认为，诅咒可以一代传一代；这显然与天主教背景并不冲突。近至我父亲那一代，人们还相信祖先的罪孽可能会导致胎儿长尾巴。目击过暴行的女人一定会生出严重畸形的孩子，宝宝一出生就要承受祖辈遭到的诅咒。你可以说这是迷信、错误的宗教教育或者神秘思维，但它在拉丁美洲许多地方非常流行。不管科学能否有朝一日确定暴力、恐惧或怯懦会通过基因密码编入人类的DNA螺旋，人们几百年来就是这样认为的。

也许这就是为什么我们容易相信神话、夸张的政治许诺和彻头彻尾的谎言。[3]也许这就是为什么我们看待历史总是带有一丝无助和无奈。过去100年里，拉丁美洲取得了巨大的进步，经济发展了，生活改善了，贫困在逐渐消除，初生的中产阶级正在壮大。然而，我们仍然心有余悸，害怕这些脆弱的成就一夜间土崩瓦解。这种事经常发生。突发的叛乱、外国的干预、顽固的暴君、猛烈的地震都可能导致纸牌屋的坍塌。2018年，秘鲁的贫困率16年来首次出现上升，[4]数十万秘鲁人再次滑入绝望的赤贫当中，大家几乎发出异口同声的叹息：我们凭什么觉得秘鲁不会这样呢？一个国家的总统被弹劾，马上会引发即将发生政变的谣言；[5]另一个国家上台了一位极右翼总统，同样的谣言也不胫而走。这些可不是单纯的谣言，而是根植于历史的恐惧，是带有昔日深深烙印的焦虑。

20 世纪 30 年代，阿根廷的富足在世界上排名第五，人均收入与法国相当，汽车数量多于英国；[6]这样一个国家为什么永远摆脱不了腐败、停滞和混乱？委内瑞拉拥有地球上已探明的最大石油储量，[7]有潜力成为南美洲最富的国家；这样一个国家为什么现在连饭都吃不饱？数百万人彻底失望，开始了一场空前大逃亡，一边逃离自己的国家，一边摇头纳闷到底出了什么毛病。但是，比较有头脑的人，不管是穷是富，早已知道了答案。毛病还是老毛病，那就是独裁者、掠夺、看似不可克服的贫困、腐败、效率低下。这是我们的本性。

委内瑞拉的著名知识分子卡洛斯·兰赫尔（Carlos Rangel）说过，墨西哥与阿根廷之间 1 万千米的距离是地理上的，不是精神上的。[8]美洲西语区在历史与特征上有足够的共性，可以统而论之。兰赫尔对卡斯特罗的共产党和皮诺切特的法西斯同样鄙视，他说，拉丁美洲的底层民众陷入了镇压和反抗的无尽循环，不是甘心做高贵的野蛮人，就是拿起武器闹革命。[9]捍卫穷人利益的人把拉丁美洲的一切弊端都怪到外国掠夺者头上，认为我们之所以贫穷，是因为富国剥削我们，因为它们抢走了我们的财富，使我们沦为强大无比的第一世界的仆从。为富人说话的都是阶级制度与现状的捍卫者，他们一般都支持独裁领袖、铁拳镇压、军方、天主教会，甚至外国干预，以确保富人守住权力，现状得以维持。拉丁美洲的富裕阶级希望政府强硬。兰赫尔认为，我们无论属于哪个阶级，都害怕自己生来注定会被另一个阶级所害。我们假设自己最终必然成为对方——无论是穷人还是富人——的怒火所向，成为历史积怨、制度缺失和我们劣根性的受害者。我们相信，拉丁美洲的失败是我们骨子里带来的，一代传一代。否则，莱昂诺尔·冈萨雷斯及无数的拉丁美洲人为什么仍在砸石头，仍在背水，仍在过着和我们几百年前的祖先一样的生活？

制度缺失的证据比比皆是。不错，我们热爱家人、维护传统，我们热情待人、心灵手巧，我们面对逆境勇敢无畏，但是，拉丁美洲的问题实在是堆积如山。如果用尸体数量来衡量，我们是地球上杀人最多的地方。钟摆永远在街头暴力和政府镇压之间摇摆，我们对剑已经见怪不怪。以往的半个世纪中，这种可怕的麻木不仁最明显的表现是许多拉美国家[10]的叛乱发展为恐怖主义，恐怖主义又变成“毒品经济”[11]，普遍的混乱失序导致种族灭绝式的军事镇压。数十年间，从索诺拉沙漠到秘鲁高原，军队为了强力平叛而急剧增员；一旦平叛结束，大批兵员退役，拥入城市乡村，为毒品贸易提供了现成的武装力量。[12]就这样，一代人的百夫长成了下一代人的罪犯。哥伦比亚士兵在同“哥武”的战斗中冲锋陷阵，复员后却被引诱加入麦德林城外森林中的毒品贸易。同样，曾与“光辉道路”作战的秘鲁士兵最后却为瓦亚加河谷的可卡因毒枭扛枪打仗。在这些国家中，许多准军事团体的成员最后都成了贩毒团伙的打手。卡洛斯·布埃尔戈斯就是一个例子，这个年轻的古巴人曾经在安哥拉为共产主义而战，后来却在华盛顿特区靠贩毒为生。

一位经济学家说过，非法毒品是拉丁美洲的新白银，[13]其产地也正是历史上向世界各地输送贵金属的地方，如哥伦比亚、秘鲁、玻利维亚、墨西哥、巴西。500年间，从拉丁美洲大地深处挖出的黄金白银被运往他处；同样，50年来，在这片土地上收获、加工的可卡因和海洛因也被运往各地。我们难以确知隐蔽的毒品市场到底多大，但我们知道，其中涉及不折不扣的毒品行动部队，[14]而在毒品产量巨大的国家，毒品几乎触及所有国民的生活。[15]毒品美元洗白后，流经建筑公司、服务业、旅游业、银行、餐饮业、政治组织，甚至教会，改变了经济的根本性质。自20世纪90年代起，非法可卡因生产形成了庞大的经济网络，涉及人员数以几十万计，从古柯种植农到走私贩子，再到康复顾问。毒品是几千亿美元的生意，[16]它的生产销售成了世界历史上最值钱的商品链。[17]

虽然毒品贸易得来的钱一般都用于资助犯罪团伙、卖淫和贩卖人口这些见不得光的活动，但是，包括圣地亚哥和墨西哥城在内的一些拉美城市今天的繁荣可能就是毒品资金源源不断的涌入促成的。[18]事实上，黑市的发达能使整个国家受益。某些国家把非法毒品贸易当成了生命线，依托石油、可卡因收入和强大军力这个魔鬼三角，蜕变为一个毒品-黑手党国家。[19]所以，拉丁美洲的毒品钱似乎无处不在——我们经常会亲手接触到。科学家报告说，90%的美元纸币都带有可卡因的痕迹。[20]

我的母亲是北美人，我因为2 300万瘾君子（其中近一半是美国公民）[21]沦为源源而来的白色“银子”的奴隶而愤慨。我的父亲是南美人，我对于美欧市场对非法毒品永无餍足的需求把拉丁美洲经济与犯罪集团和拉美以外的毒瘾紧紧绑在一起感到痛心。对于今天这种局面的形成，很多方面都有责任。

海洛因、大麻和可卡因的贸易不只给拉美地区带来了兴旺发达的地下市场，还是暴力的一大成因。毒品战成了拉丁美洲的死神，造成的伤亡甚于恐怖主义活动。世界上任何其他处于和平状态的地区都不像拉美那么暴力猖獗。自从 2006 年以来，墨西哥政府在美国支持下开展的镇压非法毒品的行动造成了超过 25 万墨西哥人的死亡。[22] 杀戮成为家常便饭，2011 年头 9 个月，与毒品相关的暴力造成 1.3 万人丧生，新闻却几乎没有报道。[23] 墨西哥的失踪人数接近 4 万。[24] 在米却肯（Michoacán）的一家舞厅，挤满了人的舞池里忽然被扔下 5 个人头，说是为了“上天的正义”；跳舞的人群惊恐地四散奔逃，但没有人感到特别意外。[25]

哥伦比亚也是一样。毒品战打了几代人的时间，其间被打死的人数在比例上与墨西哥相当，确切来说是 22 万。[26] 几乎 800 万人流离失所。[27] 成千上万的儿童被绑架入伙。[28] 哥伦比亚和平进程于 2016 年开始后，凶杀率剧减了 1/3；[29] 即使如此，哥伦比亚迄今依然是世界上国内难民最多的国家，叙利亚、刚果、索马里、也门或伊拉克都要屈居其后。同样，委内瑞拉的暴力愈演愈烈，社会严重失能，迫使数百万难民越过边境去别国寻求安全。[30] 此类情况数不胜数。据联合国统计，巴西一年内与毒品有关的死亡人数堪比叙利亚内战的死亡人数。[31] 秘鲁是当今最大的古柯叶来源，也是可卡因生产大国；毒品团伙造成的街头暴力司空见惯。世界上 50 个暴力最严重的城市中，43 个在拉丁美洲；[32] 非法毒品肯定是其中一个主要成因。

白银让西班牙精英拥有了巨大财富，却给美洲原住民带来了无可言状的痛苦；同样，非法毒品使极少数人腰缠万贯，却给绝大多数人带来了暴力的灾难。历史在无尽地重演，而这个地区最严重的痼疾——极端不平等——则起了推波助澜的作用。拉丁美洲之所以是地球上最不平等的地区，正因为对它的殖民活动从未停止；殖民者包括探险者、征服者、传教士，过去的两个世纪中则是拉丁美洲自己的一小撮精英阶层。经济学家一直认为，拉丁美洲依靠采掘业的社会就是建立在社会不正义的基础之上的。[33]设计并维持了这种社会的统治阶级以牟取暴利和保住权力为首要目标。高高在上的绝对特权阶层统治着处于绝对贫困的下层百姓，这种情况最符合他们的利益。但是，只依靠采掘业的国家注定会失败。对自然资源无休止的掠夺留下的破坏（也可以说是银造成的破坏）绵延不断，有暴力、怨恨、贫困、环境破坏，还有犯罪。按照玻利瓦尔的说法，留下的是一个无法治理的美洲，革命都白费了力气。

地球上没有几个地方的暴力和拉丁美洲的一样严重，也没有几个地方和它一样腐败。民调显示，绝大多数拉美人认为他们的政府五毒俱全。[34]最该一身正气的安全部门恰恰是腐败最猖獗的地方。在拉丁美洲，警察和军队经常被政客收买，不是为法律服务，而是成为当权者的工具。[35]就在拉丁美洲的独裁者肆意改写宪法，去除对他们权力的制衡的同时，警察头子和军队将领随心所欲地压迫人民，不受任何约束。2015 年，曾是游击队领导人的萨尔瓦多副总统批准了警察署长建议的政策，允许警察杀死帮派成员，“不必担心承受后果”。[36]在洪都拉斯，一位缉毒总管在调查政府与可卡因卡特尔的勾结时发现，国家警察直接向毒枭报告，替毒枭杀人。他的调查挖得太深，结果被立即解职。“我们烂到根了，”这位被解职的缉毒总管说，“我们处在深渊边缘……你写完报告交给上司，然后了解到你报告的那些罪行就是他犯的。”[37]两周后，他死了。

在腐败文化中起了很大作用的是殖民主义最忠实的帮凶——天主教会。方济各教皇听说奥迪布里切特贿赂案揭发出来的系统性普遍贪污后，明确表示了极大的愤慨。奥迪布里切特案是发生在巴西的一场规模巨大的贿赂行动，给南半球各国的政客提供了总计数亿美元的回扣，是历史上最大的外国贿赂案。[38]教皇说，拉丁美洲的政治陷入了危机。[39]陷入了严重危机！弊病丛生，情况不妙！他说得没错。不过，这个地区的人都知道，腐败是年深日久的痼疾。自从哥伦布在伊斯帕尼奥拉岛竖起十字架以后，腐败就无处不在；可敬的教皇悲叹连连，但其实天主教会就是腐败的基础。

教会甘愿与国王合作，对有色人种出售“血统净化证明书”，该证明对上学、进入政府部门，甚至结婚都有帮助；[40]殖民地人民从这样一个教会那里会学到什么呢？教会要求他们的祖先缴纳贡赋，缴不起就罚做苦工；信徒从这样一个机构那里会学到什么呢？天主教的枢机主教和主教站在科尔特斯、皮萨罗、庇隆或佛朗哥这样的强人一边为暴君服务，例如，智利的枢机主教劳尔·席尔瓦·恩里克斯（Raul Silva Henríquez）就曾为皮诺切特将军效劳，为他发动的致命政变“正名”；[41]信徒从这样一个宗教那里会学到什么呢？听到神父吹嘘教堂接到了走私犯捐款，钱箱里装满了不义之财，[42] 信徒会学到什么呢？看到像奥斯卡·罗梅罗主教这样拒绝对暴君屈服的神父在光天化日之下遭到枪杀，信徒又会学到什么呢？天主教会为拉丁美洲做了不少好事，但它是个巨大的矛盾体。它经常以两张面孔出现，一张是捍卫穷人利益的面孔，另一张是为显贵说话的面孔。从它的历史表现来看，它没有完成它最基本的任务，那就是传播一个真正人道、守法、平等的社会始终应遵循的美德。耶稣会修士哈维尔·阿尔沃说得好，美洲早在基督教到来之前就已经有了这些美德。[43] 在被殖民者毁灭的文明中，这些美德被写进了法律，那就是：不得偷窃，不得撒谎，不得懒惰。

莱昂诺尔·冈萨雷斯无法离开拉林科纳达散发着臭味的垃圾堆去山下定居。一位美国纪录片制片人给她带来了好运，作为拍摄她家生活的交换条件，制片人安排让她的孩子受教育，可是她总也适应不了别处的生活。[44] 她离开了非法金矿赤裸裸的暴力和有毒化学品，住到了胡利亚卡这个离普诺50千米的繁忙的空港城市。可是，在这里，她在别人眼中只是个穿着宽大裙子的不识字的乡巴佬，是身无长技的外人。她的孩子们上了学，很快适应了机场后面贫民窟中那座两个房间的水泥屋，但莱昂诺尔不久就回到金矿，又开始了跪在地上在岩石堆中寻宝的生活。每逢星期四，她都把代表着她丈夫的那个小石块放在围裙口袋里，登上一辆摇摇晃晃的汽车，沿着泥土路上山；6个小时的车程把人的骨头都快颠散了。星期一，她下山回家，给孩子们做饭，督促他们学习，给他们准备好够一周穿的干净衣服。她的小女儿塞娜已经从耐斯托尔·卡塞雷斯安第斯大学（Universidad Andina Nestor Cáceres）毕业。大女儿玛丽露丝尚未完全从爱人自杀的打击中恢复过来；她的爱人是拉林科纳达的一个年轻矿工，酗酒无度，在矿道里上吊身亡，留下她和一个刚出生不久的孩子。玛丽露丝仍在上学，希望以后做药剂师。莱昂诺尔最大的孩子霍恩在最终造成他们父亲死亡的那次矿难中多处受伤，至今没有痊愈，眼睛、脑部和肺部都受了损害，可是他仍然在一家安装光缆的公司每周工作54小时。最小的孩子亨利是个快乐的16岁男孩，本来到了去阿纳尼亚山满是氰化钾的矿坑里劳动的年纪，但他现在是他那所简陋的学校里分数最高的学生。

向北数千千米处住着卡洛斯·布埃尔戈斯，谁也不知道他到底住在哪里，应该是在佛罗里达州和路易斯安那州之间的某地；他也是生活的边缘人。从城市到郊区，哪里有工作他就去哪里。他做过看门人、餐馆杂工、洗车工、送信人，靠着自己的机灵在街头谋生。现在他已年过60，头上的枪伤和腹部的刀伤这些旧疾仍不时发作，很难再到街上去混。他得到的安慰都是来自陌生人的善意，那些人大多是希望忘却过去的年纪较大的妇女。他的前妻是委内瑞拉人，身体圆胖，性情干脆，眼里揉不下沙子。他们结婚前，卡洛斯和一位名叫海伦的50来岁的金发女子同居，他俩是在华盛顿特区一家酒吧的舞场上相遇的。后来，卡洛斯因贩卖可卡因被判处15年徒刑，服刑期间，他体弱多病的6岁儿子夭亡，妻子也和他离了婚。刑满出狱后，他重拾故技，去曼波舞场寻找岁数大的单身女子，用一点柔情换取栖身之地。运气好的时候，他能过上几个月的舒服日子；有些美国女人特别喜欢他那种顽童似的机灵样子和浓重的古巴口音。但是，随着年纪越来越大，他累了，有着一长串犯罪记录的他好像再也折腾不动了。戴德县他原来常去的地方或新奥尔良乱哄哄的单身酒吧都不见了他的身影。根据记载着他所犯下的小偷小摸、偶尔的贩毒行为以及与警察的冲突的法院记录，他从来没有在一个地方久住过。[45]法院记录中“可能的雇主”一栏中明确写着：未发现。他最后接触的毒贩老大自称为“上帝”。

哈维尔·阿尔沃神父将自己生命中67年的时间献给了印第安人的文化和福祉，这位重精神归属不重血统分类的神父说自己是印第安人，是艾马拉人，也是盖丘亚人；他可以确定地说自己不再是加泰罗尼亚人，甚至不再是西班牙人，而是玻利维亚人。他见证了玻利维亚的重生，也看到这个国家经历的地狱般的痛苦变化。哈维尔满怀希望地为埃沃·莫拉莱斯这位玻利维亚第一位原住民总统的当选而积极奔走，却最终希望破灭。贫穷古柯农出身的莫拉莱斯重蹈了许多拉丁美洲国家民选总统的覆辙，变成了腰包饱满、专横跋扈、冥顽不化的独裁者。他利用民主来破坏民主。[46]哈维尔对此直言不讳。对梦想，对失败，他都实话实说。但是，他就像一位父亲，无论孩子犯了什么错，都依旧爱自己的孩子。他不愿意放弃对未来的希望。拉丁美洲终究会获得救赎，缺少的只是更好的法院、更好的学校、更好的领导人。哈维尔已年过八旬，却仍然不知疲倦地努力推动他一贯笃信的事业，即攸关拉丁美洲救赎的三位一体：正义、平等、教育。这听起来简单，做起来却无比困难。

莱昂诺尔、卡洛斯和哈维尔三人永远不会相遇，但他们的故事紧密交织，正如银、剑、石的历史在这片苦难而又充满希望的土地上齐头并进。当然，关于拉丁美洲，还有别的更让人开心的叙事。但是，这三人的故事映射出了拉丁美洲的真实现状，故事日后的结局将决定拉丁美洲的未来走向，他们的故事无疑也是对这片大陆的过去的概括。

拉丁美洲遭到征服，成为我们今天所知的大陆之前，资源、暴力和宗教早已是这里的重要力量。前哥伦布时代，这里的人民就经常遭到肆意掠夺、残酷虐待，还被强迫接受外来信仰。但是，哥伦布坚称他发现的是亚洲，说这块土地富饶多金，人民温和驯顺，易于奴役欺骗。[47]这是关于美洲的众多谎言中的第一条。其实，他发现的不是亚洲，这里并非遍地黄金，人民也不温顺易骗。原住民最终的确沦为了奴隶，男人去做苦工，女人成为性奴，但是他们的新主人从未真正明白他们是什么样的人。没有人真正理解美洲原住民，没有人想到他们最终会声索自己与生俱来的权利。他们被送进矿井，赶到田里；他们的生命力被榨干，文化被消灭。用来压制他们的暴力给他们造成了伤口，用来安抚他们的信仰变成了疗伤的药膏。最后，他们被收服、被混血、被洗脑，在智利、阿根廷、乌拉圭、巴拉圭这些南锥体国家则是被全部消灭。而谎言仍在继续。就算是才华横溢的奥威尔，也不可能想象出一个比拉丁美洲更超现实、更令人精神错乱的世界。欧洲为拉丁美洲编造了无数的神话，也从拉丁美洲获取了最大的利益。它确立了这样的观念：拉美的文化并不重要，欧洲人比拉美人高级，天生要统治他们，给他们带来进步。后来，北美进一步扩大了这个观念。拉丁美洲人对所有这些照单全收。

詹姆斯·鲍德温*曾写到，美洲历史比我们对它的任何叙述都

---

* 詹姆斯·鲍德温（James Baldwin，1924 年—1987 年），美国著名黑人作家和社会活动家，著有《向苍天呼吁》《乔瓦尼的房间》《另一个国家》《下一次将是烈火》等。——编者注

更漫长、更丰富、更多样、更美丽，也更可怕。[48]此言绝对适用于美国以南的美洲。过去的记叙使我们习惯于用入侵者的眼光，从征服者的角度看历史。一位研究前哥伦布时期文化的著名历史学家说过，我们以为拉丁美洲的历史始于西班牙征服者，是西班牙的故事。[49]拉丁美洲其余的故事则散布在历史的迷雾中，被扫到历史的边缘无人问津。我们通常认为，拉丁美洲这片土地是哥伦布与泰诺人的故事，是科尔特斯与阿兹特克人的故事，是皮萨罗与印加人的故事，是卡韦萨·德·巴卡与瓜拉尼人的故事，是西班牙与它的殖民地的故事，是本土独裁者与被他们杀害的可怜人的故事，是罗马天主教会与异教徒的故事，是宏大的世界经济与沉睡地底引人垂涎的矿脉的故事。就连本书也只能采用胜者与败者并置对照的叙事框架。

然而，能够揭示历史更深刻、更持久一面的恰恰是“与”字之后的那一方，是上述每一对当中的后者。泰诺人、阿兹特克人、印加人、瓜拉尼人、殖民地、异教徒、受害者和地底沉睡的矿脉诉说着更深层次的故事。这些组成部分无论遭到什么样的践踏，都依然刻印在这个地区的心灵深处。时光无法倒流，我们过往的行动塑造的世界无法打碎重来。但是，除非我们明白历史中的那些“与”，弄懂被我们的集体失忆抹去的历史幽灵，否则就不要指望能理解这个地区的现状，也永远不会懂得拉美人民的性格特征。直面现实，我们可以看到拉丁美洲叙事的核心是不胜枚举的邪恶不公。除非拉丁美洲弄明白这些邪恶不公如何塑造了它的人民，在人民心中埋下了怨毒，阻滞了人民的发展，否则它的未来仍然摆脱不了银、剑、石的三重烙印。

致　谢

我起意写作此书，是因为和已故的玛丽亚·伊莎贝尔·阿拉纳·西斯内罗斯（María Isabel Arana Cisneros）的一次长谈。她是我的姑妈和教母，每次和她谈话，她那闪光的智慧和广博的学问都能促使我超越狭隘的眼界，深入思考事物的形成原因。我俩坐在利马她家舒适的起居室里，聊着北美革命与南美革命的不同，这个话题是我写的《玻利瓦尔：美洲解放者》（*Bolivar: American Liberator*）一书引起的。谈话中我提到了1804年到1898年之间拉丁美洲独立战争的一系列特点，这些特点成就了拉丁美洲独立战争在历史上的独特性。我的查巴姑妈从眼镜上缘看着我说："嗯，说得倒是不错，玛丽丝，但是，如果你真想把我们解释清楚，你可以定这样一个目标：找出到底是什么使得拉丁美洲人与世界上的其他人如此不同，那样你会弄明白许多情况。"

难就难在找出来"到底"是什么。我不禁想起伟大的阿根廷小说家埃内斯托·萨巴托（Ernesto Sabato）写的令人深思的一段话，他说，历史是由谬误、似是而非的论点和忘却组成的。这使人想到特别擅长云山雾罩地讲故事的沃尔特·雷利爵士。他被判处在伦敦塔中终身监禁后，决定动笔写一部英国史。传说他刚开始写头几章的时候，一天正在奋笔疾书，下面街上忽然传来巨大的呐喊声，因为有人企图刺杀国王，引发了暴乱。他在伦敦塔高层的狭小囚室里听到的各种消息乱七八糟、相互矛盾，气得他放弃了写书的计划，抱怨说他连发生在窗外的事情都弄不清，怎么还能写历史呢。

我遇到的情形就是这样。由于之前历史的种种歪曲，更不用说拉美国家情况的起伏多变，撰写拉美历史实在是困难重重。动荡是这片变幻不定的大陆的常态。窗外发生着这么多事情，撰写确凿无误的历史是不可能的。我姑妈要我弄明白情况，但这如同西西弗斯推石头上山一样徒劳。我试图找出“到底是什么”使拉丁美洲人变成今天这个样子，可每写到一章都恨不得搁笔放弃。所以我要声明：这不是历史书，虽然我为了写它查阅的资料汗牛充栋；这也不是新闻作品，虽然我追踪笔下每一个人物的生活都如同饥饿的猎犬一样毫不放松。这本书恰似拉丁美洲的一切，是混血，是杂种，它有好几个父亲。

我非常幸运，认识许多历史学家、记者和知识分子，并与他们合作过。他们有的还活着，有的已经去世；他们的著作使我受益匪浅。本书中的任何错误都与他们无关，我的不足不应有损于他们的卓越。例如，我从现已去世的伟大的哥伦比亚历史学家赫尔曼·阿西涅加斯（Germán Arciniegas）的著作中获益匪浅。我年轻时在纽约做编辑，曾帮助把他极具创意的著作翻译成英文，他叙述拉丁美洲动荡不稳的历史时那幽默的笔调总是令我忍俊不禁。我也从朋友那里学到了很多。我杰出的同胞马里奥·巴尔加斯·略萨的小说和纪实作品洞幽烛微，深刻揭示了拉美地区的特性。我经常和乌拉圭的爱德华多·加莱亚诺竟夕长谈，讨论此前 1 000 年的古老历史。对拉丁美洲文明有着深刻了解的著名英国历史学家约翰·亨明对我毫无保留，倾囊以授，他的帮助对我的写作不可或缺。无所畏惧的美国探险家洛伦·麦金太尔（Loren MacIntyre）临终前还打电话要求我一定把地形信息弄准确。墨西哥的智者卡洛斯·富恩特斯和恩里克·克劳泽（Enrique Krauze）冷静地直面墨西哥光辉而又混乱的历史，给了我很大的教益。

本书写作过程中，给了我教益的还有许许多多其他人：胡利娅·阿尔瓦雷斯、塞西莉亚·阿尔韦亚尔、何塞·阿莫尔–巴斯克斯、伊丽莎白·本森、帕特丽夏·塞佩达·桑德拉·西斯内罗斯·劳伦斯·克莱顿、阿列尔·多尔夫曼、罗纳德·爱德华、古斯塔沃·戈里蒂、阿尔玛·吉列尔莫普里托、约翰·W. 海斯勒、列奥纳多·洛佩斯·卢汉、哈维尔·利萨萨武鲁、科林·麦克尤万、阿尔韦托·曼格尔、塞娜·奥乔乔克、马克·J. 普洛特金、埃琳娜·波尼亚托夫斯基卡、豪尔赫·拉莫斯、劳拉·雷斯特雷波、蒂娜·罗森堡、玛利亚·罗斯特沃罗夫斯基、伊兰·斯塔万斯、理查德·韦伯。我对他们感激不尽。还有一些人我或许不认识，但我在参考文献表中列举了他们的著作，他们也对本书影响颇深。

另外一些人对这部历史与新闻报道的奇怪混合著作做出了具体贡献。我非常感谢已故的詹姆斯·H. 比林顿，他是国会图书馆馆长，也是杰出的老师。2013 年，他欢迎我来到国会图书馆，请我坐在他身旁，成为那个伟大机构的一分子。我也深深感谢曾任国会图书馆约翰·W. 克卢格中心主任的珍妮·麦考利夫，她请我离开办公桌，担任了一年南方国家文化部的主管，使我有机会细细品味丰富的拉丁美洲和西班牙文化藏品。克卢格中心已经赞助我写了两本历史书。我感谢乔治敦大学的埃里克·兰格，多年前他不经意地建议我了解一下玻利维亚一位年长的耶稣会教士的工作，说他的生活似乎是对过去的独特反映。那位教士就是哈维尔·阿尔沃，他的故事构成了本书的核心。我同样要感谢拍摄大型纪录片《女孩崛起》的纪录片团队中的理查德·罗宾斯和凯斯·弗里德·詹宁斯，他们让我登上安第斯山脉一座刺破青天的5 500米高峰，写下拉林科纳达金矿中一个14岁女孩的故事。我在那里遇到了莱昂诺尔·冈萨雷斯，她的生活与她500年前居住在那座山上的祖先几无二致。我也感激我的朋友克拉拉，她允许我使用我发表在《华盛顿邮报》上关于她的古巴丈夫卡洛斯·布埃尔戈斯的报道，并让我把全部情况写进本书中。

本书能够完成，全靠我亲爱的朋友和我深为信任的经纪人阿曼达·乌尔万。文学圈子里所有由她代理的人都叫她宾琪，都知道她是最好的。她是勇猛的战士，有着一颗金子般的心。有她的帮助真是我的幸运。随着原来的一个模糊想法发展为一项巨大工程，两年的时间拖成5年，我在西蒙舒斯特出版社的编辑鲍勃·本德尔表现出了无比的耐心。鲍勃是我的理想读者，他坚定、严格，对作者充分负责。我感谢他和他可靠的助手约翰娜·李，也感谢认真的文字编辑菲尔·巴舍斯、才华横溢的设计师卡尔利·洛曼和杰姬·苏奥，还有负责营销的不知疲倦的茱莉亚·普罗瑟。我要特别感谢我的出版方西蒙舒斯特的总裁乔纳森·卡普给我的鼓励与支持。

若是没有无数亲朋好友的支持，这一切都是无法做到的。我的孩子拉洛·沃尔什和亚当·沃德在他们各自家里厨房的桌边陪着我，听我喋喋不休地述说以写作为生的喜悦和郁闷；我的继子吉姆·亚德利和我在伦敦他那座舒适的房子里随意闲聊，无休止地讨论该给此书定个什么标题；另一个继子比尔·亚德利帮我在写作中避开了至少一个坑；我的父母豪尔赫和玛丽虽然早已去世，但仍然活在我心中，他们若还在，一定会就此书的亮点和舛误争论到半夜；我的弟弟妹妹乔治和维基·阿拉纳是我忠实的同伴，陪着我走遍拉丁美洲，努力确认事件的细节；我的邻居唐和贝蒂·霍金斯把完成文字编辑的终稿小心地从利马带到华盛顿特区，然后寄到纽约；最后，不能不提我那无可替代的已故的查巴姑妈，她一定会从眼镜上缘看向我，问我上面那些话是否出自真心。

然而，最大的感谢要献给我的丈夫乔纳森·亚德利。他一直坚定支持我，是他在20年前劝我离开编辑办公桌开始写书。是他拍拍我的背鼓励我，允许我自己面壁发呆。是他包下了做饭、购物、遛狗、给猫剪毛、付账单等一干杂事，让我只管忙我的，然后在每天结束的时候微笑着递给我一杯鸡尾酒。要我说，这才真叫厘得清头绪。

注　释

第一章

1. 通常认为这句话是 19 世纪曾在秘鲁生活和教学的意大利科学家安东尼奥·雷蒙迪（Antonio Raimondi）所言，但这一点从未得到证实。尽管如此，这句谚语在南美洲流传已久，尽人皆知。秘鲁矿业工程师学会（IIMP）甚至曾竭力反驳这句谚语；事实上，其负责人声称："秘鲁不是坐在金板凳上的乞丐。在我们国家，矿业是经济的主要推动力，占到国民生产总值的 12% 和出口总额的 60%。"这恰恰能说明问题。几乎所有金子都流出了国门，而四分之一的秘鲁人生活在贫困之中。IIMP, accessed January 29, 2019, www.iimp.org.pe/actualidad/el-peru-no-es-un-mendigo-sentado-en-un-banco-de-oro; Reuters, "Peru Poverty Rate Rises for First Time in 16 Years: Government," April 24, 2018. 关于这句谚语参见：A. Alcocer Martínez, "Conjetura y postura frente al dicho 'El Perú es un mendigo sentado en un banco de oro," *Boletín de la Academia Peruana de la Lengua* [Bulletin of the Peruvian Academy of Language] 41 (2006): 45–58。
2. 所有关于莱昂诺尔·冈萨雷斯的信息都基于她在秘鲁接受的跟踪访谈：2012 年 2 月 17—22 日于拉林科纳达；2012 年 2 月 23 日于普蒂纳；2013 年 2 月 15—19 日于胡利亚卡；2014 年 2 月 19—24 日于胡利亚卡和普诺；2015 年 2 月 11—15 日；2016 年 2 月 20—24 日；2017 年 3 月 2—7 日；2019 年 1 月 31 日—2 月 5 日。从 2013 年起，我与这家人保持每周的非正式沟通，每年至少去一次胡利亚卡拜访他们。
3. Fray Bartolomé de las Casas, *A Short History of the Destruction of the Indies*, penultimate paragraph, Project Gutenberg, www.gutenberg.org/files/23466-h.html.
4. 她的原话是："*Su alma ahí en el rumi.*" *rumi* 是盖丘亚语中的"石头"一词。
5. Carmen Pérez-Maestro, "Armas de metal en el Perú prehispanico," Espacio, Tiempo y Forma, I, Prehistoria y Arquelogía, T-12, 1999, 321.
6. *USA Today*, July 17, 2018（巴西的贝伦、委内瑞拉的瓜亚纳城、墨西哥的维多利亚城、巴西的福塔莱萨、墨西哥的拉巴斯、墨西哥的蒂华纳、巴西的纳塔尔、墨西哥的阿卡普尔科、委内瑞拉的加拉加斯、墨西哥的洛斯卡沃斯）; World Atlas, October 5, 2018（委内瑞拉的加拉加斯、墨西哥的阿卡普尔科、洪都拉斯的圣佩德罗苏拉、洪都拉斯的中央区；墨西哥的维多利亚城、委内瑞拉的马图林、萨尔瓦多的圣萨尔瓦多；委内瑞拉的瓜亚纳城、委内瑞拉的瓦伦西亚、巴西的纳塔尔）。另见 David Luhnow, "Latin America Is the Murder Capital of the World," *Wall Street Journal*, September 20, 2018。
7. US Department of Homeland Security, Office of Immigration Statistics, *2013 Yearbook of Immigration Statistics*, August 2014, www.dhs.gov/sites/default/files/publications/ois_

yb_2013_0.pdf. Miriam Jordan, "More Migrants Are Crossing the Border This Year," *New York Times* online, March 5, 2019.

8. 帕查库特克（Pachacutec）或帕查库蒂（Pachacuti）的字面意思就是"翻转世界者"或"撼动大地者"。Mark Cartwright, "Pachacuti Inqa Yupanqui," Ancient History Encyclopedia, last modified July 18, 2016, www.ancient.eu/Pachacuti_Inca_Yupanqui.
9. Pew Research Center online, "The Global Catholic Population," last modified February 13, 2013, www.pewforum.org/2013/02/13/the-global-catholic-population; US Central Intelligence Agency online, "Religions," in *The World Factbook*, accessed January 29, 2019, www.cia.gov/library/publications/the-world-factbook/fields/2122.html.
10. Edward L. Cleary, *How Latin America Saved the Soul of the Catholic Church*, 3. See also Feline Freier, "Maduro's Immorality and the Role of the Church in Venezuela," Georgetown University Berkley Center for Religion, Peace & World Affairs online, last modified, June 15, 2018.
11. Eric Hobsbawm, *Viva la Revolución*, ed. Leslie Bethell (New York: Little, Brown, 2016). Credit also to Tony Wood's review of that book in the *Guardian* (UK edition), July 18, 2016.
12. 这就是人称"los ricos, los militares, y los curas"，即"银行家、将军和主教"的权力铁三角。委内瑞拉的乌戈·查韦斯总统曾称这种权力三角将严重削弱资本主义。他的思想要点见 *Socialismo del Siglo* XXI (Caracas, República Bolivariana de Venezuela: Ministerio del Poder Popular, 2007), 5。

第一部分

1. Antonio Dominguez Hidalgo, *Mitos, Fabulas, y Leyendas del Antiguo México* (México, DF: Editorial Umbral, 1987), 215.

第二章

1. Pablo Neruda, "The Heights of Machu Picchu," from *Canto General*, trans. Jack Schmitt, in *The Poetry of Pablo Neruda*, ed. Ilan Stavans (New York: Farrar, Straus and Giroux, 2003), 207.
2. Felipe Guaman Poma de Ayala, *El Primer nueva corónica y buen gobierno*, ed. John Murra, Rolena Adorno, and Jorge Urioste, vol. 1, figs. 49–78; El Inca Garcilaso, *Royal Commentaries of Peru*（《印卡王室述评》）, 1:330; *Monografía de Bolivia* (La Paz: Biblioteca del Sesquicentenario de la República, 1975), 3:27.
3. 该地区环境遭破坏的证据见 W. H. Strosnider, F. Llanos, and R. W. Nairn, "A Legacy of Nearly 500 Years of Mining in Potosí, Bolivia"，该论文发表于美国采矿与复垦学会（American Society of Mining and Reclamation）2008 年全国会议，弗吉尼亚州里士满，www.asmr.us/Publications/Conference%20Proceedings/2008/1232-Strosnider-OK.pdf。另见 Nicholas A. Robins, *Mercury, Mining, and Empire: The Human and Ecological Cost of Colonial Silver Mining in the Andes*, 184–86。其中所述地貌与我的文章中描述的阿纳尼亚山的地貌非常相似，文章为"Dreaming of El Dorado," *Virginia Quarterly Review* online, last modified September 17, 2012, www.vqronline.org/essay/dreaming-el-dorado。
4. Tertius Chandler, *Four Thousand Years of Urban Growth: An Historical Census* (Lewiston,

NY: Edwin Mellen Press, 1987), 483, 529.

5. William Neuman, "For Miners, Increasing Risk on a Mountain at the Heart of Bolivia's Identity," *New York Times* online, September 16, 2014.
6. Kendall Brown, *A History of Mining in Latin America: From the Colonial Era to the Present*, digital version, loc. 328, 6%.
7. *Crónica franciscana de las provincias del Perú* (1651) (Washington, DC: American Academy of Franciscan History, 1957), 1:16; Pedro de Cieza de León, *Crónica del Perú*, 39.
8. Garcilaso, *Royal Commentaries*, 1:314.
9. Francisco de Xerez, quoted in Horatio H. Urteaga, *Biblioteca de Cultura Peruana: Los cronistas de la Conquista*, 55.
10. José de Acosta, *Historia Natural y Moral de las Indias*, vol. 4, ch. 4.
11. Garcilaso, *Royal Commentaries*, 1:314.
12. Guaman Poma, 1:93.
13. Charles C. Mann, *1491: New Revelations of the Americas Before Columbus*, 74.
14. Garcilaso, *Royal Commentaries*, 1:314.
15. Fray Diego de Ocaña, *Un viaje fascinante por la América Hispana del siglo 16*, 184; Teresa Gisbert, *Iconografía y mitos indígenas en el arte*, 19.
16. Bartolomé Arzáns de Orsúa y Vela, *Historia de la Villa Imperial de Potosí*, 3 vols. 1715. Repr., edited by Lewis Hanke and Gunnar Mendoza. Rhode Island: Brown University Press, 1965. 这份 18 世纪的手稿由天主教会于 1905 年自一位巴黎书商手中购得，是美洲征服史的史料收藏中最重要的物品之一。
17. Alexander von Humboldt, Ueber die geographischen und geognostischen Arbeiten des Herrn Pentland im sudlichen Peru: Hertha, Zeitschr. f. Erd-Volker-und Staatenkunde Ano 5, 1–29, Stuttgart, Ger., 1829. See also Georg Petersen, *Mining and Metallurgy in Ancient Peru*, 44.
18. Joanne Pillsbury, ed., *Guide to Documentary Sources for Andean Studies*, vol. 2, *1530–1900*, 506.
19. Garcilaso, *Los mejores comentarios reales*, ed. Domingo Miliani (Ayacucho, Peru: Biblioteca Ayacucho, 1992), 202. Also Herbert Guillaume, *The Amazon Provinces of Peru as a Field for European Emigration* (Southampton, UK: self-pub., 1894), 300–1.
20. Garcilaso, *Los mejores comentarios reales*, 202; Guillaume, *Amazon Provinces of Peru*, 300–1.
21. Guillaume, *Amazon Provinces of Peru*, 302.
22. Joseph B. Pentland, *Report on Bolivia, 1827*, 73–74; Petersen, 26.
23. Carlos Serrano Bravo, *Historia de la minería andina boliviana (Siglos 16–20)*. Paper published online, December 2004, www.congreso.gob.pe/sicr/cendocbib/con4_uibd.nsf/6EF6AA797C1749E905257EFF005C493F/$FILE/Historia_de_Miner%C3%ADa_Andina_Boliviana.pdf.
24. 对胡安・西斯托・奥乔乔克日常采矿活动的这段叙述来自前面提到的对莱昂诺尔・冈萨雷斯及其家人的访谈。
25. Nicholas Tripcevich and Kevin J. Vaughn, eds., *Mining and Quarrying in the Ancient Andes: Sociopolitical Economic, and Symbolic Dimensions*, 217.

26. Petersen, 44.
27. 这是根据对拉林科纳达其他矿工的访谈做出的估计，他们说从矿道入口处到矿道尽头有 250~300 米。
28. P. Gose, quoted in Tripcevich and Vaughn, 278.
29. Bernabé Cobo, *Historia del Nuevo mundo* 1:300; Acosta, vol. 4, ch. 4.
30. William H. Prescott, *History of the Conquest of Peru: With a Preliminary View of the Civilization of the Incas*, 56.
31. María Rostworowski, *Historia del Tawantinsuyu*, 25, 28; Ronald Wright, *Stolen Continents: The Americas Through Indian Eyes*, 30–33.
32. Wright, 33.
33. Rostworowski, *Historia del Tawantinsuyu*, 227. 以下有关印加文化的内容基本来自此参考文献提供的信息。
34. Prescott, *Conquest of Peru*, 218–19.
35. Garcilaso, *Royal Commentaries*, 3:192.
36. Cruz Martínez de la Torre, "El sudor del Sol y las lágrimas de la Luna: La metalurgia del oro y de la plata en el Antiguo Perú," Espacio, Tiempo y Forma, Serie VII, *Historia del Arte*, t.12, 1999, 11.
37. Fundación ICO, *Oro y la plata de las Indias en la época de los Austrias*, 33.
38. Wright, 72.
39. Ibid.
40. 印卡·加西拉索说大约有 700 英尺（约 213 米）长，那与两个足球场长度相当。*Royal Commentaries*, 3:192.
41. Heather Lechtman, "Cloth and Metal: The Culture of Technology," in *Andean Art at Dumbarton Oaks*, vol. 1, ed. Elizabeth Hill Boone (Washington, DC: Dumbarton Oaks), 1996, 33–43; Charles C. Mann, 94.
42. Miguel León Portilla, *De Teotihuacán a los aztecas: antología de fuentes e interpretaciones históricas*, (México, DF: UNAM, 1971)，另外，西班牙征服者撰写的许多史录中清楚地显示墨西哥和巴拿马的原住民知道在南方一些文化的领地内可以找到黄金。
43. Jose Pérez de Barradas, *Orfebrería prehispánica de Colombia*, 93–98, 339–41.
44. 根据其他叙述，部落首领（zipa）去世后，王子（psihipqua）在接掌权力前要举行涂抹金粉的仪式。此处是对这类叙述的添油加醋。Juan Rodríguez Freyle, *Conquista y Descubrimiento del Nuevo Reino de Granada* (Bogotá: Círculo de Lectores, 1985), 28–29.
45. *"No había entonces pecado. No había entonces enfermedad. No había dolor de huesos. No había fiebre por el oro."* Chilám Balám de Chumayel, quoted in *Miguel León-Portilla, El Reverso de la Conquista: Relaciones aztecas, mayas e incas*, 22.
46. León-Portilla, *Reverso de la Conquista*, 23.
47. Fray Diego Durán, *The Aztecs: The History of the Indies of New Spain*, trans. Doris Heyden and Fernando Horcasitas, 132.
48. León-Portilla, *Reverso de la Conquista*, 417.
49. Rostworowski, *Historia del Tawantinsuyu*, 28.
50. Wright, 32.
51. William H. Denevan, *The Population of the Americas in 1492* (Milwaukee: University of Wisconsin, 1992), 1; Wright, 4. 公正地说，这个数字有浮动，最高 1.12 亿，最低

1 000 万。

52. Wright, 11.
53. 1500 年，阿兹特克人口为 500 万；伦敦人口大约 5 万；英国总人口为 400 万。"Population of the British Isles," Tacitus.nu, accessed January 29, 2019, www.tacitus.nu/historical-atlas/population/british.htm; Boris Urlanis, *Rost naseleniya v Evrope* [Population growth in Europe] (Moscow: OGIZ-Gospolitizdam, 1941).
54. Charles C. Mann, 107.
55. "Inca People," *Encyclopædia Britannica* online, www.britannica.com/topic/Inca.
56. Gordon F. McEwan, in *After Collapse: The Regeneration of Complex Societies*, ed. Glenn Schwartz and John Nichols (Tucson: University of Arizona Press, 2010), 98.
57. George Folsom, intro., in Hernán Cortés, *The Despatches of Hernando Cortés* (New York: Wiley & Putnam, 1843), 35.
58. 阿兹特克语中代表"金"或"银"的词是 *teocuitlatl*，字面意思就是"诸神之粪"（Classical Nahuatl-English Dictionary, Glosbe, https://en.glosbe.com/nci/en/teocuitlatl）。
59. Hernán Cortés, "Segunda Carta," *Caretas de Relación*. See also *Hernán Cortés: Letters from Mexico*, trans. and ed. Anthony R. Pagden, 108.
60. 其中包括纳瓦特尔语、切梅惠维语（Chemehuevi）、派尤特语（Paiute）、奥哈姆语［O'odham，又称帕帕戈语（Papago）］、霍皮语、图巴图拉巴尔语（Tübatulabal）、科曼切语。参见 *Nahuatl: Nahuatl Dialects, Classical Nahuatl Grammar* (Memphis: General Books: 2010), 44; Germán Vázquez Chamorro, *Moctezuma*, 2006, 17。
61. 阿兹特克帝国面积约为 8 万平方英里（约 20.7 万平方千米）；英格兰是 50 346 平方英里（约 13 万平方千米）。World Atlas, accessed January 29, 2019, www.worldatlas.com.
62. Durán, 220.
63. Francisco Cervantes de Salazar, *Crónica de la Nueva España*, bk. 4, ch. 3, in cervantesvirtual.com. Also Durán, 220.
64. Vázquez, *Moctezuma*, 1987, 6–7.
65. 关于蒙特祖马的描写来自 Cortés, *Cartas de Relación*, or Bernal Díaz del Castillo, *Historia verdadera de la conquista de la Nueva España*, ch. 91; Cervantes de Salazar, *Crónica*, bk. 4, ch. 3; Bernal Díaz del Castillo, in Enrique de Vedia, *Historiadores primitivos de Indias*, 2:86。
66. Cervantes de Salazar, *Crónica*, 8.
67. Ibid., 3.
68. Vázquez, *Moctezuma*, 1987, 7; Durán, 178, 222.
69. *The Florentine Codex: General History of the Things of New Spain*, vol. 8, bk. 12, trans. Arthur J. O. Anderson and Charles E. Dibble, 13–26.
70. Vázquez, *Moctezuma*, 1987, 13.
71. Ibid., 14.
72. Ibid.
73. Cervantes de Salazar, *Crónica*, bk. 4, 18:356. 蒙特祖马一世统治期间，中美洲有腰缠万贯的富商，也有热闹活跃的黄金、白银和宝石市场。这些做法也许是从他们那里沿袭来的。
74. Enrique Canudas Sandoval, *Venas de la plata en la historia de México* 1:182.
75. Vázquez, *Moctezuma*, 1987, 14.

76. Durán, 222–23.
77. Ibid., 223; Vázquez, *Moctezuma*, 2006, 104.
78. Durán, 223; Vázquez, *Moctezuma*, 2006, 105.
79. Durán, 227; Vázquez, *Moctezuma*, 2006, 106.
80. Durán, 227–28; Vázquez, *Moctezuma*, 2006, 109–111.
81. Frances Berdan, *Aztec Archaeology and Ethnohistory* (New York: Cambridge University Press, 2014), 170.
82. *Florentine Codex*, vol. 8, bk. 12, 1–3. 此处值得一提的是，此抄本立场明显偏向特拉特洛尔科，反对特诺奇蒂特兰。
83. John Hemming, *Conquest of the Incas*, 29.
84. Gamboa, 177.
85. Agustin de Zárate, *Historia del descubrimiento y conquista del Perú*, vol. 1, ch. 14; Garcilaso, *Royal Commentaries*, vol. 1, bk. 9, ch. 1.
86. Rostworowski, *Historia del Tawantinsuyu*, 159.
87. Guaman Poma, 1:91.
88. Tripcevich and Vaughn, 255.
89. Pedro Sarmiento de Gamboa, *History of the Incas* (2007), 160.
90. Ibid., 152.
91. Raúl Porras Barrenechea, ed., “Oro y leyenda del Perú,” in *Indagaciones peruanos*, available at the National University of San Marcos Library System online, sisbib.unmsm.edu.pe/bibvirtual/libros/linguistica/legado_quechua/oro.htm.
92. Petersen, 49.
93. Rostworowski, *Historia del Tawantinsuyu*, 122.
94. 印卡·加西拉索告诉我们，这段路是专门为瓦伊纳·卡帕克平定基多的战役建造的。*Royal Commentaries*, 8:370.
95. Rostworowski, *Historia del Tawantinsuyu*, 123.
96. Garcilaso, *Royal Commentaries*, 8:314.
97. 胡安·德·圣克鲁斯·帕查库蒂·亚姆奇·萨尔卡梅瓦（Juan de Santa Cruz Pachacuti Yamqui Salcamayhua）说这样的士兵超过 100 万。Clements R. Markham, *Narratives of the Rites and Laws of the Yncas*, 109.
98. Garcilaso, *Royal Commentaries*, 8:315; Cobo, *Historia*, 1:157–59.
99. Cobo, *Historia*, 1:300; Antonio de Herrera y Tordesillas, *Historia de las Indias Occidentales*, 148.
100. Cobo, *Historia*, 1:159.
101. 出处同上。争斗可能持续了 17 年；参考现有的考古证据，见 Owen Jarus, “Ancient War Revealed in Discovery of Incan Fortresses,” LiveScience, last modified May 31, 2011。
102. José Echeverria Almeida, “Archeology of a Battle: The Lagoon of Yahuarcocha,” Revista Arqueología Ecuatoriana, last modified June 12, 2007, http://revistas.arqueo-ecuatoriana.ec/es/apachita/apachita-9/88-arqueologia-de-una-batalla-la-laguna-de-yahuarcocha.
103. Frederick A. Kirkpatrick, 134.
104. Cobo, *Historia*, 1:161.
105. Cieza de León, *Cronica del Perú*, 1:226.

106. Fray Buenaventura de Salinas y Cordova, *Memorial de las Historias del nuevo mundo: Pirú*, 58–59.
107. “*Kay quritachu mikhunki*?” Guaman Poma, 2:343.
108. Juan B. Lastres, *La Salud Pública y la Prevención de la Viruela en el Perú*, intro; Noble David Cook, *Born to Die: Disease and New World Conquest, 1492–1650* (Cambridge: Cambridge University Press, 1998), 13; Cook, *Demographic Collapse: Indian Peru, 1520–1620* (Cambridge, Cambridge University Press, 2004), 114, 116, 143–44, 252–54. 有些历史学家指出，关于天花蔓延的报告与科学家所知这种疾病的传播方式不符。例如：“收到的这篇叙述几乎所有内容都是虚假的，在流行病学上不可能，编史上靠不住，或逻辑上不可信。” Francis J. Brooks, “Revising the Conquest of Mexico: Smallpox, Sources, and Populations,” *Journal of Interdisciplinary History* 24, no. 1 (Summer 1993), 1–29.
109. James B. Kiracofe and John S. Marr, “Marching to Disaster: The Catastrophic Convergence of Inca Imperial Policy, Sand Flies, and El Niño in the 1524 Andean Epidemic,” paper, presented at the Inter-American Institute for Advanced Studies in Cultural History, Dumbarton Oaks Pre-Columbian Symposium, Washington, DC, February 14, 2003, published in *El Niño, Catastrophism, and Cultural Change in Ancient America*, ed. Daniel H. Sandweiss and Jeffrey Quilter (Cambridge, MA: Harvard University Press, 2009); Juan B. Lastres, *Las Neuro-bartonelosis*, 10–11.
110. Sarmiento de Gamboa, *History of the Incas*, 164.
111. 围绕瓦伊纳·卡帕克的确切病症仍有一定争议。然而，许多 16 世纪的记史者都说他得的是天花。最可靠的记史者中有一位是瓦伊纳·卡帕克侄女的丈夫胡安·德·贝坦索斯（Juan de Betanzos），他说这位印加王死于“一种疥疮和溃烂”（una sarna y lepra）。更晚近的历史学家和人类学家大都认为，15 世纪晚期征服者到来后，天花沿多条路线席卷了西半球。若想了解反对此种观点的有力论说，见 Robert McCaa, Aleta Nimlos, and Teodoro Hampe Martínez, “Why Blame Smallpox? The Death of the Inca Huayna Capac and the Demographic Destruction of Tawantinsuyu (Ancient Peru)” (paper, Minnesota Population Center, University of Minnesota, 2004), http://users.pop.umn.edu/~rmccaa/aha2004/why_blame_smallpox.pdf。提及秘鲁的疫病并（或）说它是天花的记史者数不胜数，以下是其中的几个：Cieza de León, *Crónica del Perú*, 1:199–200; Guaman Poma, 2:93; Marcos Jiménez de la Espada, ed., *Una Antigualla peruana*, 21; Lastres, *Historia de la Viruela*, 25; Pedro Pizarro, “Relación del descubrimiento y conquista de los reinos del Perú,” in *Biblioteca de autores españoles desde la formación del lenguaje hasta nuestros días: Crónicas del Perú* [秘鲁王国之发现与征服纪事], vol. 5 (Madrid: Ediciones Atlas, 1965), 181。
112. Sarmiento de Gamboa, *History of the Incas*, 165.
113. Cobo, *Historia*, 1:161; Lastres, *Historia de la viruela*, 21.
114. Cobo, *Historia*, 1:161.
115. Lastres, *Historia de la viruela*, 21.
116. Cobo, *Historia*, 1:161.
117. Guaman Poma, 2:379.
118. Rostworowski, *Historia del Tawantinsuyu*, 90.
119. 据印卡·加西拉索所说，把货物从库斯科运至波托西再返回需要 4 个月的时间，因为全靠人扛或羊驼驮。笔者的估算以此为据。*Royal Commentaries*, 8:370.

120. R. J. Rummel, *Death by Government* (New Brunswick, NJ: Transaction, 1994), 63.
121. Cobo, *Historia*, 1:162.
122. Garcilaso, *Royal Commentaries*, 8:350.
123. 如前所述，关于胡安·奥乔乔克的所有信息都来自在拉林科纳达、普蒂纳、胡利亚卡和普诺对他的妻子莱昂诺尔·冈萨雷斯以及他的孩子们塞娜、玛丽露丝、霍恩和亨利的访谈，还有 2014 年后同他们每周或每月一次的接触。
124. Mark Cartwright, "Inca Mummies," Ancient History Encyclopedia, last modified June 16, 2014.
125. W. H. Isbell, *Mummies and Mortuary Monuments* (Austin: University of Texas Press, 1997), 54–55.

第三章

1. In Quechua—*Kay quritachu mikhunki?* Guaman Poma, 2:342.
2. Antonio Miguel Bernal, *España, proyecto inacabado: Los Costes/beneficios del Imperio*, 274.
3. Carlos Fuentes, *The Buried Mirror*, 82.
4. Ibid.
5. 这是受了多明我会修士阿隆索·德·霍赫达（Alonso de Hojeda）的鼓动。他在伊莎贝拉 1478 年访问塞维利亚时向她进言，警告称异端邪说十分猖獗。Henry Kamen, 35; Joseph Pérez, *The Spanish Inquisition* (New Haven, CT: Yale University Press, 2004), 19.
6. Kamen, 17.
7. Ibid., 37.
8. Ibid., 255, 272.
9. Anna Foa, "Teresa's 'Marrano' Grandfather," *L'Osservatore Romano* (Vatican), March 2, 2015. 关于塞万提斯祖上是改宗犹太人这一点存在异议，但包括卡洛斯·富恩特斯在内的许多知识分子对此确信不疑。Fuentes, 173–74; William Byron, *Cervantes: A Biography* (Garden City, NY: Doubleday, 1978), 24–32.
10. Cristóbal Colón (Christopher Columbus), *Relaciones y cartas de Cristóbal Colón*, prologue, 24.
11. Bernal, 269.
12. Pope Pius II, to his father, Silvio, 1443, in *Reject Aeneas, Accept Pius: Selected Letters of Aeneas Sylvius Piccolomini*, ed. and trans. Thomas M. Izbicki, Gerald Christianson, and Philip Krey (Washington, DC: Catholic University of America Press, 2006), 161.
13. Pope Pius II to the council at Siena, 1436. Ibid., 95.
14. 俗语"*Quid non mortal pectoral cogis, Auri sacra fames*"出自维吉尔的史诗《埃涅阿斯纪》，见 *The Aeneid*, bk. 3, v. 56–57。大致意思是"人那受诅咒的黄金欲会致其做出何等之事"。
15. Malyn Newitt, *A History of Portuguese Overseas Expansion: 1400–1668* (New York: Routledge, 2005), 39–40.
16. 确切数字是 1 589 磅。曼努埃拉·门东萨（Manuela Mendonça）提到的是 106 676 个多卜拉金币（*O Sonho da União Ibérica*, Lisbon: Quidnovi, 2007, 101–3）；当时一个多卜拉金币重 6.77 克。一共加起来就是 700 千克以上，或 1 589 磅——约 3/4 吨。

17. Peter L. Bernstein, *The Power of Gold: The History of an Obsession*, 117.
18. German Arciniegas, *America in Europe: A History of the New World in Reverse*, 27; Markham, 30.
19. 托斯卡内利于 1474 年 6 月 25 日给里斯本的一位名叫费尔南·马丁斯（Fernão Martins）的神父寄去了一封信和一张地图，详细说明了通往香料群岛和亚洲的西行路线。马丁斯将那封信呈给了阿方索国王，但国王的顾问们拒绝了信中的建议。Columbus, 14; Markham, 31; Kirkpatrick, 6.
20. J. G. Bartholomew, *A Literary and Historical Atlas of America* (New York: E. P. Dutton, 1911), commons.wikimedia.org/wiki/File:Atlantic_Ocean,_Toscanelli,_1474.jpg.
21. Kirkpatrick, 7.
22. Simón Bolívar, Contestación de un americano meridional a un caballero de esta isla (“Letter from Jamaica”), Kingston, September 6, 1815, quoted in Marie Arana, *Simón Bolívar: American Liberator*, 310.
23. “*Venient annis saecula seris, quibus Oceanus vincula rerum laxet et ingens pateat tellus Tethysque novos detegat orbes nec sit terris ultima Thule.*” Seneca, *Medea* (Oxford: Oxford University Press, 2014), 84.
24. James Reston Jr., *Dogs of God* (New York: Anchor, 2005), 238.
25. 据哥伦布的儿子费尔南多说，他的父亲“本来是金发，30 岁时已满头华发”。Kirkpatrick, 11; Markham, 136.
26. Markham, 57.
27. Ibid., 9.
28. Reston, *Dogs*, 238.
29. Eduardo Galeano, *Open Veins of Latin America: Five Centuries of the Pillage of a Continent*, 12.
30. 路易斯·德·桑塔格尔（Luis de Santálgel）致费尔南多和伊莎贝拉的信，收录于 Fray Bartolomé de las Casas, *Obras Completas*, 3:517。
31. 哥伦布 1503 年致费尔南多国王和伊莎贝拉女王的信，收录于 Martin Fernandez de Navarrete, *Colección de los viajes y descubrimientos que hicieron por mar los españoles*, vol. 1 (Madrid: Imprenta Nacional, 1858), 456。
32. Ibid., 175. Columbus, 24.
33. Ibid. See also *Letter of Christopher Columbus to Rafael Sánchez, Facsimile of the First Publication Concerning America, Published at Barcelona, May 1493* (Chicago: W. H. Lowdermilk, 1893).
34. Fray Bartolomé de las Casas, *Vida de Cristóbal Colón*, 87.
35. Columbus, 1–148; Bernstein, 120.
36. Las Casas, *Cristóbal Colón*, 90.
37. Columbus, 1–148.
38. Fernandez de Navarrete, 1:456.
39. Ibid., 367.
40. Ibid., 348–49.
41. Las Casas, *Obras*, 3:695.
42. Markham, 135–36.
43. Elvira Vilches, *New World Gold*, 65.

44. Las Casas, *Obras*, 4:834–38; Markham, 137. 1494 年的《托尔德西里亚斯条约》(Treaty of Tordesillas)阐明了教皇的划界，由教皇使节在托尔德西里亚斯的一场会议上确认。分界线最初由亚历山大教皇划定在佛得角群岛以西 100 里格(1 里格约为 3 海里)处。1506 年，界线移到佛得角群岛以西 370 里格处，并得到了尤利乌斯二世教皇的批准。
45. Las Casas, *Obras*, 4:839; 846–47.
46. Ibid.
47. Bernal, 279; Mario Arrubla, prologue in Ramiro Montoya, *Crónicas del oro y la plata americanos*, 11.
48. 这项法令详见 Brown, 11。大猎鹰脚铃（cascabeles grandes）一般指驯鹰时绑在猎鹰腿上的脚铃。一脚铃的金子足够做数十枚戒指。关于剁手的事，拉斯卡萨斯写道："这都是我亲眼所见。" Las Casas, *Historia*, 3:96.
49. Ramiro Montoya, 22.
50. Andrés Reséndez, *The Other Slavery: The Uncovered Story of Indian Enslavement in America*, 5.
51. Las Casas, quoted in F. P. Sullivan, *Indian Freedom* (Kansas City, MO: Sheed & Ward, 1995), 60.
52. 年轻时目睹了哥伦布盛大游行的巴托洛梅・德・拉斯卡萨斯加入了寻金大潮，并成为一名多明我会修士。后来，他在描述生动、淋漓尽致的《西印度毁灭述略》(*A Short History of the Destruction of the Indies*)中对总督无法无天的行为表示了痛心。
53. Washington Irving, *A History of the Life and Voyages of Christopher Columbus*, vol. 1 (Paris: Galignani, 1828), 259.
54. Ramiro Montoya, 25.
55. Luis Suárez Fernández, *Isabel I Reina*, 114.
56. Silvio Beding, *The Christopher Columbus Encyclopedia*, vol. 1 (New York: Simon & Schuster, 1992), 416.
57. German Arciniegas, *Latin America: A Cultural History*, 27.
58. Raúl Aguilar Rodas, *Cristobal Colón* (Medellín: Paniberica, 2006), 1.
59. Fray Bernardino de Sahagún, testimony from a Nahua witness, year of 12-House, 1517, in León-Portilla, *Visión de los vencidos: Crónicas indigenas*, 7; León-Portilla, *Reverso de la Conquista*, 29.
60. Columbus, 303–23.
61. Ramiro Montoya, 24.
62. J. H. Elliott, in *Cortés: Letters*, xiv.
63. Pagden, in *Cortés: Letters*, xli.
64. Pagden, in *Cortés: Letters*, xliii.
65. Thomas Southey, *Chronological History of the West Indies*, vol. 1.
66. Queen Isabel I, *Decree on Indian Labor*, 1503, in John Parry, *New Iberian World: A Documentary History* (New York: Times Books, 1984), 1:262–63; see also Arana, *Bolívar*, 471.
67. 费尔南多国王就是尼科罗・马基雅弗利的《君主论》的原型。Niccolò Machiavelli, *The Letters of Machiavelli* (Chicago: University of Chicago, 1961), 52.
68. William H. Prescott, *History of the Conquest of Mexico*, 109. 诚然，这是有些浪漫化的观点。他不是引诱其他西班牙人的妻子，就是大肆玩弄印第安女子。普雷斯科特将其称为"情爱癖好"。另见 Díaz, *Historia verdadera de la conquista de Nueva España*, ch. 203。

69. 确切来说是 21.5 万。Ramiro Montoya, 24.
70. 泰诺人被迫下矿井劳动，就无法像过去一直做的那样种植和收获庄稼，于是发生了饥荒。天花也迅速蔓延。Pietro Martire D'Anghiera, *De Orbe Novo, the Eight Decades of Peter Martyr D'Anghera*, 1625; New York: Knickerbocker (1912); digital version, BiblioBazaar (2009), 160, 376.
71. 50 万的数据来自 Karen Anderson Córdova, *Hispaniola and Puerto Rico: Indian Acculturation and Heterogeneity, 1492–1550* (Ann Arbor, MI: University Microfilms, 1990)。另外，6 万的数据来自："岛上住着 6 万人；所以，从 1494 年到 1508 年，300 多万人死在了战争中、奴役下和矿井里。" Las Casas, *A Short History of the Destruction of the Indies* (London: Penguin, 1974). "300 万" 这一数字通常被认为是夸张，而拉斯卡萨斯 1508 年到达时，岛上有 6 万人是有根据的。
72. Prescott, *Conquest of Mexico*, 109.
73. Cortés to Doña Juana and Carlos V, 10 July 1519, in *Cortés: Letters*, 4.
74. *"Si tan ansiosos estáis de oro que abandonáis vuestra tierra para venir a inquietar la ajena, yo os mostraré una provincia donde podéis a manos llenas satisfacer ese deseo."* Jorge Guillermo Leguía, *Historia de América* (Lima: Rosay, 1934), 72.
75. Balboa to King Ferdinand, 16 October 1515, in *Archivo de Indias*, vol. 2 (Madrid: Imprenta Española, 1864). 巴尔沃亚是佩德拉里亚斯大女儿的未婚夫，这是胡安·德·克韦多（Juan de Quevedo）主教为平息他们两人彼此嫉妒的情绪而促成的安排。关于"上帝之怒"，见 David Marley, *Wars of the Americas: A Chronology* (Santa Barbara, CA: ABC-CLIO, 1998), 13。
76. Jesús María Henao, *Historia de Colombia* (Bogotá: Librería Colombiana, 1920), 1:50–54.
77. 确切数字是 508，不包括大约 100 名船长、领航员和水手。Bernal Díaz del Castillo, *The Discovery and Conquest of Mexico*, 42.
78. Gonzalo Fernández de Oviedo y Valdés, *Historia General y Natural de las Indias*, 1:539–41.
79. Hernán Cortés, *Cartas del famoso conquistador Hernán Cortés al emperador Carlos Quinto*, 213.
80. Díaz, *Discovery and Conquest*, 39.
81. Ibid., 33–41.
82. Díaz, *Historia verdadera de la conquista*, 13–16.
83. Ibid., 17.
84. "*La montaña Bella Durmiente, ahí en mi pueblo de lágrimas.*" 来自 2013 年 2 月对秘鲁阿纳尼亚山拉林科纳达居民的访谈。
85. 1519 年信使用纳瓦特尔语提供的证词，摘自 Miguel León-Portilla, *Visión de los vencidos*, 68。
86. Ibid., 59.
87. Ibid., 109.
88. *Cortés: Letters*, 67–68.
89. Díaz, *Historia verdadera de la conquista*, 3:156–57, 174–75.
90. Ibid., 165–67, 171, 187–88.
91. Díaz, *Historia verdadera de la conquista*, 3:168 map.
92. See ch. 2 epigraph—Dominguez Hidalgo, *Mitos, Fabulas, y Leyendas del Antiguo México*, 215.

93. Díaz, *Historia verdadera de la conquista*, 3:191.
94. *Cortés: Letters*, 69.
95. Ibid., 69, 79–81.
96. Ibid., 80.
97. Anthony R. Pagden, commentary in *Cortés: Letters*, 42n, 467. 宣扬这一主张的其他记史者都是西班牙人：Durán, chs. 53, 54, 394–408; Fray Bernardino de Sahagún, *Historia general de las cosas de Nueva España*, vol. 4, ch. 10。还有新西班牙的首任总督唐安东尼奥·德·门多萨（Don Antonio de Mendoza），转引自 J. H. Elliott, "The Mental World of Hernán Cortés," *Transactions of the Royal Historical Society* 17 (1967): 41–58, 53。
98. 羽蛇神的神话是科尔特斯在写给卡洛斯国王的第二封信中编造的，后来的西班牙历史学家信以为真。当地没有关于这个神话的证据。当时蒙特祖马和科尔特斯会面的最可靠的证人贝尔纳尔·迪亚斯（Bernal Díaz）从未提到过羽蛇神或任何其他神。他说蒙特祖马只是说，他的祖先曾预言，有一天异族人将现身于他的海岸。Díaz, *Historia verdadera de la conquista*, 3:206; Jacques Lafaye, *Quetzalcóatl and Guadalupe: The Formation of Mexican National Consciousness* (Chicago: University of Chicago Press, 1976), 149. 亨利·瓦格纳（Henry Wagner）提到了印第安人为新来的人穿上当地盛装的风俗。1518 年，胡安·德·格里哈尔瓦（Juan de Grijalva）到达塔瓦斯科河（Rio Tabasco）时，印第安酋长们就为他穿上了印第安人的华丽服装。据说蒙特祖马送来了一套和羽蛇神的服装一模一样的衣服给格里哈尔瓦穿，但这位西班牙征服者已经离开了。一位参加过格里哈尔瓦的远征，后来又成为科尔特斯远征队一员的神父胡安·迪亚斯（Juan Díaz）讲述了这件事，也许科尔特斯就是据此添油加醋向国王做了报告。Henry Wagner, *The Discovery of New Spain in 1518 by Juan de Grijalva* (Pasadena, CA: Cortés Society, 1942), 34–35.
99. 整个来龙去脉见于 Díaz, *Discovery and Conquest*, 193。另见 *Cortés: Letters*, 85，但细节渲染略有不同。
100. Cortés, *Despatches*, 35; *Cortés: Letters*, 108.
101. Díaz, *Discovery and Conquest*, 194; *Cortés: Letters*, 84.
102. Jacques Soustelle, *Daily Life of the Aztecs* (Mineola, NY: Dover Publications, 2002), 129–31. 阿兹特克人常常每天两次用copalxocotl洗浴，并用清新口气的药水漱口。（另见 *Florentine Codex*, bk. 11, pt. 12。）西班牙人却是用尿液清洁牙齿。（参见下条所引书目。）
103. Katherine Ashenburg, *The Dirt on Clean* (Toronto: Knopf, 2007), 39–72. 阿申伯格解释说，尤其在西班牙，人们普遍对洗澡表示不屑，阿拉伯人的清洁仪式更加重了西班牙人的轻蔑态度。另外，人们害怕水会带来黑死病，好几个世纪的时间内，人们都认为洗澡会打开毛孔，放入疾病。
104. Díaz, *Discovery and Conquest*, 10, 90, 169.
105. Ibid., 196.
106. *Cortés: Letters*, 88.
107. Ibid., 89–91.
108. 本段叙述参考 *Cortés: Letters*, 92–94。
109. Ibid., 94, 96.
110. 出处同上，第 100 页。确切地说是 70 万比索。另见 Díaz, *Discovery and Conquest*, 256, 269。

111. 科尔特斯写到，他送给卡洛斯国王的第一批船货价值超过 10 万达克特。*Cortés: Letters*, 100. 1 达克特是 3.545 克纯度为 99.47% 的精炼黄金。按照今天的市场价值来算（2016 年是每克 41.4 美元），那批船货值 2 000 万美元。www.goldgrambars.com, accessed April 20, 2019.
112. Carlos Fuentes, *El espejo enterrado* (México, DF: House Grupo Editorial, 2016), 111.
113. H. W. Foshag, "Chalchihuitl, A Study in Jade," *American Minerologist* 40, nos. 11/12 (December 1, 1955): 1062–1070："对阿兹特克人来说，小玉石最是宝贵。关于它的价值，可引用贝尔纳尔·迪亚斯·德尔·卡斯蒂略（Bernal Díaz del Castillo, 1632 年）记录的蒙特祖马给科尔特斯送礼时说的话：'我还会给你一些非常宝贵的石头，让你以我的名义赠给他；它们是小玉石，只能给你们的大王，别人谁都不能给。一块小玉石就值两大担金子。'"
114. Frederic C. Lane, *Venice: A Maritime Republic* (Baltimore: John Hopkins University Press, 1973), 323.
115. Bernstein, 109.
116. John Day, "The Great Bullion Famine of the Fifteenth Century," *Past and Present* 79 (May 1978): 3–54.
117. *Cortés: Letters*, 159.
118. Ibid., 97.
119. 确切地说是 880 人——80 名骑兵和 800 名步兵，出处同上，第 113—27 页。
120. Díaz, *Historia verdadera de la conquista*, 256.
121. Ibid., 257.
122. Ibid., 258.
123. Ibid., 257.
124. Ibid., 300–9.
125. Miguel León-Portilla, *The Broken Spears: The Aztec Account of the Conquest of Mexico*, 74–77; 弗朗西斯科·洛佩斯·德·戈马拉（Francisco López de Gómara）说在场的有 600 人，几乎全部被杀，*Historia General de las Indias: Conquista de México*, vol. 2 (Caracas: Fundación Biblioteca Ayacucho, 2007), 1996–98。
126. 这出自普雷斯科特对各个目击者证词的汇总：有迪亚斯、奥维多（Oviedo）、托克马达（Torquemada）、特拉斯卡拉贵族迭戈·穆尼奥斯·卡马戈（Diego Muños Camargo）、著名记史家安东尼奥·德·埃雷拉（Antonio de Herrera）等等。Prescott, *Conquest of Mexico*, 350–51.
127. Ibid., 313.
128. Díaz, *Historia verdadera de la conquista*, 313–14.
129. Oviedo, 3:47.
130. Díaz, *Historia verdadera de la conquista*, 314.
131. Prescott, *Conquest of Mexico*, 399; Díaz, *Historia verdadera de la conquista*, 332–33.
132. Díaz, *Historia verdadera de la conquista*, 334.
133. R. L. Kagan, *Clio and the Crown: The Politics of History in Medieval and Early Modern Spain* (Baltimore: Johns Hopkins University Press, 2009), 61.
134. William Dalton, *Cortés and Pizarro* (London: Griffin, Bohn, 1852), 8.
135. "*So color de religión/Van a buscar plata y oro.*" Lope de Vega, *Obras de Lope de Vega*, vol. 11 (Madrid: Rivadeneyra, 1900), 110.

136. Bernstein, 130.

第四章

1. Pedro Pizarro, *Relation of the Discovery*, 2 vols. (New York: Cortés Society, 1921), 234.
2. Pizarro, Cortés, and Orellana were all distant cousins. Rómulo Cúneo-Vidal, *Vida del Conquistador del Perú, Don Francisco Pizarro y sus hermanos* (Barcelona: Maucci, 1925).
3. John Hemming, *The Search for El Dorado*, 50.
4. H. T. Peck, *W. H. Prescott*, English Men of Letters (New York: Macmillan, 1905), 160–63.
5. José Antonio Busto Duthurburu, *Pizarro*, 1:120–22.
6. 最初的编年史中还把皮鲁叫作“比鲁”（Virú）。谢萨·德·莱昂（Cieza de León）称之为佩鲁克特（Peruquete）：Cieza, *The Discovery and Conquest of Peru: Chronicles of the New World Encounter*, 48–49。
7. Busto, *Pizarro*, 1:139.
8. 一个征服者在信中说，就连国王的随从都戴着银头冠，穿着金铠甲。见《卡塔·德·路易斯·拉米雷斯致神父的信》（*Carta de Luis Ramírez a su padre*），圣萨尔瓦多，1528 年 7 月 10 日，信中说：“土地富得流油，而且据说山边有位白衣王，穿着和我们差不多的衣服……他们决定到那里去打探情况。他们把看到的东西写在信中。他们没去到矿区，但和山脉附近的一些印第安人交谈过了，那些人头戴银冠，脖子和耳朵上挂着金箔，腰上围着束腰带。” José Toribio Medina, *El veneciano Sebastian Cabot* (Santiago: Imprenta Universitaria, 1908), 442.
9. Sarah de Laredo, intro., *From Panama to Peru: The Conquest of Peru by the Pizarros* (London: Maggs Bros., 1925), v.
10. Busto, *Pizarro*, 1:40–41.
11. Oviedo, vol. 4, pt. 3, intro, 2.
12. Rafael Varón Gabal, *Pizarro and His Brothers* (Norman: University of Oklahoma, 1997), 17.
13. Busto, *Pizarro*, 1:124.
14. Francisco López de Gómara, *Historia General de las Indias (1523–1548)*, vol. 1, pt. 1 ch. 108.
15. Zárate, bk. 1, ch. 1, 19; Francisco de Xerez, *True Account of the Conquest of Peru (1522–48)*, ed. Iván R. Reyna; Antononio de Herrera y Tordesillas, *The General History of the Vast Continent and Islands of America*, 6 vols., trans. Captain John Stevens.
16. 据索邦大学的历史学家贝尔纳·拉瓦莱（Bernard Lavallé）所说，卢克背后其实有别人：“拉斐尔·巴龙·加拜（Rafael Varón Gabai）还坚称，行动的主要赞助人很可能是当时巴拿马最出名、最富有的人之一——埃斯皮诺萨（Espinosa）先生。他与担任主管的佩德拉里亚斯·达维拉之间的关系使他处于尴尬的境地。所以，原本就参与公司业务的卢克其实是在替他做事，这并非不可能。” Bernard Lavallé, *Francisco Pizarro* (Madrid: Espasa-Calpé, 2005), 58.
17. 此处尚存争议，甚至有人提出，他是收了钱才加入的。争议详见 Varón, *Pizarro*, 17–19。
18. 这段叙述有多处资料来源。见 Diego de Silva y Guzmán, *Conquista de la Nueva Castilla, “La Crónica rimada”* (Lima: Biblioteca Peruana, 1968); Oviedo, vol. 4, pt. 3, intro., 2; Xerez, *True Account*, vol. 3, 3–5; Cieza de León, *Discovery and Conquest of Peru*, 49–55; Raúl Porras

Barrenechea, *Cartas del Perú, Colección de documentos inéditos para la historia del Perú (1524–1543)*, vol. 3, 13–18。

19. Silva y Guzman, *Conquista*, 1:21, cited in Busto, *Pizarro*, 1:138.
20. “A señor gobernador/ miradlo bien por entero/allá va el recogedor/y acá queda el carnicero.” Cieza de León, in Vedia, *Historiadores primitivos de Indias*, 2:436.
21. 谢萨·德·莱昂（Cieza de León）称他此时仍在世。Cieza de León, *The Discovery and Conquest of Peru*, 113.
22. Raúl Porras Barrenechea, *Cronistas del Perú (1528–1650) y otros ensayos* (Lima: Banco de Crédito del Perú, 1986), 54–55. Quoted also in Hemming, *Conquest of the Incas* (1983), 25, and Wright, 64.
23. Cieza de León, *Crónica del Perú*, vol. 16, fol. 17v.
24. Ibid.
25. José Antonio Busto Duthurburu, *La Conquista del Perú*, 26. 西班牙语原文作“escoja el que fuere buen castellano lo que más bien le estuviere.”
26. Cieza de León, vol. 16, fol. 18v.
27. Lavallé, *Francisco Pizarro*, 66.
28. 正如亚历山大·帕尔玛·库克（Alexandra Parma Cook）和戴维·诺布尔·库克（David Noble Cook）在1998年版的谢萨·德·莱昂著作中指出的：“16世纪20年代，巴拿马有很多黑人奴隶，其中许多人参加了去秘鲁的远征。一个奴隶救了阿尔马格罗的命。[詹姆斯·]洛克哈特[在《卡哈马卡的人》（*Men of Cajamarca*）中]指出，关于黑人参与征服的确凿事实，历史记录令人吃惊地未着笔墨。”Cieza de León, *Discovery and Conquest of Peru*, 111.
29. Hemming, *Conquest*, 27.
30. Ibid., 27.
31. From the *Chilám Balám de Chumayel*, quoted in León-Portilla, *Reverso de la Conquista*, 78.
32. Cortés, *Cartas y relaciones de Hernán Cortés al emperador Carlos V* (Paris: Imprenta Central de los Ferro-Carriles A. Chaix y ca., 1856) 539–58; Hemming, *Conquest*, 28.
33. “和我的同胞作战比打阿兹特克人更困难。”（“Me ha sido más difícil luchar contra mis compatriotas que contra los aztecas.”）Julio Verne, *Viajeros extraordinarios* (1878) (Barcelona: Circulo Latino, 2006), 290.
34. José Luis Olaizola, *Francisco Pizarro* (Madrid: Planeta, 1998), available on BibliotecaOnline, 2012 digital edition, www.bibliotecaonline.net.
35. 科尔特斯的人开采的第一个阿兹特克矿山在塔克斯科的古老矿区。因为法国多次暗地里企图越过大西洋来抢白银，所以西班牙派遣了一支舰队来护送货船。Timothy R. Walton, *The Spanish Treasure Fleets* (Sarasota, FL: Pineapple Press, 1994), 44.
36. Olaizola, *Francisco Pizarro*; Hemming, *Conquest*, 28.
37. 这些见解参考了罗纳德·莱特（Ronald Wright）的杰作《被窃取的大陆》（*Stolen Continents*）。
38. Ibid., 67.
39. Edmundo Guillén Guillén, *La guerra de reconquista Inka* (Lima: Guillén Guillén, 1994), 44.
40. Cristóbal de Mena, in Miguel de Estete, *Noticia del Perú*, quoted in Hemming, *Conquest of*

the Incas, 36.

41. Pedro Pizarro, 36.
42. Hemming, *Conquest*, 40.
43. Cieza de León, *Crónica del Perú*, vol. 3, ch. 44, 255; Estete, 31; Porras Barrenechea, *Cartas del Perú*, 120.
44. Cristóbal de Mena, *La conquista del Perú, llamada la Nueva Castilla*, 244.
45. Pedro Pizarro, 230.
46. Tito Cusi Yupanqui, *A 16th-Century Account of the Conquest*, 136.
47. Mena, 246; Hemming, *Conquest*, 46.
48. Hemming, *Conquest*, 46.
49. Guaman Poma, 2:357.
50. Sara Vicuña Guengerich, "Capac Women and the Politics of Marriage in Early Colonial Peru," *Colonial Latin American Review* 24, no. 2 (2015): 147–67, 147; Susan Socolow, *The Women of Colonial Latin America* (Cambridge: Cambridge University Press, 2000), 38.
51. Hernando de Soto, in Porras Barrenechea, *Cartas del Perú*, 59.
52. Guaman Poma, 2:369.
53. Xerez, 335. 房间面积大约是 25 英尺 ×18 英尺（7.6 米 ×5.5 米），18 英尺（5.5 米）高（这是许多记史者提供的数字的平均数），参考 Hemming, *Conquest*, 535。
54. Mena, 250; Estete, 35; Hemming, *Conquest*, 54.
55. Izumi Shimada and John Merkel, "Copper-Alloy Metallurgy in Ancient Peru," *Scientific American* 265, no. 1 (July 1991): 80.
56. 按 2019 年 1 月的价格，24K 黄金每盎司 1 319.51 美元，10 吨是 384 857 127 美元；同期白银每盎司 16.06 美元，70 吨是 32 789 170 美元。总计 417 646 297 美元。Gold and silver prices, Gold Price, accessed January 30, 2019, http://goldprice.org/gold-price-usa.html.
57. Vilches, 135.
58. Neruda, "Alturas de Machu Picchu," 207.
59. Varón, *Pizarro*, 75.
60. Buddy Levy, *Conquistador: Hernán Cortés, Montezuma, and the Last Stand of the Aztecs* (New York: Bantam Dell, 2008), 321. 此处用"墨西哥"以便于理解。那时它显然不叫墨西哥，而是叫新西班牙。
61. Ramiro Montoya, 111.
62. Acosta, vol. 4, ch. 4.
63. José Antonio Busto Duthurburu, *La Platería en el Perú: dos mil años de arte e historia*, 68.
64. Robins, *Mercury, Mining, and Empire*, 4–6.
65. Rolena Adorno, *The Polemics of Possession in Spanish American Narrative*, 82–86.
66. K. W. Swart, *The Black Legend During the Eighty Years War* (Amsterdam: Springer Netherlands, 1975), 36–57.
67. 以下关于中国–西班牙贸易的信息均来自 Frederick W. Mote and Denis Twitchett, eds., *The Cambridge History of China*, vol. 8, *The Ming Dynasty, 1368–1644*, pt. 2 (New York: Cambridge University Press, 1998), 389–96。
68. J. R. McNeill and William H. McNeill, *The Human Web: A Bird's-Eye View of World History*, 203.

69. Mote and Twitchett, *Cambridge History: Ming Dynasty*, 389–96.
70. Luis Capoche, *Relación general de la villa imperial de Potosí* (Madrid: Atlas, 1959), https://archive.org/stream/RelacionGeneralDeLaVillaImperialDePotosiLUISCAPOCHE.
71. Miguel de Cervantes, *Don Quixote de la Mancha*, pt. 2, ch. 71. 堂吉诃德说："桑丘，你解救了杜尔西内娅功德无量，便是威尼斯的财富，玻多西的矿产，都不够报答你。你估计身边有多少钱，一鞭给多少，自己斟酌吧。"（汉译摘自杨绛译《堂吉诃德》，人民文学出版社，2015 年 6 月）
72. Acemoglu and Robinson, map 1, the mining *mita* catchment area. Also in Peter Bakewell, *Miners of the Red Mountain: Indian Labor in Potosí, 1545–1650*, 181.
73. Bakewell, 44–45.
74. Rostworowski, *Historia del Tawantinsuyu*, 184.
75. Alonso Enriquez de Guzmán, *Libro de la vida y los costumbres de Don Alonso Enríquez de Guzmán*, 70–71; Sancho Rayon and de Zabalburu, *Coleccíon de documentos inéditos para la historia de España*, 85:291. 原文如下：*"Apo, yo soy capitán desta gente, y hasta agora que eres venido á esta tierra á ponella en razón, yo he andado alzado . . . por los muchos agravios de que después que entraron los cristianos en esta tierra hemos recibido. . .antes éramos señores y agora somos esclavos. No solamente han querido los cristianos que los sirvamos, como nos servíamos, el caballero como caballero y el oficial como oficial, y el villano como villano, sino que á todos nos hacen unos, todos quieren que les trayamos las cargas á cuestas, que seamos albañiles y les hagamos las casas, que seamos labradores y les hagamos las sementeras. Mira si ha sido razón que se nos haga de mal."*
76. Brown, ch. 8.
77. Pedro Pablo Arana, *Las minas de azogue del Perú* (Lima: Imprenta El Lucero, 1901), 14. 佩德罗·巴勃罗·阿拉纳（Pedro Pablo Arana）曾任库斯科管辖者、秘鲁参议员，还是 1899 年秘鲁的副总统候选人；他是我的曾祖父。（位于他在万卡韦利卡的大庄园内）臭名昭著的圣巴巴拉矿被西班牙人抛弃很久后，他成了矿主。
78. Archivo de Indias, Audiencia de Lima, legajo 442, Joseph Cornejo to Patiño, San Ildefonso, August 27, 1734.
79. Salinas y Córdova, *Memorial de las historias*, 297.
80. John Miller, *Memoirs of General Miller in the Service of the Republic of Peru* (New York: AMS, 1979), 207.
81. Bartolomé Arzáns de Orsúa y Vela, *Relatos de la villa imperial de Potosí* (1705) (La Paz: Plural, 2000), 180.
82. Pedro Pablo Arana, *Azogue*, 14.
83. 全句为"我是富有的波托西，是世间的珍宝。我乃众山之王，为众王所慕"（*"Soy el Rico Potosí. Del mundo soy el tesoro. Soy el rey de los montes. Envidia soy de los reyes."*）。Wilson Mendieta Pacheco, *Potosí, patrimonio de la humanidad* (Potosí, Bol.: El Siglo, 1988), 9.
84. Martín González de Cellorigo (1600), quoted in J. H. Elliott, *Empires of the Atlantic World: Britain and Spain in America*, 140.
85. George Orwell, *Nineteen Eighty-Four* (New York: Knopf, 1987), 276.
86. Charles de Secondat baron de Montesquieu, *L'Esprit des lois* (1748), in *Oeuvres de Montesquieu* (Paris: Dalibon, 1822), 3:456.

87. Carlos Marichal, *Bankruptcy of Empire: Mexican Silver and the Wars Between Spain, Britain and France, 1760–1810*, 20. 另外第 4 页提道："作为 18 世纪最富有的税收殖民地，新西班牙总督辖地成为财政陪都（fiscal sub-metropolis）。在国际冲突接连不断的时期，它保证了帝国的自卫能力。"
88. Ibid., 18, 85.
89. Arana, *Bolívar*, 82–86.
90. Margaret E. Rankine, "The Mexican Mining Industry in the Nineteenth Century," *Bulletin of Latin American Research* 11, no. 1 (1992): 29–48.
91. George Canning, in H. W. V. Temperley, "The Later American Policy of George Canning," *American History Review* 11, no. 4 (July 1906): 781, quoted in Arana, *Bolívar*, 347.
92. Jefferson to Archibald Stuart, 25 January 1786, Paris, in *The Works of Thomas Jefferson* 4:188, ed. Paul Ford, quoted in Arana, *Bolívar*, 74.
93. Courtney J. Campbell, "Making Abolition Brazilian: British Law and Brazilian Abolitionists in Nineteenth-Century Minas Gerais and Pernambuco," *Slavery & Abolition* 36, no 3 (2015): 521–43.
94. *Mexican Mining Journal* 8, no. 1 (January 1909): 14.

第五章

1. Ludwig Von Mises, *Nationalökonomie: Theorie des Handelns und Wirtschaftens* (Geneva: Editions Union, 1940), 441.
2. 对阿伊·阿帕埃克的描述均来自乌利亚·霍姆奎斯特（Ulla Holmquist），他是拉尔科·埃雷拉博物馆馆长。这座位于秘鲁利马普韦布洛利布雷（Pueblo Libre）的博物馆专门收集关于莫切文化的记录。另见 Juergen Golte, *Moche Cosmología y Sociedad* (Lima: Instituto de Estudios Peruanos), 2009，以及 Rafael Larco Hoyle, *Los Mochicas* (Lima: Museo Arqueológico Rafael Larco Herrera), 1942。
3. 原住民王室后代撰写的历史中有许多这方面的证据。例如，巴托洛梅·阿尔赞斯·德·奥尔苏阿–维拉（Bartolomé Arzáns de Orsúa y Vela）在他撰写的波托西历史中记录了一个普通印第安人的这段话："告诉他们，伟大的帕查卡马克要惩罚邪恶的 Hualca 人，因为他们发现了波托西，我们印加人却什么也没得到。他们若想要和平，不要打仗，就赶快离开，把地方给我们，接受奉帕查卡马克之名的惩罚，惩罚他们不肯遵命，不让我们拿到山里的银子。" Arzáns, *Historia de la villa imperial de Potosí* (1965), 1:39.
4. Pascale Absi, "Los Hijos del diablo," in *Demonio, religión y sociedad entre España y América*, ed. Fermín del Pino Díaz, 271.
5. *"en lugar della usaban desta letra T, así, en lugar de decir Dios suelen pronunciar Tios."* Cobo, *Historia*, 1:155.
6. *"¡Oh, Perú de metal y de melancolía!"* From the poem "A Carmela, la Peruana," Federico García Lorca, *Obras* 2:416 (Madrid: Akal, 1998).
7. 关于拉林科纳达的材料来自 Arana, "Dreaming of El Dorado"。在此基础上有改动与更新。
8. 这句话借自 William Finnegan, "Tears of the Sun," *New Yorker*, April 20, 2015。
9. "World Gold Production by Country," USAGold, accessed January 30, 2019, www.usagold.com/reference/globalgoldproduction.html.

10. Brook Larmer, *National Geographic*, January 2009.
11. Suzanne Daley, "Peru Scrambles to Drive Out Illegal Gold Mining," *New York Times* online, July 26, 2016.
12. *Organized Crime and Illegally Mined Gold in Latin America* (Geneva: Global Initiative Against Transnational Organized Crime, April 2016), https://arcominero.infoama zonia.org/GIATOC-OC_Illegally-Mined-Gold-in-Latin-America-3c3f978eef80083bdd8780d7c5a21f1e.pdf.
13. Guillermo Arbe Carbonel, an economist with Scotiabank, quoted in Daley, "Peru Scrambles."
14. "Muestra retrata el verdadero rostro de la minería ilegal," *La República* (Perú), May 24, 2017; Heather Walsh, "In Colombia, Gold Mining' s Becoming More Dangerous Than Cocaine," *Financial Post* (Can.), October 12, 2011.
15. Dan Collyns, "Extent of Peruvian Amazon Lost to Illegal Goldmines Mapped for First Time," *Guardian* (UK edition), October 29, 2013; Jonathan Watts, "High Gold Prices Causing Increased Deforestation in South America, Study Finds," *Guardian* (UK edition), January 14, 2015, and "Brazilian Court Blocks Abolition of Vast Amazon Reserve," *Guardian* (UK edition), August 30, 2017. 2008 年后，确切数字从每年 5 350 英亩（2 165 公顷）升至每年 15 150 英亩（6 131 公顷），持续多年不变。
16. J. Watts, "Amazon Deforestation Picking Up Pace, Satellite Data Reveals." *Guardian* (UK edition), October 19, 2014. 丹佛市面积为 153 平方英里（396 平方千米），曼哈顿是 22.82 平方英里（59 平方千米）；2014 年 9 月，巴西清出了 402 平方千米的土地。A. Fonseca, C. Souza Jr., and A. Veríssimo, *Deforestation Report for the Brazilian Amazon* (Belém, Br.: Institute of Man and Environment of the Amazon, January 2015), www.imazon.org.br.
17. Trista Patterson and M. Sanjayan, "Amazon: Lungs of the Planet," BBC Future online, video, November 18, 2014. 3:57, www.bbc.com/future/story/20130226-amazon-lungs-of-the-planet.
18. 不同时间节点（不断浮动的）黄金价格的曲线图见于金价网，www.goldprice.org。
19. "Puno," *Diario Correo* (Peru), March 4, 2015, https://diariocorreo.pe/edicion/puno/la-ciudad-mas-alta-del-mundo-y-sombrio-esta-ubicado-en-puno-video-696750/3.
20. Fritz Dubois, Peru 21, 31 mayo 2012. 关于家庭规模，参考 *Niños que trabajan: en minería artesanal de oro en el Perú*, Scribd, https://www.scribd.com/document/67842098/NINNOS-QUE-TRABAJAN-PIAZZA。
21. 律师兼社会工作者莱昂·基斯佩（Leon Quispe）全身心为社区福利工作，他估计，拉林科纳达的各个小酒馆每年都有 5 000 到 1.8 万女孩出入，其中有些只有 14 岁。她们被扣押作性奴。素材来自笔者在普诺和拉林科纳达对莱昂·基斯佩的访谈，2012 年 2 月 7—15 日。以及 2016 年 2 月 20 日在普诺对基斯佩的追访。另见 "Trata de personas continúa impune en infierno de La Rinconada," *La República* (Perú), June 9, 2016。
22. Heraclio Castillo, "Salarios en minería del estado," *Zacatecas en Imagen* (México), February 12, 2013, www.remam.org/2013/12/salarios-en-mineria-del-estado-mas-altos-en-el-pais/.
23. 作为世界上最大的黄金出产国，秘鲁 2017 年出产了 151 吨黄金，价值 55 亿美元。其中卡哈马卡出产了33吨黄金，价值13亿美元。新华社，2018年2月7日。过去25年间，只亚纳科查一处矿区就生产了3 500万盎司黄金。Ben Hallman and Roxana Olivera, "Gold Rush," *Huffington Post*, last modified April 15, 2015, http://projects.huffingtonpost.com/worldbank-evicted-abandoned/how-worldbank-finances-environmental-destruction-peru.

24. 2005年大约76%，2015年是51%。*Map of Provincial and District Poverty 2013* (Lima: Instituto Nacional de Estadística e Informática, 2015). El Fondo de Cooperación para el Desarrollo Social (FONCODES), 2005 and 2015.
25. Mario Vargas Llosa, "Socialism and the Tanks," in *Making Waves*, ed. and trans. John King (New York: Farrar, Straus and Giroux, 1996), 79.
26. 杜勒斯在代理联合果品公司的律师事务所工作，多年从联合果品公司领取薪金；艾伦·杜勒斯是该公司的董事会成员。杜勒斯国务卿劝说德怀特·艾森豪威尔总统策划对危地马拉总统哈科沃·阿本斯（Jacobo Árbenz）发动军事政变以保护联合果品公司的利益。Rich Cohen, *The Fish That Ate the Whale* (New York: Farrar, Straus and Giroux, 2012), 186. See also: Cesar Ayala, *American Sugar Kingdom* (Chapel Hill: University of North Carolina Press, 1999), 48–74.
27. Gary Giroux, *Business Scandals, Corruption, and Reform: An Encyclopedia* (Denver: Greenwood, 2013), 50.
28. Dan Koeppel, *Banana: The Fate of the Fruit That Changed the World* (New York: Penguin, 2008), 63.
29. Sidney W. Mintz, *Sweetness and Power: The Place of Sugar in Modern History* (New York: Penguin, 1985), 71–73.
30. Ibid., 134.
31. " 'The Slave Trade Developed Western Societies and Plunged Africa into Underdevelopment,' " interview with the writer and professor Didier Gondola, Rebelión, last modified April 24, 2009, www.rebelion.org/noticia.php?id=84242.
32. Mintz, *Sweetness and Power*, 73.
33. Groupes Sucres et Danrées, Sucden online, last modified January 30, 2019, www.sucden.com/en/products-and-services/sugar/global-trade-flows; see also "raw sugar trade," "world sugar trade" on the same website.
34. J. H. Bernardin de Saint Pierre, *Voyage to Isle de France, Isle de Bourbon, The Cape of Good Hope* (1773), quoted in Mintz, *Sweetness and Power*, frontispiece.
35. Johannes Alvarez and James Fiorito, "Venezuelan Oil," ENG-297, *Ethics of Development in a Global Environment*, Stanford University, June 2, 2005.
36. Robert Burroughs, *Travel Writing and Atrocities: Eyewitness Accounts of Colonialism* (New York: Routledge, 2011), 124. 胡里奥·塞萨尔·阿拉纳（Julio César Arana）的盎格鲁–秘鲁橡胶公司牢牢把控着普图马约地区橡胶采集的垄断权，对亚马孙人民犯下了累累恶行。公司由设在伦敦的董事会控制，有伦敦银行的资金支持。见 Ovidio Lagos, *Arana, Rey de Caucho* (Buenos Aires: Emecé, 2005)。我在回忆录中也写到了胡里奥·塞萨尔·阿拉纳：*American Chica* (New York: Dial Press, 2001)。
37. 秘鲁新闻周刊《假面具》（*Caretas*）刊登了一篇关于伊基托斯（Iquitos）的莫雷家族历史的文章，莫雷家族势力庞大，在亚马孙河那一段行驶的所有驳船都由它经营。文章说，盎格鲁–秘鲁橡胶公司［莫雷家族的族长路易斯·费利佩·莫雷（Luis Felipe Morey）曾为其工作］每年的橡胶出口高达380万磅，当时每磅橡胶值1英镑。

"La Familia Morey y Otros Entronques Historicos," Raúl Morey Menacho, *Caretas*, no. 1351 (February 23, 1995)；1900 年的 380 万英镑相当于今天的 42 亿英镑，换算成美元是 55 亿（"相对产出值"），数据参考 Measuring Worth, accessed January 30, 2019, www.measuringworth.com。撰写回忆录《美洲女孩》(*American Chica*) 时，我曾就该公司深入访谈了温贝托·莫雷（Humberto Morey）。.

38. US Federal Trade Commission, as explained in Cid Silveira, *Café: Un drama na economia nacional* (Rio de Janeiro: Editôra Civilização Brasileira, 1962).
39. President William Taft in 1912, quoted in *Liberalization and Redemocratization in Latin America*, ed. George Lopez and Michael Stohl (New York: Greenwood, 1987), 258.
40. Galeano, 107–8.
41. Lopez and Stohl, *Liberalization and Redemocratization*, 258. 这句话的出处众说纷纭，有人说这是国务卿科德尔·赫尔（Cordell Hull）谈到拉斐尔·特鲁希略时说的，也有人说这是富兰克林·D. 罗斯福提及阿纳斯塔西奥·索摩查时说的。还有人说罗斯福此言指的是西班牙的弗朗西斯科·佛朗哥大元帅。许多历史学家和记者猜测，它可能是当时对美国所支持的独裁者和强人常用的一句话。Kevin Drum, "But He's Our Son of a Bitch," *Washington Monthly*, May 16, 2006.
42. 节选自美国海军陆战队少将斯梅德利·巴特勒 (Smedley Butler) 1933 年发表的讲话。Leo Huberman, *We the People* (New York: Monthly Review Press, 1970), 252; "Smedley Butler on Interventionism," Federation of American Scientists online, accessed January 30, 2019, https://fas.org/man/smedley.htm.
43. Will Fowler, *Latin America Since 1780* (Abingdon, UK: Routledge, 2016), 67.
44. *Epistolario de Diego Portales* (Santiago: Ediciones Universidad Diego Portales, 2007), 1:8.
45. Miller, *Memoirs*, 1:12.
46. Shlomo Ben-Ami, "Is the US Losing Latin America?" Project Syndicate, last modified June 5, 2013.
47. US Chamber of Commerce, "The Facts on Nafta," December 16, 2016, www.uschamber.com/sites/default/files/the_facts_on_nafta_-_2017.pdf.
48. "CIA Activities in Chile," US Central Intelligence Agency online, last modified September 18, 2000.
49. Dan Kovalik, "Colombia: The Empire Strikes Back," *The Blog, Huffington Post*, last modified May 8, 2012, www.huffingtonpost.com/dan-kovalik/colombia-the-empire-strik_b_1500062.html.
50. "Obama Says 'Days of Meddling' in Latin America Are Past," BBC News online, last modified April 11, 2015; Kovalik, "Colombia."
51. Ben-Ami, "Is the US Losing?"
52. "Obama Says."
53. www.worldatlas.com/articles/top-iron-ore-producing-countries-in-the-world.html; Kenneth Rapoza, "Brazil's Vale Needs to Turn Its Iron Ore into Pixie Dust," *Forbes*, February 4, 2016.
54. "Top 10 Gold-Producing Countries in the World," FinancesOnline, accessed March 15, 2019.
55. *Peru's Mining & Metals Investment Guide, 2017/2018* (Lima: EY Peru, 2018), 31.
56. 精确地说是 40% 以上。Heather Long, "China Is on a Massive Gold Buying Spree," CNN

Money Investing Guide online, last modified February 10, 2016.

57. President Danilo Medina Sánchez, quoted in "Sickness and Wealth: Shiny New Mine, Rusty Pollution Problems," *Economist* online, last modified September 21, 2013.
58. Ibid.
59. 关于哥伦比亚，见 *PBI Colombia*, no. 18, November 2011。关于墨西哥，见 "Mexican Mining," *Engineering and Mining Journal* 212, no. 8 (October 2011): 52; *Mining Industry in Mexico* (Vancouver: Deloitte & Touche LLP, May 2012)。
60. Arana, "Dreaming of El Dorado"; "The Real Price of Gold," *National Geographic*, January 2009. 关于 450 多克汞，参见 OIT/IPEC report, http://geco.mineroartesanal.com/tiki-download_wiki_attachment.php?attId=122, 5. 纽蒙特公司开采每盎司黄金需要挖掘 30 吨山石。"等到一切结束，公司估计会挖掉数十亿吨土地。" Jane Perlez and Lowell Bergman, "Tangled Strands in Fight over Peru Gold Mine," *New York Times* online, June 14, 2010.
61. Bernstein, 3.
62. 过去和现在的黄金价格曲线图见于金价网，www.goldprice.org。
63. José Ramos, "La mineria peruana, la Newmont-Yanacocha y el Proyecto Conga," Globedia, last modified July 7, 2012, http://globedia.com/mineria-peruana-newmont-yana cocha-proyecto-conga; Francesc Relea, "Peru's Humala Shuffles Cabinet," *El País* (Madrid) online, last modified July 26, 2012, http://elpais.com/elpais/2012/07/26/inenglish/1343304801_310180.html.
64. Polya Lesova, "Peru Gold, Copper Mining Opposition Intensifies," MarketWatch, last modified July 25, 2012.
65. Reinhard Seifert, quoted in Alice Bernard and Diego Cupolo, "Scientist Calls Peru Conga Mining Project an 'Environmental Disaster': Interview with Reinhard Seifert," Upside Down World, last modified May 1, 2012, http://upsidedownworld.org/main/peru-archives-76/3608-scientist-calls-peru-conga-mining-project-an-environmental-disaster-interview-with-reinhard-seifert.
66. 2010 年，亚纳科查的金矿从卡哈马卡运出了价值 37 亿美元的黄金（以每盎司 1 290 美元计价的 300 万盎司），同年，卡哈马卡一半以上的居民每月才挣大约 100 美元。Perlez and Bergman, "Tangled Strands"; Ben Hallman and Roxana Olivera, "Gold Rush," *Huffington Post*, last modified April 15, 2015; Apoyo Consultorio, *Study of the Yanacocha Mine's Economic Impacts: Final Report* (Lima: International Finance Corporation, September 2009), www.ifc.org/wps/wcm/connect/3853268048f9cc368651ee28c8cbc78b/Yanachocha-Peru.pdf?MOD=AJPERES.
67. 这已是比较宽松的计算。一些报告显示，2013 年秘鲁出售了 14.3 亿美元的黄金，而就此征得的税收是 1.378 亿美元，说明国家获利不到 10%。Raúl Wiener and Juan Torres, *The Yanacocha Case* (Loreto, Peru: Impresión Arte, 2014), 47–58, https://justice-project.org/wp-content/uploads/2017/07/the-yanacocha-taxes-2015.pdf.
68. 秘鲁和南美其他地方反对采矿的抗议此起彼伏。记录表明，2014 年，19 个国家爆发了 215 场抗议活动。"Mining in Latin America: From Conflict to Cooperation," *Economist* online, February 6, 2016.
69. 这位神父是马尔科·阿拉纳（Marco Arana，与本书作者无亲戚关系），现任秘鲁国会议员。"Agresión a Sacerdote Marco Arana 04 Julio 2012," uploaded to YouTube by Cajamar-

caenvideo on July 4, 2012, 3:33, www.youtube.com/watch?v=w-amfIQn0OU).

70. 阿库尼亚作证的视频和她及家人遭受袭击的实时录像见 Roxana Olivera, “Life Yes, Gold No!” New Internationalist, last modified November 21, 2012, https://newint.org/features/web-exclusive/2012/11/21/peru-gold-rush-threatens-indigenous-communities。另见 “Máxima Acuña, la campesina peruana ‘heredera’ de la activista asesinada Berta Cáceres” [Máxima Acuña, the Peruvian peasant ‘heir’ of the murdered activist Berta Cáceres], BBC News Mundo, last modified April 18, 2016, www.bbc.com/mundo/noticias/2016/04/160418_peru_campesina_maxima_acuna_gana_premio_goldman_heredera_berta_caceres_lv。
71. Cecilia Jamasmie, “Community Opposition Forces Newmont to Abandon Conga Project in Peru,” Mining.com, last modified April 18, 2016, www.mining.com.
72. “Máxima Acuña, 2016 Goldman Environmental Prize Recipient, South and Central America,” Goldman Environmental Prize online, accessed January 31, 2019, www.goldmanprize.org/recipient/maxima-acuna.
73. Anna Lekas Miller, “Meet the Badass Grandma Standing Up to Big Mining,” Daily Beast, last modified April 18, 2016.
74. “Newmont Announces Full Year and Fourth Quarter 2016 Results,” Business Wire, last modified February 21, 2017, www.businesswire.com/news/home/20170221006614/en/Newmont-Announces-Full-Year-Fourth-Quarter-2016.
75. Michael Brune, “Goldman Prize Winner Reportedly Attacked at Her Home by Mining Industry Hitmen,” Eco Watch, last modified September 23, 2016.
76. A female miner, quoted in Michael Taussig, *The Devil and Commodity Fetishism in South America* (Chapel Hill: University of North Carolina Press, 1980), 148.
77. 再度提醒：关于奥乔乔克-冈萨雷斯一家的这部分叙述（正如关于他们的所有材料一样）来自作者在 2012 年 1 月和 2019 年 4 月期间在拉林科纳达、普蒂纳、胡利亚卡、普诺和利马对这个家庭的成员进行的 20 多次访谈和数百次网上交流。
78. Daley, “Peru Scrambles.”
79. Galeano, 1–2.
80. Acemoglu and Robinson, 19.
81. Ibid., 67.
82. Ibid., 33–34.
83. Ibid., 81.
84. Simón Bolívar to Barranquilla Flores, 9 November 1830, in *Cartas del Libertador corregidas conforme a los originales* [Letters from the liberator conforming to the originals], ed. Vicente Lecuna, 10 vols. (Caracas, 1917), 9:370. See also Arana, *Bolívar*, 450.
85. Serge Gruzinski, *Man-Gods in the Mexican Highland* (Stanford, CA: Stanford University Press, 1989), 41.
86. Sergio Almaraz Paz, *Bolivia: Requiem para una República* (Montevideo, Bolivia: Biblioteca de Marcha, 1970), 83–84.
87. Adam Smith, in Samuel D. Horton, *The Parity of Money as Regarded by Adam Smith, Ricardo, and Mill* (London: Macmillan, 1888), 79–80.
88. Ibid., 15.
89. Jamele Rigolini and Renos Vakis, “Four Facts About Poverty in Latin America You Probably Didn’t Know,” *Huffington Post, The Blog*, last modified December 6, 2017.

90. Acemoglu and Robinson, 36.
91. Ibid., 37.
92. George Gao, "Latin America's Middle Class Grows, but in Some Regions More Than Others," FactTank, Pew Research Center online, last modified July 20, 2015.

第二部分

1. Octavio Paz, *El Laberinto de la soledad* (México, DF: Fondo de Cultura Económica, 1999), 13–14. 原文为：*"Las épocas viejas nunca desaparecen completamente y todas las heridas, aún la más antiguas, manan sangre todavía."*

第六章

1. *"Cuando se jodió el Perú?"* Mario Vargas Llosa, *Conversación en La Catedral.* Answered by Jeremías Gamboa: *"El Perú se jodió al momento mismo de nacer. Su concepción tuvo como base un hecho asimétrico y brutal que fundó una nación herida y enemistada con una de sus mitades, la indígena."* Gamboa, "En que momento se jodió el Perú? El dilema vargallosiano," *El Comercio* (Lima), March 29, 2017.
2. 基于 1995 年 9 月初至 1996 年底对在弗吉尼亚州洛顿监狱坐牢的卡洛斯·布埃尔戈斯做的多次访谈，以及后来不时和他进行的电话交谈。
3. 下面关于马列尔偷渡事件和卡洛斯·布埃尔戈斯的叙述大部分来自 Marie Arana-Ward, "Three Marielitos, Three Manifest Destinies," *Washington Post*, July 9, 1996。之后，对卡洛斯家庭的跟踪报道和研究继续了 20 年。
4. 移民与归化局的托马斯·库里（Tomas Curi），来自 1996年5月作者对他的电话访谈。
5. Emma Lazarus, "The New Colossus," lines that are engraved on the Statue of Liberty, Poetry Foundation online, accessed February 1, 2019, www.poetryfoundation.org/poems/46550/the-new-colossus.
6. George Santayana, an often-quoted line from *The Last Puritan: A Memoir in the Form of a Novel* (London: Constable, 1935).
7. 库里的访谈。
8. Editorial, *El Mercurio* (Chile), May 24, 1859, quoted in Leticia Reina, *La reindianización de América, Siglo XIX* [The re-Indianization of America, 19th century] (México, DF: XXI Century, 1997), 141.
9. Joyce Appleby, *Shores of Knowledge* (New York: Norton, 2013), 25.
10. Las Casas, *A Short History*, 53–57.
11. Appleby, *Shores.*
12. Neil L. Whitehead, "Carib Cannibalism: The Historical Evidence," *Journal de la Société des Américanistes* 70, no. 1 (1984): 69–87.
13. Ibid., 70, 74; Carlos A. Jáuregui, *Canibalia: Canibalismo, calibanismo, antropofagia cultural y consumo en América Latina*, 62.
14. Whitehead, "Carib Cannibalism," 71.
15. Jáuregui, 62.
16. Whitehead, "Carib Cannibalism," 70.
17. Ibid., 74.

18. Richard Hakluyt, *Hakluyt's Voyages to the New World* (New York: Macmillan, 1972), 396.
19. Albert A. Sicroff, *Los Estatutos de Limpieza de Sangre* (Madrid: Taurus, 1985).
20. Las Casas, *Historia*, vol. 3, bk. 2, sec. 6, ch. 17; *Obras*, 4:1363.
21. Las Casas, *Historia*, Ibid.
22. "List of Voyages," Voyages Database, Emory University, accessed February 1, 2019, www.slavevoyages.org/voyage/search; Carson Claiborne, Stanford University, "Blacks in Latin America," Microsoft Encarta Online Encyclopedia 2000.
23. "Spain Viritual Jewish History Tour," Jewish Virtual Library, accessed January 31, 2019, www.jewishvirtual library.org/spain-virtual-jewish-history-tour："1066 年，一群穆斯林暴民冲进格拉纳达的王宫，把犹太裔大臣约瑟夫·伊本·纳吉雷拉（Joseph ibn Naghrela）钉死在十字架上，并屠杀了城中大多数犹太居民。关于格拉纳达大屠杀的记述显示，一天之内就有 1 500 多个犹太家庭共 4 000 人被杀害。"格拉纳达的全部人口大约 2.5 万。
24. Edward Rothstein, "Was the Islam of Old Spain Truly Tolerant?," *New York Times* online, September 27, 2003.
25. 可追溯到老普林尼（Pliny the Elder）在公元 1 世纪对居住在印度和埃塞俄比亚的奇特种族的描述。另见 Alixe Bovey, "Medieval Monsters," British Library online, last modified April 30, 2015。
26. 两位学者甚至说："白人到来前，我们的冲突为时短暂，几乎不流血，比起欧洲人征服时的鸡犬不留，简直像是一场职业足球赛。" Russell Means and Marvin Wolf, *Where White Men Fear to Tread* (New York: St. Martin's, 1995), 16. 理查德·J. 查孔（Richard J. Chacon）和鲁本·G. 门多萨（Rubén G. Mendoza）所著的全面可靠的《拉丁美洲原住民的战争与仪式暴力》（*Latin American Indigenous Warfare and Ritual Violence*）则提供了发人深省的反面信息，该书收纳了数十年来多个学科领域的论述。这部分中许多内容均以该书中的研究结果为根据。
27. Michael Harner, "The Ecological Basis for Aztec Sacrifice," *American Ethnologist* 4, no. 1 (February 1977): 117–35, www.jstor.org/stable/643526. 其他人算出的是 6 万个头盖骨：Bernard R. Ortíz de Montellano, "Counting Skulls: Comment on the Aztec Cannibalism Theory of Harner-Harris," *American Anthropologist* 85, no. 2 (1983): 403–6。
28. Rubén G. Mendoza, "Aztec Militarism and Blood Sacrifice," in Chacon and Mendoza, 42.
29. Eduardo Matos Moctezuma and Felipe Solis Olguín, *Aztecs* (London: Royal Academy of Arts, 2002), 423.
30. Ibid., 423–26.
31. Chacon and Mendoza, 15–25.
32. Rubén G. Mendoza, "The Divine Gourd Tree," in *The Taking and Displaying of Human Body Parts as Trophies by Amerindians*, ed. Richard Chacon and David Dye (New York: Springer, 2007), 409.
33. 在玛雅文献《波波尔·乌》，或称"议事书"中有很多这方面的证据。
34. Jiménez de Quesada, "One After the Other They All Fell Under Your Majesty's Rule" (Excerpts from *Epitomé del Nuevo Reino de Granada*), *The Colombia Reader: History, Culture, Politics*, ed. Ann Farnsworth-Alvear, Marco Palacíos, and Ana María Gómez López (Durham, NC: Duke University Press, 2017), 22.
35. Ibid.
36. Ibid.

37. 这可能是对伊索寓言《农夫与蛇》的改写。这个故事的不同版本也出现在波斯、中亚和其他文化中。我采用了路易斯·佩雷斯（Louis Pérez）在讲座中讲的蝎子和青蛙的寓言，出处见下。
38. C. W. Kuzawa and E. Sweet, "Epigenetics and the Embodiment of Race," *American Journal of Human Biology* 21, no. 1 (January/February 2009): 2–15. See also the online index of Northwestern University Laboratory for Human Biology Research/Christopher Kuzawa web files, www.groups.anthropology.northwestern.edu/lhbr/kuzawa_web_files/pdfs.
39. K. M. Radtke et al., "Transgenerational Impact of Intimate Partner Violence on Methylation in the Promoter of the Glucocorticoid Receptor," *Translational Psychiatry* 1, no. 7 (July 2011): e21.
40. 其中一位是北卡罗来纳大学的"J. 卡莱尔·西特森"历史学教授、美洲研究所主任路易斯·A. 佩雷斯。2015 年 11 月 5 日，佩雷斯在罕布什尔学院的埃格巴尔·艾哈迈德讲座（Eqbal Ahmad Lecture）上对文化差异做了令人深受启发的解释，他借伊索寓言中蝎子和青蛙的故事解释了跨代表观遗传和历史上古巴对美国的态度倾向。Louis A. Pérez, "2015 Eqbal Ahmad Lecture, Louis Pérez, Wayne Smith, Hampshire College," videotaped November 5, 2015, in Amherst, MA, 1:22.25, www.youtube.com/watch?v=IuBdKB8jX3I.
41. 这是 1482 年到 1492 年间的那十年，费迪南德对格拉纳达王国作战期间。10 万摩尔人丧命或沦为奴隶；20 万摩尔人和 20 万犹太人被强行驱逐（Kamen, 37–38）。另见 Joseph Telushkin, *Jewish Literacy*, New York: Morrow, 1991。
42. Means and Wolf, *White Men*, 16.
43. 2003 年以来在学术著作和专题讨论会上提出的数据（"Problems in Paradise," American Anthropological Association Symposium on Amerindian Violence, 2003, Chicago）表明，被征服前，本地的战争、仪式性暴力和武装冲突在拉丁美洲的各个主要文明中都普遍存在。Chacon and Mendoza, 4.
44. David J. Silverman, *Thundersticks: Firearms and the Violent Transformation of Native America* (Cambridge, MA: Harvard University Press, 2016).
45. 还有许多这样的叛乱团体，但最有意思的莫过于洛佩·德·阿吉雷（Lope de Aguirre）领导的叛军。此人绰号"疯子"（El Loco），他自称"上帝之怒""自由王子""大地之王"。他在秘鲁宣布贡萨洛·皮萨罗的命令无效，对印第安人大肆施暴。Charles Nicholl, *The Creature in the Map* (Chicago: University of Chicago Press, 1997), 27.
46. Arciniegas, *Latin America*, 137–38.
47. 他是来自巴斯克的征服者多明戈·马丁内斯·德·伊拉拉（Domingo Martínez de Irala）。他参加了佩德罗·德·门多萨 1535 年去美洲大陆南方的探险。他帮助建立了布宜诺斯艾利斯，并成为拉普拉塔都督。伊拉拉犯上抗命，指控总督卡韦萨·德·巴卡（Cabeza de Vaca）对印第安人太仁慈，将其作为叛徒押上船送回了西班牙。
48. Alonso Zorita, *Leyes y ordenanzas reales de las Indias Del Mar Oceano* (1574) (México, DF: Secretaria de Hacienda, 1983–1984), 355–56.
49. 关于西班牙殖民统治的这一部分自此处到结束，我大量引用了我自己写的《玻利瓦尔：美洲解放者》(*Bolivar: American Liberator*)第 26—27 页的内容。资料来源包括：Leslie Bethell, *The Cambridge History of Latin America*, vol. 3 (Cambridge: Cambridge University Press, 1985); Carlos Eugenio Restrepo, *Historia de la Revolución*, vol. 1; Guillermo Antonio Sherwell, *Simón Bolívar (el Libertador): Patriot, Warrior, Statesman,*

Father of Five Nations (Washington, DC: B. S. Adams, 1921)。

50. Betanzos, *Narrative of the Incas* (ca. 1576), trans. and ed., Roland Hamilton and Dana Buchanan (Austin: University of Texas Press, 1996); Burr Brundage, *Empire of the Inca* (Norman: University of Oklahoma Press, 1963), 112–24.
51. Bernabé Cobo, *Inca Religion and Customs* (1653), 135. See also Chacon and Mendoza, 120–21.
52. Graham Gori, Associated Press, "Ancient and Bloody Bolivian Ritual Draws a Crowd," *Los Angeles Times*, July 6, 2003.
53. Gori, "Ancient and Bloody."
54. Gori, "Ancient and Bloody."
55. Jose Carlos Mariátegui, quoted in Wright, 275.
56. David Stannard, *American Holocaust: The Conquest of the New World* (New York: Oxford Press, 1993), prologue.
57. Jared Diamond, *Guns, Germs, and Steel* (New York: Norton, 1997) e-book, ch. 12.
58. Ibid.; Ángel Rosenblat, *La Población Indígena de América: Desde 1492 Hasta la Actualidad* (Buenos Aires: Institución Cultural Española, 1945), http://pueblosoriginarios.com/textos/rosenblat/1492.html.
59. Martín de Murúa, *Historia general del Perú*, 2:270.
60. José García Hamilton, *El autoritarismo y la improductividad en Hispanoamérica* (Buenos Aires: Ed. Sudamericana, 1998), ch. 1.
61. Galeano, 43.
62. 从 1581 年到 1598 年，西班牙的腓力二世国王统治着葡萄牙，所以他成了巴西事实上的统治者，将这种主张彻底变为现实。
63. Esther Wagner Stearn and Allen Edwin Stearn, *The Effect of Smallpox on the Destiny of the Amerindian* (Minneapolis: University of Minnesota, 1945), 13–20, 73–94, 97.
64. "Selected Death Tolls for Wars, Massacres, and Atrocities Before the 20th Century," Necrometrics, last modified January 2012, http://necrometrics.com/pre1700a.htm#America.
65. Rosenblat, *La Población*, 185; Stannard, *American Holocaust*, 33.
66. 后来他们按照肤色深浅的微妙差别得到了五花八门的各种名称：*indios, cholos*, mestizos, negros, *pardos*, zambos, mulattos, *castizos, moriscos*, albinos, *torna-atrás, sambayos, cambujos, albarazados, barcinos, coyotes, chamizos, chinos, ahí te estás, tente en el aire, no te entiendo.* Ángel Rosenblat, *La población indígena y el mestizaje en América*, vol. 2 (Buenos Aires: Nova, 1954), 135.
67. Nicholas A. Robins, *Native Insurgencies and the Genocidal Impulse in the Americas*, 3.
68. Kenneth J. Andrien, "Economic Crisis, Taxes, and the Quito Insurrection of 1765," in *Past and Present*, no. 129 (November 1990): 104–131.
69. Scarlett Godoy O'Phelan, *Un siglo de rebeliones anticoloniales* (Paris: Institut français d'études andines, 2015), 296–305.
70. "*Informe de los oidores Pedro Antonio Zernudas y Lorenzo Blanco Ciceron*," La Plata, March 14, 1781, Charcas, 596, Archivo General de las Indias (AGI). "Confesión de Asensio Pacheco," La Plata, April 18, 1781, AGI, ibid., 603, 20: Robins, *Native Insurgencies*, 39.
71. 图帕克·阿马鲁二世在起义反对西班牙人之前名叫何塞·加夫列尔·孔多尔克兰奇（José Gabriel Condorcanqui）。书中关于图帕克·阿马鲁二世的大部分叙述以及关于何塞·安东尼奥·加兰叛乱的片段直接摘自 Arana, *Bolívar*, 29–30。

72. Tupac Amaru II in José Félix Blanco and Ramón Azpurúa, *Documentos para la historia de la vida pública del Liberator de Colombia* (Caracas: La Opinión Nacional, 1875), 1:151.
73. Jan Szeminski, "Why Kill the Spaniard?," in *Resistance, Rebellion, and Consciousness in the Andean Peasant World*, ed. Steve Stern (Madison: University of Wisconsin Press, 1987), 167.
74. Robins, *Native Insur- gencies*, 40–41, 54.
75. Szeminski, "Why Kill?," 169–70.
76. Bethell, *History of Latin America*, 3:36.
77. J. P. Viscardo y Guzmán, *Letter to the Spanish Americans* (1799) (Providence: John Carter Brown Library facsimile, 2002), from the introduction by David Brading, 20.
78. Antonio Núñez Jiménez, *Un mundo aparte* (Madrid: Ed. de la Torre, 1994), 216–17.
79. Justin Winsor, ed., *Narrative and Critical History of America* (Cambridge, MA: Houghton Mifflin, 1889), 317.
80. Germán Arciniegas, *20,000 Comuneros hacia Santa Fe* (Bogotá: Pluma, 1981).
81. *"Los hombres que sabían usar un machete para cortar la caña, demostraron un día que sabían usar el machete también para combatir."* Fidel y Dolores Guerra Castro, *Fidel Castro y la historia como ciencia* (Havana: Centro de Estudios Martianos, 2007), 106.
82. Fidel Castro, *Fidel Castro: Selección de documentos* (Havana: Editora Política, 2007), 11.
83. Juan Triana Cordoví, "La Maldita Bendición de la Caña de Azucar," *On Cuba*, September 26, 2016.
84. 其中包括当时已和前第一夫人埃莉诺·罗斯福共同创立了"美国人争取民主行动"（Americans for Democratic Action）的著名历史学家小阿瑟·施莱辛格（Arthur Schlesinger Jr.）、明尼苏达州的参议员休伯特·汉弗莱（Hubert Humphrey）、经济学家约翰·肯尼思·加尔布雷思（John Kenneth Galbraith）和神学家莱因霍尔德·尼布尔（Reinhold Niebuhr）。Arthur Schlesinger Jr., *The Dynamics of World Power* (New York: McGraw-Hill, 1973), 512.
85. Luis Báez, *Así es Fidel* (Havana: Casa Editora, 2010), 2:11.
86. Che Guevara, quoted in Douglas Kellner, *Ernesto "Che" Guevara* (World Leaders Past & Present) (Langhorne, PA: Chelsea House, 1989), 40.
87. "Appendix B: Supply-Demand Balances, 'Sugar,'" in *Commodity Markets Outlook* (Washington, DC: World Bank Group, October 2016), 58, http://pubdocs.worldbank.org/en/143081476804664222/CMO-October-2016-Full-Report.pdf.
88. Kosmas Tsokhas, "The Political Economy of Cuban Dependence on the Soviet Union," *Theory and Society* 9 (March 1980): 319–62.

第七章

1. Simón Bolívar, speech to the Patriotic Society, July 3–4, 1811, in Bolívar, *Doctrina del Libertador*, ed. Manuel Pérez Vila (Caracas: Fundación Biblioteca Ayacucho, 1992), 7.
2. 以下对拉丁美洲独立战争的叙述大部分来自笔者写的《玻利瓦尔：美洲解放者》，该书详尽记述了那些事件。
3. Pedro Fermín de Cevallos, *Resumen de la Historia de Ecuador*, vol. 3, ch. 2, Miguel de Cervantes Virtual Library Foundation, www.cervantesvirtual.com.

4. Thomas Carlyle about Bolívar, in "Dr. Francia," *Foreign Quarterly Review*, no. 62 (1843).
5. Arana, *Bolívar*, 80.
6. Bolívar, "Letter from Jamaica," Kingston, September 6, 1815, in *Reflexiones políticas* (Barcelona: www.lingkua.com, 2018), 63.
7. Arana, *Bolívar*, 86.
8. Simón Bolívar, in Felipe Larrazábal, *Vida y correspondencia general del Libertador Simón Bolívar*, vol. 1 (New York: Eduardo O. Jenkins, 1866), 580.
9. Bolívar, to the editor of the *Royal Gazette*, Kingston, 15 August 1815, in *Cartas del Libertador*, ed. Lecuna, vol. 1, 29, 95.
10. M. McKinley, *Pre-Revolutionary Caracas* (Cambridge: Cambridge University Press, 1985), 171. 所有关于玻利瓦尔的信息在我写的传记《玻利瓦尔：美洲解放者》中均有更详细的叙述。
11. Christon Archer, *The Wars of Independence in Spanish America*, Jaguar Books on Latin America, no. 20 (Wilmington, DE: SR Books, 2000), 35–37, 283–92. Robert Scheina, *Latin America's Wars: The Age of the Caudillo, 1791–1899*, vol. 1 (Washington, DC: Potomac Books, 2003), 173, 内称厄瓜多尔、委内瑞拉和墨西哥的人口减少了 1/4。
12. J. B. Trend, *Bolívar and the Independence of Spanish America* (New York, Macmillan, 1948), 109.
13. El Inca Garcilaso, *La Florida*, bk. 3, ch. 26, 149.
14. Scheina, *Latin America's Wars*, 2:1845. Scheina, *Latin America's Wars: The Age of the Caudillo, 1791–1899*, vol. 1 (Dulles, VA: Brassey' s, 2003), 84, 具体说明了有 30 万作战者和 70 万平民。
15. Juan González, *Harvest of Empire: A History of Latinos in America* (New York: Penguin, 2001) 中声称有 60 万以上。
16. Scheina, *Latin America's Wars*, 2:1773. 对比数据另见 Jan Lahmeyer, "Mexico: Historical Demographical Data of the Whole Country," Populstat, last modified February 4, 2002, www.populsat.info/Americas/mexicoc.htm，此处给的数据是 15%。
17. Sherburne F. Cook and Woodrow Borah 显示，原住民人口从 1519 年的 2 520 万断崖式剧减到 1545 年的 630 万，1570 年又降至 250 万，1620 年到达 120 万的最低值。墨西哥人口在 1800 年是 500 万左右，1855 年增长至 800 万，1910 年超过了 1 500 万。这样算起来，从 1519 年到 1910 年，人口减少了 1 000 万。Robert McCaa, "The Peopling of Mexico from Origins to Revolution" (preliminary draft), in *The Population History of North America*, ed. Richard Steckel and Michael Haines (Cambridge: Cambridge University Press, 1997), https://users.pop.umn.edu/~rmccaa/mxpoprev/cambridg3.htm. With the revolution, it dropped again by 1921 to a bit more than 14 million. Jan Lahmeyer: "Mexico: Historical Demographical Data of the Whole Country," Population Statistics, last modified February 2, 2004.
18. Enrique Krauze, "Mexico at War," *New York Review of Books*, September 27, 2012.
19. María Teresa Vázquez Castillo, *Land Privat- ization in Mexico: Urbanization, Formation of Regions, and Globalization in* Ejidos (New York: Routledge, 2004), 26.
20. Amanda Macias and Pamela Engel, "The 50 Most Violent Cities in the World," Business Insider, last modified January 23, 2015; *Independent* (UK), April 2016.
21. George Frederick Masterman, *Seven Eventful Years in Paraguay: A Narrative of Personal*

Experience Amongst the Paraguayans (London: Sampson Low, 1870), 46.
22. Julio Llanos, *El Dr. Francia* (Buenos Aires: Moen, 1907), 53.
23. Ibid., 45–46.
24. Ibid., 36.
25. Thomas Carlyle, "Dr. Francia," in *Critical and Miscellaneous Essays*, vol. 1, Carlyle's Complete Works (Boston: Standard, 1899), 17.
26. Galeano, 188.
27. H. Leguizamón, letter to the editor of *La Nación*, June 23, 1906, in Llanos, *Dr. Francia*, 78–81.
28. W. D. Rubinstein, *Genocide: A History* (London: Pearson, 2004), 94.
29. 这句和下面几句直接引自我自己的书：Arana, *Bolívar*, 463。
30. 加夫列尔・加西亚・马尔克斯说过："拉丁美洲唯一的神话产物就是独裁者。""*Una naturaleza distinta en un mundo distinto al nuestro*"［一个与我们的世界不同的世界里的不同人性］，*La Jornada* (Mexico City), October 28, 2010, 4。
31. Ernesto Sabato, "*Inercia mental*," in *Uno y el universo* (Buenos Aires: Editorial Seix Barral, 2003), 90.
32. Arana, *Bolívar*, 456.
33. 即马里亚诺・梅尔加雷霍（Mariano Melgarejo）总统，1817 年在利马流亡期间被杀。另见 Lawrence A. Clayton, *The Bolivarian Nations of Latin America*, 22。
34. 加夫列尔・加西亚・莫雷诺总统，一个虔诚的天主教徒。出处同上，第 23 页。
35. 身为共济会会员的何塞・埃洛伊・阿尔法罗（José Eloy Álfaro）总统企图拆解教会的权力。出处同上，第 36 页。
36. José Martí, *Ideario cubano* (Havana: Municipio de la Habana, 1936), 144.
37. Scheina, *Latin America's Wars*, vol. 1, quoted in "Statistics of Wars, Oppressions and Atrocities of the Nineteenth Century," Necrometrics, last modified March 2011, http://necrometrics.com/wars19c.htm#Max-Mex.
38. "Impunity," ch. 11 in *Cuba's Repressive Machinery: Human Rights Forty Years After the Revolution* (report), Human Rights Watch online, last modified June 1999, www.hrw.org/reports/1999/cuba/Cuba996-11.htm; Thomas, *Cuba*, 1458–61.
39. Rafael Fernández de Castro, *Para la historia de Cuba*, vol. 1 (Habana: La Propaganda Literaria, 1899), 315.
40. Norman Gall, "How Castro Failed," *Commentary*, November 1, 1971, 48.
41. Ibid.
42. 菲德尔・卡斯特罗自己也承认这一点。Castro, public speech, July 26, 1970, quoted in Gall, Ibid.
43. 安盟将领阿林多・贝纳在安哥拉战争期间的诨名是"本・本将军"，采用了阿尔及利亚革命领导人艾哈迈德・本・贝拉（Ahmed Ben Bella）的名字。1992 年的卢安达万圣节大屠杀后，本・本将军在电视上对着他的电台喊出了这些话。Peter Polack, *The Last Hot Battle of the Cold War* (Philadelphia: Casemate, 2013), 84–85.
44. J. H. Williams, "Cuba: Havana's Military Machine," *Atlantic*, August 1988.
45. Luis Cino Álvarez, "Valió la pena la muerte de miles de cubanos en Angola?," Blogs Cubanos, Radio Televisión Martí, November 2015.
46. Jamie Miller, "Castro in Africa," *The Atlantic*, December 3, 2016.
47. 我于 1995 年 9 月到 1996 年 7 月在洛顿监狱多次采访卡洛斯・布埃尔戈斯，期间，他讲述了下文中的事件。

48. *“Qué han hecho de mi pueblo? Qué han hecho de nosotros?”* António Lobo Antunes, *En el culo del mundo* [世界尽头的土地] (Madrid: Debolsillo e-book, 2012), Ch. G. 20 世纪 70 年代初，1974 年葡萄牙革命之前，安图内斯（Antunes）应征入伍，作为一名葡萄牙士兵参加了安哥拉战争。
49. “Absolute Hell over There,” *Time*, January 17, 1977.
50. 门罗主义是美国反对任何外部势力试图干预西半球事务的政策，始于 1823 年拉丁美洲即将实现完全独立之时，但直至 25 年后，它才确定了这一名称。詹姆斯·门罗总统是这一政策的提出者。
51. Paul Lopes, *The Agrarian Crises in sModern Guatemala* (Madison: University of Wisconsin, 1985), 46; *Amnesty International Annual Report 1971–1972* (London: AI Publications, 1972), 45; *Amnesty International Annual Report 1972–1973* (London: AI Publications, 1973), 6. 据说阿拉纳总统说：“如果为了实现国家安定，需要把全国变成墓地，我会毫不犹豫地这样做。” James Dunkerley, *Power in the Isthmus* (London: Verso, 1988), 691.
52. José Miguel Larraya, “Fidel Ante la Tumba de Allende,” *El País* (Madrid), November 11, 1996; “Allende se suicidó con un fusil regalado por Fidel Castro,” Libertad Digital SA, last modified July 20, 2011.
53. Peter Kornbluh, “Chile and the United States: Declassified Documents Relating to the Military Coup, September 11, 1973,” *National Security Archive Electronic Briefing Book 8*, George Washington University National Security Archive (legacy online site), accessed February 1, 2019, https://nsarchive2.gwu.edu// NSAEBB/NSAEBB8/nsaebb8i.htm. Also: Kristian Gustafson, “CIA Machinations in Chile, 1970: Reexamining the Record,” *Studies in Intelligence* 47, no. 3 (2003).
54. Kornbluh, “Chile and the United States.”
55. Ibid.
56. Tina Rosenberg, *Children of Cain: Violence and the Violent in Latin America*, 338.
57. Ibid., 334.
58. Juan Forero, “Details of Mexico’s Dirty Wars from 1960s to 1980s Released,” *Washington Post*, November 22, 2006.
59. Kevin Sullivan, “Memories of Massacre in Mexico,” *Washington Post*, February 14, 2002.
60. Forero, “Details of Mexico’s Dirty Wars.”
61. “Mass Atrocity Endings: Colombia—La Violencia,” World Peace Foundation at the Fletcher School online, last modified December 14, 2016.
62. John Adams to John Jay, London, 28 May 1786, in E. Taylor Parks, *Colombia and the United States: 1765–1934* (Durham, NC: Duke University Press, 1935), 36.
63. Ibid.
64. John Adams to politician James Lloyd, 30 March 1815, Quincy, MA, in *The Works of John Adams* (Boston: Little Brown, 1856), 150.
65. Richard Nixon, voice recording, Nixontapes.org, 735–001, June 15, 1972.
66. Richard Nixon to US ambassador to NATO Donald Rumsfeld, quoted in James Mann, *Rise of the Vulcans: The History of Bush’s War Cabinet* (New York: Viking, 2004), 16.
67. Nixon phone call with H. R. Haldeman, October 20, 1971, George Washington University

National Security Archive (legacy online site), accessed February 1, 2019, www.gwu.edu/~nsarchiv/NSAEBB/NSAEBB95/mex18.pdf, conversation 597-3, cassette 1293.

68. Henry Kissinger, quoted in Seymour Hersh, "The Price of Power: Kissinger, Nixon, and Chile," *Atlantic*, December 1982.
69. 基辛格："我看不出我们为何要袖手旁观，眼看着一个国家因为其人民的不负责任而转向共产主义。这些问题对智利选民太重要了，不能由他们自己来决定。""40 委员会"关于对智利采取秘密行动的会议（1970 年 6 月 27 日），摘自 Victor Marchetti and John D. Marks, *The CIA and the Cult of Intelligence* (New York: Knopf, 1974)。另见 Seymour Hersh, "Censored Matter in Book About CIA Said to Have Related Chile Activities; Damage Feared," *New York Times* online, September 11, 1974)。
70. Walter Hixson, *American Foreign Relations: A New Diplomatic History* (New York: Routledge, 2016), 310.

第八章

1. José Martí, "*Los bárbaros que todo lo confian a la fuerza y a la violencia nada construyen, porque sus simientes son de odio*," cited in Eduardo Palomo y Trigueros, *Cita-logía* (Sevilla: Punto Rojo, 2013), 295.
2. José García Hamilton, *El autoritarismo y la improductividad en Hispanoamérica* (Buenos Aires: Ed. Sudamericana, 1998), digital version.
3. Simón Bolívar to Urdaneta, Buíjo, July 5, 1829, in Daniel Florencio O'Leary, *Memorias de General O'Leary* (Caracas: Imprenta Nacional, 1879–88), 23:416–18.
4. Bolívar, "Letter from Jamaica," addressed to "un caballero de esta isla," Kingston, September 6, 1815, in Vicente Lecuna, *Simón Bolívar, Obras* (Caracas: Ediciones de la CANTV, 1983), 1:161.
5. Scheina, *Latin America's Wars*, vol. 1, 173.
6. Octavio Paz, "Intermitencias del Oeste," from Canción Mexicana, *Collected Poems of Octavio Paz* (New York: New Directions, 1987), 222. 由笔者译为英文。
7. Fuentes, 268–69.
8. 圣安纳丢了北得克萨斯，使之落入美国手中，还丢了墨西哥的全部北方领土，包括亚利桑那、新墨西哥、科罗拉多、内华达、加利福尼亚和犹他州的一些土地。它们大多是 1853 年为方便修建铁路而进行的加兹登购地行动（Gadsden Purchase）的一部分。
9. Stuart Easterling, *The Mexican Revolution: A Short History, 1910–1920* (Chicago: Haymarket, 2013), 34–40.
10. 3 万人被驱逐。其间男人被迫和农庄的华工结婚，忘掉先前的所有亲人。Fuentes, 286.
11. Enrique Krauze, "In Mexico, a War Every Century," *New York Times* Opinion online, September 14, 2010.
12. Ibid.
13. Lines from Gioconda Belli's "Canto de guerra," 1948, in Belli, *De la costilla de Eva* (Managua: Editorial Neuva Nicaragua, 1987). 由笔者译为英文。
14. Data on Nicaragua from "Timeline: Nicaragua," Stanford University online, last accessed, February 2, 2019, https://web.stanford.edu/group/arts/nicaragua/discovery_eng/timeline.
15. 对门罗主义（1823 年）的罗斯福推论（1904 年）将美国的战略利益掩藏在援助邻国的言辞之下："导致文明社会纽带普遍松弛的长期不法行为或失能在美洲正如在其

他地方一样，也许最终需要某个文明国家出手干预，而在西半球，美国对门罗主义的奉行可能会迫使美国在此类恶行或失能极为严重之时行使国际警察的权力，无论多么勉为其难。”引自 Gaddis Smith, *The Last Years of the Monroe Doctrine* (New York: Hill and Wang, 1994), 25。

16. David Boddiger, *Tico Times* (Costa Rica), July 22, 2014.
17. Junot Díaz, *The Brief Wondrous Life of Oscar Wao* (New York: Riverhead, 2007), 3.
18. Robert Crassweller, *The Life and Times of a Caribbean Dictator* (New York: Macmillan, 1966), 156.
19. "I Shot the Cruellest Dictator in the Americas," BBC News online, last modified May 28, 2011, www.bbc.com/news/world-latin-america-13560512. 英国广播公司（BBC）证实了中情局的卷入，补充说：“中情局在多米尼加共和国事实上的站长亨利·迪尔伯恩（Henry Dearborn）1960 年 10 月写信给他在国务院的上司说：‘如果我是多米尼加人（谢天谢地我不是），我会赞成除掉特鲁希略，这是拯救我的国家必要的第一步，事实上我会视其为我作为基督徒的责任。”
20. *"Es el ruido de las cosas al caer desde la altura, un ruido interrumpido y por lo mismo eterno, un ruido que no termina nunca."* Juan Gabriel Vásquez, *El ruido de las cosas al caer* (Madrid: Alfaguara, 20011), 87.
21. "La Guerra de los Mil Días," *Encyclopædia Britannica* online, January 5, 2018.
22. 此为路易斯·桑切斯·塞罗（Luis Sánchez Cerro），在检阅被派去参加这场不宣而战的战争的部队时遇刺。
23. Gabriel García Márquez, *Vivir para contarla* (Barcelona: Mondadori, 2002), 332–63.
24. *"Matarón a Gaitán!"* Georgie Anne Geyer, *Guerrilla Prince* (New York: Little, Brown, 1991), 77.
25. 30 万这个数字来自若干资料的汇总，见 Erna von der Walde and Carmen Burbano, "Violence in Colombia: A Timeline," North American Congress on Latin America online, last modified September 2007, https://nacla.org/article/violence-colombia-timeline。另见 Rex A. Hudson, ed., *Colombia: A Country Study*, 5th ed. (Washington, DC: Library of Congress, 2010), 326，这项研究把数字确定在 20 万以上。
26. Hudson, *Colombia*, 43. 这位政治家的女儿格洛丽亚·盖坦（Gloria Gaitán）当时才 7 岁，她认为是中情局干的。当时一位名叫阿尔瓦罗·列夫亚·杜兰（Álvaro Leyva Durán）的哥伦比亚政治家提出，刺客可能是遭到盖坦的情妇（“黑猫”夜总会的女招待）拒绝的一个追求者。Otty Patiño, *Historia (privada) de la violencia* (Bogotá: Debate, 2017), 300.
27. Rosenberg, 142. 罗森堡指的是从乡间逃入城市的智利人。另有资料，给出的数字较为保守，是 200 万，可能其关注焦点是随后发生的智利人大流散："Mass Atrocity Endings: Colombia—LA Violencia," World Peace Foundation at the Fletcher School online, last modified December 14, 2016, https://sites.tufts.edu/atrocityendings/2016/12/14/colombia-la-violencia-2。
28. 这是卡斯特罗在接受卡丘斯卡·布兰科·卡斯蒂涅拉（Katiuska Blanco Castiñeira）采访时所述，访谈是为了撰写著作 *Fidel Castro Ruz: Guerrillero del tiempo* (Panamá: Ruth Casa Editorial, 2012), vol. 1, ch. 9。
29. Ibid.
30. Ibid.

31. Ibid.
32. Ibid.
33. Geyer, *Guerrilla Prince*, 339.
34. 的确，卡斯特罗拥有拉丁美洲人均战斗力最强的作战部队：*Cuban Armed Forces and the Military Presence* (Special Report no. 103) (Washington, DC: US Department of State, August 1982), www.dtic.mil/dtic/tr/fulltext/u2/a497385.pdf。
35. 这些叙述载于 1996 年 7 月 9 日《华盛顿邮报》的一篇头版报道，素材源自我在 1995 年到 1996 年对正在洛顿监狱服刑的布埃尔戈斯的访谈。
36. John Darnton, "Castro Finds There Are Risks as the 'Policeman of Africa,'" *New York Times* online, November 12, 1978.
37. 菲德尔・卡斯特罗领导古巴 50 年，是世界上在位时间第三长的国家元首，仅次于英国的伊丽莎白二世女王和泰国国王。2006 年 7 月，他接受肠道手术后暂时将权力交给弟弟劳尔。2008 年，他正式移交了权力。Reuters, "Castro Among Longest-Serving Leaders, Known for Long Speeches," Voice of America online, November 26, 2016, www.voanews.com/a/fidel-castro-obituary-facts/3612417.html.
38. "Fidel Castro Proclaims Himself a Terrorist," Fidel Castro, speech at the fifteenth anniversary of MININT, the Republic of Cuba's Ministry of the Interior, June 1976.
39. Gary Marx, "Cubans Have Beef with Chronic Cattle Shortage," *Chicago Tribune*, March 18, 2004.
40. "*Por qué Cuba sanciona con tanta severidad el sacrificio de ganado?*"［为何古巴如此严惩宰牛行为？］, BBC World online, last modified September 12, 2015.
41. Reuters, "Castro Would Free 3,000," *New York Times* online, November 23, 1978.
42. *"Tierra del Fuego could prove suitable for cattle breeding"*: *London Daily News*, 1882, as quoted in Michael Taussig, *Mimesis and Alterity: A Particular History of the Senses* (London: Routledge, 1993), 86.
43. "*O comes o te comen, no hay más remedio*," Mario Vargas Llosa, *La Ciudad y los Perros* (Madrid: Alfaguara, 2005), 33.
44. Rosenberg, 8.
45. Martín Gusinde, *Los indios de Tierra del Fuego* (Buenos Aires: Centro de Etnología Americana, 1982), 143. See also Jérémie Gilbert, *Nomadic Peoples and Human Rights* (New York: Routledge, 2014), 23–24.
46. Charles Darwin, *The Voyage of the* Beagle (1845; London: Wordsworth Classics, 1997), 198–99.
47. *London Daily News*, 1882, in Taussig, *Mimesis*, 86; Jérémie Gilbert, *Nomadic People and Human Rights*, 24.
48. 1914 年接收了超过 160 万欧洲移民。早前已有成百上千人陆续拥入。 Fuentes, 282.
49. Rosenberg, 8.
50. Rosenberg, 79.
51. Ignacio González Jansen, *La Triple A* (Buenos Aires: Contrapunto, 1986), 7–38.
52. 1 400 万美元相当于今天的 6 900 万美元。此人叫维克多・塞缪尔森（Victor Samuelson），是埃克森石油公司一家分公司的炼油厂经理。Brian Berenty, "The Born Legacy: Kidnappings in 1970s Argentina," November 4, 2015. www.livinglifeinanopensuitcase.wordpress.com. 博恩兄弟的 6 000 万美元赎金价值今天的 2.93 亿美元。Gus Lubin and Shlomo

Sprung, "The Largest Ransoms Ever Paid," Business Insider, last modified September 7, 2012.

53. Lubin and Sprung, "Largest Ransoms."
54. "Pregunta a Videla sobre los desaparecidos," uploaded to YouTube by CADALTV on April 25, 2013, 5:24, www.youtube.com/watch?v=3A1UCjKOjuc. Videla's answer: "*Es un incognito. Es un desaparecido. No tiene identidad. No está ni muerto, ni vivo. Está desaparecido.*"
55. "Perú: Socio de Condor," John Dinges online, accessed February 2, 2019, http://johndinges.com/condor/documents/Peru%20and%20Condor.htm.
56. "Lifting of Pinochet's Immunity Renews Focus on Operation Condor," George Washington University National Security Archive (legacy online site), last modified June 10, 2004, https://nsarchive2.gwu.edu/NSAEBB/NSAEBB125. 两个杰出的信息源是 John Dinges's *The Condor Years* (New York: Free Press, 2005) 和 Peter Kornbluh' s *The Pinochet File* (New York: Free Press, 2003)。
57. A. J. Langguth, *Hidden Terrors: The Truth About U.S. Police Operatons in Latin America* (New York: Pantheon Books, 1978). 全书通篇讲的都是美国的暗箱操作。兰古思担任过好几个媒体机构领导，其中包括《纽约时报》的分社社长。
58. Kissinger transcript, staff meeting, US Department of State, October 1, 1973, available on George Washington University National Security Archive (legacy online site), accessed March 16, 2019, https://ns archive2.gwu.edu//NSAEBB/NSAEBB110/chile03.pdf, 26–27.
59. Kissinger, in a September 20, 1976, memorandum, George Washington University National Security Archive (legacy online site), accessed February 2, 2019, https://nsarchive2.gwu.edu/NSAEBB/NSAE BB125/condor09.pdf.
60. Vladimir Hernández, "Argentina: viaje al delta donde 'llovieron cuerpos'" [Argentina: Trip to the delta where "bodies rained"], BBC World online, last modified March 24, 2013.
61. Thompson, "World Watched."
62. Ibid.
63. "Obama Brings 'Declassified Diplomacy' to Argentina" (Security Advisor Susan Rice's public announcement in advance of President Obama's 2016 trip to that country), available on George Washington University National Security Archive (legacy online site), last modified March 18, 2016, https://nsarchive.gwu.edu/briefing-book/southern-cone/2016-03-18/obama-brings-declassified-diplomacy-argentina; accessed March 16, 2019. Reuters, Sarah Marsh and Maximiliano Rizzi, "Obama's Argentina Trip Raises Questions About Macri Rights Record," March 18, 2016. 根据智利情报机关的一份机密报告，1975 年至 1978 年间，至少有 2.2 万阿根廷人被杀害。"On 30th Anniversary of Argentine Coup, New Declassified Details on Repression and US Support for Military Dictatorship," available on George Washington University National Security Archive (legacy online site), last modified March 23, 2006, https://nsarchive2.gwu.edu/NSAEBB/NSAEBB185/index.htm.
64. Edward Rhymes, "Operation Condor," TeleSUR online, last modified June 15, 2017.
65. Nilson Mariano, *As Garras do Condor* (São Paulo: Vozes, 2003), 234.
66. Ibid.
67. 几场战争中的美国死亡人数：独立战争——8 000 名作战者死亡，共死亡 2.5 万人，见 Howard H. Peckham, ed., *The Toll of Independence* (Chicago: University of Chicago Press, 1974), 131。越南战争——47 424 名作战者死亡，共死亡 58 209 人，见 John Whiteclay Chambers II, ed., *The Oxford Companion to American Military History* (New York: Oxford

University Press, 1999), 849。自那以后的美国作战行动——战场死亡总人数为 7 788 人，见 Nese F. DeBruyne, "American War and Military Operations Casualties: Lists and Statistics," table 2-24, Congressional Research Service online, last modified September 14, 2018, https://fas.org/sgp/crs/natsec/RL32492.pdf。作为对比，第一次世界大战的作战死亡人数达到了 5.3 万（包括疾病致死在内的总死亡人数是 11.6 万）；美国南北战争的死亡人数为 61.8 万。

68. Personal testimony quoted in D. Rothenberg, ed., *Memory of Silence* (*Tz'inil na 'tab'al*), *The Guatemalan Truth Commission Report* (London: Palgrave Macmillan, 2012), 7, www.documentcloud.org/documents/357870-guatemala-memory-of-silence-the-commission-for.html.
69. Rosenberg, 243.
70. Ibid., 269.
71. Jorge G. Castañeda, *Utopia Unarmed: The Latin American Left After the Cold War*, 98.
72. Mark Danner, "The Truth of El Mozote," *The New Yorker*, December 6, 1993.
73. Ibid., 101.
74. Mayra Gomez, *Human Rights in Cuba, El Salvador and Nicaragua* (New York: Routledge, 2003), 101.
75. *Report of the UN Truth Commission on El Salvador* (New York: United Nations Security Council S25500, April 1, 1993), www.derechos.org/nizkor/salvador/informes/truth.html.
76. Walter LaFeber, *Inevitable Revolutions: The United States in Central America* (New York: Norton, 1993), 76–77.
77. Stephen Schlesinger and Stephen Kinzer, *Bitter Fruit: The Story of the American Coup in Guatemala* (Cambridge, MA: Harvard University Press, 1999), 100–1.
78. 书中有关危地马拉内战和种族灭绝的数字与信息大多来自美国科学促进会（AAAS）和国际人权调查中心。Patrick Ball, Paul Kobrak, and Herbert Spirer, *State Violence in Guatemala, 1960–1996* (Washington, DC: AAAS, 1999).
79. Ibid., 21.
80. *Memory of Silence*, 20.
81. Ibid., 12.
82. 出处同上，第 42 页。上述报告显示顾问是以色列和阿根廷军方人员。
83. Ibid., 40–41.
84. Ibid., 42; Greg Grandin, "Guatemalan Slaughter Was Part of Reagan's Hard Line," *New York Times* online, May 21, 2013; Elisabeth Malkin, "Former Leader of Guatemala Is Guilty of Genocide Against Mayan Group," *New York Times* online, May 10, 2013.
85. Grandin, "Guatemalan Slaughter," May 10, 2013.
86. Associated Press, April 29, 1999; Rothenberg, *Guatemala: Memory of Silence*, 13. 1982 年的人口数量约为 600 万。
87. Dirk Kruijt, "Revolución y contrarevolución: el gobierno sandinista y la guerra de la Contra en Nicaragua, 1980–1990," *Desafíos* 23, no. 2 (July–December 2011): 67.
88. Rosenberg, 279.
89. Ibid.
90. Ibid., 279–80.
91. "Así contó La Prensa el asalto al Palacio Nacional hace 39 años," *La Prensa* (Managua), August 22, 2017, www.laprensa.com.ni/2017/08/22/politica/2283511-el-asalto-al-palacio-nacional-1978.

92. Rosenberg, 288; Gomez, *Human Rights*, 10.
93. Lou Cannon, "Latin Trip an Eye-Opener for Reagan," *Washington Post*, December 6, 1982.
94. José Martí to Manuel Mercado, 18 May 1895, Campo del Rios (English translation), HistoryofCuba.com, accessed March 16, 2016. 马蒂在这封信中所说的怪兽指的是美国。

第九章

1. Mario Vargas Llosa, *Death in the Andes* (New York: Farrar, Straus and Giroux, 1993), 127.
2. 工商业在哥伦比亚的"暴力时期"蓬勃发展。1948 年和 1953 年间暴力达到顶峰时，该国的经济增长率为 6.2%。Rosenberg, 41.
3. *Colombia: The Colombian Economy* (World Bank report, International Bank for Reconstruction and Development, Eastern Latin American Division, March 25, 1948), http://documents.worldbank.org/curated/en/582941468247471820/pdf/L31000Colombia000The0Colombian0economy.pdf.
4. Hudson, *Colombia*, 327.
5. "哥武"在全盛时期有 2 万人；民族解放军有 3 000 人。Juan Guillermo Mercado, "Desmovilización, principal arma contra las guerrillas," *El Tiempo* (Colombia) online, last modified September 22, 2013. 也见 *Contribución al entendimiento del conflicto armado en Colombia* [哥伦比亚武装冲突解读] (Havana: Comisión Histórica del Conflicto y sus Víctimas [Historical commission of the conflict and its victims], February 2015), 50–65。
6. "The Global Cocaine Market," in *World Drug Report 2010* (Geneva: United Nations Office on Drugs and Crime, June 2010), 30, www.unodc.org/documents/wdr/WDR_2010/1.3_The_globa_cocaine_market.pdf.
7. 出处同上，第 69 页。1995 年，美国的农业和矿业总利润约为 2 000 亿美元。US Department of Commerce, *Survey of Current Business* 79, table B-3, https://fraser.stlouisfed.org/files/docs/publications/SCB/1990–99/SCB_071999.pdf.
8. Hudson, *Colombia*, 329.
9. *Contribución al entendimiento*, 56–64.
10. Hudson, *Colombia*, 34–38.
11. 阿维马埃尔·古斯曼，也叫"贡萨洛"，秘鲁"光辉道路"领导人。Fernando Salazar Paredes, "*Salvo el poder todo es ilusión*," La Opinion, *Pagina Siete* (La Paz), May 4, 2016.
12. 这些见解及以下关于胡阿曼卡大学和"光辉道路"的许多情况都来自豪尔赫·卡斯塔涅达（Jorge G. Castañeda）的杰出著作 *Utopia Unarmed*, 98–125。
13. Castañeda, *Utopia Unarmed*, 120.
14. 他童年的这些细节来自 Juan Carlos Soto and Giuliana Retamozo, "La Madre Chilena de Abimael Guzmán," *La República* (Arequipa, Peru), March 22, 2008。
15. "光辉道路"的文件显示，他的计划要做到（1）暴力：要通过暴力手段夺取权力，并建立独裁政权掌控权力；（2）彻底：要消灭帝国主义者及其具有封建思想的走狗；（3）长期：要打一场时间长、规模大的整体战；（4）崭新：要动员群众，而不是以前设想的军队，要把"光辉道路"变为一股崭新的、过去从未见过的平民主义力量。秘鲁历史学家内尔松·曼里克（Nelson Manrique）在一篇论文中对古斯曼的思想做了清楚的介绍：Nelson Manrique, "*Pensamiento, acción y base político del movimiento Sendero Luminoso*," available on Historicizing the Living Past in Latin America, www.historizarelpasadovivo.cl。
16. *El Diario* (La Paz) interview, quoted in C. Kistler, "PCM: To Defend the Life of Chairman

Gonzalo is to Defend Maoism!" Redspark (an international Communist Party publication), last modified October 25, 2107, http://www.redspark.nu/en/imperialist-states/to-defend-the-life-of-chairman-gonzalo-is-to-defend-maoism.

17. Gustavo Gorriti, *Shining Path: A History of the Millenarian War in Peru*, 84; Dora Tramontana Cubas, "*La Violencia Terrorista en el Perú, Sendero Luminoso*," *Revista Persona*, nos. 25, 26, Argentina, 2004.
18. Lucero Yrigoyen MQ, "*Sendero Luminoso y los perros*," *Semanario Siete* (Peru), September 10, 2012.
19. Gorriti, 86.
20. Castañeda, *Utopia Unarmed*, 127. "光辉道路"与毒品贸易达成的资金安排很可能是"哥武"与哥伦比亚毒枭勾结合作的效法对象。另见 Manrique, "The War for the Central Sierra," in *Shining and Other Paths: War and Society in Peru, 1980–1995*, ed. Steve J. Stern, 215。
21. Rosenberg, 146.
22. Anne Lambright, *Andean Truths*, Liverpool, UK: Liverpool University Press, 2015, 158–59.
23. Carlos Iván Degregori, "Harvesting Storms: Peasant *Rondas* and the Defeat of Sendero Luminoso in Ayacucho," in Stern, *Shining and Other Paths*, 128.
24. Ibid.; PCP-SL (Communist Party of Peru document), December 1982, quoted in Gorriti, 283.
25. Rosenberg, 146.
26. Charles F. Walker, *The Tupac Amaru Rebellion* (Cambridge, MA: Belknap Press, 2016), 277.
27. Gorriti, 282.
28. Rodrigo Montoya, "*Izquierda unida y Sendero, potencialidad y limite*," *Sociedad y política*, August 13, 1983.
29. Jo-Marie Burt, "The Case of Villa El Salvador," in Stern, *Shining and Other Paths*, 270–71.
30. "Abimael Guzmán," *Encyclopædia Britannica* online, www.britannica.com/biography/Abimael-Guzman.
31. Castañeda, *Utopia Unarmed*, 125.
32. Ibid.
33. Marcus Cueto, *El regreso de las epidemias: salud y sociedad en el Perú del siglo XX* (Lima: Instituto de Estudios Peruanos, 2000), 175. 奎托给出的数字是 322 562。
34. James Brooke, "Cholera Kills 1,100 in Peru and Marches On," *New York Times* online, April 19, 1991.
35. Also, "*Confirman que restos de víctimas de La Cantuta fueron quemados*"［经证实，"光辉道路"受害者遗体遭焚烧］, *El Mercurio* (Santiago), August 18, 2008, www.emol.mundo.
36. "Victims of the Barrios Altos and La Cantuta Massacres Were Not Terrorists," *El Comercio* (Lima), April 7, 2009, http://archivo.elcomercio.pe/politica/gobierno/victimas-masacres-barrios-al tos-cantuta-no-eran-terroristas-noticia-270253.
37. 这笔钱由美国国际发展署（USAID）提供，该机构是一个提供民事对外援助和发展援助的独立机构，https://newrepublic.com/article/151599/dont-talk-perus-forced-sterilizations。美国军方还以在巴拿马的古利克堡（Fort Gulick）提供平叛培训的方式为秘鲁军队提供支持 (Manrique, "War for Central Sierra," 193)。数据来自 Françoise Berthélémy, "*Stérilisations forcés des Indiennes du Pérou*," *Le Monde diplomatique*, May 2004。

38. *The Works of George Santayana*, vol. 5, bk. 6, ed. Herman J. Saatkamp Jr. and William G. Holzberger (Cambridge, MA: MIT Press, 2004), 423.
39. David Piñeiro, "The Exodus of Mariel," Una Breve Historia, accessed March 16, 2019, www.unabrevehistoria.com/exodo-desde-mariel.html.
40. Mariel boat lift flyer, "The Cuban Experience in Florida," image number, PR30565, Florida Memory: State Library & Archives of Florida.
41. Arana-Ward, "Three Marielitos."
42. "Cuban Refugee Crisis," *The [Online] Encyclopedia of Arkansas History and Culture,* last modified March 12, 2015.
43. "Cuban Refugee Crisis."
44. Arana-Ward, "Three Marielitos."
45. Robert Pierre Pierre, "DC Anti-Gang Efforts Marked by Frustration," *Washington Post* online, March 9, 1997.
46. Arana-Ward, "Three Marielitos."
47. Ibid.
48. 这些近期的详细情况是作者在 2017—2018 年就布埃尔戈斯的下落进行追踪报道期间收集的。
49. Juan Adolfo Vásquez, 1982, quoted in Wright, 52.
50. Kamen, *Spain*, 21–22.
51. John Hemming, *Red Gold: The Conquest of the Brazilian Indians. 1500–1700*, 40.
52. Moreno Parra, Héctor Alonso, and Rodriguez Sanchez, *Etnicidad, resistencias y políticas públicas* (Cali, Co.: University del Valle, 2014), 102.
53. Mario Vargas Llosa, *El Pez en agua* (Madrid: Alfaguara, 2006), 520.
54. "*Vargas Llosa dice que descubrió la literature latinoamericana en París*," *La Vanguardia* (Barcelona), May 1, 2014. 此处非略萨原话，乃评论者所言。
55. Mario Vargas Llosa, Nobel lecture, December 7, 2010, Stockholm.
56. María Elena Martínez, *Genealogical Fictions: Limpieza de Sangre, Religion, and Gender in Colonial Mexico* (Stanford, CA: Stanford University Press, 2008), 10–12.
57. Bethell, *History of Latin America*, 3:30.
58. Macias and Engel, "50 Most Violent Cities."
59. "*Sicarios trujillanos se promocionan en página web de anuncios*," *Trujillo Informa* (Trujillo, Peru), January 20, 2014; "*Sicarios de Trujillo que se promocionan por Facebook*," *El Comercio* (Lima), May 11, 2013.
60. Hudson, *Colombia*, 337.
61. Gabriel DiNicolaand Germán de los Santos, *"Sicarios: mandar a matar en la Argentina puede costar $10,000," La Nación* (Buenos Aires), January 29, 2017.
62. Rosenberg, 34.
63. Eric Johnson, Ricardo Salvatore, and Pieter Spierenburg, eds., *Murder and Violence in Latin America* (Malden, MA: Wiley-Blackwell, 2013), 269.
64. "Shining Light on Latin America's Homicide Epidemic," *Economist*, April 5, 2018.
65. *Homicide Counts and Rates*, United Nations Office on Drugs and Crime (UNODC) online, 2000–2013, www.unodc.org/documents/gsh/data/GSH2013_Homicide_count_and_rate.xlsx; https://www.unodc.org/documents/gsh/pdfs/2014_GLOBAL_HOMICIDE_BOOK_

web.pdf. 2013—2017 年全球犯罪总体数据和统计情况参见 www.unodc.org/unodc/en/data-and-analysis/statistics.html。
66. "Shining Light Latin America's Homicide Epidemic."
67. Miriam Wells, "Venezuela Government Admits Keeping Crime Figures Secret," InSight Crime online, last modified July 15, 2013.
68. 包括巴西、委内瑞拉、多米尼加共和国、巴拿马、阿根廷、厄瓜多尔、秘鲁、危地马拉、哥伦比亚、墨西哥、萨尔瓦多、智利。另见"Odebrecht Case: Politicians Worldwide Suspected in Bribery Scandal," BBC News online, last modified December 15, 2017, www.bbc.com/news/world-latin-america-41109132; Anthony Faiola, "The Corruptions Scandal That Started in Brazil," *Washington Post*, January 23, 2018。
69. Michael Smith, Sabrina Valle, and Blake Schmidt, "No One Has Ever Made a Corruption Machine Like This One," *Bloomberg Businessweek*, June 8, 2017.
70. Karen McVeigh, "Bribes for Public Services Rife in Latin America," *Guardian* (UK edition), October 10, 2017.
71. 这些和后面的评论及细节极大受益于这本出色的学术论文集：Johnson, Salvatore, and Spierenburg, *Murder and Violence*, 269。
72. Anthony Faiola and Marina Lopes, "Stop and Search? This Poor Community in Rio Says Yes, Please," *Washington Post*, March 25, 2018.
73. 西班牙和葡萄牙根深蒂固的腐败在同时统治着马德里和里斯本的腓力三世在位期间（1598—1621）愈加猖獗。政府职位待价而沽，金钱可以影响王室，贿赂成风。拉丁美洲的腐败可不是它自己发明的。Fuentes, 166–67.
74. Ernesto Sabato, "Inercia mental," in *Uno y el universo*, 90.
75. Enrique Krauze, "In the Shadow of the Patriarch," *New Republic*, October 23, 2009.
76. Tim Merrill and Ramón Miró, eds., *Mexico: A Country Study* (Washington, DC: Library of Congress, 1996), 91.
77. Johnson, Salvatore, and Spierenburg, *Murder and Violence*, 244.
78. Nina Lakhani and Erubiel Tirado, "Mexico's War on Drugs," *Guardian* (UK edition), December 8, 2016. "自 2007 年以来，近 20 万人被谋杀，2.8 万多人被报失踪。"到 2016 年为止，"美国对这项行动捐助了至少 15 亿美元"。为了解大背景，需说明美国从 1973 年到 2016 年花在禁毒上的钱超过 2.5 万亿美元。
79. Salvatore, in Johnson, Salvatore, and Spierenburg, *Murder and Violence*, 236.
80. "Shining Light."
81. Steven Dudley et al., "The MS13," InSight Crime and Center for Latin American and Latino Studies at American University online, last modified February 2018.
82. Ibid.
83. Jose Miguel Cruz, "The Root Causes of the Central American Crisis," *Current History* 114, no. 769 (February 2015): 43–48.
84. Phil Davison, "Activist Protested Peruvian Government to Get Answers About Missing People," *Washington Post*, September 10, 2017.
85. Loan Grillo, "The Paradox of Mexico's Mass Graves," *New York Times* online, July 19, 2017.
86. Chris Arsenault, "Politics of Death: Land Conflict and Murder Go 'Hand in Hand' in Brazil," Reuters, June 26, 2017.
87. Dudley et al., "MS13."

第三部分

1. “*¿Cómo, señor, es posible que habiéndome dado la fe de Amistad?*” 贡萨洛·费尔南德斯·德·奥维多 – 巴尔德斯（Gonzalo Fernández de Oviedo y Valdés) 记录的来自一位皈依基督教的泰南（Tainan）酋长卡斯基（Casqui）的证词，这位酋长随哥伦布的船队由加勒比地区返航巴塞罗那。Oviedo, 2:118, 179–80.

第十章

1. Fray Luis de Granada, *Obras del VP Maestro Fr. Luis de Granada* [Collected works of the venerable father priest Luis de Granada] (Madrid: Antonio Gonçalez de Reyes, 1711), vol. 21, pt. 5, tratado 4, para. 20.
2. 耶稣会（Societas Jesu, SJ）1534 年在罗耀拉创立。它的西班牙名字是“耶稣伙伴”（Compañía de Jesús），这是罗耀拉的依纳爵和他最初的 6 个伙伴给这个组织起的原名。他们自称“在主内的朋友”（Amigos en El Señor）。“会”这个字来自拉丁文翻译。
3. 关于哈维尔·阿尔沃的生平、职业发展和观点意见的所有信息与描述均来自 2016 年 2 月 20 日到 27 日我在玻利维亚拉帕斯的耶稣会教堂对他做的一系列访谈，包括访谈前后与他的通信，以及他 2017 年在玻利维亚出版的巨细靡遗的自传《一个无可救药的好奇的人》（*Un curioso incorregible*）。
4. “*La Revolución de Asturias, octubre de 1934: La Revolución minera*,” Association for the Recovery of Historical Memory online, last modified October 5, 2017, www.radiorecuperandome moria.com.
5. Adam Hochschild, *Spain in Our Hearts* (New York: Houghton Mifflin, 2016), 343. 历史学家估计，在战场外，国民军于 1936 年至 1939 年杀死了 15 万反对者，佛朗哥政权掌权后又处死了 2 万人。还有许多其他人遭到逮捕、折磨或致残。但共和派同样犯下种种暴行，杀死了约 4.9 万人。其余丧生者均为平民 (James McAuley and Pamela Rolfe, “Spain Plans to Exhume Franco,” Washington Post, October 20, 2018)。
6. Josep María y Joan Villarroya Solé i Sabaté, *España en llamas: La guerra civil desde el aire* (Madrid: Temas de Hoy, 2003), 239.
7. “*Cantares Mexicanos*,” quoted in David Carrasco, *Quetzalcoatl and the Irony of Empire* (Chicago: University of Chicago Press, 1982), 150.
8. Cortés, *Cartas de Relación* (1993), 232–48. Quoted in Restall, *When Montezuma Met Cortés*, 4.
9. 这一观念在这本渊博而雄辩的书中有清楚全面的探讨：*When Montezuma Met Cortés: The True Story of the Meeting That Changed History*, by Pennsylvania State University historian Matthew Restall。
10. James Mann, *Rise of the Vulcans*, 82.
11. Felipe Fernandez-Armesto, *Civilization* (New York: Touchstone, 2001), 390–402.
12. James Mann, *Rise of the Vulcans* 83.
13. Tripcevich and Vaughn, 3–10.
14. Catherine J. Allen, “When Pebbles Move Mountains,” in *Creating Context in Andean Cultures*, ed. Rosaleen Howard-Malverde (New York: Oxford University Press, 1997), 73–83.
15. Franz Boas, *Primitive Art* (1927) (New York: Dover Publications, 1955), 128. Cited in Krista Ulujuk Zawadski, “Lines of Discovery on Inuit Needle Cases, *Kakpiit*, in Museum

Collections," *Museum Anthropology* 41, no. 1 (Spring 2018): 61–75, https://anthrosource.onlinelibrary.wiley.com/toc/15481379/2018/41/1.

16. Sahagún, 12:13.
17. Rostworowski, *Historia del Tawantinsuyu*, 46–47.
18. Carolyn Dean, *A Culture of Stone: Inka Perspectives on Rock*, 5.
19. Lars Frühsorge, "Sowing the Stone," *Estudios de Cultura: Maya*, vol. 45 (México, DF: Universidad Nacional Autónoma de Mexico [UNAM], 2015): 72–189.
20. Ibid.
21. Tamara L. Bray, ed., *The Archaeology of Wak'as: Explorations of the Sacred in the Pre-Columbian Andes* 25–27.
22. David Stuart, "Kings of Stone," *RES: Anthro- pology and Aesthetics* 29/30 (Spring/Autumn 1996): 148–71.
23. Frank Salomon, *The Huarochirí Manuscript* (Austin: University of Texas, 1991), 19.
24. Richard K. Nelson, "The Watchful World," in *Readings in Indigenous Religions*, ed. Graham Harvey (London: Continuum, 2002), 345.
25. Las Casas, in *Apologética Historia Sumaria*, ed. Juan Pérez de Tudela (Madrid: Editorial Atlas, 1958), 527.
26. Dean, 50. 疲惫的石头，最初报告这一情况的是古阿曼 · 波马（Guaman Poma）的《第一部新编年史和好政府》（*El primer nueva corónica y buen gobierno*）。书中讲述了 6 000 名工人用"粗大的麻绳"把巨大的石块拉到萨克塞瓦曼（Sacsayhuamán）的工地的情景，有时拉不走所有石块，工人就把一些石头随便扔在那里。
27. Frühsorge, "Sowing," 72–189.
28. David Freidel, Linda Schele, and Joy Parker, *Maya Cosos: Three Thousand Years on the Shaman's Path* (New York: Morrow, 1993), 67; Matthew G. Looper, *To Be Like Gods: Dance in Ancient Maya Civilization* (Austin: University of Texas Press, 2009), 116.
29. Frühsorge, "Sowing," 72–189.
30. Matthew G. Looper, *The Three Stones of Maya Creation Mythology*, Wired Humanities Projects, University of Oregon Mesoamerican Archives, quoted in Dr. Frances Karttunen, "Why Always *Three* Hearth Stones?," Aztecs at Mexicolore, accessed February 3, 2019, www.mexicolore.co.uk/aztecs/ask-experts/why-always-three-hearth-stones.
31. John Janusek, "Of Monoliths and Men," in Bray, 335–36.
32. 乔卢拉金字塔被称为"Tlachihualtepetl"（人造山），建造于公元前 300 年前后。它的基座比吉萨金字塔大 4 倍，体积几乎是吉萨金字塔的两倍。Josh Hrala, "The World's Largest Pyramid Is Hidden Under a Mountain in Mexico," Science Alert, last modified August 25, 2016, https://www.sciencealert.com/the-world-s-largest-pyramid-is-hidden-under-a-mountain-in-mexico.
33. preface, *Anthropological Papers of the American Museum of Natural History* (New York: AMNC, Board of Trustees, 1944–45), 39:5.
34. 这是由皮萨罗的一个随从胡安 · 德 · 贝坦索斯（Juan de Betanzos）记录下来的，这个西班牙人娶了阿塔瓦尔帕的侄女（她也做过皮萨罗的侍妾）。*Narrative of the Incas*, 7–10.
35. "Pope Francis and Saint Matthew," *Today's Catholic*, September 15, 2015.
36. Maria Luise Wagner, "The Sexenio (1946–52)," in *Bolivia: A Country Study*, ed. Rex A. Hudson and Dennis M. Hanratty (Washington, DC: Library of Congress, 1989).

37. Matthew Hughes, "Logistics and the Chaco War: Bolivia Versus Paraguay," *Journal of Military History* 69, no. 2 (April 2005): 412.
38. Guillermo Yeatts, *The Roots of Poverty in Latin America* (Jefferson, NC: McFarland, 2005), 53.
39. Rubén Mendoza, "Aztec Militarism and Blood Sacrifice," in Chacon and Mendoza, 47–48.
40. See *Codex Magliabechiano*, fol. 70, Biblioteca Nazionale Centrale, Florence, Italy, www.art.com/products/p11 726751-sa-i1352276/a-human-sacrifice-from-the-codex-magliabechiano.htm.
41. Guaman Poma, 2:38.
42. 对此仪式的清楚解释载于 Valerie Andrushko et al., "Investigating a Child Sacrifice Event from the Inca Heartland," *Journal of Archaeological Science* 38, no. 2 (February 2011): 323–33。另见 Maria Constanza Ceruti, "Frozen Mummies from Andean Mountaintop Shrines: Bioarchaeology and Ethnohistory of Inca Human Sacrifice," *BioMed Research International* 2015, article ID 439428 (2015): 12 pages。
43. Martín de Murúa, *Historia del orígen y genealogía real de los reyes incas del Perú* (1590), 2:263–64.
44. Richard J. Chacon, Yamilette Chacon, and Angel Guandinango, "The Inti Raymi Festival Among the Cotacachi and Otavalo of Highland Ecuador: Blood for the Earth," in Chacon and Mendoza, 123.
45. Johan Reinhard: "Peru's Ice Maidens," *National Geographic*, June 1996, 62–81.
46. Natasha Frost, "Grisly Child Sacrifice Found at Foot of Ancient Aztec Temple," www.history.com, July 30, 2018. 曾由莱奥纳多·洛佩斯·卢汉（Leonardo López Luján）主持、目前仍在墨西哥城市中心的大神庙进行的考古挖掘做出了惊人的发现，包括出土了骷髅架和用数百人的头骨堆成的骷髅塔。
47. Murúa, *Historia General del Perú*, 16:48.
48. Colin McEwan and M. Van de Guchte, "Ancestral Time and Sacred Space in Inca State Ritual," in *The Ancient Americas: Art from Sacred Landscapes*, ed. R. Townsend (Chicago: Art Institute of Chicago, 1992), 359–71; Gordon McEwan, *The Incas: New Perspectives* (New York: Norton, 2006), 150.
49. Alvar Nuñez Cabeza de Vaca, "Comentarios," *Relación y comentarios*, ch. 16, 558.
50. Elizabeth Benson and Anita Cook, 2–3.
51. Chacon, Chacon, and Guandinango, "Inti Raymi Festival," 120–25.

第十一章

1. Galeano, 20.
2. Guilhem Olivier, *Mockeries and Metamorphoses of an Aztec God: Tezcatlipoca, "Lord of the Smoking Mirror"* (Boulder: University Press of Colorado, 2003), 14–15.
3. Acosta, vol. 4, ch. 4.
4. Linda Jones Roccos, "Athena from a House on the Areopagus," *Hesperia: The Journal of the American School of Classical Studies at Athens* 60, no. 3 (1991): 397–410.
5. Alan Rowe and B. R. Rees, "A Contribution to the Archaeology of the Western Desert IV: The Great Serapeum of Alexandria," Bulletin of the John Rylands Library, Manchester 39: (1957), 485–520, https://www.escholar.manchester.ac.uk/api/

datastream?publicationPid=uk-ac-man-scw:1m1914&datastreamId=POST-PEER-REVIEW-PUBLISHERS-DOCUMENT.PDF.

6. John Pollini, "Christian Destruction and Mutilation of the Parthenon," in *Athenische Mitteilungen*, 122 (2007), 207–28. 雅典后来陷落于奥斯曼帝国之手时，穆斯林征服军将帕台农神庙的神圣厅室用作火药库。
7. 公元 380 年，罗马皇帝狄奥多西一世（Theodosius I）颁布了《塞萨洛尼卡诏令》（Edict of Thessalonica），正式立基督教为国教；所有其他教派均被宣布为异教。5 年后，官方开始对非基督徒实施死刑。出处同上。另见 Sidney Zdeneck Ehler and J. B. Morrall, *Church and State Through the Centuries* (Cheshire, CT: Biblo-Moser, 1988), 6–7。
8. Díaz, *Historia verdadera de la conquista*, 145–47.
9. Wright, 145.
10. Ibid.
11. "黄色金属" 的纳瓦尔语原词为 *cozticteocuítlatl*，"白色金属" 为 *iztacteocuítlatl*。León Portilla, *Visión de los vencidos*, 149.
12. Miguel Léon-Portilla, "*Ometeotl, el supremo dios dual, y Tezcatlipoca 'Dios Principal,'*" *Estudios de Cultura Náhuatl* (México, DF: UNAM, 1999), 30.
13. Fray Gerónimo de Mendieta, *Historia eclesiástica indiana* (New York: Edwin Mellen Press, 1997), 60–62.
14. See Robert Ricard, *The Spiritual Conquest of Mexico.* Also Stafford Poole, "Expansion and Evangelism: Central and North America, 1492–1600," in Charles H. Lippy, Robert Choquette, and Stafford Poole, *Christianity Comes to the Americas, 1492–1776*, 32.
15. 教皇亚历山大六世（1492–1503）的最爱是"黄金、女人和他那些 [私生] 孩子的事业发展。" Norman Davies, *A History of Europe* (New York: Harper, 1996), 484.
16. Steven J. Keillor, *This Rebellious House: American History and the Truth of Christianity* (Downers Grove, IL: InterVarsity Press, 1996), 21.
17. Ibid., 20.
18. 乔瓦尼·德·美第奇当时的身家大约是 20 万达克特（相当于 3 600 万美元）。Carrie Hojnicki, "Famiglia De Medici," Business Insider, last modified July 5, 2012.
19. Keillor, *This Rebellious House*, 22.
20. 出处同上。指约翰·台彻尔（Johann Tetzel），他的穷奢极侈和敛财行为激怒了马丁·路德，引发了宗教改革运动。
21. Ibid.
22. 圣安德鲁大学的宗教改革史学家安德鲁·佩特格里（Andrew Pettegree）对于路德把《九十五条论纲》钉在门上的传说表示怀疑。他说由于教堂大门是大学常用的告示板，所以可能《论纲》是粘在门上或用别的方法固定在门上的。Billy Perrigo, "Martin Luther's 95 Theses," *Time*, October 31, 2017.
23. Richard J. Evans, "The Monk Who Shook the World," *Wall Street Journal*, March 31, 2017.
24. Lippy, Choquette, and Poole, 32.
25. Las Casas, *History of the Indies* (New York: Harper and Row, 1979), 35. 拉斯卡萨斯是 1508 年到达的。他的叙述涵盖的时期是 1492—1508 年。历史学家围绕 300 万的死亡人数进行了激烈争论，他们认为，拉斯卡萨斯既不可能知道总人口的数量，也不可能知道征服中被杀死的人数。见 David Henige, *Numbers from Nowhere: The American Indian Contact Debate* (Norman: Oklahoma University Press, 1998), 133–35。

26. 1510 年，一队多明我会修士到达伊斯帕尼奥拉后，立即表达了对虐待印第安人的愤怒。然后，多明我会修士领导发起了一场浩大的运动，反对他们眼中对西印度人民发动的种族灭绝。H. R. Wagner and H. R. Parish, *The Life and Writings of Bartolomé de las Casas* (Albuquerque: University of New Mexico Press, 1967), 11.
27. *El Requerimiento. Ficción jurídica: Texto completo.* Monarquía Española, 1513, redactado por Juan López de Palacios, Scribd, accessed March 16, 2019, www.scribd.com/document/125487670.
28. Gaspar Pérez de Villagra, *Historia de la Nueva México*, epic tale written in 1610 (México, DF: Museo Nacional, 1900), quoted in Jorge Cañizares-Esguerra, *Puritan Conquis- tadors: Iberianizing the Atlantic, 1550–1700*, 243.
29. Poole, in Lippy, Choquette, and Poole, 82.
30. Las Casas, in reference to Governor Ovando of Hispaniola, in *Obras*, 4:1355; also quoted in Lawrence A. Clayton, *Bartolomé de las Casas and the Conquest of the Americas*, ed. Jürgen Buchenau, 30.
31. 哥伦布因被指控犯罪接受调查时，伊莎贝拉女王愤怒地坚持要求把华尼科和所有其他人送回伊斯帕尼奥拉。她高声说："海洋大将军有什么权力把朕的子民送人？"Las Casas, *Obras* 4:1243. 另见 Clayton, *Bolivian Nations*, 17。
32. Lippy, Choquette, and Poole, 82.
33. 此为安东尼奥· 德· 蒙特西诺斯修士（Fray Antonio de Montesinos）。Luis Alfredo Fajardo Sánchez, "Fray Antón de Montesinos: His Narrative and the Rights of Indigenous Peoples in the Constitutions of Our America," SciELO Colombia, accessed February 2, 2019, www.scielo.org.co/pdf/hall/v10n20/v10n20a14.pdf; 另见 George Sanderlin, ed., *Witness: Writing of Bartolomé de las Casas* (Maryknoll, NY: Orbis, 1993), 66–67。
34. Clayton, *Bolivian Nations*, 41.
35. Fray Bartolomé de las Casas, *Brevísima relación* (Medellín, Colombia: Universdad de Antioquia, 2011), 39.
36. Las Casas, *Historia*, 3:1243, in *Obras completas* 4:1363ff.
37. Ibid., vol. 2, ch. 7, 1318–19.
38. Lewis Hanke, "A Modest Proposal for a Moratorium on Grand Generalizations: Some Thoughts on the Black Legend," *Hispanic American Historical Review* 51, no. 1 (February 1971): 124.
39. M. Giménez Fernández, "Fray Bartolomé de las Casas," in *Bartolomé de las Casas in History*, ed. Friede and Keen (DeKalb: Northern Illinois University, 1971), 67–126.
40. Clayton, *Bolivian Nations*, 135–36.
41. Trans-Atlantic Slave Trade Database, www.slavevoyages.org. 这些数字反映了 1500 年至 1875 年间的奴隶贸易。没有一个国家接收的奴隶像巴西的那样多。
42. Clayton, *Bolivian Nations*, 36.
43. 指自称为"莫托利尼亚"——纳瓦尔特语中"乞丐"的意思——的神父。他的原名是托里维奥 · 德 · 贝纳文特（Toribio de Benavente），他同意印第安人是野蛮人，赞成必须使他们皈依基督教才能保护他们。出处同上，146 页。
44. "Motolinía," in James Lockhart and Enrique Otte, eds., *Letters and People of the Spanish Indies, Sixteenth Century* (Cambridge: Cambridge University Press, 1976), 226.
45. 最终出现了对这个神话（黑色神话）的反驳，20 世纪的西班牙历史学家提出了"白色神话"，说西班牙人并不比其他欧洲人更坏，拉斯卡萨斯和其他人发出的指控是不公正的，过于夸大其词。另见 Hanke, “A Modest Proposal,” 112–27。

46. 对与塞普尔韦达辩论的描述来自 Lippy, Choquette, and Poole, 86–87. Aristotle’s theory of natural slavery is in the fifth book of his *Politics*。
47. 即《第二批民主之人，或对印第安人发动战争的理由》（*The Second Democrates, or Reasons That Justify War Against the Indians*），此文在 1546 年至 1547 年间传播，是应印度事务委员会主席、强烈批评拉斯卡萨斯的胡安·加西亚·洛艾萨（Juan García Loaysa）枢机主教的要求撰写的。
48. Clayton, *Bolivian Nations*, 119.
49. 出处同上，第 119—24 页。去墨西哥的使者是弗朗西斯科·德·特略·桑多瓦尔（Francisco de Tello Sandoval）。秘鲁总督是布拉斯科·努涅斯·德·维拉（Blasco Núñez de Vela）。
50. Benno Biermann, “Bartolomé de las Casas,” in *Bartolomé de las Casas in History*, 468. Quoted in Clayton, *Bolivian Nations*, 116.
51. Benjamin Keen, “The Black Legend Revisited: Assumptions and Realities,” *Hispanic American Historical Review* 49, no. 4 (November 1969): 704.
52. 此处大量背景信息受益于劳伦斯·克莱顿（Lawrence A. Clayton）为拉斯卡萨斯写的出色传记：*Bartolomé de las Casas and the Conquest of the Americas*, 145–50。
53. Guaman Poma, 2:357.
54. 这段引文接下去是：“按照比例，随着信仰的增强，上帝之鞭就抽打得更狠。” Francesco G. Bressani, *Jesuit Relations* (1653), vol. 39, no. 141 (New York: Pageant, 1959). 上述著作是在新法兰西工作的传教士们汇编的文件与史料集，1632 年到 1673 年之间印刷。
55. 关于哈维尔和他的观点的所有信息来自我 2016 年在拉帕斯对他的访谈、2015 年到 2018 年间与他的电邮往来，或是取自他自己的回忆录 Xavier Albó Corrons and Carmen Beatríz Ruiz, *Un curioso incorregible*。
56. Fray Antonio de Montesinos, Ibid.
57. Xavier Albó, *Un Metodo para aprender el quechua* (La Paz: Instituto Jesuita, 1964).
58. Manuel M. Marzal et al., *The Indian Face of God in Latin America*, 2.
59. José de Acosta, quoted in Marzal et al., 3.
60. Massimo Livi Bacci, *Estragos de la Conquista* (Madrid: Grupo Planeta, 2006), 235.
61. Ibid., 237.
62. Pope Clement XIV, in his papal brief *Dominus ac Redemptor Noster*, issued on July 21, 1773.
63. Jorge A. Ramos, *Historia de la nación latinoamericana* (Buenos Aires: Continente, 2011), 97–101.
64. Bacci, *Estragos*, 265.
65. Jorge A. Ramos, *Historia*, 97–101. Quoted also in Galeano, 190–91.
66. 来自耶稣会教士何塞·德·阿科斯塔（José de Acosta）的论著《论在野蛮人当中宣讲福音》（*De promulgatione Evangelii apud Barbaros*）。此论著写于 1575 年，1589 年由阿普德·吉耶尔玛姆·福克尔（Apud Guillelmum Foquel）在萨拉曼卡出版。
67. Andrés Mixcoatl to the people of Metepec, Zacatepec, and Atliztaca, in Gruzinski, *Man-Gods*, 54.
68. Díaz, *Historia verdadera de la conquista*, ch. 36–37.
69. Ibid., ch. 38–40; Ricard, 82–84.
70. Ricard, 79.

71. Lippy, Choquete, and Poole, 38.
72. 这些见解启发自历史学家马修·雷斯塔尔（Matthew Restall）新颖独到的著作《当蒙特祖马遇见科尔特斯》（*When Montezuma Met Cortés*），特别是 301—54 页。
73. 腓力国王的耳目阿隆索·德·索里塔（Alonso de Zorita）1562 年 4 月 1 日写给他的信，*General de Indias*, Patronato, 182, ramo 2；部分转录于 Ignacio Romero Vargas y Iturbide, *Montezuma el Magnifico y la Invasion de Anáhuac* (México, DF: Editorial Romero Vargas, 1963)。引用于 Restall, *When Montzeuma Met Cortés*, 334–35。
74. 原住民把皮萨罗称为“阿普”（大地之神）或“马丘总督”（老总督）。西班牙人叫他“侯爷”，因为国王封他为阿塔维约侯爵。R. Cunéo-Vidal, *Los hijos americanos de los Pizarro* (Alicante, Sp.: Miguel de Cervantes Virtual Library Foundation, 2006), www.cervantesvirtual.com/obra-visor/los-hijos-americanos-de-los-pizarros-de-la-conquista-0/html/00a6b998-82b2-11df-acc7-002185ce6064_2.html.
75. Guaman Poma, 353–57.
76. Lippy, Choquette, and Poole, 4.
77. Ibid., 3.
78. Arciniegas, *Latin America,* 139.
79. 这些见解极大受益于 J. H. 埃利奥特（J. H. Elliott）的精彩文集《大西洋世界的帝国》（*Empires of the Atlantic World*），特别是“圣地美洲”（America as Sacred Space）一章。
80. Lippy, Choquette, and Poole, 40.
81. Elliott, *Empires of the Atlantic World*, 201.
82. Lippy, Choquette, and Poole, 90.
83. J. L. González and O. González, *Christianity in Latin America* (New York: Cambridge University Press, 2008), 51.
84. Stafford Poole, *Pedro Moya de Contreras: Catholic Reform and Royal Power in New Spain, 1571–1591* (Norman: University of Oklahoma Press, 2011), 80.
85. Elliott, *Empires of the Atlantic World*, 198.
86. Thomas Gage, *The English-American His Travails by Sea and Land* (1648), 71–72, quoted in H. McKennie Goodpasture, *Cross and Sword: An Eyewitness History of Christianity in Latin America* (Eugene, OR: Wipf & Stock, 1989), 56.
87. Elliott, *Empires of the Atlantic World*, 201.
88. 盖奇那段话中“金光闪闪”的巴西木立柱的价值。他说的数字等于今天的 270 万美元。“Current Gold Gram Bar Values,” GoldGramBars.com, last modified January 25, 2019, www.goldgrambars.com.
89. Gage, in *Cross and Sword*, 71–72.
90. Roberto Levillier, *Organización de la iglesia y ordenes religiosas en el virreinato del Perú en el siglo 16* (Madrid: Rivadeneyra, 1919), 148. Cited also in Ricard, 424.
91. Hanke, “A Modest Proposal,” 118.
92. Lippy, Choquette, and Poole, 42.
93. 西班牙宗教裁判所在西班牙比在美洲强横得多。英国和法国散播渲染的“黑色神话”夸大了它的势力范围和恐怖程度。英国人在英伦诸岛和英属殖民地为镇压巫术而杀死的人比宗教裁判所处死的人多 30 到 50 倍。Arciniegas, *Latin America*, 139.
94 Arana, *Bolívar*, 353.
95 Poole, in Lippy, Choquette, and Poole, 57, 124.

96. Ibid., 38.
97. Ibid., 41.
98. Ibid., 38.
99. Felipe Fernandez-Armesto, *The Americas: A Hemispheric History*, 68; "Diego de Landa," *Encyclopædia Britannica* online, www.britannica.com.
100. Poole, in Lippy, Choquette, and Poole, 124–25.
101. Ibid., 123.
102. Ibid.
103. Ibid., 126.
104. Ibid.
105. 这一段基本参照了 Elliott, *Empires of the Atlantic World*, 268–69。
106. Ibid., 205.
107. 多明我会建立的学校中没有一所中学，他们还拒绝教印第安人或梅斯蒂索人学习拉丁文 (Lippy, Choquette, and Poole, 42)。
108. Tupac Inca Yupanqui, "Reos de la sublevación de la provincia de Huarochiri" (1783), fs. 277–78, Audencia de Lima 1047, Archivo General de Indias.
109. Marzal et al., 222.
110. Ibid; C. Wofenzon, "El 'Pishtaco' y el conflicto entre la costa y la sierra," *Latin American Literary Review* 38, no. 75 (January–June 2019): 24–45.
111. R. D. Forrest, "Development of Wound Therapy from the Dark Ages to the Present," *Journal of the Royal Society of Medicine* 75, no. 4 (April 1982): 268–69.
112. Marzal et al., 222.
113. Albó and Ruiz, 54.
114. 20 世纪 50 年代，拉丁美洲的收入不平等是全世界最严重的，今天依然如此。E. Frankema, "The Historical Evolution of Inequality in Latin America: A Comparative Analysis, 1870–2000" (thesis, Groningen University, 2008); United Nations University-World Institute for Development Economics Research, UNU/WIDER (2005) World Income Inequality Database (WIID), version 2.0a, www.wider.unu.edu/project/wiid-world-income-inequality-database?query=Latin+America.
115. Girolamo Imbruglia, *The Jesuit Missions of Paraguay and a Cultural History of Utopia*, Studies in Christian Mission, vol. 51 (Boston: Brill, 2017), 22–23, 144.
116. 他也许指的是一个给他提供消息的原住民，那个原住民坦率地告诉他："国家让我受苦。" Albó, Television interview, La Paz, "No Mentiras PAT," April 9, 2016.

第十二章

1. Pope Francis I, quoted in Caroline Stauffer and Philip Pullella, "Pope Ends Latin American Trip with Warning About Political Corruption," Reuters, January 21, 2018.
2. Cañizares-Esguerra, 71.
3. Arana, *Bolívar*, 458.
4. Christon Archer, ed. *The Wars of Independence in Spanish America*, Jaguar Books on Latin America, no. 20 (Wilmington, DE: SR Books, 2000), 35–37, 283–92.
5. Hanke, "A Modest Proposal," 126.
6. Cleary, *How Latin America*, 115.

7. Arturo Elias, consul general of Mexico, in the *New York Times*, February 21, 1926. 在此有必要补充提及，墨西哥的政教分离比美国更彻底。在墨西哥，教会不得行使某些权利，不得从事某些活动。Anthony T. C. Cowden, "The Role of Religion in the Mexican Drug War" (paper, Naval War College, Newport, RI, October 2011), www.researchgate.net/publication/277760802.
8. Ibid., 114.
9. T. L. Smith, "Three Specimens of Religious Syncretism in Latin America," *International Review of Modern Sociology* 4, no. 1 (Spring 1974): 1–18.
10. Cleary, *How Latin America*, 116.
11. Ibid.
12. Cleary, *How Latin America*, 183.
13. Xavier Albó, "The Aymara Religious Experience," in Marzal et al., 165.
14. Pedro de Quiroga, testimonial taken from a Peruvian Indian, "Coloquio de la verdad," in *El indio dividido: fractures de conciencia en el Perú colonial*, ed. Ana Vian Herrero (Madrid: Iberoamericana, 2009), 505.
15. Gustavo Gutiérrez Merino, *Teología de la liberación* (Salamanca, Sp.: Ediciones Sígueme, 1971), 15. See also Gutiérrez, "Teología de la liberación y contexto literario" [Theology of liberation and literary context], www.ensayistas.org/critica/liberacion/TL/documentos/gutierrez.htm.
16. Gutiérrez, *Teología*, 15.
17. Gustavo Gutiérrez Merino, in *Páginas*, vols. 191–96 (Lima: Centro de estudios y publicaciones, 2005). See also the Jesuit website Pastoralsj, https://pastoralsj.org/creer/1298-gustavo-gutierrez.
18. 要了解看待这个问题的各种视角，见 Juan Luis Segundo, *Theology and the Church: A Response to Cardinal Ratzinger and a Warning to the Whole Church* (San Francisco: Harper & Row, 1987) and Christian Smith, *The Emergence of Liberation Theology: Radical Religion and Social Movement Theory* (Chicago: University of Chicago, 1991)。
19. See "Second Vatican Council," *Encyclopædia Britannica* online, www.britannica.com/event/Second-Vatican-Council.
20. *Lumen Gentium*, no. 48, Pope Paul VI, November 21, 1964, Vatican Council; Father Joshua Brommer, "The Church: A Pilgrim People of God," Diocese of Harrisburg online, accessed February 2, 2019, www.hbgdiocese.org/wp-content/uploads/2013/05/042613-Vatican-II-article-the-Church.pdf.
21. 其中包括温贝托· 德尔加多（Humberto Delgado，葡萄牙）、吴庭艳（Ngo Dinh Diem，越南）、梅德加· 埃弗斯（Medgar Evers，美国）、切· 格瓦拉（Che Guevara，玻利维亚）、约翰· F.肯尼迪（John F. Kennedy，美国）、罗伯特· F. 肯尼迪（Robert F. Kennedy，美国）、小马丁· 路德· 金（Martin Luther King Jr.，美国）、格里戈里斯· 兰布拉基斯（Grigoris Lambrakis，希腊）、帕特里斯· 卢蒙巴（Patrice Lumumba，刚果）、马尔科姆· X（Malcolm X，美国）、西尔瓦努斯· 奥林皮奥（Sylvanus Olympio，多哥）、贾森· 森德韦（Jason Sendwe，刚果）、拉斐尔· 特鲁希略（Rafael Trujillo，多米尼加共和国）、亨德里克· 维沃尔德（Hendrik Verwoerd，南非）。
22. Diego Barros Arana, "La Acción del clero en la revolución de la independencia americana," in Miguel Amunátegui and Barros Arana, *La Iglesia frente a la emancipación americana*, 111–21.
23. Amunátegui and Barros Arana, *La Iglesia*, 18.
24. Ibid.

25. Cleary, *How Latin America*, 53.
26. "*Nao existe guerra justa*," Comunità Italiana, last modified November 2001, www.comunitaitaliana.com.br/Entrevistas/boff.htm.
27. Pope Benedict XVI, in a December 7, 2009, address to Brazilian bishops, as quoted in Stephanie Kirchgaessner and Jonathan Watts, "Catholic Church Warms to Liberation," *Guardian* (UK edition), May 11, 2015, www.theguardian.com/world/2015/may/11/vatican-new-chapter-liberation-theology-founder-gustavo-gutierrez.
28. Juan Arias, "Casaldáliga reta a Roma," *El País* (Madrid), January 16, 2005.
29. Schwaller, *Catholic Church in Latin America*, 234–35.
30. "Father Fernando Cardenal's Decision," *Envío*, Información sobre Nicaragua y Centroamérica, no. 43, January 1985, www.envio.org.ni/articulo/3387.
31. Manlio Graziano, *Holy Wars and Holy Alliances* (New York: Columbia University Press, 2017), 249.
32. Ibid.
33. 埃斯皮纳尔在玻利维亚公众当中广为人知，他不仅是神父，还是诗人、剧作家、记者和活动家。他最出名的著作也许是《面对面祈祷》(*Oraciones a quemarropa*)。他参与的电影包括《棒棒糖》(*Chuquiago*)和《我的土地的诅咒》(*El embrujo de mi tierra*)。
34. "El cuerpo de Espinal tenía 17 orificios de bala," *El Deber* (Bol.), January 1, 2017.
35. "Operation Condor: National Security Archive Presents Trove of Declassified Documentation in Historic Trial in Argentina," George Washington University National Security Archive (legacy online site), last modified May 6, 2015, https://nsarchive2.gwu.edu/NSAEBB/NSAEBB514; Ben Norton, "Documents Detail US Complicity in Operation Condor Terror Campaign," Truthout online, last modified May 23, 2015, https://truthout.org/articles/documents-detail-us-complicity-in-operation-condor-terror-campaign; John Dinges, *Condor Years*.
36. "El Papa rezará en silencio por el jesuita Luís Espinal," *Periodista Digital*, May 15, 2015.
37. 南美洲第一位纯原住民血统的总统是 2001 年当选的秘鲁总统亚历杭德罗·托莱多(Alejandro Toledo)。莫拉莱斯是 2005 年当选的。
38. "Interview of His Holiness Benedict XVI During the Flight to Brazil, Wednesday, 9 May 2007," accessed on March 16, 2009, https://w2.vatican.va/content/benedict-xvi/en/speeches/2007/may/documents/hf_ben-xvi_spe_20070509_interview-brazil.html.
39. Cleary, *How Latin America*, 1.
40. 这部分关于天主教徒和五旬节派教徒的所有数据都来自如下报告：The Pew Research Center online, Washington, DC: "Religion in Latin America," last modified November 13, 2014; "The Global Catholic Population," last modified February 13, 2013; "Global Christianity—A Report on the Size and Distribution of the World's Christian Population," last modified December 19, 2011; "Spirit and Power—A 10-Country Survey of Pentecostals," last modified October 5, 2006; "Overview: Pentecostalism in Latin America," last modified October 5, 2006。
41. "Global Christianity," Pew Research Center online.
42. Lindsey Olander, "13 Grandiose Churches Reincarnated as Restaurants," *Travel + Leisure*, May 12, 2015.
43. Naftali Bendavid, "Europe's Empty Churches," *Wall Street Journal*, January 2, 2015; "Netherlands: Abandoned Church Converted into Skatepark," video uploaded January 31, 2015, by RT, 1:18, www.youtube.com/watch?v=fV3k5UntyL4.

44. Soeren Kern, "German Church Becomes Mosque: The New Normal," Gatestone Institute online, last modified February 13, 2013, www.gatestoneinstitute.org/3585/german-church-becomes-mosque.
45. Alice Newell-Hanson, "19 Hotels That Used to Be Churches," *Condé Nast Traveler*, March 29, 2018.
46. Helen Wieffering, "DC's Old School and Church Buildings Are Getting New Life," *Greater Greater Washington*, February 1, 2018.
47. Dake Kang, Associated Press, "Holy Spirits: Closed Churches Find Second Life as Breweries," October 6, 2017.
48. 61%，依据"Global Christianity," Pew Research Center online; Joey Marshall, "The World's Most Committed Christians," FactTank, Pew Research Center online, last modified August 22, 2018。
49. 在秘鲁利马我住的街区，著名的童贞女法蒂玛教堂正在考虑把与之相连的修道院出售给一家五星级连锁酒店。面向街区的说法是，教会的钱都从拉丁美洲转去了亚洲或非洲，管理层亟须筹款。《财富》杂志 2013 年 2 月 17 日刊文称："梵蒂冈虽然富丽堂皇，却已几乎分文无有。对梵蒂冈的投资只有 5 亿美元左右，连许多美国大学都比不上……奇怪的是，梵蒂冈财政紧张之际，正值天主教会在世界各地焕发新活力之时。传教士的勤奋努力和教皇经常开展的胜利出访使得天主教徒的队伍在非洲和亚洲迅速壮大，特别是在尼日利亚和印度。"
50. Brian Smith, *Religious Politics in Latin America: Pentecostal Vs. Catholic*, 2.
51. "Pope Francis Reveals Why He Chose His Name," *Catholic Herald*, March 16, 2013.
52. "Interview of His Holiness Benedict XVI."
53. Brian Smith, 6–7.
54. John Berryman, quoted in Kenneth Serbin, "The Catholic Church, Religious Pluralism" (working paper 3263, Kellogg Institute for International Studies, Notre Dame, IN, February 1999).
55. Cleary, *How Latin America*, 90.
56. Pope John Paul II, "Ecclesia in Oceania," given in Rome, Saint Peter's, November 22, 2001, Apostolic Exhortation, Catholic News Agency online, www.catholicnewsagency.com/document/ecclesia-in-oceania-675.
57. Gina Pianigiani, "Pope Paves Way for Sainthood for Archbishop Óscar Romero," *New York Times*, March 7, 2018.
58. Holly Sklar, *Washington's War on Nicaragua* (Cambridge, MA: *South End Press*, 1988), 51.
59. Ibid.
60. 据说国民警卫队头子卡洛斯・欧亨尼奥・比德斯・卡萨诺瓦（Carlos Eugenio Vides Casanova）说过："今天，如果是为了阻止共产主义夺权的需要，军队不惜杀死 20 万到 30 万人。"出处同上，第 50 页。
61. Christopher Dickey, "Pope Heckled During Mass in Nicaragua," *Washington Post*, March 5, 1983.
62. Pope John Paul II, quoted in Alan Riding, "Pope Says Taking Sides in Nicaragua Is Peril to Church," *New York Times*, March 5, 1983.
63. Michael Novak, "The Case Against Liberation Theology," *New York Times* online, October 21, 1984.
64. Brian Smith, 4; Edward L. Cleary, "John Paul Cries 'Wolf': Misreading the Pentecostals," *Commonweal*, November 20, 1992.

65. Brian Smith, 4.
66. 约翰·保罗二世，1993 年在墨西哥的一次演讲中所言。"*Discurso del Santo Padre Juan Pablo II*," Viaje Apostólico a Jamaica, México y Denver, Santuario de Nuestra Señora de Izamal, August 11, 1993, Libreria Editrice Vaticana.
67. 约翰·保罗二世 1992 年在圣多明各所言，转引自 Brian Smith, 7。
68. Samuel Rodríguez, "America: It's Time for a New Song, " sermon, 2016, National Hispanic Christian Leadership Conference (the largest Evangelical/Pentecostal organization in the world).
69. 这里援引的对信徒的预期均取自皮尤研究所的报告"拉丁美洲的宗教"（Religion in Latin America）。
70. Anderson Antunes, "The Richest Pastors of Brazil," *Forbes*, January 17, 2013.
71. Javier Corrales, "A Perfect Marriage: Evangelicals and Conservatives in Latin America," *New York Times*, January 17, 2018.
72. Jay Forte, "More Than 50 Million Brazilians Living Below Poverty Line," *Rio Times*, December 16, 2017.
73. 指里约热内卢神国普世教会的埃迪尔·马塞多。Anderson Antunes, "Richest Pastors."
74. Marie Arana, "Preparing for the Pope," *New York Times*, June 19, 2013.
75. César Vallejo, "Los heraldos negros," *Cesar Vallejo: Antología Poética* (Madrid: EDAF, 1999), 67.
76. J. Rodrigo, *Cautivos: Campos de concentración en la España franquista, 1936–1947* (Madrid: Editorial Crítica, 2005).
77. Tamara Fariñas, "El Jesuita español que se volvió indio," *El Confi- dencial*, November 8, 2017.
78. Ibid.
79. C. Machado, "Secretaria de Direitos Humanos reconhece que religioso morreu vítima do regime militar," Agência Brasil, April 19, 2010. Also "João Bosco Penio Burnier, S.J.," 1976, Ignatian Solidarity Nework online, https://ignatiansolidarity.net/blog/portfolio-item/joao-bosco-penido-burnier-1976-brazil.
80. "Bishop Samuel Ruíz Garcia," Emily Fund online, accessed February 3, 2019, www.doonething.org/heroes/pages-r/ruiz-quotes.htm.
81. Enrique Krauze, *Redeemers*, 414–16.
82. Ginger Thompson, "Vatican Curbing Deacons in Mexico," *New York Times*, March 12, 2002.
83. Krauze, *Redeemers*, 419.
84. Ibid., 420.
85. James McKinley, "Bodies Found in Mexico City May Be Victims of 1968 Massacre," *New York Times*, July 11, 2007.
86. Krauze, *Redeemers*, 437–38.
87. 该说法直接引自 Octavio Paz, *In Search of the Present: Nobel Lecture 1990* (San Diego: Harcourt Brace & Company, 1990), 22。
88. 引自 Krauze, *Redeemers*, 433。
89. Ibid., 446.
90. Ibid., 424.
91. Ibid.
92. Ibid., 425.

93. John Womack Jr. et al., in *Rebellion in Chiapas: An Historical Reader*, ed. Womack (New York: New Press, 1999). 也见 Enrique Krauze, "Chiapas: The Indians' Prophet," *New York Review of Books* 45, December 16, 1999。
94. Krauze, *Redeemers*, 425.
95. 1997 年 12 月 22 日，在一个叫阿克提尔（Acteal）的小村庄，45 人（21 个女人、15 个儿童和 9 个男人）在当地的一个敬神处被杀害。Krauze, "Chiapas."
96. Ibid.
97. Womack, *Rebellion in Chiapas*.
98. Molly Moore, "Embattled Chiapas Mediator Steps Aside," *Washington Post*, August 3, 1998.
99. Ibid.
100. "Press Briefing: Guatemala Historical Clarification Commission, United Nations, March 1, 1999"; Mireya Navarro, "Guatemalan Army Waged 'Genocide,' New Report Finds," *New York Times*, February 26, 1999.
101. "Mexico Drug War Fast Facts," CNN online, last modified July 26, 2018, https://edition.cnn.com/2013/09/02/world/americas/mexico-drug-war-fast-facts/index.html.
102. "Mexico Is One of the Most Dangerous Countries for Priests," Aid to the Church in Need (CAN) online, last modified March 8, 2018, www.churchinneed.org/mexico-one-dangerous- countries-priests.
103. 犯下此事的米科阿坎家族（La Familia Michoacana）"在 2006 年一举成名，它的成员冲进一家迪斯科舞厅，把 5 个砍下来的人头扔到舞场当中，还留下一张告示说'我们不为了钱杀人，不杀女人，不杀无辜之人。死的都是罪有应得。特此宣示，这是神的正义'。" Dudley Althaus, "Mexico Catches Reputed Leader of La Familia Cartel," *Houston Chronicle*, June 21, 2011; 另见 George Grayson, *La Familia Drug Cartel: Implications for U.S. Mexican Security* (Carlisle, PA: Strategic Studies Institute, 2010), 5, 35–37, 46, 101。
104. Albó and Ruíz, 465–66.
105. 玻利维亚主教秘书戴维·肖克胡安卡和哈维尔·阿尔沃的对话。出处同上，第 357 页。
106. 可以在中情局持续更新的《世界概况》(World Factbook) 中找到有用的统计数字：www.cia.gov/library/publications/the-world-factbook。比如，根据《世界概况》，巴西人口中 47.7% 是白人，43.1% 是黑白混血，只有 0.4% 是原住民；阿根廷人口 97.2% 是欧洲人后裔，2.4% 是美洲印第安人；厄瓜多尔人口 71.9% 是梅斯蒂索人；玻利维亚人口 68% 是梅斯蒂索人，20% 是原住民；哥伦比亚人口 84.2% 是梅斯蒂索人/白人，10.4% 是黑白混血。
107. Arana, *Bolívar*, 11–12; John Miller, *Memoirs of General Miller* (London: Longman, Rees, Orme, Brown & Green, 1828), 1:5.
108. José Vasconcelos, *La raza cósmica* (México, DF: Espasa Calpe, 1948), 47–51.
109. Fuentes, 192.
110. Ibid, 193.
111. Albó and Ruiz, 385–86.
112. Peter Wade, *Race and Ethnicity in Latin America* (London: Pluto, 2010), 155–61.
113. Gille Fromka, "Why Did Peruvians Call President Alberto Fujimori 'El Chino' When He Was of Japanese Heritage?," Quora, April 7, 2017.

114. “A True Eastern Star: Carlos Selim El Turco,” World Turkish Coalition, March 12, 2010. 萨利姆实际上是黎巴嫩出身。
115. Simon Romero, “An Indigenous Language with Staying Power,” *New York Times*, March 12, 2012.
116. Ibid.
117. Oishimaya Sen Nag, “What Languages Are Spoken in Paraguay?,” World Atlas, last modified August 1, 2017, www.worldatlas.com/articles/what-languages-are-spoken-in-paraguay.
118. 整整 80%，虽然只有 25% 常去教堂。Ronnie Kahn, “Religion in Latin America,” *Newsletter of the Outreach Services of the African, Asian, Latin American, and Russian Studies Centers University of Illinois at Urbana-Champaign*, no. 86 (Spring 2002).
119. Aldo Rubén Ameigeiras, “Ortodoxia doctrinaria y viejas ritualidades,” in *Cruces, intersecciones, conflictos: Relaciones Político-Religiosas en Latinoamérica*, 212–26.
120. 阿尔沃没有给出说此话的总会长的名字，但可能是巴斯克人佩德罗·阿鲁佩（Pedro Arrupe），他从 1965 年到 1983 年担任耶稣会的总会长。Albó and Ruiz, 307.
121. 现在 9% 的巴西人说自己没有宗教。40% 的巴拉圭人称自己没有宗教信仰。Philip Jenkins, “A Secular Latin America?” *Christian Century*, March 12, 2013. 变化的其他预兆有：保利娜·特鲁希略（Paulina Trujillo）在基多成立了一个信奉无神论的新闻组织，“Gracias a Dios soy Ateo”（感谢上帝我是无神论者）, https://www.atheism andhumor.com。胡安·加夫列尔·巴斯克斯是波哥大的一位著名小说家兼记者，自称是无神论者，他坚持要他的孩子接受世俗教育。一代人以前，如此大胆公开的对教会的拒绝是不可想象的。
122. “Iglesia y abusos,” editorial, *El País* (Madrid), September 15, 2018.
123. Pope Francis I, in Stauffer and Pullella, “Pope Ends Latin American Trip.”
124. Linda Pressly, BBC World Service online, last modified April 22, 2018, www.bbc.com/news/business-43825294.
125. Stauffer and Pullella, “Pope Ends Latin American Trip.”
126. Pope Francis I, quoted in Jim Yardley, “In Bolivia, Pope Francis Apologizes for Church's 'Grave Sins,'” *New York Times* online, July 9, 2015. Also “Pope Francis Asks for Forgiveness for Crimes Committed During the Conquest of America,” uploaded to YouTube by Rome Reports on July 9, 2015, 1:42, www.youtube.com/watch?v=xi-KjEHBFjg.
127. Pope John Paul II, “Homily of the Holy Father, ‘Day of Pardon,’ Sunday, 12 March 2000,” https://w2.vatican.va/content/john-paul-ii/en/homilies/2000/documents/hf_jp-ii_hom_20000312_pardon.html.
128. Pope Francis I, quoted in Yardley, “Pope Francis Apologizes.”
129. *“Si me preguntan si creo en los kharisiri, diré que no, pero respeto profundamente a quienes creen en eso.”* 艾马拉人的 *kharisiri* 等于盖丘亚人的 *pishtaco*，是从异国来剥削印第安人的恶灵。Albó and Ruiz, 301.
130. Ibid., 288.
131. 笔者 2016 年 2 月对阿尔沃的访谈。他转述了加泰罗尼亚社会学家卡门·萨尔塞多（Carmen Salcedo）的说法，关于玻利维亚的耶稣会修士的这个观点是萨尔塞多对他说的。
132. Ibid., February 21, 2016.
133. Ibid., February 22, 2016.

134. Ibid.
135. Ibid., February 20, 2016.
136. Albó and Ruiz, 301.
137. 出处同上，2016 年 2 月 22 日。阿尔沃后来把这个故事的要旨写进了自己的回忆录 *Un curioso incorregible*, 218, 313。
138. Ibid., February 23, 2016.
139. Albó and Ruiz, 218.
140. 笔者 2016 年 2 月 22 日对阿尔沃的采访。他实际上在回忆录中再度提及了这一看法，见 *Un curioso incorregible*, 313。

尾 声

1. Ali B. Rodgers and Tracy L. Bale, "Germ Cell Origins of Posttraumatic Stress Disorder Risk—The Transgenerational Impact of Parental Stress Experience," *Biological Psychiatry* 78, no. 5 (September 1, 2015): 307–14. 为了清晰达意，这句话经过了简化。原文是："重要的是，紧张产生的后果是可以跨代的，亲代的紧张会影响后代对紧张的反应及其患上创伤性应激障碍的风险。用小鼠做的实验探索了作为这种传递的潜在基础的分子机制，实验模型专门审视了父系传承，在雄性精子细胞中找到了可能决定跨代编程基质的渐成特征。"
2. 2018 年 10 月 5 日，胡安·加夫列尔·巴斯克斯和乔纳森·亚德利（Jonathan Yardley）在华盛顿特区的"政治与散文"（Politics and Prose）书店举行的对谈。巴斯克斯的小说《废墟的形状》（*The Shape of the Ruins*, New York: Riverhead, 2018）第 66 页上印着装有盖坦的几块脊椎骨的罐子的照片。
3. Carlos Rangel, *Del buen salvage al buen revolucionario* (Madrid: Editorial FAES, 2007), loc. 258–319.
4. Reuters, "Peru Poverty Rate Rises for the First Time in 16 Years," April 24, 2018.
5. Natalia Sobrevilla, "El espectro del golpe de Estado," *El Comercio* (Lima), November, 7, 2018.
6. Rosenberg, 118.
7. Jessica Dillinger, "The World's Largest Oil Reserves by Country," World Atlas, last modified January 8, 2019, www.worldatlas.com/articles/the-world-s-largest-oil-re serves-by-country.html. 前三名分别为：委内瑞拉，3 008 780 亿桶；沙特，2 664 550 亿桶；加拿大 1 697 090 亿桶。
8. Rangel, *Del buen salvage*, loc. 258–319.
9. Enrique de Diego, "Retratos: Carlos Rangel," Club de Libertad Digital, no. 2, www.clublibertaddigital.com/ilustracion-liberal/2/carlos-rangel-enrique-de-diego.html.
10. 此处特指巴西、哥伦比亚、秘鲁、墨西哥和中美洲"北三角"（危地马拉、洪都拉斯、萨尔瓦多）。
11. 这是汤姆·温赖特在墨西哥做《经济学人》杂志记者时创造的词，他在这本书中也对此做了解释：*Narconomics: How to Run a Drug Cartel* (New York: PublicAffairs, 2016)。
12. Bello, "Peace, at Last, in Colombia," *Economist*, June 25, 2016. See also "Growth of *Bandas Criminales*," US Department of State Bureau for International Narcotics and Law Enforcement Affairs, *International Narcotics Control Strategy Report*, vol. 1, *Drug and Chemical Control* (Washington, DC: March 2012), 170–71.
13. Steven Topik, Carlos Marichal, and Zephyr Frank, eds., *From Silver to Cocaine: Latin*

America Commodity Chains and the Building of the World Economy, 1500–2000, esp. ch. 12, Paul Gootenberg, "Cocaine in Chains: The Rise and Demise of Global Commodity, 1860–1950" (Durham, NC: Duke University Press, 2006), 321–51.

14. Jeremy Haken, "Transnational Crime in the Developing World," Global Financial Integrity online, last modified February 8, 2011.
15. Saalar Aghili, "The Rise of Cocaine in Peru," *Berkeley Political Review*, May 16, 2016.
16. Haken, "Transnational Crime," 4.
17. Gootenberg, "Cocaine in Chains," 345–46.
18. 安第斯毒品贸易流经智利，正如哥伦比亚和加勒比的毒品贸易途经墨西哥流向北方一样。据非营利调查组织"洞察犯罪"（InSight Crime）所说："智利是古柯产地玻利维亚和秘鲁的可卡因外流的中转站……据估计，来自玻利维亚的可卡因 71% 经过阿里卡（Arica），智利的这个港口看来是该国的一个主要转运点，此外还有伊基克（Iquique）、安托法加斯塔（Antofagasta）和梅希约内斯（Mejillones）等其他沿海城市。" Tristan Clavel, "Report Finds Drug Trafficking Through Chile Is on the Rise," InSight Crime, last modified December 19, 2016. See also Jason Lange, "From Spas to Banks, Mexico Economy Rides on Drugs," Reuters, January 22, 2010.
19. 委内瑞拉石油巨头 PDVSA（委内瑞拉石油公司）独立运作了数十年，但在查韦斯和马杜罗统治下，它为政府项目提供资金。1979—1981 年间，委内瑞拉给一吨非法毒品的毒品美元洗了钱；37 年后，它洗的钱相当于 50 到 60 吨毒品的贩毒所得。出售毒品的获利加强了它控制国家政治的能力。参考 2018 年 10 月 12 日威廉·布朗菲尔德（William Brownfield）大使和胡安·萨拉特（Juan Zarate）的专题研讨，对话由战略与国际研究中心主办，莫伊塞斯·伦登（Moisés Rendon）主持，www.csis.org。
20. Yuegang Zuo, professor of biochemistry, University of Massachusetts, Dartmouth. 一些城市中，纸币上检测出可卡因阳性的百分比如下：底特律、波士顿、奥兰多、迈阿密、洛杉矶是 100%；多伦多 88%；盐湖城 77%。Madison Park, CNN online, last modified August 17, 2009.
21. 确切地说是 2 285 万；美国 600 万，整个美洲 1 000 万，欧洲 500 万。"Number of Cocaine Users Worldwide from 2010 to 2016, by Region (in Millions)," Statista, accessed February 3, 2019, www.statista.com.
22. "Drug War Statistics," Drug Policy Alliance online, accessed February 3, 2019, www.drugpolicy.org/issues/drug-war-statistics; see also José de Córdoba and Juan Montes, "It's a Crisis of Civilization in Mexico," *Wall Street Journal*, November 14, 2018.
23. "Mexico Drug War Fast Facts," CNN online, last modified July 16, 2018.
24. Córdoba and Montes, "Crisis of Civilization."
25. "Human Heads Dumped in Mexico Bar," BBC News online, modified September 7, 2006.
26. Nick Miroff, "The Staggering Toll of Colombia's War with FARC Rebels, Explained in Numbers," *Washington Post* online, August 24, 2016.
27. "The Countries with Most Internal Displacement," in *Global Trends: Forced Displacement in 2017* (Geneva: United Nations Refugee Agency, 2018), https://www.unhcr.org/5b27be547.pdf.
28. Hudson, *Colombia*, 335.
29. "Murder South of the Border," Editorial, *Washington Post* online, September 30, 2018.
30. Brownfield and Zarate, discussion.

31. 那是2017年。Chris Feliciano Arnold, "Brazil Has Become a Gangland," *Foreign Policy*, June 6, 2017, https:// foreignpolicy.com/2017/06/06/brazil-has-become-a-gangland-prison-riot.
32. Macias and Engel, "50 Most Violent Cities."
33. Acemoglu and Robinson, 399. 到 19 世纪末，拉丁美洲对采矿和种地的依赖造成的代价充分显现出来；一些地区的预期寿命低于 27 岁，识字率只有 2%，极端贫困人口远超总人口的一半。Fuentes, 281–82.
34. 5 个人里有 4 个相信政府是腐败的，4 个人中有 3 个对政府机构没有信心。自从 2010 年以来，数字有所下降。人口的 1/4 生活在贫困中；拉丁美洲全部人口的 40% 属于"脆弱的"中产阶级。2019 年，在一些国家中，这样的中产阶级里有一部分再度滑入贫困。关于拉丁美洲开发银行的报告《2018 年拉丁美洲经济展望》(*Economic Outlook for Latin America 2018*)的介绍载于"Confidence in Government Institutions, the Key to Growth in Latin America," CAF Development Bank of Latin America online, last modified April 9, 2018。
35. Rachel Kleinfeld, "The Violence Driving Migration Isn't Just Gangs," *Wall Street Journal*, November 10, 2018. 克莱因菲尔德的文章摘自她的专著 *A Savage Order: How the World's Deadliest Countries Can Forge a Path to Security* (New York: Pantheon, 2018)。
36. 此处提到的是奥斯卡·奥尔蒂斯·阿森西奥(Óscar Ortíz Ascencio)。Kleinfeld, "Violence Driving Migration."
37. 此处提到的是古斯塔沃·阿尔贝托·兰达贝尔德(Gustavo Alberto Landaverde)，曾任洪都拉斯缉毒副总管。他遭到开除，被指控犯下诽谤罪，在接受了这次采访的两周后，被骑着摩托车的杀手杀害。Frances Robles, "Honduras Becomes Murder Capital of the World," *Miami Herald*, January 23, 2012.
38. 迄今，奥迪布里切特因其行贿和收买行为被罚款的总额达到 45 亿美元。US Department of Justice, Office of Public Affairs, "Odebrecht and Braskem Plead Guilty," December 21, 2016. Also Extra Fieser, "Colombia Reveals Odebrecht Bribes Were Three Times Larger Than Previously Known," Bloomberg, August 15, 2018.
39. Stauffer and Pullella, "Pope Ends Latin American Trip."
40. Bethell, *History of Latin America*, 3:30.
41. Rosenberg, 344. 公平地说，席尔瓦有希望跻身决策层。一旦皮诺切特自己掌握了绝对权力，席尔瓦就成了这个独裁者的坚决反对者。
42. 20 世纪 80 年代和 90 年代，哥伦比亚有相关记录。Rosenberg, 62.
43. 2016 年 2 月 21 日作者对阿尔沃的访谈。印加社会的三条戒律"不得偷窃、不得撒谎、不得懒惰"其实与阿尔沃所说的一个健康政体所需的三条凳子腿不谋而合。不得偷窃(经济)，不得撒谎(政治)，不得懒惰(教育)。
44. 这里提到的是奥斯卡奖提名导演理查德·E. 罗宾斯(Richard E. Robbins)。他的影片《女孩崛起》(纽约：纪录片类，2013)主要介绍了来自世界各地贫困地方的 10 个年轻女孩的生活。莱昂诺尔最小的女儿塞娜就是其中之一。这部影片带动的运动(也叫"女孩崛起")帮助她家使塞娜和她的弟弟享利受了教育。笔者为影片的编剧之一。
45. County court records, Dade County, Florida, and Metairie, Louisiana, 2004 to 2017.
46. 这句话借鉴自恩里克·克劳泽关于乌戈·查韦斯的绝妙文章："The Shah of Venezuela," *New Republic*, April 1, 2009。
47. Rangel, *Del buen salvage*, loc. 258–319.
48. James Baldwin, "A Talk to Teachers," *The Price of the Ticket* (New York: St. Martin's Press, 1985), 332.

49. 关于拉丁美洲历史的这些“与”的洞见借鉴自我的同事约翰·W. 赫斯勒（John W. Hessler）。他是杰伊·I. 基斯拉科藏品的杰出管理人，是皇家地理学会的成员，著作等身，是国会图书馆地理和地图处的地理信息科学专家。约翰在 2019 年 10 月 18 日图书馆的麦迪逊理事会为已故的杰伊·I. 基斯拉科举行的纪念会上讲到了这些“与”。我在这里复述了他的话。

参考文献

史料文献

Acosta, Padre Ioseph (José) de. *Historia Natural y Moral de las Indias.* 4 vols. Sevilla: Juan de León, 1590.

Arzáns de Orsúa y Vela, Bartolomé, *Historia de la villa imperial de Potosí* (1736). La Paz: Plural, 2000.

———. *Historia de la villa imperial de Potosí.* 3 vols. Edited by Lewis Hanke and Gunnar Mendoza. Providence: Brown University Press, 1965.

Betanzos, Juan de. *Suma y narración de los Yngas* (1576). 3 vols. Cochabamba, Bo.: Fondo Rotatorio, 1993.

Cervantes de Salazar, Francisco. *Life in the Imperial and Loyal City of Mexico in New Spain* (1554). Facsimile of original. Translated by Minnie Lee Barrett Shepard. Austin: University of Texas Press, 1953. Digital version available at Miguel de Cervantes Virtual Library Foundation, www.cervantesvirtual.com.

Chimalpahin Quauhtlehuanitzin, Domingo Francisco de San Antón Muñon. *Historia Mexicana (1606–31).* Lincoln Center, MA: Conemex Associates, 1978.

Cieza de León, Pedro de. *Crónica del Perú* (Sevilla, 1533). 3 vols. Lima: Pontificia Universidad Católica del Perú, 1984.

———. *The Discovery and Conquest of Peru: Chronicles of the New World Encounter.* Durham, NC: Duke University Press, 1998.

Cobo, Bernabé. *Historia del Nuevo mundo* (1653). 4 vols. Sevilla: Impresa E. Rasco, 1890–95.

———. *History of the Inca Empire: An Account of the Indians' Customs and Their Origin.* Translated and edited by Roland Hamilton. Austin: University of Texas Press, 1979.

———. *Inca Religion and Customs* (1653). Translated and edited by Roland Hamilton. Austin: University of Texas Press, 1990.

Collapiña, Supno y otros Quipucamayos. "Relación de los Quipucamayos." In *Relación de la descendencia, gobierno y conquista de los Incas*, edited by Juan José Vega. Lima: Biblioteca Universitaria, 1974.

Colón, Cristóbal (Christopher Columbus). *Relaciones y cartas de Cristóbal Colón.* Madrid: Librería de la Viuda de Hernández, 1892.

Colón, Fernando. *Vida del almirante don Cristóbal Colón.* Edited by Ramón Iglesia. Madrid: Librería de la Viuda de Hernández, 1892.

Cortés, Hernán. *Cartas del famoso conquistador Hernán Cortés al emperador Carlos Quinto.* México, DF: Imprenta de I. Escalante, 1870.

———. *Cartas de Relación*, 12 vols. Seville: Jacobo Cromberger, 1522 (John Carter Brown Library).

———. *Cartas de Relación.* Edited by Angel Delgado Gómez. Madrid: Clásicos Castalia, 1993.

———. *Cartas y relaciones de Hernán Cortés al emperador Carlos V.* Paris: Imprenta Central de los Ferro-Carriles A. Chaix y, ca. 1856.

———. *Hernán Cortés: Letters from Mexico.* Translated and edited by Anthony R. Pagden, New York: Grossman, 1971.

Díaz del Castillo, Bernal. *The Discovery and Conquest of Mexico.* New York: Da Capo Press, 1996.

———. *Historia verdadera de la conquista de la Nueva España* (1632). Madrid: Biblioteca Americana, 1992.

Durán, Fray Diego. *The Aztecs: The History of the Indies of New Spain (1586–88).* Translated by Doris Heyden and Fernando Horcasitas. New York: Orion, 1964.

Enríquez de Guzmán, Alonso. *Libro de la vida y los costumbres de Don Alonso Enríquez de Guzmán.* Madrid: Ediciones Atlas, 1960. Also Barcelona: www.linkgua-digital .com, 2016.

———. *Vida y aventuras de un caballero noble desbaratado: Crónica de la Conquista del Perú: 1535–1539.* Cantuta, Perú: Ediciones Universidad Nacional de Educación, 1970.

Estete, Miguel de. *Noticia del Perú* (1540). Quito: Boletín de la Sociedad Ecuatoriana de Estudios Históricos, 1919.

Florentine Codex: General History of the Things of New Spain. Translated by Arthur J. O. Anderson and Charles E. Dibble. Pts. 1–13. Provo: School of American Research, University of Utah, 1970–82.

García Icazbalceta, Joaquín. *Nueva colección de documentos para la historia de México.* 3 vols. México, DF: Salvador Chavez Hayhoe, 1941.

Garcilaso, El Inca. *La Florida* (Lisbon, 1605). Madrid: Rodriguez Franco, 1723.

———. *Royal Commentaries of Peru.* 4 vols. Translated by Sir Paul Ricaut. London: Flesher, 1688.

Grijalva, Juan de. *The Discovery of New Spain in 1518.* Translated and edited by Henry R. Wagner. Pasadena, CA: Cortés Society, 1942.

Guaman Poma de Ayala, Felipe [Waman Puma]. *El primer nueva corónica y buen gobierno* (Madrid, 1615). 3 vols. Edited by John V. Mirra and Rolena Adorno. México, DF: Siglo Veintiuno, 1980.

Herrera y Tordesillas, Antonio de. *The General History of the Vast Continent and Islands of America.* 6 vols. Translated by Captain John Stevens. Reprint from 1740 edition. New York: AMS Press, 1973.

Las Casas, Fray Bartolomé de. *Historia de las Indias (1523–1548).* 3 vols. Madrid: Biblioteca Nacional, 1947.

———. *Obras completas*, 15 vols. Madrid: Alianza, 1988–98.

———. *A Short History of the Destruction of the Indies* (1542). London: Penguin, 1974.

———. *Vida de Cristóbal Colón.* Barcelona: Red ediciones, www.linkgua-digital.com, 2018.

López de Gómara, Francisco. *Historia General de las Indias* (1552). 2 vols. Madrid: Espasa-Calpe, 1932.

Mena, Cristóbal de [attributed to]. *La conquista del Perú, llamada la Nueva Castilla* (Seville, 1534). New York: New York Public Library Edition, 1929.

Murúa, Martín de. *Historia del origen y genealogía de los reyes incas del Perú* (Madrid, 1590). Madrid: Instituto Santo Toribio de Mogrovejo, 1946.

———. *Historia general del Perú.* Edited by Manuel Ballesteros. Madrid: Ediciones Historia, 1986.

Nuñez Cabeza de Vaca, Álvar. *La relación y comentarios del gobernador Alvar nuñez cabeça de vaca, de lo acaescido en las dos jornadas que hizo a las Indias* (Valladolid, Sp.: Los señores del consejo, 1555). In Enrique de Vedias: *Historiadores Primitivos de Indias.* Vol. 1 (Madrid: Rivadeneyra, 1852).

———. and Ulrich Schmidt. *The Conquest of the River Plate (1535–1555).* Vol. 1, *Voyage of Ulrich Schmidt* (1567). Vol. 2, *The Commentaries of Alvar Nuñez Cabeza de Vaca* (1555). Edited by Luis L. Domínguez. New York: Burt Franklin, 1890. Also available on Project Gutenberg, www.gutenberg.org/ebooks/48058.

Ocaña, Fray Diego de. *Un viaje fascinante por la América Hispana del siglo 16.* Madrid: Studium, 1969.

Oviedo y Valdés, Gonzalo Fernandez de. *Historia General y Natural de las Indias* (1547). 4 vols. Madrid: Imprenta de la Real Academia de la Historia, 1851.

Pané, Fray Ramón. *An Account of the Antiquities of the Indians* (1571). Durham, NC: Duke University Press, 1999.

Pentland, Joseph B. *Informe sobre Bolivia, 1827.* Potosí, Bol.: Editorial Potosí, 1975.

———. *Report on Bolivia, 1827.* Condensed in English. Edited by J. Valerie Fifer. Royal Historical Society. London: *Camden Miscellany*, no. 35, 1974.

Pizarro, Pedro. *Relación del Descubrimiento y Conquista de los Reinos del Perú* (1571). Buenos Aires: Editorial Futuro, 1944.

———. *Relation of the Discovery.* 2 vols. Translated by Philip Ainsworth Means. New York: Cortés Society, 1921.

Porras Barrenechea, Raúl, ed. *Cartas del Perú, Colección de documentos inéditos para la historia del Perú.* Vol. 3. Lima: Edición de la Sociedad de Bibliófilos Peruanos, 1959.

———. *Relaciones primitivas de la conquista del Perú.* Lima: Universidad de San Marcos, 1967.

Quintana, Manuel José. *Vidas de Españoles Célebres* (1805). Barcelona: R. Plana, 1941.

Ruiz de Montoya, Antonio. *Conquista espiritual hecha por los religiosos de la Compañía de Jesús en las provincias de Paraguay, Paraná, Uruguay y Tape* (ca. 1650). Translated by Arthur Rabuske. Porto Alegre, Brazil: Martins Livreiro, 1985.

Sahagún, Fray Bernardino de. *Historia general de las cosas de Nueva España* (1547–80). 3 vols. México, DF: Imprenta Alejandro Valdés, 1829–30.

Salinas y Cordova, Fray Buenaventura de. *Memorial de las historias del nuevo mundo: Pirú* (1630). Lima: Universidad de San Marcos, 1957.

Sancho de Hoz, Pedro. *Relación de la conquista del Perú* (1539). Rioja, Spain: Amigos de la Historia de Calahorra, 2004.

Sancho Rayon, José and Francisco de Zabalburu. *Colección de documentos inéditos para la historia de España.* Vol. 85. Madrid: Imprenta de Miguel Ginesta, 1886.

Santa Cruz Pachacuti Yamqui Salcamayhua, Juan de. *Relación de antigüedades de este reino del Perú* (1613). Edited by Carlos Araníbar. Lima: Fondo de Cultura Económica, 1995.

Sarmiento de Gamboa, Pedro. *Historia de los Incas* (1572). Buenos Aires: Colección Hórreo, Emecé Editores, 1942.

———. *History of the Incas.* Translated by Brian Bauer and Vania Smith. Austin: University of Texas Press, 2007.

———. *History of the Incas.* Translated by Clements Markham. Project Gutenberg, www.gutenberg.org/ebooks/20218.

Tito Cusi Yupanqui. *A 16th-Century Account of the Conquest.* Originally published as *Instrucción del Inga Don Diego de Castro Titu Cusi Yumangui para el muy ilustre Señor el Licenciado Lope García de Castro* (1570). Cambridge, MA: Harvard University Press, 2005.

Torquemada, Fray Juan de. *Los veinte i un libros rituales y Monarquía Indiana* (Madrid, 1615), 6 vols. México, DF: Universidad Nacional Autónomo de México, 1975.

Xerez, Francisco de. *True Account of the Conquest of Peru (1522–48).* Edited by Iván R. Reyna. New York: Peter Lang, 2013.

Zárate, Agustin de. *Historia del descubrimiento y conquista del Peru* (1548). 4 vols. Baltimore: Penguin, 1968.

当代研究

Acemoglu, Daron, and James A. Robinson. *Why Nations Fail: The Origins of Power, Prosperity, and Poverty.* New York: Crown, 2012.

Adorno, Rolena. *Guaman Poma: Writing and Resistance in Colonial Peru.* Austin: University of Texas Press, 1986.

———. *The Polemics of Possession in Spanish American Narrative.* New Haven, CT: Yale University Press, 2007.

Albó Corrons, Xavier. *Cabalgando entre dos mundos.* Eds. Albó, Tomás Greaves, Godofredo Sandoval. La Paz: Centro de Investigación y Promoción del Campesinado (CIPCA), 1983.

———. *La comunidad hoy.* La Paz: CIPCA, 1990.

———. *Obras selectas*, 4 vols. La Paz: Fundación Xavier Albó y CIPCA, 2016.

Albó Corrons, Xavier, and Matías Preiswerk. *Los Señores del Gran Poder.* La Paz: Centro de Teología Popular, 1986.

Albó Corrons, Xavier, and Carmen Beatriz Ruiz. *Un curioso incorregible*. La Paz: Fundación Xavier Albó, 2017.

Ameigeiras, Aldo Rubén, ed. *Cruces, intersecciones, conflictos: Relaciones Político-Religiosas en Latinoamérica*. Buenos Aires: CLACSO, 2012.

Amunátegui, Miguel Luis, y Diego Barros Arana. *La iglesia frente a la emancipación americana*. Santiago: Empresa Editora Austral, 1960.

Anderson, Charles L. G. *Old Panama and Castilla del Oro*. Boston: Page, 1911.

Andrien, Kenneth J. *The Human Tradition in Colonial Latin America*. Wilmington, DE: SR Books, 2002.

Andrien, Kenneth, and Rolena Adorno. *Transatlantic Encounters: Europeans and Andeans in the Sixteenth Century*. Berkeley: University of California Press, 1991.

Arana, Marie. *Simón Bolívar: American Liberator*. New York: Simon & Schuster, 2013.

Arana, Pedro Pablo. *Las minas de azogue del Perú*. Lima: El Luvero, 1901.

Arciniegas, Germán. *America in Europe: A History of the New World in Reverse*. Translated by R. Victoria Arana. San Diego: Harcourt Brace Jovanovich, 1986.

———. *Con América nace la nueva historia*. Bogotá: Tercer Mundo, 1990.

———. *Latin America: A Cultural History*. New York: Knopf, 1967.

Bakewell, Peter. *Miners of the Red Mountain: Indian Labor in Potosí, 1545–1650*. Albuquerque: University of New Mexico, 1984.

Barradas, Jose Pérez de. *Orfebrería prehispánica de Colombia*. Madrid: Jura, 1958.

Bassett, Molly H. *The Fate of Earthly Things: Aztec Gods and God-Bodies*. Austin: University of Texas, 2015.

Benson, Elizabeth P., and Anita G. Cook. *Ritual Sacrifice in Ancient Peru*. Austin: University of Texas, 2001.

Betances, Emelio. *The Catholic Church and Power Politics in Latin America: The Dominican Case in Comparative Perspective*. Lanham, MD: Rowman & Littlefield, 2007.

Bernal, Antonio Miguel. *España, proyecto inacabado: Los Costes/beneficios del Imperio*. Madrid: Fundación Carolina, 2005.

Bernstein, Peter L. *The Power of Gold: The History of an Obsession*. Hoboken, NJ: Wiley & Sons, 2000.

Brading, David. *El Ocaso Novohispano: Testimonios Documentales*. México: Instituto Nacional de Antropología e Historia, 1996.

Bray, Tamara L., ed. *The Archaeology of Wak'as: Explorations of the Sacred in the Pre-Columbian Andes*. Boulder: University Press of Colorado, 2015.

Brown, Kendall. *A History of Mining in Latin America: From the Colonial Era to the Present*. Albuquerque: University of New Mexico, 2012.

Busto Duthurburu, José Antonio. *La Conquista del Perú*. Lima: Librería Studium Editores, 1981.

———. *Pizarro*. 2 vols. Lima: Ediciones COPÉ, 2001.

———. *La Platería en el Perú: dos mil años de arte e historia*. Lima: Banco del Sur del Perú, 1996.

Canudas Sandoval, Enrique. *Las Venas de plata en la historia de México.* 3 vols. Tabasco, Mexico: Universidad Juárez, 2005.

Cañizares Esguerra, Jorge. *Puritan Conquistadors: Iberianizing the Atlantic, 1550–1700.* Stanford, CA: Stanford University Press, 2006.

Casaús Arzú, Marta Elena. *Genocidio: ¿La máxima expresión del racismo en Guatemala?* Ciudad de Guatemala: F&G Editores, 2008.

———. *Guatemala: Linaje y racismo.* Ciudad de Guatemala: FIACSO, 2007.

Castañeda, Jorge G. *Utopia Unarmed: The Latin American Left After the Cold War.* New York: Knopf, 1993.

Chacon, Richard J., and Rubén G. Mendoza. *Latin American Indigenous Warfare and Ritual Violence.* Tucson: University of Arizona, 2007.

Cisneros Velarde, Leonor, and Luis Guillermo Lumbreras. *Historia General del Ejercito Peruano.* 5 vols. Lima: Imprenta del Ministerio de Guerra, 1980.

Clayton, Lawrence A. *Bartolomé de las Casas and the Conquest of the Americas.* Viewpoints/Puntos de Vista. Edited by Jürgen Buchenau. West Sussex, UK: John Wiley & Sons, 2011.

———. *The Bolivarian Nations of Latin America.* Arlington, IL: Forum, 1984.

Cleary, Edward L. *How Latin America Saved the Soul of the Catholic Church.* Mahwah, NJ: Paulist Press, 2009.

Cleary, Edward L., and Hannah W. Stewart-Gambino. *Power, Politics, and Pentecostals in Latin America.* Boulder, CO: Westview Press, 1997.

Dean, Carolyn. *A Culture of Stone: Inka Perspectives on Rock.* Durham, NC: Duke University Press, 2010.

Doral, Paul J. *Power in Transition: The Rise of Guatemala's Industrial Oligarchy, 1871–1994.* Westport, CT: Prayer, 1995.

Elliott, J. H. *Empires of the Atlantic World: Britain and Spain in America.* New Haven, CT: Yale University Press, 2006.

Fernandez de Navarrete, Martín, *Colección de los viajes y descubrimientos que hicieron por mar los españoles.* Vol. 1. Madrid: Imprenta Nacional, 1858.

Fernández-Armesto, Felipe. *Pathfinders: A Global History of Exploration.* New York: Norton, 2006.

———. *The Americas: A Hemispheric History.* New York: Modern Library, 2003.

Fuentes, Carlos. *The Buried Mirror.* New York: Houghton Mifflin, 1992.

Galeano, Eduardo. *Open Veins of Latin America: Five Centuries of the Pillage of a Continent.* Translated by Cedric Belfrage. New York: Monthly Review, 1973.

Gibson, Charles. *The Aztecs Under Spanish Rule: A History of the Indians of the Valley of Mexico, 1519–1810.* Stanford, CA: Stanford University Press, 1964.

Gisbert, Teresa. *Iconografía y mitos indígenas en el arte.* La Paz: Gisbert, 1980.

Gorriti, Gustavo. *Shining Path: A History of the Millenarian War in Peru.* Chapel Hill: University of North Carolina Press, 1999.

Gruzinski, Serge. *The Mestizo Mind: The Intellectual Dynamics of Colonization and Globalization.* Translated by Deke Dusinberre. New York: Routledge, 2002.

Gutiérrez Merino, Gustavo. *Cristianismo y Tercer Mundo.* Bilbao, Sp.: Zero, 1973.

———. *Dios o el oro en las Indias.* San Salvador: UCA, 1991.

Hanke, Lewis. "A Modest Proposal for a Moratorium on Generalizations: Some Thoughts on the Black Legend." *Hispanic American Historical Review* 51, no. 1 (February, 1971): 112–27.

Hemming, John. *The Conquest of the Incas.* London: Macmillan, 1970. Also: New York, Penguin, 1983.

———. *Red Gold: The Conquest of the Brazilian Indians, 1500–1700.* Cambridge, MA: Harvard University Press, 1978.

———. *The Search for El Dorado.* New York: E. P. Dutton, 1978.

Hewitt, Edgar L. *Fray Bernardino De Sahagún and the Great Florentine Codex.* Santa Fe, NM: Archaeological Institute of America, 1944.

Historia de la Compañía de Jesús en la provincia del Paraguay. Vol. 1 (6 vols.). Madrid: V. Suárez, 1912–49.

Hoffman, Philip T., and Kathryn Norberg. *Fiscal Crises, Liberty, and Representative Government, 1450–1789.* Stanford, CA: Stanford University Press, 1994.

Hoyos, Juan José. *El Oro y la sangre.* Bogotá: Planeta, 1994.

Jáuregui, Carlos A. *Canibalia: Canibalismo, calibanismo, antropofagia cultural y consumo en América Latina.* Madrid: Iberoamericana, 2008.

Jiménez de la Espada, Marcos, ed. *Una Antigualla peruana.* Madrid: Manuel Gines Hernández, 1892.

Kamen, Henry. *The Spanish Inquisition: A Historical Revision.* New Haven, CT: Yale University Press, 2014.

Kirkpatrick, Frederick A. *The Spanish Conquistadores.* London: Adam and Charles Black, 1946.

Krauze, Enrique. *Redeemers: Ideas and Power in Latin America.* New York: HarperCollins, 2011.

Langenscheidt, Adolphus. *Historia Minima de la Minería en la Sierra Gorda.* Ontario: Rolston-Bain, 1988.

Lastres, Juan B. *Las Neuro-bartonelosis.* Lima: Editora Medica Peruana, 1945.

———. *Historia de la viruela en el Perú.* Lima: Ministerio de Salud Pública y Asistencia Social, 1954.

———. *La Salud Pública y la Prevención de la Viruela en el Perú.* Lima: Ministerio de Hacienda y Comercio, 1957.

León-Portilla, Miguel, ed. *The Broken Spears: The Aztec Account of the Conquest of Mexico.* Beacon Press, Boston, 1962.

———. *El Reverso de la Conquista: Relaciones aztecas, mayas e incas.* México, DF: Editorial Mortiz, 1964.

———. *Visión de los vencidos: Crónicas indigenas.* Madrid: Historia 16, 1985.

———, ed. *Visión de los vencidos: Relaciones indigenas de la Conquista.* México, DF: Universidad Nacional Autónoma de México, 1961.

Lippy, Charles H., Robert Choquette, and Stafford Poole. *Christianity Comes to the Americas, 1492–1776.* New York: Paragon, 1992.

Livi Bacci, Massimo. *Los estragos de la conquista: Quebranto y declive de los indios de América*. Barcelona: Crítica, 2006.

McCaa, Robert, Aleta Nimlos, and Teodoro Hampe Martínez. "Why Blame Smallpox? The Death of the Inca Huayna Capac and the Demographic Destruction of Tawantinsuyu (Ancient Peru)." Paper, Minnesota Population Center, University of Minnesota, 2004. http://users.pop.umn.edu/~rmccaa/aha2004/why_blame_small pox.pdf.

McEwan, Colin, and Leonardo López Luján, eds. *Moctezuma: Aztec Ruler.* London: British Museum Press, 2009.

McNeill, J. R., and William H. McNeill. *The Human Web: A Bird's-Eye View of World History.* New York: Norton, 2003.

Mann, Charles C. *1491: New Revelations of the Americas Before Columbus.* New York: Random House, 2005.

Marichal, Carlos. *Bankruptcy of Empire: Mexican Silver and the Wars Between Spain, Britain and France, 1760–1810.* New York: Cambridge University Press, 2007.

Marzal, Manuel M., Eugenio Maurer, Xavier Albó, and Bartomeu Melia. *The Indian Face of God in Latin America.* New York: Orbis, 1996.

Markham, Clements R. *Narratives of the Rites and Laws of the Yncas.* New York: Burt Franklin, 1970.

Montoya, Ramiro. *Crónicas del oro y la plata americanos.* Madrid: Visión Libros, 2015.

———. Sangre del sol: crónicas del oro y plata que España sacó de América. Madrid: Visión Libros, 2013.

Moreyra Loredo, Manuel, et al. *El cristiano ante el Perú de 1985: crisis económica, violencia . . .* Lima: Centro de Proyección Cristiana, 1984.

Oro y la plata de las Indias en la época de los Austrias. Madrid: Fundación ICO, 1999.

Petersen, Georg. *Mining and Metallurgy in Ancient Peru.* Translated by William E. Brooks. Boulder, CO: Geological Society of America, 2010.

Pino Díaz, Fermín del, ed. *Demonio, Religión y Sociedad entre España y América.* Madrid: Consejo Superior de Investigaciones Científicas, Departamento de Antropología, 2002.

Pillsbury, Joanne, ed. *Guide to Documentary Sources for Andean Studies, 1530–1900.* 3 vols. Norman: University of Oklahoma Press, 2008.

Prescott, William H. *History of the Conquest of Mexico.* Edited by John F. Kirk. London: Routledge, 1893.

———. *History of the Conquest of Peru: With a Preliminary View of the Civilization of the Incas.* Edited by John F. Kirk. London: Routledge, 1893.

Quintana, Manuel José. *Vidas de españoles celebres.* Paris: Baudry, 1845.

Quiroz, Alfonso W. *Historia de la corrupción en el Perú.* Lima: Instituto de Estudios Peruanos, 2013.

Raimondi, Antonio. *El Perú.* 3 vols. Lima: Imprenta del Estado, 1874.

Reséndez, Andrés. *The Other Slavery: The Uncovered Story of Indian Enslavement in America.* New York: Houghton Mifflin Harcourt, 2016.

Urteaga, Horacio H. *Biblioteca de Cultura Peruana: Los cronistas de la Conquista*. Paris: Desclée de Brouwer, 1938.

Vargas Llosa, Mario. *Conversation in the Cathedral*. Translated by Gregory Rabassa. New York: Rayo, 2005.

__________. *A Fish in the Water*. Translated by Helen Lane. New York: Farrar Straus Giroux, 1994.

Vázquez Chamorro, Germán. *Moctezuma*. Madrid: Cambio 16, 1987.

———. *Moctezuma*. Madrid: Algaba, 2006.

Vedia, Enrique de. *Historiadores primitivos de Indias*. 2 vols. Madrid: Rivadeneyra, 1852.

Vilches, Elvira. *New World Gold*. Chicago: University of Chicago Press, 2010.

Whitaker, Arthur Preston. *The Huancavelica Mercury Mine*. Cambridge, MA: Harvard University Press, 1941.

Wright, Ronald. *Stolen Continents: The Americas Through Indian Eyes*. Boston: Houghton Mifflin, 1992.

Restall, Matthew. *Seven Myths of the Spanish Conquest*. New York: Oxford University Press, 2003.

———. *When Montezuma Met Cortés: The True Story of the Meeting That Changed History*. New York: Ecco, 2018.

Ricard, Robert. *The Spiritual Conquest of Mexico*. Translated by Lesley Byrd Simpson. Berkeley: University of California Press, 1966.

Robins, Nicholas A. *Mercury, Mining, and Empire: The Human and Ecological Cost of Colonial Silver Mining in the Andes*. Bloomington: Indiana University Press, 2011.

———. *Native Insurgencies and the Genocidal Impulse in the Americas*. Bloomington: Indiana University Press, 2005.

Rosenberg, Tina. *Children of Cain: Violence and the Violent in Latin America*. New York: Morrow, 1991.

Rostworowski de Diez Canseco, María. *Conflicts over Coca Fields in Sixteenth-Century Perú*. Ann Arbor: University of Michigan, 1988.

———. *Costa peruana prehispánica*. Lima: Instituto de Estudios Peruanos Ediciones, 1977.

———. *Doña Francisca Pizarro*. Lima: IEP Ediciones, 1989.

———. *Historia del Tawantinsuyu*. Lima: IEP Ediciones, 1988.

———. *History of the Inca Realm*. Translated by Harry Iceland. Cambridge: Cambridge University Press, 1999.

———. *Pachacamac y el señor de los milagros*. Lima: IEP Ediciones, 1992.

———. *Pachacutec y la leyenda de los chancas*. Lima: IEP Ediciones, 1997.

Schwaller, John Frederick. *The History of the Catholic Church in Latin America: From Conquest to Revolution and Beyond*. New York: New York University Press, 2011.

Smith, Brian. *Religious Politics in Latin America: Pentecostal Vs. Catholic*. Notre Dame, IN: University of Notre Dame Press, 1998.

Solís, Felipe, and Martha Carmona. *El Oro precolombino de México: Colecciones Mixteca y Azteca*. Milan: Américo Artes Editores, 1995.

Southey, Thomas. *Chronological History of the West Indies*. 3 vols. London: Longman, Rees, 1827.

Stein, Stanley J., and Barbara H. Stein. *Silver, Trade, and War: Spain and America in the Making of Early Modern Europe*. Baltimore: Johns Hopkins University Press, 2000.

Stern, Steve J., ed. *Shining and Other Paths: War and Society in Peru, 1980–1995*. Durham, NC: Duke University Press, 1998.

Suárez Fernández, Luis. *Isabel I Reina*. Barcelona: Planeta, 2012.

TePaske, John J. *A New World of Gold and Silver*. Leiden, Netherlands: Brill, 2010.

Thompson, I. A. A. *Crown and Cortés: Government, Institutions and Representation in Early-Modern Castile*. Hampshire, UK: Variorum, 1993.

Tripcevich, Nicholas, and Kevin J. Vaughn, eds. *Mining and Quarrying in the Ancient Andes: Sociopolitical, Economic, and Symbolic Dimensions*. New York: Springer, 2013.